Juan Manuel Orti y Lara, Ludwig Schütz

Wissenschaft und Offenbarung in ihrer Harmonie

Juan Manuel Orti y Lara, Ludwig Schütz

Wissenschaft und Offenbarung in ihrer Harmonie

ISBN/EAN: 9783743315433

Hergestellt in Europa, USA, Kanada, Australien, Japan

Cover: Foto ©Thomas Meinert / pixelio.de

Manufactured and distributed by brebook publishing software
(www.brebook.com)

Juan Manuel Orti y Lara, Ludwig Schütz

Wissenschaft und Offenbarung in ihrer Harmonie

Wissenschaft und Offenbarung

in ihrer Harmonie.

Von

Dr. J. E. Orti y Lara,

Professor an der Central-Universität zu Madrid und Mitglied
der römischen Akademie des h. Thomas von Aquin.

Preisgekrönt von der königlichen Akademie der Moral- und
Staats-Wissenschaften zu Madrid.

Autorisierte Übersetzung

von

Dr. Ludwig Schütz,

Professor der Philosophie am Priesterseminar zu Trier.

Paderborn.

Druck und Verlag von Ferdinand Schöningh.

1884.

Analytisches Inhalts-Verzeichnis.

Vorwort des Übersetzers.

Nachdem sich das hochtendenziöse Buch, welches der Anglo-Amerikaner John William Draper, Professor der Chemie und Physiologie an der Universität zu New-York († 1882), unter dem Titel „History of the conflicts between religion and science" i. J. 1873 veröffentlicht hatte, wie in andern Ländern Europas, so auch im katholischen Spanien durch Übersetzungen in die Landessprache Eingang verschafft hatte, schrieb die königliche Akademie der Moral- und Staatswissenschaften zu Madrid auf Veranlassung des Marquis de Guardiaro im Juli 1878 eine aufserordentliche Preisbewerbung aus zur Bearbeitung des Themas „Demostracion de que entre las ciencias y los dogmas de la religion católica no pueden existir conflictos — Beweis dafür, dafs es zwischen den Wissenschaften und den Dogmen der katholischen Religion keine Widersprüche geben könne", um dann die besteingelieferte Arbeit zu veröffentlichen und dadurch das Buch Drapers gewissermafsen officiell widerlegen zu lassen.[1]

Von den Arbeiten, welche daraufhin bei der Akademie einliefen, erhielt keine den ersten, vier aber den zweiten Preis; ihre Verfasser hiefsen: Orti y Lara, Mir, Rubio y Ors und Abdon

---

[1] Der 43. Artikel der Statuten der Akademie, welcher zu Anfang der gekrönten Preisschrift abgedruckt ist, lautet freilich: „In den Werken, welche die Akademie beglaubigt oder veröffentlicht, ist der betreffende Autor jedesmal selbst für seine Behauptungen und Meinungen verantwortlich; die Korporation ist es nur für das Urteil, dafs die Werke die Veröffentlichung verdienen."

de Paz. Der Jesuitenpater Miguel Mir, dessen Schrift (Har-
monia entre la ciencia y la fe) unter dem Titel „Zusammenhang
zwischen Wissen und Glauben" bereits im vorigen Jahre ins
Deutsche übersetzt und bei Manz in Regensburg erschienen ist,
verzichtete auf den ihm zuerkannten Preis und auf das damit
verbundene Recht, auf Kosten der Akademie seine Arbeit drucken
zu lassen, weil die Akademie, wie er in einem Flugblatte öffentlich
erklärte, von den Bedingungen, unter denen die Preisbewerbung
ausgeschrieben worden und stattgefunden habe, nachträglich
abgewichen sei, indem sie nicht einer einzigen, sondern mehreren
Arbeiten das accessit d. i. den zweiten Preis zuerkannt und
dabei zugleich unterlassen habe, die preisgekrönten Arbeiten in
Bezug auf ihren innern Wert und ihre Preiswürdigkeit zu ordnen.
Orti y Lara aber, Professor an der Universität zu Madrid und
Redakteur der ebendaselbst erscheinenden Zeitschrift „La ciencia
cristiana", glaubte ähnlich den Autoren der beiden übrigen
preisgekrönten Konkurrenzschriften, dem Urteilsspruch der von
der Akademie ernannten Preisrichter sich unterwerfen zu können.
Indem er daher den ihm zuerkannten Preis acceptierte und
zugleich von dem verliehenen Rechte, seine Arbeit auf Kosten
der Akademie zu veröffentlichen, Gebrauch machte, liefs er sie
unter dem Titel „La ciencia y la divina revelacion" im Jahre
1881 zu Madrid im Druck erscheinen.

Gleich nach dem Bekanntwerden des Buches haben sich
die berufenen Vertreter der Wissenschaft, wie anderwärts, so
auch im katholischen Deutschland in höchst anerkennender Weise
über dasselbe ausgesprochen; sie loben in ihm den reichen Inhalt, die Reinheit der Lehre, die Schönheit der Sprache, die
übersichtliche Anordnung und die geradezu glänzende Verwertung
der ältern wie der neuern, der einheimischen wie der fremd-
ländischen Litteratur. (Vgl. die Innsbrucker Zeitschrift für kath.
Theologie. Jahrg. 1881, S. 729 ff.) So sagt in den „Stimmen
aus Maria-Laach" (Bd. 21, S. 195) z. B. L. Dressel S. J., nachdem
er kurz und übersichtlich den Inhalt des Buches angegeben:
„Schon diese dürftige Skizzierung des Inhaltes und Ganges wird
genügen, um den Leser von der Wichtigkeit und dem Werte
des Buches von Orti y Lara zu überzeugen. Dasselbe tritt aber

in ein noch viel günstigeres Licht, einmal durch die klare, schöne, schwung- und lebensvolle **Form** der Darstellung und dann ganz besonders durch das viele und kostbare **Material,** das der Verfasser aus den Quellen der gesamten Litteratur zu schöpfen und geschickt seinen Diskussionen einzuverleiben wufste. Die Vertrautheit des Verfassers mit den Schriften aller Zeiten und der verschiedensten Nationen erregt gerechte Bewunderung. Die neuere deutsche, französische, englische und italienische Litteratur scheint ihm fast ebenso bekannt, als die seines Vaterlandes. Dabei ist er auf den Gebieten der Theologie, Philosophie und Naturwissenschaft gleichzeitig zu Hause. Alles ist getragen von einem warmen katholischen Bewufstsein und tiefer Glaubensüberzeugung, überall tritt dem Leser eine gründliche Schulung nach scholastischer Methode und in scholastischer Lehre entgegen. Möglich, dafs dennoch mancher unserer Gelehrten an dem Buche dasjenige vermifst, was man oft als ‚deutsche Gründlichkeit und Gelehrsamkeit‘ bezeichnet. So etwas pafst aber nicht für den Spanier und das Buch ist ja nur für spanische, gläubig-katholische Gelehrte und Gebildete geschrieben. Dies ist bei seiner Beurteilung wohl im Auge zu behalten. Dafür aber zeigt es um so mehr jene echt spanische Gelehrsamkeit, die, im Glauben und in kirchlicher Wissenschaft tief gewurzelt, vom Boden des Katholicismus aus wie von einer festen, uneinnehmbaren Burg mit Feuer und Eifer wuchtige Schläge auf ihre Gegner zu führen weifs. Nur in seltenen Fällen tritt der Verfasser mit vielleicht etwas zu viel spanisch-konservativer Zähigkeit für ältere Auffassungen der kirchlichen Schule ein, ohne indessen die gegenteiligen Meinungen zu verdammen. Sicherlich kommt in dem ganzen Buche das Princip ‚in dubiis libertas‘ zu hochherziger Anwendung.“

Der allseitig zugestandene hohe Wert des Buches wird es daher, so hoffen wir, nicht blofs zur Genüge rechtfertigen, sondern auch als etwas Verdienstliches erscheinen lassen, dafs wir das Buch in unsere Muttersprache übertragen haben, um einerseits seinen Inhalt einem gröfseren Leserkreis zu erschliefsen und anderseits der deutschen Übersetzung der Draperschen Schrift, welche unter dem Titel „Geschichte der Konflikte zwischen

Religion und Wissenschaft" bereits im Jahre 1875 erschien, einen zweiten Gegner[1]) zu stellen, welcher der Draperschen Schrift nicht etwa blofs gewachsen, sondern weit überlegen ist. Bei unserer Übersetzung des Buches von Orti y Lara haben wir uns aber darauf beschränkt, in möglichst getreuem Anschlufs an die Sprache des Originals den Text desselben unversehrt und unvermehrt wiederzugeben, weil wir glaubten, dies dem gelehrten Verfasser und der Eigenartigkeit seines vortrefflichen Werkes schuldig zu sein. Nur in einem Punkte sind wir von diesem Princip im Interesse der vorhin erwähnten „deutschen Gründlichkeit" abgewichen, insofern wir nämlich die zahlreichen Citate des Buches gründlich revidiert und korrigiert haben, soviel uns die Werke, denen sie entnommen sind, in der Nähe und Ferne zugänglich waren. Wir begleiten unsere Übersetzung in die Öffentlichkeit mit dem Wunsche, dafs sie eine wohlwollende Aufnahme finden möge, und dafs es ihr beschieden sei, im katholischen Deutschland ebenso grofsen Nutzen zu stiften, als das katholische Spanien ihrem Original verdankt.

T r i e r , den 4. Januar 1884.

---

[1]) Der erste Gegner ist die oben (S. X) erwähnte Übersetzung des Mirschen Buches.

Vorrede des Verfassers.

———

Zahlreiche und vorzügliche Werke haben in unsern Tagen innerhalb wie aufserhalb Spaniens das Licht der Welt erblickt, in denen man die vielen und aufeinander hingeordneten Teile bewundern kann, woraus die allgemeine und glänzende Harmonie zwischen den Wissenschaften und der Religion besteht, und aus denen zugleich die zu gemeinem Staub zerriebenen Irrtümer und Sophismen derjenigen zu ersehen sind, welche vergeblicherweise mit dem Namen der Wissenschaft prunken und von Widersprüchen zwischen dem Katholicismus einerseits und den Fortschritten und Errungenschaften der menschlichen Vernunft auf den Gebieten der Natur anderseits geträumt und gefaselt haben. In keinem einzigen jener Werke ist aber, so viel ich weifs, ex professo und als ein besonderes Objekt der eigentlich so zu nennenden Beweisführung das Thema behandelt worden, um welches die vorliegende Denkschrift sich dreht. Sonder Zweifel war es daher ein wahrhaft glücklicher Gedanke, welcher die königliche Akademie der Moral- und Staatswissenschaften bewog, dieses Thema in solcher Fassung aufzustellen, dafs, nachdem einmal die es aussprechende Proposition bewiesen worden, die Debatte über diesen Gegenstand für immer geschlossen, die Herrschaft der katholischen Wahrheit auf dem ungeheuern und herrlichen Felde der wissenschaftlichen Spekulation gesichert und diejenigen zu ewigem Stillschweigen verurteilt würden, welche, vom Geiste des Unglaubens besessen, sich nicht entblödeten, ungeheure Abgründe zu unterstellen oder zu fingieren zwischen der Religion, der Tochter des Himmels, und dem Licht

der Wissenschaft, das von demjenigen ausgeht, welches Gott in
unserm Geiste angezündet hat, als er ihm das Bild seines göttlichen Antlitzes aufdrückte. Denn im gegenwärtigen Falle handelt
es sich nicht darum, die katholischen Dogmen in wunderbarem
Bündnis mit den Resultaten der Untersuchungen und Erörterungen
der heutigen Gelehrten und ihrer ausgezeichnetsten Vorgänger
zu vereinigen und in Einklang zu bringen, sondern vielmehr
darum, mit wesentlichen Gründen oder a priori (wovon die philosophische Beweisführung einzig ihren Ausgang nimmt) die Unmöglichkeit zu beweisen, dafs es zwischen der Religion und der
Wissenschaft irgend eine Art von Widerstreit geben könne.

Von der metaphysischen oder absoluten Unmöglichkeit,
welche in unserer These gemeint ist, sagt Balmes, sie sei jene.
welche auf das Princip des Widerspruchs sich gründe, mit andern
Worten jene, welche die Ungereimtheit in sich schliefse, dafs
ein Ding zu gleicher Zeit sei und nicht sei.[1]) Und er fügt
hinzu:[2]) „Absolute Unmöglichkeit ist vorhanden, wenn die Idee
einer Sache evident die der andern ausschliefst.“ Nun schliefsen
aber die Beziehungen, welche zwischen der katholischen Theologie
und den menschlichen Wissenschaften obwalten, nicht blofs sogar
den Schatten eines Widerspruchs aus, sie drücken auch die
vollkommene Übereinstimmung zwischen den beiden aus, wovon
eines das andere so unterstellt, wie der Glaube die natürliche
Erkenntnis, wie die Gnade die Natur und wie die Vollkommenheit das Vervollkommnungsfähige, um einen schönen Ausspruch
des h. Thomas von Aquin[3]) zu gebrauchen. Fügen wir die
Worte bei, welche der englische Lehrer bei einer andern Gelegenheit ausspricht: „Da die Gnade, so sagt er,[4]) die Natur
nicht aufhebt, sondern vielmehr vervollkommnet, so ist es nötig,

---

[1]) Lehrbuch der Logik. Aus dem Spanischen übersetzt von Fr. Lorinser. Regensburg. 1852. S. 114.

[2]) Ebend.

[3]) „Fides praesupponit cognitionem naturalem, sicut gratia naturam
et ut perfectio perfectibile.“ S. th. I. 2. 2 ad 1.

[4]) „Cum igitur gratia non tollat naturam, sed perficiat, oportet quod
naturalis ratio subserviat fidei, sicut et naturalis inclinatio voluntatis sub-
sequitur caritati.“ Ibid. 1. 8 ad 2.

daſs die natürliche Vernunft dem Glauben zu Hülfe komme, gleichwie auch die natürliche Neigung des Willens im Dienste der Liebe steht."

Um die absolute oder metaphysische Unmöglichkeit der Widersprüche, wie sie angeblich zwischen der Religion und der Wissenschaft herrschen sollen, ins helle Licht zu stellen, habe ich vorliegende Schrift unternommen. Dabei muſste ich, da die Unmöglichkeit, welche ich in ihr zu beweisen hatte, auf dem Gebiete der übersinnlichen Dinge spielt, von reinen Ideeen[1]) ausgehen, d. i. von apriorischen, welche über die Erfahrung erhaben sind, und von notwendigen Wahrheiten, aus denen für die bewiesene These eine lebendigere und intensivere Gewiſsheit hervorgeht, als aus Dingen, die wir mit unsern eigenen Augen sehen und mit unsern eigenen Händen berühren. Man möge also nicht mehr die Thatsachen und noch weniger die Hypothesen gegen die Wahrheit unserer These anrufen; denn das Unmögliche ist absurd und das Absurde verurteilt sich selbst. Wie wir dem kein Gehör schenken würden, der uns beweisen wollte, daſs drei und zwei sechs seien, so dürfen wir auch diejenigen der Ehre, sie anzuhören, nicht würdigen und müssen sie für Feinde der Vernunft und der Religion halten, welche nichts weniger beabsichtigen, als zu beweisen, daſs durch die Thatsachen dasjenige verwirklicht sei, was auf dem Gebiete der Principien absolut unmöglich ist.

Läſst sich diese Unmöglichkeit aber auch mit der unbezwingbaren Kraft der Gewiſsheit beweisen? Obgleich ich für meinen Teil besser, als jeder andere, die Geringfügigkeit meines Talentes und die Dürftigkeit meines Wissens kenne, so stehe ich doch nicht an, die Frage zu bejahen und zu versichern: die Wahrheit der These ist so glänzend, die Gründe, welche sie erhärten, sind so zahlreich und kräftig und die Quellen, woraus ihre Erkenntnis flieſst, so reichhaltig und rein, daſs ich bei einigem Fleiſse meinerseits und bei der Liebe zur Wahrheit, die aus sich selbst erfinderisch ist, überzeugt sein darf, unter

---

[1]) „Bei den Wissenschaften, die mit notwendigen Objekten sich beschäftigen, muſs man sich an die Verbindung der reinen Ideeen halten." Balmes: Lehrbuch der Logik. S. 131.

dem Beistande der Gnade Gottes glücklich ins Schwarze zu
treffen. Aufserdem genügt es, den Blick auf die Wege zu
richten, welche die falsche Wissenschaft wandelt, und auf die
Theorieen, welche sie aufstellt, nachdem sie die Bande zerrissen
hat, welche die Geister einen und sie in ihrer treuen Einigung
für die Wahrheit des Glaubens zusammen halten müssen, um
zu begreifen, dafs diejenigen, welche dieses Licht fliehen, den
Weg verfehlen, und dafs sie gerade dann, wenn sie sich rühmen,
die wahrhaften Früchte der wissenschaftlichen Forschung erreichen zu können, welche die christlichen Gelehrten im Schatten
und unter dem Schutze der göttlichen Geheimnisse erzielen, in die
Finsternis unverständlicher Absurditäten geraten. Ein deutscher
Schriftsteller sagt:[1] „Begreifen heifst für den Naturforscher
sehen, und nur auf dieser Basis darf er Schlüsse ziehen. Wenn
aber heutigen Tages nicht einmal ein ärmliches organisches Bläschen
ohne vorherigen Keim entstehen könnte, welcher besonnene
Forscher wagte dann voreilig zu behaupten, der ganze Schmuck
der Pflanzen- und Tierwelt bis zum Menschen herauf dürfe nur
im toten Schofs der Erde erzeugt sein? Wartet doch wenigstens,
bis die Sache entschieden ist! Aber manchen erscheint die Macht
des Schöpfers, dem toten Erdenklofs einen lebendigen Odem
einzublasen, so mifsbehaglich, dafs sie nicht einmal warten können,
sondern lieber den absurdesten Träumen sich hingeben, um nur
als scheinbare Sieger dazustehen." Vergeblich werden sie ihr
Leben lang hoffen, dafs die Thatsachen ihnen Recht geben gegen
die Weisheit desjenigen, welcher den Thatsachen Gesetze vor-
schrieb und in den Werken seiner Hände sich offenbarte.

Und auf welche Albernheiten geraten nicht die Feinde der
Wahrheit! All ihr Bemühen läuft darauf hinaus, sich und andere
zu überzeugen, dafs es keinen Gott gebe; dafs die Materie dieser
Welt unerschaffen und ewig sei; dafs aus ihr alle Dinge entstanden seien, indem die Mineralien sich durch sich selbst gebildet hätten, aus ihnen die Pflanzen erzeugt worden seien, und
aus diesen wieder das Tierreich und sogar der Mensch, das
Ebenbild Gottes, welches sie leugnen und auszutilgen suchen;

[1] Friedr. Aug. Quenstedt: Sonst und Jetzt. Tübingen. 1856. S. 233 f.

dafs der Gedanke eine Erscheinung der Materie und die Geistigkeit der Seele, die Freiheit des Willens, die moralische Ordnung
und das zukünftige Leben reine Fiktionen der alten Metaphysik
seien; dafs endlich alles, was in der moralischen wie in der
physischen Welt geschehe, nicht auf einem vorausgefafsten Plane,
sondern auf einem blinden Zufall beruhe, so dafs auch nicht
einmal von ferne die Thätigkeit der göttlichen Providenz zu
erkennen sei. Auf diese Weise steigen die Gegner der Offenbarung, sobald sie dieses göttliche Licht in ihren Seelen aus-
gelöscht haben, Stufe für Stufe die Leiter des Irrtums hinan,
um schliefslich den Angriff auf die Feste der Religion zu wagen,
welche auch von der Philosophie beschützt wird.

Diese Wissenschaft aber, erhaben über alle andern rein
menschlichen Wissenschaften, weil sie dieselben alle beurteilt
und leitet, vernichtete alle Argumente der Gottlosigkeit mit den
blofsen Waffen der Vernunft. Von dem ersten Angriff der
Feindes, den er gegen das Dogma von der Schöpfung richtete,
angefangen bis zu demjenigen, den er auf die Lehre von den
Zweckursachen machte, warf sie ihn siegreich zurück und brachte
auf ihren Armen die Schutzgötter der wahren Wissenschaft in
Sicherheit. Freilich, wenn ich blofs mit meinen Kräften diesen
berühmten Kampf aufgenommen hätte, die Wissenschaft und die
Religion würden schlecht verteidigt, wenngleich nicht besiegt
worden sein; da ich aber von solch bewunderungswürdigen
Waffen Gebrauch gemacht habe, wie sie das Arsenal der christlichen Philosophie enthält, ist es da vielleicht eine Verwegenheit,
zu sagen, dafs es mir, dank einer solch grofsen Hülfe, geglückt
sei, den Feind zu Boden zu schlagen und ihn tödlich zu ver-
wunden?

Auf jeden Fall aber wird der edle Kampf, wozu die katholischen Schriftsteller von der Akademie der Moral- und Staats-
wissenschaften eingeladen worden, dazu beitragen, eine Wahrheit
aufzuhellen und zu verbreiten, welche zumal in unsern Tagen
laut verkündet werden mufs. Weit entfernt davon, dafs der
Katholicismus das Licht der Wissenschaft fürchtet oder flieht,
schätzt und liebt er es aufrichtig, er fördert es und verteidigt
es gegen seine Feinde. Denn, abgesehen von dem innern Werte

der wissenschaftlichen Studien und ihren Beziehungen zum geistlichen Leben,[1]) ist es eine bekannte Sache, „dafs der Glaube.
wie C. Sanseverino schreibt,[2]) die Wissenschaft unterstellt, durch
die Wissenschaft sich glaubenswürdig macht, durch die Wissenschaft einigermafsen verdeutlicht und durch sie gegen die Sophismen
der falschen Philosophie verteidigt wird.“ Das Augenmerk auf
dieses herrliche Zeugnis vielleicht des gröfsten Philosophen unsers
Jahrhunderts hingerichtet, begreift man sehr gut die tiefe Wahrheit, womit ein anderer, ebenfalls ausgezeichneter Schriftsteller
unserer Zeit ohne Bedenken gesagt hat:[3]) „Die wissenschaftliche
Bewegung der Vernunft ignorieren ist eine wahrhafte Untreue
gegen den Geist des Katholicismus. Unsere Dogmen sind unveränderlich, keine Entdeckung wird sie jemals alterieren; aber
die Kirche hat ihre Theologen immer verpflichtet, die profanen
Wissenschaften dort, wo sie die Grenzen der heiligen Wissenschaft berühren, zu studieren, damit die Wahrheiten der natürlichen Ordnung mit der Religion in Verbindung treten könnten
und die Sophismen ihrer Gegner zerstreut würden“. Der nämliche Autor fügt dann bei:[4]) „Es genügt nicht, dafs der Priester
das Wort Gottes seinen treuen und frommen Zuhörern verkündet
und die Seelen, welche ein lebendiges Verlangen nach ihrem
Heile besitzen, die heiligen Sakramente spendet, aufserdem ist
es auch nötig, dafs er die Zweifel zu lösen versteht, die zuweilen sogar in dem Herzen der frommen und gelehrigen Christen
erwachen infolge der Einwendungen, welche die Ungläubigen
im Namen dieser oder jener Wissenschaft gegen den katholischen
Glauben erheben.“

    Wie man nun wohl einsehen wird, ist die gegenwärtige
Schrift, welche mit der angegebenen Absicht die Bühne der
Öffentlichkeit betritt, nichts anders und kann nichts anders sein,

---

    [1]) „Hanc (sc. pulchritudinem, cuius adspectus nobis promittitur) vide-
bit, qui bene vivit, bene orat et bene studet.“ S. Augustinus: De
ordine. l. 2, c. 19.
    [2]) I principali sistemi della filosofia. Napoli. 1858. c. 1, § 1.
    [3]) Valroger: Études historiques et critiques sur le rationalisme
contemporain. Paris. 1878. p. 451.
    [4]) Ebend.

als ein unvollkommenes Gemälde, oder höchstens eine ganz kleine Weltkarte, worauf die Stellen angedeutet sind, die von denjenigen erforscht werden müssen, welche in den besondern Wissenschaften die Harmonie zwischen der Vernunft und dem Glauben wahrnehmen wollen. Aber auch in diesen Andeutungen fürchte ich, nicht immer den exakten und strengen Ausdruck getroffen zu haben, obgleich ich freilich auf der andern Seite die Hoffnung hege, daſs die Fehler, welche in speciellen und technischen Fragen begangen sein sollten, mit Nachsicht beurteilt werden. Ich kann nicht mit Abbé Moigno, dem Verfasser des Werkes ‚Les splendeurs de la Foi‘ sagen: „Ich bin in Wirklichkeit ein echter Gelehrter, und siehe hier, daſs die Wissenschaft meine Zustimmung zu den göttlichen Wahrheiten nicht vermindert, sondern vielmehr noch bestärkt und verherrlicht hat.“ Statt dessen sage ich mit einem andern Gelehrten: „Ich bin ein demütiger Katholik, aber mein Glaube hat die Liebe zur wahren Wissenschaft nicht vermindert, er hat sie vielmehr entzündet und gesteigert.“ Und wie sollte er sie vermindern? „Alle Wahrheit führt zu Gott, sagt ein ausgezeichneter Apologet der Neuzeit.[1] Darum werden alle Ergebnisse der wahren Wissenschaft die Lehren des Glaubens bestätigen und in um so höherem Maſse, als diese, mit ihren eigenen Erkenntnismitteln auf ihrem Gebiete selbständig arbeitend immer weiter vorwärts schreitet.“ Wie sollte er sie vermindern oder abkühlen, wenn, wie der nämliche Gelehrte hinzufügt,[2] „jeder wirkliche wissenschaftliche Fortschritt ein Fortschritt in der Apologie des Christentums ist, undder menschliche Geist, weil im Dienste der Wissenschaft, im Dienste der christlichen Wahrheit steht!“

---

[1] Fr. Hettinger: Lehrbuch der Fundamental-Theologie. Freiburg. 1879. Teil 2, S. 469.

[2] Ebend. S. 470.

Einleitung.

> „Non est culpanda scientia aut quaelibet simplex
> rei notitia, quae bona est in se considerata et
> a Deo ordinata." Imitatio Christi. l. 1, c. 3.

> „Unter katholischen Theologen besteht keine Mei-
> nungsverschiedenheit darüber, **dafs, wie die**
> Gnade im allgemeinen die Natur nicht zerstört,
> noch derselben feindlich gegenübersteht, vielmehr
> von Gott gegeben wird, um die Natur zu ver-
> vollkommnen und zu erheben, so der Glaube das
> Wissen weder befehdet noch befeindet, es im
> Gegenteil stützt und adelt, und ihm Gebiete
> **öffnet, in die** es einzudringen nie imstande ge-
> **wesen wäre."**
> H. Hurter: Über die Rechte der **Vernunft und
> des Glaubens.** Innsbruck. 1863. S. 40.

1. Inmitten der Irrtümer, **welche** heutigestags den Horizont **der** Vernunft verdunkeln, inmitten der erschreckenden
Probleme, **welche** die moderne Welt bewegen und deren Lösung
die **sich selbst überlassene** menschliche Weisheit nicht zu finden
vermag, tröstet sich der Mensch und fühlt sich von lebendiger
Hoffnung beseelt, wenn **er auf das edle** Streben hinschaut, womit man in unsern Tagen die höchsten Gaben, die wir **von** Gott
empfangen haben, die Vernunft und den Glauben, die Religion
und die Wissenschaft auf das innigste zu vereinigen bemüht ist.
Die Harmonie, besser gesagt, die innige Verbindung und gegenseitige Durchdringung dieser beiden Principien des Lichts und
der Wahrheit war immerdar ein sicheres Unterpfand des Heils
und des Lebens wie für die einzelnen Menschen, so auch für
die Völker und für die menschliche Gesellschaft überhaupt. Und

umgekehrt war nichts verderbenbringender, als ihre Trennung
und Scheidung. Denn in demselben Mafse, als in den Seelen
das Licht des Glaubens erlosch oder geschwächt wurde, verminderten sich auch die erhabensten Wahrheiten der Wissenschaft, und wurde die Wissenschaft selbst gestört und verdorben
durch falsche und verderbliche Principien, deren Einflufs sich
sofort in allen Sphären des Lebens geltend machte, und zwar
zum gröfsten Schaden der moralischen Ordnung und des Glücks
der Menschen. „Wissenschaft ist Macht", hat man mit Recht
gesagt.[1]) Ohne Zweifel ist sie nächst der des Kreuzes die
gröfste Macht, welche es auf Erden giebt: aber diese ungeheure
Kraft, welche den Menschen zum König und Herrn der Natur
macht, indem sie alle Elemente dieser Welt seiner Herrschaft
unterwirft und sie in gefügige Werkzeuge seines Willens umwandelt, sie ist zugleich das stärkste Princip der Auflösung und
des Verfalls, falls sie die Bande zerreifst, welche die Vernunft
des Menschen mit der Vernunft Gottes vereinen; und geht der
Weise dazu über, die Bande zu zerreissen, so läfst er die Fackel
des Lichts aus seiner Hand fallen, um dafür die Brandfackel
zu ergreifen.

2. In unsern Tagen ist so viel die Rede von der Freiheit
der Wissenschaft. Wenn wir diejenigen hören, welche dieses
verführerische Wort auf ihre Fahne schreiben, so scheint es,
als ob man es nur auszusprechen brauche, auf dafs die menschliche Vernunft sich aller Schätze des Wissens bemächtige und
selbst bis zu den verborgensten Geheimnissen der Natur vor-
dringe. Zum Unglück vergifst man leider oft genug, dafs der
Name Freiheit ein Trugbild ist, hinter welchem sich die Zügel-
losigkeit zu verbergen pflegt, und dafs dasjenige, was die Menschen wahrhaft frei macht, die Wahrheit ist. Bildet die Wahrheit
das Ziel, worauf die Untersuchung gerichtet ist, so dünkt der
Geist sich nicht in Fesseln, sobald er auf seinem Wege von
Strecke zu Strecke als ebenso viele Lichtpunkte die Wahrheiten
vor sich sieht, womit die unerschaffene Weisheit, der Gott der
Wissenschaften[2]), ihn zu erleuchten sich gewürdigt hat; und

---

[1]) „Scientia et potentia humana in idem coincidunt." Bacon: Novum
organum. l. 1, aph. 3.   [2]) 1. Kön. 2. 3.

ebenso kann das höchste Gut, wenn es das Ziel bildet, nach welchem unser Herz verlangt, für keinen Gegner der wahren Freiheit gehalten werden, da sie ja jenes Gesetz ist, welches der Gott der Tugenden uns gegeben hat, um uns gerade zu einem solch glücklichen Ziele hin zu führen.

Darin besteht also die wahrhafte Freiheit, daſs der Mensch sich in dem Medium bewegt, welches sein Wesen vervollkommnet und ihn zu seinem Ziele geleitet, und dies ist auf dem Gebiete der Gedanken nichts anders, als der Besitz der Wahrheit. Das ist die wahre intellektuelle und wissenschaftliche Freiheit, von der sich diejenige wesentlich unterscheidet, welche unter demselben Namen die Unabhängigkeit der Vernunft als eine unabweisbare Konsequenz der sie eitlerweise vergöttlichenden Lehren verbirgt. Wozu soll es nützen, für die Wissenschaft eine derartige Freiheit zu proklamieren, wobei man ihren Träger vergöttlicht? Welches Licht soll von einem solchen Irrtum ausgehen? Nicht eine Elle kann der Mensch seiner Leibeslänge hinzufügen, und je mehr die menschliche Vernunft sich in diesem oder jenem Menschen die Fähigkeit beilegt, eine vollkommene und abgeschlossene Wissenschaft zu erreichen, desto weniger wird die Wissenschaft des Menschen jemals aufhören, das zu sein, was sie wirklich ist: ein mitgeteiltes und endliches Licht, welchem sich sogar viele Wahrheiten der natürlichen Ordnung entziehen, ein Licht, welches durch die Bosheit des Herzens leicht verdunkelt wird, ein schwaches Licht, welches, moralisch gesprochen, nicht hinreicht, ein dauerndes Verständnis der Dinge zu erzeugen durch wahre und standhaltende Gründe, die da zur Erkenntnis der Ursachen der Dinge hinanführen, ohne daſs diese Erkenntnis durch die Schatten des Irrtums verdunkelt würde.

3. .Was die menschliche Vernunft erreicht, wenn sie von Gott sich trennt, ist dies, daſs sie von den übersinnlichen Wahrheiten der Religion und der Wissenschaft herabsinkt bis zur Tiefe des Materialismus, welcher nichts anders ist, als die Korruption des Gedankens und der Affekte des Herzens. „Der Rationalismus, so sagte neulich ein spanischer Philosoph,[1]) ist

---

[1]) Z. Gonzalez: El positivismo materialista. Madrid 1872.

das logische Antecedenz und die notwendige Prämisse des
materialistischen Positivismus." „Dies ist also sicher, fügt der
nämliche Autor an einer andern Stelle[1]) hinzu, dafs die rationalistische Philosophie dem positivistischen Materialismus und
dessen Negationen, welche den christlichen Geist und die katholische Wahrheit betreffen, den Weg bereitet und einen leichten
Eingang verschafft. Indem sie die christlichen Dogmen auf
Grund ihrer Unbegreiflichkeit, ihrer geheimnisvollen Form und
ihrer Erhabenheit über die menschliche Vernunft verwirft, auto-
risiert sie indirekt den Positivisten, die philosophischen Mysterien
zu verwerfen und zu negieren, welche die Metaphysik in Bezug
auf das Unendliche und die Psychologie in Bezug auf die
menschliche Seele uns darbietet. Der Rationalismus, welcher
die Wunder verwirft und leugnet, hat kein Recht, von dem
Materialisten die Anerkennung der Schöpfung zu fordern, welche
das erste und gröfste aller Wunder ist."[2])

Man braucht sich also nicht zu verwundern, wenn nach
den Zeiten des deutschen Transcendentalismus, des Feindes der
übernatürlichen Ordnung und jeder geoffenbarten Wahrheit, sich
in dem Europa unserer Tage materialistische Doktrinen erhoben
haben, welche unter dem Namen Positivismus bekannt sind und
hauptsächlich in Deutschland, England und Frankreich mit einer
solchen Verachtung der christlichen, ja auch der einfachhin
spiritualistischen Philosophie kultiviert werden, dafs es für jedes
wahrhaft edle und katholische Gemüt zum Entsetzen ist. In
der That, es erscheint als eine Lüge, dafs jene selbe Doktrinen,
gegen welche sich sogar schon vor der Ankunft Jesu Christi
die philosophische Vernunft eines Plato und Aristoteles, die
treuen Echos der bewunderungswerten Abschnitte der heiligen
Bücher, mit Entrüstung erhob und welche von diesen Philosophen
als wirkliche Albernheiten erachtet wurden, dafs mit andern

---

[1]) A. a. O.

[2]) Es wird nicht unpassend sein, darauf aufmerksam zu machen, dafs
der Autor das Wort Wunder hier nicht in seinem strengen Sinne nimmt;
denn wiewohl der Akt der Schöpfung jede geschöpfliche und endliche Kraft
übersteigt, gehört er doch nicht zur übernatürlichen Ordnung, ist vielmehr
die Basis für die natürliche Ordnung der Dinge. Vgl. n. 97 Absatz 2.

Worten jener gemeine Materialismus eines Demokrit und Epikur, während langer und glücklicher Jahrhunderte des Christentums in Vergessenheit geraten, bis im letztvergangenen Jahrhundert Hobbes und Collins in England, und Holbach, Helvetius, Diderot und La Mettrie in Frankreich ihn wieder erneuerten, indem sie aus ihm gottlose und subversive Konsequenzen zogen, deren praktische Anwendung das Universum mit Verbrechen und jeder Art von Schrecken überschwemmte, — daſs jene Doktrinen, sage ich, heute mit neuer Kraft im Schoſse der europäischen Civilisation wieder aufleben und daſs ihre Verkünder so von ihnen aufgeblasen sind, als ob dieselben das definitive Einhergehen auf dem Wege des Fortschritts wären. Darauf läuft also der Stolz des Rationalismus hinaus, daſs er zu den heidnischen Zeiten zurückkehrt und uns als die glücklichste aller modernen Erfindungen den Materialismus anpreist und anpräsentiert, welcher vor Jahrtausenden schon von dem Glauben der Alten und selbst von ihrer so würdig vertretenen Philosophie verurteilt worden.

4. Die Vergleichung des absoluten Rationalismus mit dem Positivismus beweist auſserdem, daſs die Unabhängigkeit des Gedankens unglückseligerweise zur Negation des Gebietes der intelligibelen Wahrheiten hinführt. Der absolute Rationalismus ist die Prätension, die Wissenschaft a priori zu schaffen und zwar durch Ableitung derselben aus dem Denken selbst, insofern dasselbe nicht bloſs als Princip der Erkenntnis, sondern auch als Princip der Wirklichkeit (principium cognoscendi simul et essendi) betrachtet wird. Die Dinge denken wir diesem Systeme gemäſs nicht, weil sie sind, wie die alten Weisen sagten, sie sind vielmehr, weil wir sie denken. Die moderne deutsche Philosophie verstieg sich sogar dazu, unter dem Namen des Absoluten ein unbestimmtes Seiende zu erdenken, welches sicherlich kein reales Ding auſserhalb des Geistes ist, ein Seiendes, trotz seines rein idealen Charakters mit einer ich weiſs nicht mit welcher Macht oder dialektischen Bewegung ausgestattet, zufolge deren die Idee, wie Hegel das Seiende nannte, zur realen Existenz gelangte und sie in all ihren Stufen durchlief, von der niedrigsten angefangen, welche die träge Materie einnimmt, bis hinauf zu jener, auf welcher dieselbe Idee, indem

sie zu sich zurückkehrt, im Akte der Reflexion mit der Stimme
unsers Bewußtseins „Ich" sagt. Diese dialektische Bewegung
umfaßt also eine Reihe von Entwickelungen, bei denen die
Seinsidee verschiedene Bestimmungen in sich aufnimmt, entsprechend den Objekten, worin sie sich offenbart und welche zu
den verschiedenen Reichen der Natur gehören, von der unorganischen Wesenheit der Minerale bis zur vernünftigen Substanz
des Menschen, so daß sie nach einander rein mechanische Materie, Stein, Stern, lebendiger Organismus, sensitives Wesen und
zuletzt menschlicher Geist ist. Aber wie merkwürdig! Der
zeitgenössische Materialismus, welcher sich, und das mit Recht,
über die Transcendentalwissenschaft und ihre apriorische Dialektik
lustig gemacht und zu ihrem Mißkredit und Ruin beigetragen
hat, entnahm von ihr ohne Bedenken, vielleicht auch ohne es
merken, die Idee des Absoluten und ließ sie unter dem Namen
Kraft Fleisch und Bein annehmen in seiner ewigen Materie, die
sich da ihrerseits nach der Lehre der Materialisten mittels
einer andern Reihe von Evolutionen, ganz ähnlich dem Hegelschen Werden, zu all den verschiedenen Arten und Reichen des
Universums umformt, in welchen die Materie dem preußischen
Professor gemäß sich entwickelt und offenbart.

Auf Grund des Gesagten läßt sich denn auch der Unterschied zwischen dem antiken und dem modernen Materialismus
erklären. Demokrit und Epikur betrachteten die Materie als
eine träge, den Gesetzen der Mechanik unterworfene, bis ins
Unendliche teilbare Masse, aus deren Atomen, verschiedentlich
hin und her bewegt, sich allmählich die Körper und speciell
der menschliche Körper zusammensetzen. Das war das System,
welches man das mechanische oder geometrische und auch das
atomistische nannte. Dasjenige aber, welches heutzutage die
neuen Schulen ausgedacht haben, entsprechend den Bedürfnissen
des zeitgenössischen Naturalismus, ist von einem neuen Princip
beherrscht, welches sich von dem unbestimmten Sein, woraus
der Pantheismus den Ursprung und die Quelle seiner ganzen
Existenz hernahm, seiner Wesenheit nach nicht unterscheidet.
Auf die Weise kam es, daß der Pantheismus und Materialismus
sich in der Lehre eines Büchner und Moleschott vereinigten und

dafs sich in dieser Lehre Hegel und Epikur über soviele Jahrhunderte hinweg die Hand reichten, der letztere mit seinen ewigen und der Zahl nach unendlichen Atomen und der erstere mit seiner Idee und seinem Werden, wodurch diese beiden den Begriff von einer unerschaffenen Materie ausbildeten, von einer Materie, ausgerüstet mit einer immanenten Kraft, mit einer innern und geheimnisvollen Macht, welche sie in einer stets vorwärts schreitenden Richtung antreibt, so dafs sie dieselbe vom Reich des Mechanischen zum Reich des Lebendigen, des Sensitiven und des Vernünftigen hinführt.

Es ist überflüssig, hinzuzufügen, dafs der moderne wie der antike Materialismus und ebenso auch der Pantheismus, welcher mit jenem eins ist und ihm, wie zuvor gesagt, seinen falschen Begriff von dem Absoluten einimpft, der Todfeind der Religion ist, und nicht blofs ihr Feind, sondern auch der der Wissenschaft, deren Namen er bis zu dem Grade mifsbraucht, dafs er sie anruft, um seine schrecklichen Wahnwitzgedanken zu rechtfertigen. Ausgehend von der sensualistischen Idee, dafs es kein anderes Objekt für die wissenschaftlichen Untersuchungen giebt, als die Thatsachen, welche in den Bereich der Sinne fallen, sprechen die modernen Pseudo-Gelehrten dem Menschen das Verständnis für die höchsten Principien der Wissenschaft und für die erhabensten Wahrheiten, zu denen die Vernunft sich erschwingen kann, ab und zerstören merkwürdigerweise im Namen derselben Vernunft und der Wissenschaft diese beiden Leuchttürme unsers Lebens. Da es unter allen Wissenschaften, welche die menschliche Vernunft erleuchten, eine erste und fundamentale giebt, von welcher alle übrigen ihre Hülfe und Richtung entnehmen, nämlich die Philosophie, worin die letzten Gründe der Dinge enthalten sind, sowie die höchsten und allgemeinsten Begriffe des Wissens, die Gesetze des spekulativen Denkens und des sittlichen Lebens, welches den Menschen seiner höchsten Bestimmung entgegenführt: so ist diese Wissenschaft die Wurzel von dem encyklopädischen Baum unserer Erkenntnisse, der Saft, welcher durch ihn in seiner Ganzheit hindurch cirkuliert, und das Princip seiner Fruchtbarkeit und Schönheit. Nun ist es aber bekannt, dafs die gedachten Schulen ihr Vorhaben einzig

darauf hinrichten, jene Wurzel auszureifsen und jenen vitalen
Saft auszutrocknen, — zum grofsen Schaden, Verlust und Ruin
für die Vernunft und den Glauben, ja für die menschliche Gesellschaft, die sich auf beide stützt.

Auf der andern Seite verdient es besonders bemerkt zu
werden, dafs die Menschen, wie sehr sie sich auch bemühen,
ihre intellektuelle Thätigkeit in die Sphäre der sinnlichwahrnehmbaren Dinge einzuschliefsen und darauf zu beschränken, trotzdem
einem Impuls ihrer edlen Natur zufolge, welche durch die
Sophismen entstellt aber nicht zerstört wird, immer wieder
danach streben, die schwierigsten Probleme der Wissenschaft
zu lösen, und zumal diejenigen, welche auf den Ursprung und
den Anfangsgrund des Universums und auf die Natur und Bestimmung der zu ihm gehörenden Wesen Bezug haben. Da sie
aber des Lichts der Religion und der Metaphysik beraubt sind,
so finden sie niemals die wahre Lösung und mühen sich vergeblich ab in dem Schatten des Materialismus und Pantheismus,
das heifst des mehr oder weniger verschleierten Atheismus. In
diesem höchst traurigen Falle, worin sie sich befinden, nimmt
die Phantasie die Stelle der Vernunft ein, die Hypothesen vertreten die Principien, und die Wahnwitzgedanken der Gottlosigkeit führen den Namen Wissenschaft. Es ist daher nicht zu
verwundern, dafs bei einem derartigen Verfahren der menschliche
Geist die entgegenstehendsten Begriffe beklagenswerterweise
unter einander verwechselt, das Absolute mit dem Relativen,
das Unendliche mit dem Unbestimmten, die Ewigkeit mit der
Zeit, dafs er den geschaffenen Dingen die unmittelbaren Vollkommenheiten des Schöpfers beilegt und dafs er die erhabensten
Wahrheiten leugnet und bekämpft, z. B. den Wesensunterschied
der Dinge, die Existenz Gottes und seine Eigenschaften, die
Geistigkeit und Unsterblichkeit der menschlichen Seele, die
Willensfreiheit des Menschen, den providentiellen Charakter der
historischen Ereignisse, den Endzweck der Dinge und die ewige
Bestimmung des Menschen.

Aus solchen Irrtümern mufsten auf dem Gebiete der Religion
und Moral notwendigerweise Ideeen hervorgehen, welche für die
Sitten und die Gesellschaft die schlimmsten und verderblichsten

Folgen haben und sie in ihren Fundamenten bedrohen. Die Moral sank zu Boden, von dem Augenblicke an tödlich verwundet, als die Idee eines göttlichen Gesetzgebers, der Quelle und des obersten Ursprungs von Pflicht und Recht, verworfen wurde; die Auktorität, welche eines der schönsten und fruchtbarsten Principien der wahren Weisheit und das Fundament der socialen Ordnung ist, wurde durch die rohe Gewalt ersetzt, und das ganze Leben des Menschen, seine gesamte Thätigkeit und Würde waren reduciert auf die armselige Arbeit, vergängliche Reichtümer anzusammeln, um damit den Durst der Leidenschaften zu stillen. So wurde die Rebellion des Fleisches gegen den Geist, des Untergebenen gegen den Vorgesetzten, der vernünftigen Kreatur gegen ihren Schöpfer gepflegt. Und die Ursache von all dem lag darin, daß, nachdem die Wissenschaft von der übernatürlichen Ordnung abgetrennt und die Vernunft von aller göttlichen und menschlichen Auktorität, ja selbst von den höchsten Gesetzen der Logik emancipiert worden, der Mensch kaum mehr etwas anders kannte, konnte und wollte, als die Anbetung der Materie in all ihren Manifestationen oder, um deutlicher zu reden, in all ihren Lastern und Gelüsten.

Das sind die Früchte, welche der von den Feinden des Glaubens gepflegte Baum der Wissenschaft zeitigt, Früchte, für die Sinne sicherlich ergötzend, aber verdorben durch den Atheismus, den nagenden Wurm des sittlichen und socialen Lebens der Menschen, der schließlich mit allem aufräumt, was es Schönes, Wahres und Edles in dieser Welt giebt, die Wissenschaft selbst nicht ausgenommen. Was kann man erwarten, wenn solche Früchte die tägliche Nahrung des Volkes bilden! Und solche Früchte, in verführerische Blätter eingehüllt, trägt auch der wissenschaftliche Naturalismus. O, der Unglaube der Völker folgt immer dem seiner Lehrer; und wie diese, wenn sie dem göttlichen Lichte widerstehen, welches in der Person des göttlichen Lehrmeisters auf die Erde herabstieg, tausendmal schlechter sind, als jene Philosophen, von denen der Apostel sagt,[1]) daß sie in ihren Gedanken eitel geworden, so ist auch

---

[1]) Röm. 1. 21.

sehr zu befürchten, daſs die Menge, welche jene bewundert und
nachahmt, zu einem noch tiefern Grade von Gemeinheit und
Schlechtigkeit hinabsinke, als diejenige war, welche die Geschichtschreiber und Dichter des Heidentums in den uns über-
lieferten Monumenten schildern.

5. Es ist also eine den Geist und das Herz, das Individuum
und die Gesellschaft drängende Notwendigkeit vorhanden, den
in Wahrheit niemals ganz abgebrochenen Goldfaden wiederauf-
zunehmen, welcher die Religion mit der Wissenschaft verbindet.
Das ist das groſse Problem unserer Tage, von dessen Lösung
die Einigung und Harmonie aller Faktoren der Civilisation und
zumal die des Priestertums und Königtums abhängt, deren glück-
liche Eintracht das Heil der Welt begründet hat und immer
begründen wird. Zum Glück verlangt die Lösung dieses unsers
Problems nichts anders, als eine reine Liebe zur Wahrheit;
denn die Wahrheit ist das gemeinsame Band der Religion und
der Wissenschaft, oder sagen wir lieber, die Quelle und das
Princip, woraus die beiden hervorgehen, und das Centrum, wo
ihre leuchtenden Strahlen zusammentreffen. Die menschliche
Vernunft hat sich immer nach dem Lichte des göttlichen Lehramtes gesehnt, und die Wissenschaften, welche den Glauben
fördern, indem sie ihn als den höchsten und schönsten Glanz
ihrer Krone betrachten, sind auf nichts stolzer und können auf
nichts stolzer sein, als darauf, der geoffenbarten Weisheit das
Zeugnis ihrer Zustimmung entgegenzubringen. Der evidente
Beweis für die Religiosität der Wissenschaft sind die Gelehrten
selbst, welche ihr in den heutigen Zeiten gewissermaſsen das
Dasein geschenkt haben. Oder, wer kennt heutzutage nicht
viele berühmte Männer, welche sich demütig verneigen und ihr
Haupt entblöſsen, wenn sie den Namen Gottes hören?

6. Das Bestreben, die menschliche und göttliche Weisheit
in Übereinstimmung und Harmonie zu bringen, entspricht nicht
blofs vollständig dem Lichte der Vernunft, sondern zugleich auch
dem Geiste, der Lehre und der konstanten Überlieferung der
Kirche, welche die beste Freundin und Beschützerin der Wissenschaft war und immerdar sein wird. Der Katholicismus rühmt
sich ausgesprochenermaſsen, daſs er alles schätze und fördere,

was es für den Menschen Schönes, Edles und Nützliches giebt. Unter diesen Dingen nehmen die Wissenschaften einen hervorragenden Platz ein. Gleichwie sie nämlich den Geist des Menschen veredeln, indem sie ihn über das Materielle hinaus zu der Region der übersinnlichen Wahrheiten emporheben, so lehren sie ihn auch die trefflichste Weise, die Herrschaft, welche ihm als König und Herrn derselben über die niedere Kreatur kraft eines natürlichen und göttlichen Rechtes zusteht, über die äußere Natur ausüben, indem sie ihm zeigen, wie er die Erkenntnis der Naturgesetze gebrauchen solle, um die Natur selbst zur Stillung seiner Bedürfnisse, zu seiner Vervollkommnung und zu seinem Wohlergehen sich dienstbar zu machen. Auf diese Weise wird die Freude, welche der Mensch an dem Gebiete des wissenschaftlichen Denkens findet, durch die Religion geheiligt, durch die Religion, welche da alle Werke des menschlichen Genies segnet, über denen immerdar jenes geheiligte Symbol schweben sollte, Christum den Herrn uns darstellend, wie er alles Gute an sich zieht, um es zu der hehren Würde des Übernatürlichen und Göttlichen zu erheben. Gleichwie dann anderseits in den göttlichen Unterweisungen die geschaffenen Dinge die sichtbare Leiter sind, auf welcher der Verstand zu Gott hinaufsteigt und dessen unsichtbare Vollkommenheiten, wie sie sich auf Erden und am Himmel wiederspiegeln und seiner Ehre Zeugnis geben, betrachtet, so führen uns die Wissenschaften, welche da nichts anders, als die geistigen Spiegelbilder eben jener sichtbaren Dinge sind, ebenfalls zu dem Gedanken Gottes, und machen sich dadurch der Ehre würdig, die ihnen der christliche Geist erweist; und wie die natürliche Ordnung der Dinge mit der übernatürlichen verknüpft ist, in welch letzterer sich die Natur bis zum Himmel erhoben sieht, so steigt gleichfalls die Wissenschaft von der Natur und ihren Gesetzen durch die Kraft der Religion bis zur Höhe der göttlichen Weisheit und zieht bei diesem glorreichen Aufsteigen die geschaffenen Intelligenzen mit sich hinauf. Mit Recht hat man daher von der erhabensten aller menschlichen Wissenschaften gesagt, daß sie das Vorwort des Evangeliums sei; von ihr versichert außerdem

der berühmte englische Kanzler Bacon,[1]) daſs sie zur wahren
Religion führe.

Dem sei hinzugefügt, daſs die menschlichen Wissenschaften,
wenn sie auch nicht die Kraft besitzen, die Mysterien der Offenbarung begreiflich zu machen, gleichwohl aber imstande, ja sehr
imstande sind, Gleichnisse und Spuren davon in den natürlichen
Wahrheiten aufzufinden, die Sophismen der Ungläubigen zu ent-
kräften, die Thatsache der Offenbarung und die Wahrheit jener
Dogmen, welche zu gleicher Zeit streng wissenschaftliche Wahrheiten sind, zu beweisen und durch unbesiegbare Argumente zu
bestätigen. Was Wunder also, wenn die Kirche die menschlichen
Wissenschaften schätzt und liebt und von ihnen hält und erklärt,
daſs sie sich um die Religion verdient gemacht; wenn sie dieselben fördert und sich ihrer bedient, um die Völker zu unterrichten und zu erziehen und dadurch überallhin das Reich der
Wahrheit und Liebe zu verbreiten! Mit vollem Rechte hält sich
die Wissenschaft für verpflichtet, ihren göttlichen Ursprung anzuerkennen und ihre Lehren auf die Ehre Gottes und das Glück
der Menschen hinzuordnen. Das ist ihr höchster Beruf, aufserhalb dessen Sphäre sie sich dazu verurteilt sieht, als Sklavin
den Interessen und den Leidenschaften zu dienen. Als solche
wird sie von der katholischen Religion sicherlich nicht behandelt,
von ihr wird sie vielmehr als eine Schwester angesehen, welche
denselben Vater im Himmel hat, ähnlich wie auch Jesus Christus,
der Urheber und Vollender des Glaubens[2]), uns seine Brüder
nennt und so uns zur Würde von Gottessöhnen erhebt, wiewohl
wir in Wirklichkeit nur seine Knechte sind und unsern ganzen
Stolz darein setzen müssen, ihm zu dienen.

7. Wie groſs die Achtung ist, welche die Wissenschaft in
der katholischen Kirche genieſst, das beweisen noch deutlicher
und anschaulicher die Geschichte und die Dokumente der christlichen Weisheit. Die heiligen Bücher sind voll von Zeugnissen
für die Ehre der Wissenschaften. Von ihnen soll besonders
an dasjenige erinnert werden, worin der Herr erklärt, er sei
der Gott der Wissenschaften.[3]) Der Völkerapostel verlangt bei

---

[1]) De dignit. et augment. scient. lib. 1, non longe ab initio.
[2]) Hebr. 12. 2.   [3]) 1. Kön. 2. 3.

den Dienern des göttlichen Wortes die Wissenschaft zugleich mit der Keuschheit und Liebe[1]) und lehrt sie außerdem durch sein eigenes Beispiel, welchen Gebrauch man von den Aussprüchen der Weltweisen machen könne. Das waren allezeit die Traditionen der Kirche. Von der ersten Zeit an, selbst während der schrecklichen Verfolgungen, unter welchen die Religion des Gekreuzigten seufzte, ließen die Gläubigen die Fackel der Wissenschaft in ihren Händen niemals erlöschen, im Gegenteil, die nämliche Ungerechtigkeit, welche sie unschuldig hinschlachtete, verschaffte ihnen auch die Gelegenheit, ihre Sache mit Argumenten der natürlichen Vernunft, von Tertullian als natürlich christlich bezeichnet,[2]) zu verteidigen.

Aber nicht bloß in den Apologieen, auch in den Kontroversen mit den heidnischen Philosophen und in dem eigentlichen Unterrichte entfalteten die großen Lehrer der Wahrheit unter den Gläubigen die unermeßlichen Schätze des Wissens, welche sie zum großen Teile aus den Büchern der heidnischen Weisen geschöpft hatten. In der Katechetenschule zu Alexandrien, von dem h. Evangelisten Markus gegründet, war es Sitte, zugleich mit dem göttlichen Glauben die höchste Wissenschaft zu lehren, welche von den Menschen erdacht und ans Tageslicht gefördert werden konnte. Dort blühte besonders als christlicher Philosoph der berühmte Lehrer des Origenes, Ammonius Sakkas, vir dissertus et eruditus in philosophia, wie ihn der h. Hieronymus nennt. Jener gefeierte Schüler des Ammonius lehrte gleichfalls die Philosophie, anfangs zu Alexandrien und nachher zu Cäsarea. Der Geschichtschreiber Eusebius berichtet, daß zahllos die Ketzer waren, und darunter viele berühmte Philosophen, welche von allen Seiten zu ihm hinströmten, um von seinen Lippen nicht bloß die Wissenschaft der göttlichen Dinge, sondern auch die Lehren der griechischen Philosophie zu hören. Gab es unter seinen Schülern einen von ganz besonderm Talente, so ermöglichte Origenes es ihm auch, die tiefen Gedanken der Philosophie, der Geometrie und anderer Wissenschaften zu verkosten, indem er die Bücher der alten Philosophen erläuterte und erklärte,

---

[1]) 2. Kor. 6. 6.   [2]) Apologeticum. c. 17.

nachdem er den verborgenen Sinn derselben erforscht hatte:
und so kam es, dafs er selbst von den Heiden für den gröfsten
Philosophen gehalten wurde. Indem der h. Gregor von Nyssa
die Methode beschreibt, deren sich Origenes bei seinem Unterrichte bediente, sagt er, dafs seine Schüler allmählich es dahin
brachten, die Meinungen und Lehren der Philosophen und Dichter
zu verstehen und ihre Schriften alle, die gottlosen ausgenommen,
zu lesen, und dafs, wenn sie an schwierige und verwickelte
Stellen gelangten, ihr grofser Lehrer ihren Zweifeln zuvorkam
und alle Schwierigkeiten, welche der Erkenntnis der Wahrheit
entgegenstanden, beseitigte. Derselbe Origenes bekennt, dafs
er das Beispiel des Pantänus und Heraklius befolgt habe, und
berichtet von letzterem, einem Priester aus Alexandrien, dafs
er statt des Kleides, dessen man sich gewöhnlich bediente, den
Philosophenmantel angelegt und unaufhörlich die Werke der
Griechen studiert habe. So begann also in den christlichen
Schulen schon von den ersten Jahrhunderten der Kirche an das
Bündnis zwischen Religion und Wissenschaft. Das war der
Anfang einer Art von Tradition, deren Ringe sämtlich von Gold
waren.

Die Väter der Kirche, im Morgen- wie im Abendlande,
waren nicht blofs in der Tugend und göttlichen Wissenschaft,
sondern auch in der Philosophie und den andern weltlichen
Wissenschaften grofs, weil sie all dasjenige, was das Genie der
alten Weisen bis auf ihre Zeit glücklich gesammelt hatte,
studierten und kannten, wobei sie in den Büchern der heidnischen Philosophen und Dichter das Wahre vom Falschen
unterschieden und trennten und ihre Lehren in reine und echte
Philosophie umwandelten. Das Studium der Philosophie, wie
überhaupt aller menschlichen Wissenschaften, wurde von den
Vätern der Kirche immer empfohlen, und zwar nicht blofs wegen
des Lichtes, welches sie unter den Heiden verbreitete, die da
des übernatürlichen, durch Gottes Barmherzigkeit vorzugsweise
den Hebräern zu teil gewordenen Lichtes entbehrten, sondern
auch deshalb, weil sie zur Verbreitung und Verteidigung des
Glaubens sich verwenden liefs. Klemens von Alexandrien sagte

sogar,[1]) daß die Philosophie vor **Christus** notwendig gewesen
zur Gerechtigkeit und nunmehr nützlich sei zur Frömmigkeit.
„Sie führte die Griechen, so bemerkt er weiter, nach Weise
eines Erziehers, ganz ähnlich, wie die Hebräer das Gesetz,
zu Jesus Christus hin. Die Philosophie bereitet jedem den
Weg, welcher durch diesen göttlichen Lehrer erleuchtet und
vervollkommnet werden will." Vor ihm hatte Origenes gesagt,
daß er die philosophischen Studien und überhaupt die Kenntnis
der weltlichen Wissenschaften für notwendig halte; „denn, so
fügte Klemens hinzu, wenn die Wissenschaft der ersten Wahrheiten auch überflüssig wäre, immerhin würde es doch nützlich
sein, **es zu** beweisen, und jedenfalls könnte man sie nicht
verwerfen, ohne sie gut zu kennen." Noch viel weiter ging
der h. Justin in seiner Verehrung zur vorchristlichen Wissenschaft; denn er trug kein Bedenken, von ihr zu sagen,[2]) daß
all dasjenige, was die außerhalb des Glaubens stehenden Geister
Gutes und Wahres gedacht hätten, christlich gewesen sei. Dies
war auch die Meinung des h. Augustin, dieses wunderbaren
Genies, welches den Glauben der Kirche sicherlich nicht annahm,
ohne sich vorher durch unwiderlegliche Gründe überzeugt zu
haben, daß die christlichen Geheimnislehren nichts Unvernünftiges
enthalten. Er schreibt:[3]) „**Wenn jene,** die sich Philosophen
nennen, irgend etwas Wahres und unserm Glauben Angemessenes
gesagt haben, so brauchen wir es nicht nur nicht zu fürchten,
wir müssen es sogar ihnen als den unrechtmäßigen Besitzern
zu unserm Gebrauch abnehmen." Und nachdem er von jenen
Wahrheiten gesagt hat, **sie** seien in den Schriften der Philosophen zerstreut, wie Adern reinen Metalls unter dem Erze,
fährt er fort: „Haben soviele der besten Gläubigen unter uns
anders gehandelt? Mit welcher Last Goldes und Silbers und

---

[1]) „Atque erat quidem ante Domini adventum philosophia Graecis
necessaria ad iustitiam, nunc autem est utilis ad pietatem . . . . Nam
ipsa quoque Graecos paedagogi more ducebat, sicut lex Hebraeos, ad Christum. Praeparat ergo philosophia ei viam muniens, qui a Christo perficitur "
Stromata. l. 1, c. 5.

[2]) Apologia secunda. n. 10; cf. n. 13.

[3]) De doctrina christiana. l. 2, c. 40.

kostbarer Gewänder beladen sahen wir nicht Cyprian, den lieb-
lichsten Lehrer und seligsten Martyrer, aus Ägypten wegziehen?
Wie viel trugen Laktantius, Viktorinus, Optatus, Hilarius hinweg, um von den Zeitgenossen zu schweigen? Wie viel unzählige Griechen?"

8. Um aber zu Klemens von Alexandrien zurückzukehren,
so erinnert Kardinal Wiseman, von dem einige der vorhin gebrauchten Citate herrühren, sehr zeitgemäfs daran, dafs Klemens
viele Kapitel der gelehrten „Stromata" für seine Lieblingsstudien
verwertet habe, und führt dann von ihm die Worte an:[1] „Mannigfaltige und reiche Gelehrsamkeit erwirbt demjenigen, der die
grofsen Dogmen des Glaubens vorträgt, das Vertrauen seiner
Zuhörer, indem sie seine Schüler mit Bewunderung erfüllt und
sie zur Wahrheit zieht." Gleich darauf läfst er ihn fortfahren:[2]
„Einige Menschen, welche eine hohe Meinung von ihren vortrefflichen Anlagen haben, wollen sie nicht der Philosophie oder
Dialektik widmen, ja nicht einmal der Naturphilosophie, sondern
begehren nur, den Glauben allein und ungeschmückt zu besitzen,
mit ebensoviel Grund, als wenn sie Trauben von einem Weinstock zu pflücken erwarteten, den sie ungepflegt gelassen haben.
Unser Herr wird allegorisch ein Weinstock genannt, von dem
wir durch sorgfältige Pflege nach dem ewigen Worte Früchte
pflücken sollen. Wir müssen beschneiden und graben und binden
und alle andere nötige Arbeit verrichten. Und wie bei dem
Ackerbau und der Arzneiwissenschaft derjenige als der gebildetste
gilt, der sich auf die mannigfaltigste Anzahl von Kenntnissen,
die zum Bauen oder zum Heilen nützlich sind, verlegt hat, so
müssen wir den für den Bestgebildeten halten, der alle Dinge in
Beziehung mit der Wahrheit setzt, der aus der Geometrie, der
Musik, der Grammatik und der Philosophie selbst alles sammelt,
was zur Verteidigung des Glaubens dient. Der Kämpfer aber,
der sich nicht wohl eingeübt hat, wird gewifs verachtet werden."[3]

---

[1] Zusammenhang zwischen Wissenschaft und Offenbarung. In deutscher Übersetzung herausgegeben von B. Weinhart. Regensburg. 3. Aufl.
1866. S. 591.

[2] A. a. O. S. 591 f.

[3] Wenn wir, so möchte ich mit Kardinal Wiseman bemerken, anstatt
der Geometrie und Musik, die Geologie, Sprachwissenschaft, Chronologie

Der h. Gregor von Nyssa lobte den h. Basilius, weil er die
Schätze der Wissenschaft für die Religion verwertet habe, und
schreibt:[1] „Viele bringen der Kirche profane Gelehrsamkeit als
Gabe dar; unter diesen war der grofse Basilius, der, da er in
seiner Jugend die Beute Ägyptens erfafst und Gott geweiht
hatte, mit ihrem Reichtum das Tabernakel der Kirche schmückte.“
Der berühmte Freund des h. Basilius, der h. Gregor von Nazianz,
hat sich über den Nutzen der profanen Studien ebenfalls ausgesprochen, er, der mit seinem Freunde nach dem Ausdruck des
h. Augustinus die Wahrheit, wo immer gefunden, als Eigentum
der Kirche betrachtete. Eine Stelle aus Gregors Leichenrede
auf seinen Freund wird hinreichen, seine Ansicht über jenen
Punkt offenkundig zu machen. „Ich glaube, sagt er,[2] alle
Männer von gesundem Verstande müssen darin übereinstimmen,
dafs die Wissenschaft für das höchste der irdischen Güter zu
erachten sei. Ich spreche nicht blofs von der edlen Wissenschaft,
welche die unsere ist, und welche, alle äufserliche Anmut ver-
schmähend, sich ausschliefslich dem Werke der Erlösung und
der Schönheit der geistigen Ideeen zuwendet, sondern auch von
jener Gelehrsamkeit, die von aufsen ist und die einige unver-
ständige Christen als falsch und gefährlich und die Seele von
Gott abkehrend verwerfen.“

9. Ganz geradeso dachten auch die Väter des Abendlandes.
Der h. Hieronymus z. B. spricht mit Bitterkeit von denen, welche,
wie er sagt,[3] krasse Unwissenheit für Heiligkeit halten, indem
sie sich rühmen, dafs sie Schüler armer Fischer seien. Und
indem er bei einer andern Gelegenheit die h. Schrift erklärt
und dabei auf verschiedene heidnische Autoren sich stützt,
schliefst er mit diesen Worten: „Haec autem de Scripturis pauca

---

und die anderen Wissenschaften setzen, welche heutzutage mit besonderm
Eifer betrieben werden, so kann man die Worte des Klemens als eine
formelle Bestätigung derjenigen Principien betrachten, die jenen unter uns,
welche sich mit dem Beweise für die vollkommene und allgemeine Übereinstimmung zwischen Religion und Wissenschaft befassen, als Leitstern
dienen. Vgl. Wiseman: A. a. O S. 592.

[1] De vita Mosis seu de perfectione virtutis.
[2] Funebris oratio in laudem Basilii Magni.
[3] Epist. 25 ad Marcellam.

Schütz: Wissenschaft und Offenbarung. 2

posuimus, ut congruere nostra cum philosophis doceremus —
wir haben diese wenigen Stellen aus den hh. Schriften angeführt, um zu zeigen, daſs unsere Lehren mit denen der Philosophen übereinstimmen."[1]) Es sei mir gestattet, auch den h. Bernard zu citieren. In einer Predigt über das Hohelied, deren
Thema dies ist, daſs die Kenntnis der menschlichen Wissenschaft
gut sei, sagt jener aus so vielen Gründen bewundernswerte
Mann, indem er sich an seine Zuhörer wendet, also:[2]) „Es mag
euch vielleicht scheinen, als ob ich die Wissenschaft gering-
schätze, die Gelehrten verachte und das Studium der Wissenschaften verbiete; aber davor möge Gott mich behüten. Ich
weiſs sehr wohl, wie viel der Kirche ihre Gelehrten genützt
haben und noch nützen, sei es zur Widerlegung der Feinde,
sei es zur Belehrung der Unwissenden. Und ich habe endlich
gelesen[3]): Weil du die Erkenntnis verworfen, so werde ich auch
dich verwerfen, auf daſs du das Priestertum mir nicht verwaltest."
Dem sei noch hinzugefügt, daſs die alten Exegeten und Apologeten nicht blofs den Schatz der heidnischen Gelehrsamkeit, wie
sie aus dem Schmelztiegel des Glaubens gereinigt hervorgegangen,
sondern auch die originellen Gedanken ihres eigenen Geistes
für die Erklärung und Verteidigung der christlichen Wahrheit
verwerteten.

10. Aufser der Philosophie im eigentlichen Sinne des Wortes,
so sagt ein Schriftsteller, umfafst die Wissenschaft zwei Arten
von Erkenntnissen, eine, welche sich auf die äufsere Natur, und
die andere, welche sich auf den Menschen bezieht: die Physik
und die Geschichte. Die erste, durch das Dogma von der
Schöpfung, welches den Ursprung und die Bestimmung der Welt
enthält, erleuchtet, erklärt die Allgemeinheit und Beständigkeit
der Weltgesetze. Es ist in der That nichts Seltenes, bei den
christlichen Lehrern des Altertums sehr lichtvollen Auffassungen
über die physische Ordnung zu begegnen. Was den Menschen,
ihn historisch betrachtet, anlangt, so ist es bekannt, daſs von
den ersten Tagen des Christentums an sich die Verwirklichung

---

[1]) Adversus Jovinianum. lib. 2.
[2]) Sermo 36 super Cantica.
[3]) Hos. 4. 6.

eines Ideals herdatiert, welches von einem zeitgenössischen Philosophen also beschrieben wird[1]): „Die Wissenschaft der Menschheit wird ihre höchste Vollkommenheit erreichen, wenn die gesamte alte und neue Geschichte sich auf den Beweis für die Wahrheit und Göttlichkeit des Christentums beschränkt, dem die Welt und die Gesellschaft ihre Existenz verdanken." In neuerer Zeit haben Bossuet, Schlegel, Balbo und andere ausgezeichnete Denker die Geschichte im Lichte einer solch erhabenen Wahrheit betrachtet. Das ist überhaupt die Ansicht, welche unter den Gelehrten prävaliert, und die Illusionen, welche sich einige über die Philosophie der Geschichte gemacht haben, durch Herder und Condorcet, Lessing und Hegel veranlaſst, sind verschwunden. Nun denn, den Keim zu dieser Wissenschaft findet man schon in der Apologie des Justin, und die Wissenschaft selbst unter einer groſsartigen und imponierenden Form in den Büchern de civitate Dei von St. Augustin.

11 Die angezogenen Stellen und viele andere, welche auſserdem noch citiert werden könnten, beweisen klar, daſs schon von den ersten Jahrhunderten der Kirche an die Wissenschaft gekannt, daſs sie von den Lehrern des Glaubens geliebt und gepflegt wurde; in deren Abhandlungen und Unterredungen geht die Wissenschaft Hand in Hand mit der Religion und legt für sie die deutlichsten Zeugnisse von Anhänglichkeit und Ehrerbietung gegen sie ab. Und so reichhaltig und vorzüglich war für das Christentum der Nutzen der menschlichen Wissenschaft, so wie sie von dem Katholicismus erleuchtet und gesegnet war, daſs einer der gröſsten Feinde, welche die katholische Religion jemals gehabt hat, Julian der Apostat, der Mitschüler des h. Gregor, ein Dekret erließ, worin er den Christen verbot, die öffentlichen Schulen zu besuchen und dem Studium der Wissenschaften sich zu widmen. Dies Verbot wurde immer für die feindseligste Verfolgung gehalten, für tausendmal schlimmer, als die Verfolgung des Nero und Diokletian, weil es den Gläubigen die Waffe raubte, deren sie sich so glücklich bedienten, um den Irrtum und den Götzendienst niederzukämpfen, die mächtige

---

[1]) Gioberti: Introduzione allo studio della filosofia, c. 1.

2*

Waffe der Wissenschaft, welche sie später, wie man ihnen vor-
warf, perhorrescierten. Glücklicherweise wurde der Apostat von
dem Galiläer besiegt, wie sich Julian selbst ausdrückte, als er,
von einem Pfeil durchbohrt, dem Tode entgegenging, und das
Studium der Wissenschaften fing in der Kirche wieder zu blühen
an und blühte weiter im ganzen Verlauf der folgenden Jahrhunderte, hauptsächlich gepflegt von den Schülern des Erlösers.
Auf die Väter des christlichen Altertums, welche Leuchten
der Welt waren, folgten die Lehrer des Mittelalters. Im Verlauf desselben schuf nach den Worten Lacordaires die Kirche,
ähnlich wie Gott am Anfange der Welt die Gesamtheit der
Wesen geschaffen, die Gesamtheit der Studien, und stellte sie
in den berühmtesten Städten Europas unter den Namen Universitäten als ebensoviele Herde des göttlichen und menschlichen Wissens hin. Dort waren vereint und lebten all die
Disciplinen, in welche sich die wissenschaftliche Encyklopädie
zerteilt, ganze Jahrhunderte hindurch unter dem Schutz und
Schirm einer so heiligen und frommen Mutter, indem sie, Dank
der Einigkeit des Glaubens, der ihnen allen ein übernatürliches
und göttliches Siegel aufdrückte, eine wahrhafte wissenschaftliche
Einheit bildeten, die von grofsem Umfange und zugleich von
grofser Fruchtbarkeit war. Bevor jene schöne Morgenröte am
europäischen Horizont aufleuchtete, hatte die Kirche die hauptsächlichsten Monumente der griechischen wie der römischen Kunst
und Weisheit gesammelt und gerettet, hatte für die Wissenschaften Asyle gegründet, als sie vor den Barbaren, welche in
das römische Reich einfielen, entsetzt die Flucht ergriffen, und
hatte an ihren Klöstern und Kirchen unzählige Schulen eröffnet,
in denen das Volk die grofsen Wahrheiten lernte, welche die
Ehre unserer Civilisation und Kultur immerdar waren und sein
werden. Dank der mächtigen Thatkraft, von dem Katholicismus
den Nationen mitgeteilt, in welche das römische Reich zerfiel,
nahmen die alten Städte einen neuen und mächtigen Aufschwung
und neue blühende Städte entstanden, in deren Schofs die Industrie und der Handel zu gedeihen anfingen und der Genufs
der Poesie und der schönen Künste seine Flügel entfaltete.
Kurz, der Kirche, welche das Licht der Intelligenz lebendig

erhielt und deren kostbare Errungenschaften bewahrte und ver-
mehrte, der Kirche ist es zu verdanken, daſs der Faden der
wissenschaftlichen Traditionen, ohne dessen Hülfe die Wissenschaften wie die Künste niemals kräftig emporwachsen oder in
beständiger Kindheit verbleiben, sozusagen niemals unterbrochen
worden ist.

12. In den Zeiten, welche der protestantischen Reformation
folgten, wurde jene Einheit der Intelligenzen, welche in den
obersten Wahrheiten der durch den Glauben verherrlichten
Wissenschaft übereinstimmten, von dem Unglauben, welcher
durch die freie Forschung erzeugt war, angegriffen; und was
das achtzehnte Jahrhundert betrifft, so gingen damals einige Gelehrte sogar darauf aus, die Wissenschaft auf der Negation von
allem, was Gott heiſst, aufzubauen, indem sie sich sämtlicher
Mittel bedienten, welche die Fortschritte des Wissens in jener
Zeit der Vernunft an die Hand geben konnten. Die Philosophie
in all ihren Teilen und Anwendungen, die Geschichte mit ihren
Hülfswissenschaften, speciell die Chronologie und Linguistik, das
Studium der alten Litteraturen, die Archäologie, vor allem aber
die Naturwissenschaften, wie die Astronomie und Geologie,
welche damals entstand und den Eindruck machte, als ob sie
eine ganz neue Wissenschaft werden wollte, sie alle konspirierten
gegen die Wahrheit des Glaubens in den Werken der Glaubens-
gegner und bildeten eine dem Anschein nach so mächtige Liga,
daſs etwelche Katholiken schon anfingen, für die Sache der
Religion zu fürchten, weil sie sofort mit Besorgnis auf die
Forschungen der Gelehrten hinschauten und auf deren Errungenschaften, welche den Fortschritt der Wissenschaften verstärkten
und beschleunigten.

Eitle Furcht! Wenn man bedenkt, daſs die Wissenschaft
die Wahrheit der Dinge ist, sowie sie sich in der menschlichen
Vernunft abspiegeln, und daſs die Wahrheit das von Gott er-
haltene Erbteil ist, welcher sie uns auf sichere Weise bald im
Buch des Universums, bald in den heiligen Schriften vor Augen
stellt, so ist das Gemüt weit davon entfernt, durch eine derartige
Besorgnis sich beunruhigt zu fühlen; es ruht vielmehr mit Zu-
versicht in dem Worte Gottes, überzeugt, daſs eben dieselben

Forschungen und Resultate der Wissenschaft früher oder später
das Wort Gottes bestätigen müssen. „Jede Wissenschaft, sagte
der berühmte Kardinal Wiseman,[1]) sieht, eine nach der andern,
wenn ihre bestimmte Stunde gekommen ist und ihre reifenden
Einflüsse gewirkt haben, irgend eine Form entfalten, die der
mannigfachen Harmonie allgemeiner Wahrheit sich anschliefsen,
die schöpferische Kraft, die ihr das Leben gegeben hat, reichlich
belohnen und, so unfruchtbar sie auch zuerst scheinen mochte,
etwas erzeugen wird, was den Tempel und Altar der Anbetung
Gottes zieren mag.“ So sprach der sehr gelehrte Prälat am
Schlusse der berühmten Abhandlungen, worin er die wunderbaren Harmonieen zwischen der Wissenschaft und der Offenbarung
ans Licht stellte, indem er bewies, dafs die religiöse Wahrheit
aus den hartnäckigsten Prüfungen, denen man sie unterzog, und
auch aus den perfidesten Angriffen, denen sie ausgesetzt war,
stets unverletzt hervorging. Um den Beweis zu erbringen,
mufste er die verschiedensten Phasen der göttlichen Offenbarung
in dem Lichte studieren, wie es die Wissenschaften, in deren
Namen sie bekämpft wurde, erzeugen; und da ist denn hervor-
zuheben, dafs selbst die Forschungen, welche mit einem dem
Katholicismus entschieden feindseligen Geiste angestellt worden
waren, dem gelehrten Engländer die unwiderleglichen Beweise
seiner Thesis lieferten. Nachdem so der ausgezeichnete Kardinal-
Erzbischof von Westminster mit der ruhigen Sicherheit des
christlichen Genies die Geschichte der verschiedenen Wissenschaften durchlaufen hatte, zog er aus ihnen sowie aus den
Erörterungen und Entdeckungen der Gelehrten, welche zu ihrem
Fortschritt beigetragen hatten und von denen viele neutral oder
feindlich gesinnt waren, die Beweise für das Christentum in dem
Mafse, dafs es vollständig gerechtfertigt ist, wenn er an den
Schlufs seines herrlichen Werkes jene Worte hinsetzte, die er
auf einer alten Gemme geschrieben fand: „Religio, vicisti —
Religion, du hast gesiegt.“[2])

13. Noch einen andern sehr schönen Gewinn sollen die
furchtsamen, die den Fortschritten der Wissenschaft mifstrauenden

---

[1]) A. a. O. S. 609.		[2]) A. a. O. S. 612.

Katholiken aus jenem herrlichen Triumph ziehen, die Überzeugung
nämlich, dafs sie, — nachdem die Wissenschaft, welche von
Klaproth, Virey, Bailly, Büffon und andern mehr oder minder
ungläubigen Gelehrten in einem Jahrhundert gepflegt wurde,
das vielleicht von allen christlichen Jahrhunderten der Offenbarung am feindseligsten war, die Beweise des Christentums
nicht nur nicht im **leisesten** erschüttert, sondern vielmehr blofs
dazu gedient hat, jene **Beweise zu verherrlichen** und durch neue
gewichtige Argumente zu **bestätigen,** — in der Zukunft sicherlich
nichts zu fürchten brauchen, sondern vielmehr darauf vertrauen
sollen, dafs neue Erfolge, auch die ausgedehntesten und verschiedenartigsten Entdeckungen den Triumph der Religion nur
noch mehr erhöhen und sichern. Derselbe Kardinal Wiseman
bemerkt,[1] dafs für den Glauben „die **Anfänge der Wissenschaften**
unsern Wünschen am ungünstigsten, ihre **Fortschritte aber äufserst
befriedigend**" seien. Im übrigen haben weder die Katholiken,
d. i. die wahrhaft erleuchteten und von einem des Zweifels
unfähigen Glauben erfüllten Katholiken, noch auch die Kirche,
die Hüterin und Lehrerin der Wahrheit, und sie noch am
wenigsten, Grund, vor der Wissenschaft zu fürchten, weil sie ja
die untrügliche Gewifsheit besitzen, dafs die Religion das Centrum
ist, um welches sich die Vernunft bewegt, das Asyl des Gedankens, das Band des Sichtbaren und Unsichtbaren, die Lösung
aller Probleme, das Princip, welches die Wissenschaft festigt
und dauerhaft macht, der Same, welcher sie hervorbringt, der
Balsam, welcher sie von der Verderbnis heilt, und das übernatürliche Ziel, worauf sie mit allem, was unter der Sonne und
in dem unendlichen Weltenraum existiert, hingeordnet ist. Eine
Menge von Zeugnissen könnte ich beibringen zum Beweise
dieses unerschütterlichen Vertrauens der Kirche und ihrer un-
vergleichlichen Sorge, welche sie für die wissenschaftliche Ausbildung ihrer Kinder und zumal ihrer Glaubensboten immer
gezeigt hat. Um aber nicht weitschweifig zu werden, will ich
eines anführen, welches vor allen den Vorzug verdient und
dessen Worte noch in unsern Ohren klingen, Worte, welche

---

[1] A. a. O. S. 589.

ausgesprochen worden von der gröfsten Kirchenversammlung,
die man kennt, von Pius IX., dem unermüdlichen Beschützer
jedweder ehrbaren Wissenschaft, einberufen. Es lautet also:
„Weit entfernt davon, dafs die Kirche dem Studium der menschlichen Künste und Wissenschaften entgegen ist, beschützt und
fördert sie dasselbe auf vielerlei Weise. Denn sie verkennt
und verachtet die Vorteile nicht, welche daraus für das Leben
der Menschen entspringen; sie bekennt vielmehr, dafs dieselben,
weil von Gott ausgehend, der da der Herr der Wissenschaften
ist, falls sie etwa auf rechtmäfsige Weise gepflegt werden, zu
dem nämlichen Gott zurückführen. . . . Es mögen also in der
Aufeinanderfolge der Zeitalter und Jahrhunderte wachsen und
von grofsem Nutzen und Einflufs sein die Intelligenz, die Wissenschaft, die Weisheit."[1])

14. Ich habe mich bei der Erinnerung an den Geist der
Kirche in Bezug auf ihre Achtung und Wertschätzung der Wissenschaft aus zwei Gründen etwas länger aufgehalten. Erstens
habe ich es gethan, um der Anklage entgegen zu treten, welche
vor vielen Jahrhunderten der gottlose Celsus gegen das Christentum erhob und die kurz dahin lautete, dafs die christliche Religion
eine Feindin der Wissenschaft sei, — eine Anklage, welche in
unsern Tagen von den neuesten Vertretern des alten Unglaubens
reproduciert worden ist, weil dieselben sicherlich die Worte vergessen haben oder vielleicht nicht kennen, womit der sehr gelehrte Origines jenem Sophisten den Mund gestopft hat. Zweitens
habe ich bei der gedachten Erinnerung etwas länger verweilt,
weil ich der Meinung war, dafs, nachdem ich mit der Betonung
der allgemein gefühlten Notwendigkeit, Religion und Wissenschaft
mit einander zu verschwistern, diese Schrift angefangen hatte,
es sich nun auch vielleicht gezieme, darzuthun, wie die beiden
Principien unter einander verwandt sind, indem sie sich nämlich
verbinden, ohne sich gegenseitig zu vermischen, und sich trotzdem
von einander unterscheiden in jener fruchtbarsten und glorreichsten
wissenschaftlichen Einheit, welche die auf den Glauben gestützte
Vernunft erdenken konnte und thatsächlich erdacht und geschaffen

---

[1]) Concil. Vatic. Const. dogm. de fide cath. cap. 4.

hat, d. i. im Schofse jener souveränen Wissenschaft, **welche von**
Gott handelt und von allen andern Dingen, insofern sie sich
auf Gott beziehen und seine unendlichen Vollkommenheiten verkünden. Um dieser Notwendigkeit Genüge zu thun und das
edle Verlangen der von Natur aus christlichen Seele zu stillen,
mit andern Worten, um zu beweisen, dafs die menschliche Vernunft den Glauben fordert, indem sie **danach** verlangt, in der
durch den Glanz der göttlichen Offenbarung erleuchteten Wahrheit endlich auszuruhen, und dafs der Glaube seinerseits die
Vernunft fordert, damit er sie zur Erkenntnis der Geheimnisse
des Himmels erhebe, ist es zweckentsprechend, **vor allem** andern
darzuthun, dafs es zwischen der katholischen **Religion und der**
Wissenschaft keinen Widerstreit geben kann.

Wie man leicht sieht, gehört diese **These** in das spekulative Gebiet, weil sie die in ihr enthaltenen Momente unter
einem allgemeinen und notwendigen Gesichtspunkt betrachtet,
ohne auf diese oder jene Einzelwissenschaft Bezug zu nehmen,
und deshalb auch von der historischen Entwickelung der Wissenschaft im allgemeinen absieht, worin einige, freilich vergebens,
die Geschichte der Konflikte finden wollten, die sie zwischen
der Offenbarung und Vernunft unterstellen. Ein schönes Unternehmen wäre es, zu beweisen, dafs derartige Widersprüche
immer nur scheinbare oder fingierte gewesen und dafs in Wahrheit und Wirklichkeit die Geschichte des menschlichen Geistes
eine ununterbrochene Reihe von Zeugnissen bildet, welche der
Religion ausgestellt worden von den gröfsten Gelehrten, die es
in dem civilisierten oder christlichen Europa gegeben hat. Die
Schriftsteller, welche sich an die Ausführung dieses Unter-
nehmens wagten, hätten bei den, um so zu sagen, historischen
Lehren jedweder besondern Wissenschaft, welche in ihren Beziehungen zur geoffenbarten Religion betrachtet werden, die
Schlüsse, welche aus Principien und sichern oder positiven Thatsachen regelrecht gezogen werden, **genau zu** unterscheiden von
den Lehren, welche nichts **anders als** einfache Meinungen oder
nicht erwiesene Hypothesen sind, sowie von den Irrtümern,
welche die menschliche Leichtfertigkeit, wenn nicht Bosheit,
mit dem Namen Wissenschaft zu zieren pflegt. Alsdann würde

man sehen, daß die Religion niemals bekämpft worden ist von
jenen wahrhaft wissenschaftlichen Konklusionen, welche die
Wissenschaft in Rücksicht auf die definitiv erworbenen Wahrheiten allmählich ansammelt und ordnet und womit sie den unvergänglichen Schatz der Wahrheit, jenes allgemeine, von allen
anerkannte und acceptierte Patrimonium der Gelehrten, ver-
größert, sondern von den auf- und niederflutenden, durch Sekten-
oder Parteigeist erzeugten Ideeen, oder von dem Verlangen
nach Auszeichnung oder Berühmtheit seitens ihrer Urheber, deren
Ideeen dann als ebensoviele Dogmen von denjenigen übernommen
werden, die **man** als dii minores der Wissenschaft bezeichnen
könnte, welche da in demselben Verhältnis, wie sie die Freiheit
der **Wissenschaft** anrufen, um ihr das Aufsteigen zur Auktorität
Gottes zu verweigern, blindlings den größten Faseleien ihrer
höchst unzuverlässigen Lehrmeister **anhängen**, jener wirklichen
Verführer **des Volkes, welche** ihrerseits vom Stolz oder von der
Leidenschaft verführt sind. Dies Unternehmen, sage ich, ist
schön und fruchtbar, aber es ist auch unvollkommen, weil es
bloß a posteriori verläuft, ohne jemals seinen wissenschaftlichen
Stoff zu erschöpfen; denn der wächst und wechselt jeden Tag
und verlangt deshalb einen durch die Jahrhunderte hindurch
fortgesetzten **Vergleich** zwischen den Resultaten der einzelnen
Wissenschaften und den unveränderlichen Dogmen des Glaubens.
Es ist sonach nützlich, ja sogar nötig, über diese Materie a priori
zu handeln, so nämlich, daß **man** von festen und notwendig
wahren Principien, entsprechend den Gesetzen des eigentlich so
zu nennenden Beweises, ausgeht, um aus ihnen abzuleiten, daß
zwischen der **katholischen Religion** und der Wissenschaft keine
Konflikte bestehen, weil solche überhaupt nicht bestehen können,
und daß diese Unmöglichkeit innerlich aus der Natur der genannten Dinge hervorgeht, nämlich auf der **einen Seite aus der**
Natur der christlichen Dogmen, sowie die Kirche sie ihren
Kindern zu glauben vorstellt, und auf der andern Seite aus der
Natur der konstitutiven Principien der Wissenschaft, diese an
sich betrachtet, wonach **sie die sichere und** einleuchtende Er-
kenntnis ihres Objektes aus **seiner** wahren Ursache oder das
unentwegbare Begreifen ist, welches mit Hülfe von standhaltenden

und wahren Gründen sich bis zur Erkenntnis der Ursache und
des Princips der Wirklichkeit erhebt[1]), um mit Klemens von
Alexandrien die Wissenschaft zu definieren.

15. Beim Beweise dieser letzten These verfolge ich einen
sehr einfachen Plan. Da die Religion und die Wissenschaft, wie
neuerdings das letzte ökumenische Konzil es erklärt hat,[2]) sich
nicht blofs in Bezug auf ihr Objekt von einander unterscheiden,
sondern auch in Hinsicht des Princips, woraus sie hervorgehen
so scheint es mir sehr zweckentsprechend, auf diese beiden
Gesichtspunkte und Einteilungsgründe das Augenmerk zu richten;
und weil es aufser den angeführten Gesichtspunkten keinen
andern giebt, unter welchem Religion und Wissenschaft mit
einander verglichen werden können, so wird sich der von mir
beabsichtigte Beweis gerade um sie drehen. Das nun voraus-
gesetzt, werde ich in dem ersten Teil dieser Abhandlung zu beweisen suchen, dafs es, weil der erste Ursprung der Wahrheiten
des wissenschaftlichen und religiösen Gebietes ein und derselbe
ist, nämlich Gott, das höchste und beste Wesen, der Urheber
der Offenbarung und der Vernunft, zwischen diesen beiden unmöglich einen Widerspruch geben könne, dafs sie vielmehr eben
zufolge ihres gemeinsamen Ursprungs unter sich übereinstimmen
und gegenseitig sich Dienste leisten müssen. Im zweiten Teil
werde ich die nämliche Wahrheit beweisen, indem ich mich
darauf stütze, dafs das Objekt des Glaubens von dem der Wissenschaft verschieden ist und beide infolge dessen sich innerhalb
ihrer Sphäre bewegen ohne alle Furcht und ohne jede Möglichkeit, sich gegenseitig zu stören. Und das wird um so einleuch-
tender werden, wenn man aufserdem noch den Umstand in Betracht zieht, dafs viele von den natürlichen Wahrheiten, welche
die Wissenschaft angesammelt hat, wirkliche Dogmen der Religion sind, deren Geheimnisse das hellste Licht über die erhabensten Gedanken des vernünftigen Geistes verbreiten. Diesen
beiden Teilen werde ich als Bestätigung oder Vervollständigung
einen dritten anfügen, in welchem ich wenigstens die haupt-

---

[1]) „Quae est revera scientia, ... stabilis comprehensio per veras ac
stabiles rationes deducens ad causae cognitionem." Stromata. l. 6, c. 18.

[2]) Vgl. Concil. Vatic. Const. dogm. de fide cath. cap. 4.

sächlichsten Gründe aufführen will, um zu beweisen, dafs die menschliche Wissenschaft an die Wahrheiten des Glaubens durch Erhebung eines Konfliktes gegen sie nicht einmal rühren darf, ohne sich selbst zu verletzen und ihre eigenen Wahrheiten zu vermindern, ja sogar ohne ganz hinzusiechen und abzusterben. Das ist der Plan, den ich mir für diese kleine Arbeit entworfen habe, und ich hoffe mit aller Bescheidenheit, dafs ich darin den vortrefflichen Gedanken, den die zu beweisende Thesis ausspricht, erläutern und ausführen werde. Zugleich werde ich mich bestreben, den Geist zu bekunden, welcher die Untersuchungen der Wissenschaft beleben und durch alle ihre Zweige cirkulieren mufs, um sie alle Arten herrlicher Früchte hervortreiben zu lassen, wie sie die Liebe zu Gott und den Menschen fordert. Einer der gefeiertsten Lehrer des Mittelalters, zugleich der berühmteste Lehrer der Kirche, wufste es treffend in wenigen Worten anzugeben, welche Früchte das seien, deren Schönheit und Vortrefflichkeit mit der eigentümlichen Einfachheit der Wahrheit in den Wissenschaften sich darbieten. „Das ist, sagte der h. Bonaventura[1]), die Frucht jeder Wissenschaft, dafs alle Seelen gefestigt und auferbaut werden im Glauben, dafs der Name Gottes verherrlicht werde, dafs das Leben des Menschen ganz konform mit den Gesetzen des Guten und Ehrbaren verlaufe und dafs der Mensch auch hienieden auf Erden die edlen Freuden des Wissens geniefse — et hic est fructus omnium scientiarum, ut in omnibus aedificetur fides, honorificetur Deus, componantur mores, hauriantur consolationes."

[1]) Opusc. de reductione artium ad theologiam.

Erster Teil.

Zwischen der Religion und der Wissenschaft kann es keine Widersprüche geben, weil sie aus ein und demselben Princip hervorgehen.

---

16. „Der Urheber der Philosophie, sagt Guizot in seinen Méditations et études morales[1]), ist der Mensch. Diese Wissenschaft geht in der That aus der menschlichen Vernunft hervor. Aber der Urheber der Religion ist Gott, weil der Mensch sie unmittelbar von Gott empfängt; denn wiewohl er sie oft genug verdirbt, **kann er** sie niemals hervorbringen. Die Religion und die Philosophie sind also nicht zwei Schwestern, sondern zwei Töchter, von denen die erstere unserm Vater im Himmel und die zweite dem menschlichen Geiste entstammt.“ Setzen wir an Stelle des Wortes Philosophie das Gattungswort Wissenschaft, welches für meinen **Zweck besser** paſst, so **haben wir** in dem vorstehenden **Ausspruch des** berühmten französischen Publicisten den vorläufigen Gedankengang, wie ihn der gegenwärtige Beweis verlangt. **Die Wissenschaft** wird in **der That** von **der mensch**lichen Vernunft erzeugt; wer kann daran zweifeln? **Aber die**

---

[1]) Paris. 1851. Préface.

menschliche Vernunft ist für ihren Teil eine Ausstrahlung der göttlichen, ein Licht, welches in der Teilnahme an der unendlichen Weisheit Gottes besteht. So geht also die von der menschlichen Vernunft erzeugte Wissenschaft gleichfalls, wenigstens mittelbar, aus der absoluten Intelligenz hervor, insofern sie Ursprung und Licht unserer vernünftigen Natur ist. Daraus folgt klar und deutlich, daſs die Wissenschaft wie die Religion von Gott kommt, daſs die eine wie die andere sich auf das oberste Lehramt der nämlichen wesenhaften Wahrheit stützt, daſs also auch keine der andern widersprechen kann, da die Quelle, woraus sie entspringen, Gott selbst ist, der sich weder täuschen noch sich widersprechen kann, weil das ja sich selbst leugnen hiefse, der uns auch keine entgegengesetzten Dinge lehren kann, wiewohl er sich verschiedener Organe und Stimmen bedient, um uns seiner Weisheit teilhaft zu machen. Das ist also die Wahrheit, welche vor allem bewiesen werden muſs, daſs die menschliche Vernunft ein Licht ist, welches in der Teilnahme an dem göttlichen Lichte besteht.

17. Sehr klar ersieht man aus dieser Behauptung die Hoheit und Würde der Vernunft, wodurch der Mensch ein Ebenbild Gottes ist. Aristoteles ahnte in der menschlichen Vernunft etwas Göttliches,[1]) und sein Lehrer Plato ging sogar soweit, daſs er sagte,[2]) der Vernunft zufolge seien wir aus göttlichem Geschlechte. Jene Philosophen kannten das Dogma von der Schöpfung nicht; ihre Lehren über diesen Punkt sind daher nur das leise Echo der Uroffenbarung, mittels deren die Kenntnis von jenem erhabenen Akte der göttlichen Macht dem Menschen mitgeteilt wurde, und gleichsam der Schatten im Vergleich zu dem hellen Licht, von welchem die menschliche Natur in den Denkmälern der geoffenbarten Weisheit umstrahlt ist. „Da der Mensch nach dem Bilde und Gleichnisse Gottes erschaffen worden, sagt ein alter Kirchenvater,[3]) so ist er eben dadurch der Kraft des göttlichen Wortes teilhaftig gemacht und trägt dessen

---

[1]) Vgl. Ethic. Nicom. l. 10, c. 7 (Editio Becker. Berolini. 1831) p. 1177. b. 28.
[2]) De Republica, l. 10 (Opera omnia. Turici. 1839) p. 536. a. 43.
[3]) S. Athanasius: De incarnatione Verbi Dei. n. 3.

Schatten in sich." Indem der gelehrte Origenes mit Celsus disputierte, sicherlich einem von den ersten, welche die Christen verläumderischerweise Feinde der Wissenschaft nannten, sagte er ihm:[1] „Ich will nicht, daſs du die Vernunft mit Verachtung behandelst, weil sie ein göttliches Siegel trägt und aus dem Worte Gottes selbst hervorgeht." Der h. Gregor von Nyssa trug kein Bedenken, zu versichern,[2] daſs „der mit Vernunft begabte Mensch von der wesenhaften Wahrheit des göttlichen Wortes genährt werde — homo, cum sit particeps rationis, vero nutritur Verbo"; und Synesius, wie der h. Gregor von Nazianz, sagte mit einer Kühnheit des Ausdrucks, welche heutzutage vielleicht nicht mehr erlaubt wäre, von der vernünftigen Seele, daſs sie „ein Bruchstück Gottes, eine göttliche Partikel, ein von dem Meer der Ewigkeit abgelöster Tropfen sei."[3]

18. Es liegt hier nicht in meiner Absicht, die philosophische und zugleich theologische Lehre von der Schöpfung der Welt im allgemeinen und von der geistigen Seele eines jeden einzelnen Menschen im besondern zu beweisen. Doch habe ich nicht umhin gekonnt, an dies Dogma zu erinnern, weil der erste Titel, woraufhin die menschliche Vernunft ein bis zu einem gewissen Punkte die Wahrheit nicht verfehlendes Princip[4] genannt zu werden verdient, darin besteht, daſs der vernünftige Geist

---

[1] Contra Celsum. l. 4 c. 25.

[2] In canticum cantic. hom. 5 versus finem.

[3] Synesius: Hymnus III. 713; Gregor Nazian.: Carmina I. 4.

[4] „Intellectus circa illas propositiones errare non potest, quae statim cognoscuntur cognita terminorum quidditate, sicut accidit circa prima principia, ex quibus accidit infallibilitas veritatis secundum certitudinem scientiae circa conclusiones." S. Thomas: S. th. I. 85. 6 c. Es ist klar, daſs diese Unfehlbarkeit der vernünftigen Kreatur von Fehlbarkeit begleitet ist; Gott allein ist unfehlbar im absoluten Sinne. Der gelehrte P. Kleutgen setzte jener Stelle die Worte bei: „Mit Recht sagt also Rozaven, daſs die geschaffene Vernunft immer fehlbar sein wird, weil sie immer endlich sein wird; aber er hätte ohne Scheu hinzufügen können, daſs sie aber auch immer in einer gewissen Sphäre unfehlbar sein wird, weil sie immer, obgleich endliche, doch wahre Vernunft sein wird." Die Philosophie der Vorzeit. Münster. 1878. 2. Aufl. Bd. 1, S. 432, n. 277.

aus nichts erschaffen worden. Demzufolge ist er jene edle Substanz, welche ihrer eigenen Natur und Wesenheit nach ein Licht
ist, das an der ungeschaffenen Weisheit teilnimmt und von ihr
lebt, und die zweite, sekundäre Ursache des Denkens, worin
unsere Wissenschaft besteht, während dessen erste, allgemeine
und absolut unfehlbare Ursache Gott selbst ist. Dies ist wohl
zu beachten! Eine der größten Auszeichnungen der menschlichen Vernunft besteht darin, daß sie sich auf natürlichem
Wege zum Gedanken des Schöpfungsaktes erheben kann. Es
schritt zwar die Wissenschaft, sie historisch betrachtet, bei
keinem der Weisen des alten Heidentums bis dahin vor, jenen
erhabenen Akt zu erfassen, aber darum darf man doch nicht
sagen, daß der Geist des Menschen der Kraft entbehre, den
Schöpfungsakt auf natürlichem Wege zu erkennen, ohne daß
diese Wahrheit von Gott ausdrücklich geoffenbart zu werden
brauchte. Über allen Zweifel erhaben ist es, daß von dem
Momente an, wo das Dogma von der Schöpfung den Heiden
verkündet wurde, die Wissenschaft es immer als den strahlenden
Leuchtturm betrachtete, ohne welchen es nicht möglich sei, den
Ursprung der Dinge zu erforschen und speciell den der menschlichen Seele, deren höchste Auszeichnung sicherlich in dem Lichte
der Vernunft besteht. Denn dieses Licht ist ein Strahl der
göttlichen Intelligenz, worin es in eminentem Grade enthalten
ist, eine teilgenommene Kraft des göttlichen Wortes, welches
jeden Menschen erleuchtet, der in diese Welt kommt. Als
Schöpfer und Erhalter des menschlichen Geistes ist Gott also
die erste Ursache und der oberste Grund der Wahrheiten,
welche der Mensch auf den Gebieten der Wirklichkeit und der
Wissenschaft erwirbt. Wie daher ein Teleskop, welches konform den Gesetzen konstruiert ist, die den Durchgang des
Lichtes durch die Linsen beherrschen, nicht umhin kann, die
Augen zu unterstützen, auf daß sie die Dinge nach ihrem Sein
sehen: so kann die Vernunft, welche ein Werk Gottes und ein
Ebenbild seiner Weisheit ist, ebenfalls nicht umhin, die Wahrheit
dem menschlichen Geiste zu offenbaren, wenn sie nicht etwa
durch die Vorspiegelungen der Einbildungskraft oder der Sinne,
welche sicherlich nicht das Licht sind, verdunkelt ist.

„Kein Licht giebt's, kommt es nicht von jener Heit'ren,
Die nie sich trübt, nein Finsternis ist's, stammend
Vom Schatten oder von dem Gift des Fleisches."[1]

19. Aufserdem neigt die Vernunft nach der Wahrheit hin
als nach dem Ziele ihrer Thätigkeit, und zwar zufolge der
natürlichen Tendenz, welche derjenige ihr eingofs, der alle
Dinge nach Maſs, Zahl und Gewicht geschaffen hat.[2] Und da
ist denn unter Gewicht hier jene Art von Gravitation zu verstehen, womit alle endlichen Wesen, jedes gemäſs seiner Natur,
nach dem Ziele hinstreben, für welches sie geschaffen worden
und worin sie ihre letzte Vollendung und Vollkommenheit erreichen. Der menschliche Geist trägt in seiner Natur zwei
Haupttendenzen, um so zu sagen: eine nach dem Guten, die
andere nach der Wahrheit. Das Gute ist das Ziel des Willens;
er strebt mit Notwendigkeit nach ihm hin, er vervollkommnet
sich darin und hat sein Gefallen daran. Die Wahrheit ist das
Ziel der Vernunft; in ihr allein vermag der Gedanke seine Vollkommenheit und seine Ruhe zu finden. Bewundernswert ist
nun das Verhältnis, welches zwischen der menschlichen Vernunft
und der Wahrheit der Dinge besteht, bewundernswert unsere
Sympathie für jene Wahrheiten und die in uns verspürte Sehn-
sucht, sie kennen zu lernen, wie sie in sich selbst sind. Dabei
ist zu bemerken, daſs die menschliche Vernunft, obgleich sie
von sich aus endlich ist, mit der einfachen Erkenntnis der endlichen Dinge als solcher sich nicht begnügt; sie strebt vielmehr
vornehmerweise danach, das Unendliche, das Ewige und Absolute
zu erkennen. Hieraus ist ganz deutlich eine gewisse Art von
Unendlichkeit in der Vernunft selbst ersichtlich, insofern sie
nämlich fähig ist, das Sein und die Wahrheit in ihrer gänzlichen
Unumschränktheit zu verstehen.

Wer hat aber diesen höchst edlen Zug und überhaupt die
Tendenz nach Erkenntnis der Wahrheit in die menschliche Vernunft hineingelegt? Ohne allen Zweifel hat der Schöpfer unserer
vernünftigen Seele mit dem Ebenbilde seiner unendlichen Vollkommenheiten, wovon jene besagte Art von Unendlichkeit

---

[1] Dante: Göttliche Komödie. 3. Teil, Ges. 19, V. 64—66.
[2] Weish. 11. 21.

fürwahr ein erhabener Abglanz ist, den Impuls ihr eingeprägt, der sie antreibt, ihre Kraft entsprechend den allgemeinen und notwendigen Gesetzen zu üben. Demgemäfs ist Gott das erste Princip der vernünftigen Erkenntnis des Menschen nicht blofs deshalb, weil er ihm die Gabe der Vernunft verliehen hat und bewahrt, sondern auch aus dem Grunde, weil er in dieselbe das Gewicht oder die Inklination gelegt hat, zufolge deren sie angetrieben wird, ihre Thätigkeiten in der Richtung auf ihr Gut hin zu vollziehen. Wir können das Gesagte, wenn auch nur unvollkommen, verstehen, wenn wir uns an dasjenige erinnern, was der Verfertiger des Kompasses thut. Derselbe konstruiert dies Instrument nicht blofs aus der passenden Materie und in der entsprechenden Form, er rührt es auch noch an den Magnet an, damit es mit einer Art von natürlichem Streben und Verlangen immer nach Norden schaue und dahin sich richte. Der Norden der Vernunft ist die absolute Wahrheit; dahin richtet sie sich, indem sie vorher die geschaffenen und relativen Wahrheiten, welche dahin führen, durchgeht und durchläuft, und in diesen Akten folgt sie immer dem Impuls und dem Gesetz, welche sie von ihrem Schöpfer empfangen hat. So kommt es also, dafs sich ihre Akte von der unendlichen Vernunft ableiten, worauf sie sich als auf ihr Princip beziehen, und dafs dessen Herrlichkeit wesenhafterweise auf sie überströmt. Die Akte der Vernunft, welche aus ihr als deren zweiter Ursache stammen, sind in einer eminenten und höchst vollkommenen Weise auch Akte Gottes, der ja die erste Ursache und der letzte Grund, die ordnende und höchste Intelligenz aller Dinge ist.

Hieraus folgt, dafs die Erkenntnis der Wahrheit, wie sie in den verschiedenen Wissenschaften enthalten ist, in erster Linie von Gott selbst ihren Ursprung hernimmt, weil sie in einer Thätigkeit unserer vernünftigen Natur besteht, welche von Gott geschaffen und geordnet ist, ihn zu erkennen; und dafs aus unserer Natur, falls ihre Kraft nicht ermattet oder verhindert wird,[1] ebenso wenig der Irrtum entspringen kann, als es möglich

---

[1] Unter Bezugnahme auf die alten Philosophen hat der h. Augustin gesagt: „Quidam eorum quaedam magna, quantum divinitus adiuti sunt,

ist, aus einem gut konstruierten musikalischen Instrumente, z. B.
aus einer Lyra, falsche Töne oder Disharmonieen hervorzulocken,
welche der Intention des Tonkünstlers nicht entsprechen.

20. Ein französischer Philosoph des gegenwärtigen Jahrhunderts, in diesem Punkte das Echo einer berühmten Schule,
Jouffroy mit Namen, hat als erstes Fundament der Gewißheit
die Wahrheit unserer Erkenntnis aufgestellt und beigefügt, daß
diese Wahrheit implicite sich in jedem Urteile eingeschlossen
finde und daß wir sie als einen Akt des blinden Glaubens,
welcher jedem Beweise vorangehe, zuzugeben genötigt seien[1]) —
ein Ausspruch, welcher zum Teil wahr und zum Teil falsch ist.
Unsere Intelligenz oder Vernunft ist wahr und ihre Wahrheit
ist thatsächlich in jedem gesetzmäßigen Akte der Bejahung oder
Verneinung, ja selbst in der einfachen intellektuellen Perception
eingeschlossen. Aber Jouffroy irrt gewaltig in dem zweiten Teil
seines Ausspruchs, denn die Wahrheit der Vernunft basiert darauf,
daß dieses Vermögen ein Strahl des göttlichen Lichtes, ein
Ebenbild davon ist, geschaffen um die Wahrheit zu erkennen,
welche sich dem Auge der Vernunft mit der Helligkeit der
Evidenz darbietet, weil sie für ihren Teil ein Abglanz der gött-

---

invenerunt, quantum autem humanitus impediti sunt, erraverunt." De
civitate Dei. l. 2, c. 7.

[1]) Jouffroy fügt auch noch dies hinzu, daß es nicht möglich sei, dem
Einwand zu begegnen, welchen die Skeptiker gegen die Lehre von der
Gewißheit erheben, indem sie sagen, daß Gott unsere Intelligenz oder
Vernunft auch so hätte einrichten können, daß sie ein untreuer Spiegel
der Wirklichkeit wäre. Hören wir seine Worte. „Qui nous dit, qu'elle n'a
été pas faite pour voir carré ce qui est rond, jaune ce qui est rouge, bon
ce qui est mauvais, vrai ce qui est faux? que Dieu n'a voulu, comme il
a pu, organiser notre intelligence de manière à ce que le reflet qu'elle
reçoit de la réalité, soit un reflet infidèle, semblable à celui, qui projette
dans une eau agitée la forme d'un objet qui s'y réfléchit? . . . . à cette
dernière objection du scepticisme il n'y a aucune réponse possible." (Cours
de droit naturel, I. 8.) Es erscheint wie eine Lüge, möchte ich mit Gioberti
(Introd. allo studio della filosofia, II. nota 33) sagen, daß so etwas von
einem dogmatischen Philosophen in der nämlichen Lektion behauptet wurde,
in welcher er die Skeptiker widerlegte. Aber Jouffroy war Rationalist, und
der Rationalismus weiß den Wert der Vernunft nicht zu taxieren, weil er
vergißt, daß sie ein von dem unfehlbaren Worte abgeleitetes Licht ist.

lichen Weisheit ist. Wenn die Vernunft uns täuschte, indem
sie von Natur aus nach dem Irrtum hinneigte, würde mit Notwendigkeit folgen, entweder dafs Gott sie uns nicht verliehen
habe, um die Wahrheit mit Gewifsheit zu erkennen, oder dafs
er, nachdem er uns mit seinem schönen Lichte, sie zu erkennen,
ausgerüstet und auf dieses Ziel hingeordnet hat, nicht verstanden
habe, ihr die entsprechende Direktion und Vollkommenheit mitzuteilen: beides Folgerungen, welche absurd sind und gegen
Gott eine Injurie enthalten. So dürfen wir denn schliefsen,
dafs die menschliche Vernunft als ein Meisterwerk der göttlichen
Weisheit und als ihr Ebenbild, der ihr Schöpfer das Gewicht
angelegt hat, auf dafs sie nach der Wahrheit hin inkliniere und
sich bewege, das Vermögen ist, die Wahrheit selbst zu erkennen,
oder besser gesagt das Echo, welches in uns das Wort wiederholt, womit Gott von Ewigkeit her die Wahrheit in den Tiefen
seiner unendlichen Intelligenz ausspricht.

21. Lernen wir nun einen andern, mehr allgemeinen Sinn
kennen, in welchém man sagen kann und darf, dafs die menschliche Intelligenz ein von Gott abgeleitetes Licht ist. Es ist
bekannt, dafs die Welt, welche unsern Augen sich darbietet,
d. h. die körperlichen oder materiellen Dinge, welche uns umgeben, nicht das eigentümliche Objekt der Vernunft, sondern das
der Sinne bilden. Das Auge sieht die Farben, das Ohr hört
die Töne und die übrigen Sinne nehmen je eine von den sinnlichen Qualitäten wahr, für deren Wahrnehmung sie gebildet
worden, und damit zugleich, wiewohl auf eine andere Weise,
die Dinge selbst, welche jene Qualitäten besitzen. Aber die
Vernunft erkennt weder jene Objekte, noch kann sie dieselben so,
wie sie sich unsern Blicken darbieten, d. i. in ihrer konkreten,
individuellen und materiellen Form erkennen, weil es zu deren
Erkenntnis von seiten der Vernunft nötig wäre, dafs sie sich
aus Sensibelem in Intelligibeles umwandelten. So haben also
weder die Sinne die Kraft, in den Wesen, woraus das Universum
besteht, die übersinnlichen Beziehungen und Vollkommenheiten,
welche es in ihnen giebt, zu erkennen, z. B. das Sein, die Einheit, die Wahrheit, die Güte, die Schönheit und andere objektive
Beziehungen, welche der empirischen Auffassung unzugänglich

sind, noch vermag die **Vernunft, zu jenen** Beziehungen und Vollkommenheiten zu gelangen, wenn sie sich ihrem Auge nicht darbieten, nachdem sie zuvor von den materiellen Beschaffenheiten, womit sie umkleidet sind, befreit oder entblöfst worden.

Welches Mittel giebt es nun, die Wirklichkeit der äufsern Welt intelligibel zu machen, d. h. sie dem **intelligenten Geiste** so zu zeigen, dafs er sie auf intellektuelle Weise **erfassen** und erkennen kann und vermittels derselben zum Princip der Wirklichkeit und der Wissenschaft sich zu erheben vermag? Die nämliche Frage stellte sich in der h. Schrift[1]) der königliche **Prophet** mit den Worten: „Quis ostendit nobis bona", d. h. wer wird uns die Güter oder die herrlichen Dinge kundmachen, welche wir weder mit den Augen noch mit **den** übrigen Sinnen erreichen? Und er beantwortete sich auch sofort **die Frage,** indem er sich zu Gott hinwendete:[2]) „**Signatum est super nos** lumen vultus tui, Domine, uns ist aufgedrückt, o Herr, das Licht deines Antlitzes." Sieh da von **neuem das in gewissem** Sinne göttliche Licht der menschlichen Vernunft, **welches den** materiellen Schleier zu entfernen kommt, **der** dem Auge des menschlichen Geistes die für die Sinne unsichtbaren Dinge verbirgt!

Man hat die Vernunft, insofern sie uns das System der übersinnlichen Wahrheiten offenbar macht, mit einem Auge verglichen, welches die Kraft besitzt, nicht blofs die äufsern Objekte zu sehen, sondern sie auch sichtbar zu machen, dadurch nämlich, dafs es über sie, falls sie etwa im Dunkel liegen, Licht ergiefst. Thatsächlich geht nun freilich auf dem Gebiete der sinnlichen Wahrnehmungen das Licht, welches deren Objekte erleuchtet und für das Sehen dieser Objekte Mittel und notwendige Bedingung ist, nicht von dem Gesichtsinn aus, weil es aufserhalb unser existiert. Aber auf **dem Gebiete der vernünftigen** und intellektuellen Erkenntnis ist das intelligibele Licht d. h. das Mittel, ohne welches unsere Vernunft die in der **Materie existierenden** Wesenheiten oder Naturen nicht zu erkennen vermag, die Vernunft selbst, insofern sie mit der Kraft **ausgerüstet** ist, von jenen Wesenheiten ihre rein sinnlichen **Elemente,** so zu sagen ihre

---

1) Psalm 4. 6.   2) Ebend. V. 7.

äufsere Umhüllung abzustreifen und zu trennen und sie auf diese
Weise für das Auge unseres Geistes sichtbar zu machen. Diese
bewundernswerte Operation, wie sie der Engel der Schule mit
seiner gewohnten Meisterschaft beschrieben hat, wird Erleuchtung
genannt, weil die Vernunft thatsächlich ihr Licht über die Welt
der Sinne ausstrahlt und ausgiefst und infolge dessen dasjenige,
was es darin Verborgenes und Herrliches giebt, betrachten kann,
nämlich die konstitutiven Principien der Dinge, die Beziehungen,
welche unter ihnen bestehen, die Gesetze der Natur, die Ordnung und Harmonie ihrer Bewegungen, von wo aus sich dann
der Mensch sofort zur Erkenntnis Gottes und zu der seiner
selbst erhebt, so dafs er auf diese Weise alle Objekte durchgeht, welche die Wissenschaft in sich befafst.

Allein wer hat denn nun in unserer Seele jenes strahlende
Licht angezündet, welche die Dinge erleuchtet, auf dafs sie nicht
den Sinnen, sondern der Vernunft sichtbar werden? Wie in
vielen andern Fällen, so kann auch in dem vorliegenden Falle
die Wissenschaft, um ihre innere Überzeugung auszudrücken,
nichts Besseres thun, als die vorhin citierten Worte wiederholen: „Uns ist aufgedrückt, o Herr, das Licht deines Antlitzes."
Diesem bewundernswürdigen Lichte, welches ein Philosoph unserer
Tage ein göttliches nannte,[1] hat die Vernunft es zu verdanken,
dafs sie ihre ersten und fundamentalen Begriffe, seien es einfache, seien es zusammengesetzte, erzeugt, Begriffe, worin dem
Keime nach alle Wissenschaften enthalten sind. Semina scientiarum nannte sie deshalb der h. Thomas von Aquin,[2] indem
er hinzufügte, dafs jene Principien angeboren seien, allerdings
nicht in dem Sinne, als ob sie vor jedem intellektuellen Akte
präexistierten, wie Descartes, in diesem Punkte ein Schüler
Platos, dachte, sondern vielmehr in dem, dafs die menschliche

---

[1] „Che il lume della nostra ragione, il quale è l'intelletto agente,
sia divino egli è manifesto e i suoi naturali attributi l'hanno dimostrato."
G. M. Cornoldi: Tratatto della esistenza di Dio. Bologna. 1877. Cap. 7,
art. 6. Es dürfte gut sein, mit dem berühmten Jesuiten hinzuzufügen, dafs
viele in die Gefahr geraten, die Vernunft zu vergöttlichen, indem sie das
Göttliche mit Gott verwechseln — „e, perchè quel lume è divino, dirlo lo
stesso Dio" —, eine Gefahr, in welcher alle Pantheisten Schiffbruch leiden."

[2] Quaest. disp. de verit. 11. 1 c.

Vernunft die Fähigkeit besitzt, in demselben Momente, wo die
körperlichen durch die Thätigkeit der Vernunft erleuchteten
Dinge sich ihrem Auge präsentieren, gewisse fundamentale
Ideeen, welche gewissermafsen die ersten Lineamente der Wirk-
lichkeit sind, zu erzeugen, und jene allgemeinen und obersten
Urteile auszusprechen, welche zu gleicher Zeit die Gesetze des
Subjekts wie des Objekts des Denkens und der Wissenschaft
sind. Der Art sind auf dem Gebiete der einfachen Begriffe die
Ideeen des Seins, der Einheit, der Wahrheit, der Güte, der
Schönheit, und auf dem der zusammengesetzten Begriffe das
Princip des Widerspruchs, der Identität, des ausgeschlossenen
Dritten, des zureichenden Grundes und andere evidente und
oberste Wahrheiten.

Jene Fundamental-Ideeen und diese obersten Principien der
Wirklichkeit bleiben, nachdem sie mittels des uns aufgeprägten
Lichtes gebildet worden, in der Vernunft nach Weise einer
habituellen Erkenntnis und liefern ihr die Principien, Regeln und
Gründe, um neue Wahrheiten sich anzueignen und die ange-
eigneten zu untersuchen und alle Dinge zu beurteilen. In demselben Mafse also, wie die Kräfte des Geistes sich allmählich
entwickeln, bilden sich in ihm die Ideeen der Gleichheit und
Verschiedenheit, der Ähnlichkeit und Unähnlichkeit, der Substanz
und des Accidenz, der Ursache und Wirkung, der Einheit und
Zahl, des Raumes und der Zeit, des Zweckes und Mittels, der
Ordnung und Vollkommenheit, mit einem Worte die Idee von
Gott, von welchem alle Dinge ausgehen und auch das Licht,
wodurch wir sie erkennen. An diese fruchtbaren Keime des intellektuellen Gebietes schliefsen sich diejenigen an, welche die
praktischen Wahrheiten der moralischen Ordnung enthalten, die
Vorschriften des Rechtes und auch das Gesetz der Liebe, für
welche die Seele auf dem Gebiete der Affekte und Willensakte
eine Disposition besitzt analog derjenigen, welche sie von der
göttlichen Weisheit in Rücksicht auf die Wahrheit empfangen
hat, so dafs man klar einsieht, wie richtig und wie tief der
Ausspruch der Schrift ist, dafs unserer Seele das Licht des
Antlitzes des Herrn aufgedrückt sei.

22. Diese Lehre kann man noch mehr verdeutlichen und bestätigen, wenn man sich an die wunderschöne Theorie von dem concursus divinus erinnert, d. i. von der Mitwirkung Gottes bei allen Thätigkeiten der zweiten Ursachen und deshalb auch bei allen Akten, wodurch die Vernunft die Wahrheit erkennt. Wie immer man jene Mitwirkung verstehen und erklären mag, sei es dafs man sie als einen physischen Antrieb betrachtet, den die intellektuelle Kraft von Gott empfängt, bevor sie den Akt des Denkens hervorbringt, sei es dafs man sie ansieht als eine gleichzeitige und sozusagen seitliche und nebenhergehende Thätig- keit, wodurch die erste **Ursache** bei dem genannten Akte kon- kurriert und interveniert, eine metaphysisch bewiesene Wahrheit ist es, dafs die endlichen Dinge, wie sie nicht durch sich selbst sind, sondern nur dadurch, dafs sie das Sein vom Schöpfer er- halten und in dem empfangenen Sein nur durch eine Art von fortgesetzter Schöpfung verharren, ebensowenig auch ohne die Mitthätigkeit und Mitwirkung Gottes ihre Thätigkeit und ihr Wirken entfalten können. Diese Wahrheit ist ein Dogma der speciellen Metaphysik, freilich von der Wissenschaft, welche man die positive nennt, nicht anerkannt, aber in allen Schulen der rationalen Philosophie mit Evidenz bewiesen. Und in der **That**, da die Thätigkeit eine von den Kategorieen des Seins bildet, mit andern Worten, da das **Sein eine** allen Wirkungen gemein- same **Wirkung** ausmacht, und zwar **die** erste und innerste von ihnen, und da diese allgemeinste Wirkung die allgemeine Ur- sache aller Dinge, welche Gott ist, unterstellt, so folgt klar, dafs von den Thätigkeiten der zweiten Ursachen, wiewohl diese wahrhaft und wirklich sich bethätigen, die Macht Gottes weder ausgeschlossen sein darf noch kann, dafs sie vielmehr als Ursache jeder Thätigkeit derselben betrachtet werden mufs, weil sie allen Ursachen die Kraft, welche sie besitzen, **giebt** und erhält und sie zur Thätigkeit hinwendet, und weil keine Kraft die ihr eigen- tümlichen Wirkungen hervorbringt ohne den Einflufs der höchsten Ursache.[1])

---

[1]) „Sic ergo Deus est causa actionis cuiuslibet, inquantum dat vir- tutem agendi, et inquantum conservat eam, et inquantum applicat actioni,

Wenden wir das Gesagte auf unsere Vernunft an, so sieht man unschwer ein, dafs, wie die Akte dieses Vermögens Licht genannt werden, weil sich in ihnen die intelligibelen Wahrheiten dem Geiste offenbaren, so die Thätigkeit, wodurch Gott in jenen Akten mitwirkt, indem er die Vernunft ihrem Objekte zuwendet, Erleuchtung genannt werden kann. Auf diese göttliche Erleuchtung bezieht es sich, wenn der h. Augustin sagt,[1]) dafs Gott unsere Seelen gewifsermafsen **bestrahle**, und dafs unsere Vernunft so eine Art von Ausstrahlung des ersten Lichtes sei. „**Das Licht, fügt der** h. **Thomas hinzu**,[2]) d. h. das Leben, welches **das Licht der** Menschen ist, leuchtet in der Finsternis, d. i. in den Seelen der Menschen und in allen geschaffenen Geistern, über alle seine Strahlen aussendend." **In andern Worten er-**klärt der h. Bischof von Hippo denselben Gedanken, indem **er** sagt,[3]) dafs wir von Natur aus nicht Licht, sondern **dafs wir** von dem göttlichen Lichte erleuchtet seien, damit **wir in Weisheit** erglänzen können. Diesen schönen Worten geziemt **es sich jene** andern hinzuzufügen, welche der berühmteste seiner Interpreten niederschrieb. „Obgleich einige Geister, **so sagt der** h. Thomas von Aquin,[4]) verfinstert, d. h. der wahren Weisheit beraubt

---

et inquantum eius virtute omnis alia virtus agit." S. **Thomas**: Quaest. disp. de potentia qu. 3 (de creatione) a. 7 c.

[1]) „Lucem illam incorpoream contingere nequeunt (bruta), **qua mens** nostra quodammodo irradiatur, ut de his omnibus recte iudicare possimus." De civitate Dei. l. 11, c. 27

[2]) „Lux i. e. vita illa, quae est lux hominum, in tenebris lucet, sci-licet in animabus et mentibus creatis, irradiando semper omnes. Expos. in Evang. s. Iohan. cap. 1 lect. 3.

[3]) „Nos autem non lumen naturaliter sumus, sed ab illo lumine illu-minamur, ut sapientia lucere possimus. Erat, inquit, lumen verum, quod illuminat omnem hominem venientem in hunc mundum." De fide et symb. c. 4.

[4]) „Licet autem aliquae mentes sint tenebrosae, id est sapida et lucida sapientia privatae, nulla tamen adeo tenebrosa est, quin aliquid **lucis divinae participet, quia quidquid veritatis** a quocumque cognoscitur, totum est participatione istius lucis, quae in tenebris lucet, quia omne verum, a quocumque dicatur, a Spiritu Sancto est; et tamen tenebrae, id est homines tenebrosi eam non comprehenderunt secundum veritatem. Sic ergo exponitur ista clausula secundum naturalem influxum, secundum Ori-genem et secundum Augustinum." Expos. in Evang. s. Iohan. cap. 1 lect. 3.

sind, so giebt es nichtsdestoweniger keinen einzigen, welcher
es so sehr ist, dafs er nicht in etwa des göttlichen Lichtes
teilhaft wäre, weil all dasjenige, was er erkennt, eine Teilnahme
an dem Lichte ist, welches in der Finsternis leuchtet — denn
jede Wahrheit geht aus von dem h. Geiste — wenn auch die
Finsternisse oder, besser gesagt, die verfinsterten Menschen das
Licht der Wahrheit gemäfs nicht begreifen. Auf diese Weise
erklärt sich die Stelle: ‚Lux in tenebris lucet et tenebrae eam
non comprehenderunt' im Sinne des natürlichen Einflusses nach
Origenes und Augustinus."

23. Wollen wir nun resumieren, so müssen wir sagen:
Gott ist das Licht unseres Geistes erstens deshalb, weil er ihn
nach seinem Ebenbilde geschaffen hat, indem er ihm das Licht
seiner unendlichen Weisheit wie ein Siegel aufdrückte; zweitens
deshalb, weil er ihm das Sein erhält und seine Vernunft zur
Erkenntnis der Wahrheit hinneigt, und drittens darum, weil der
nämliche Gott bei ihren intellektuellen Akten konkurriert, indem
er sie innerlich und unmittelbar bewegt, dieselben zu erzeugen,
besonders dann, wenn die Thätigkeit unsers Geistes darauf
hinausläuft, die obersten Begriffe und Principien der Wissenschaften zu bilden. Alle diese Gründe drückte der h. Thomas
von Aquin mit bewunderungswürdiger Tiefe und Kürze aus,
indem er sagt,[1]) Gott werde ursächlicherweise Vernunft genannt,
weil alle Erkenntnis von Gott komme, insofern die Vernunft und
die Einsicht und die Wissenschaft und alle übrigen Gaben der
Art, womit wir reichlich beschenkt worden, Gottes Gaben seien.
Wir könnten hinzufügen, dafs Gott auch das objektive Licht
unsers Geistes ist, weil er die oberste und absolute Wahrheit
ist, von der jede Wahrheit ausgeht, die schöpferische Wissenschaft
aller Dinge, wie sie von Ewigkeit in der göttlichen Vernunft
vorgebildet sind, und die Weisheit, welche über alle Werke der
Schöpfung ausgegossen ist.[2]) Für meinen gegenwärtigen Zweck

---

[1]) „Deus dicitur ratio causaliter, inquantum ipse est largitor omnis
cognitionis, scilicet rationis et mentis et sapientiae et omnium huiusmodi."
Expos. in libr. Dionys. de div. nomin. c. 7 lect. 5.

[2]) „Et effudit illam (sapientiam) super omnia opera sua." Eccl. 1. 10.
— „Haec sapientia, sagt der h. Bonaventura, diffusa est in omni re.

genügt es aber, auf das subjektive Princip der Wissenschaft das Augenmerk zu richten, d. i. auf unsere Vernunft, von welcher ich mit der möglichsten Klarheit nachgewiesen habe, dafs sie eine Ausstrahlung der göttlichen Vernunft, die Teilnahme und Wiederspiegelung der ewigen Weisheit, kurz ein Licht ist, wodurch wir des göttlichen Wortes teilhaft werden, welches einen jeden Menschen, der in diese Welt kommt, erleuchtet; es genügt, sage ich, diese erhabene Wahrheit festgestellt zu haben, um die Unmöglichkeit zu beweisen, dafs ein Konflikt entstehen könne zwischen den Ideeen und Wahrheiten der Wissenschaften, welche der Vernunft ihre Existenz verdanken, und den Dogmen, welche das Objekt jener übernatürlichen und göttlichen Tugend bilden,

> Che parte cela, e parte all' intelletto .
> Rivela il corpo immacolato e santo.

24. Der intendierte Beweis ist so klar und unwiderlegbar, dafs man sich nur an die termini oder Endglieder des in Rede stehenden Problems, d. i. an die dabei in Frage kommenden hauptsächlichsten Dinge zu erinnern braucht, um ihre innere und vollkommene Übereinstimmung sofort einzusehen. Diese Dinge sind, wie vorhin gesagt, auf der einen Seite die von Gott geoffenbarten Dogmen und auf der andern die Wahrheiten, an welche der Mensch mit dem Lichte seiner Vernunft hinanreichen kann. Da nun dieses Licht eine Teilnahme an der göttlichen Weisheit ist, so folgt klar, dafs die menschlichen Wissenschaften und die Wahrheiten des Glaubens aus derselben Quelle und demselben Princip hervorgehen, nämlich aus Gott, dem Urheber der Offenbarung und der Vernunft. Mit andern Worten, die Vernunft und Offenbarung sind zwei Strahlen des unerschaffenen Lichtes, zwei Kanäle, durch welche die göttliche Wahrheit und Weisheit zu dem Menschen gelangt, nur mit dem Unterschiede, dafs beim Akte der Offenbarung Gott den Menschen die Wahrheiten, die er mitzuteilen geruht, selbst offenbart,' während er bei dem Akte der Vernunft- oder wissenschaftlichen Erkenntnis

---

quia res omnis secundum omnem sui proprietatem habet regulam sapientiae et ostendit sapientiam divinam, et qui sciret omnes proprietates, manifeste videret illam sapientiam." Illuminationes ecclesiae in Hexaëmeron sermo 2.

durch das Mittel der geschaffenen Vernunft, die ein Tropfen
oder Abglanz der göttlichen ist, zu ihnen spricht, weshalb man
auch sagen kann, daſs letztere Erkenntnis eine natürliche Offenbarung des Wortes d. i. des ewigen Wortes Gottes sei, welches
den Geist ähnlich erleuchtet, wie die Sonne die Erde. Gleichwie
nun in Gott nicht einmal ein Schatten von Widerspruch oder
Irrtum vorkommen kann, weil er ja die unendliche Wahrheit
und Wahrhaftigkeit ist, so ist es auch unmöglich, daſs es unter
den Strahlen, welche aus diesem unveränderlichen Centrum und
Herd der Wahrheit und Weisheit hervorgehen, irgend einen
Gegensatz geben kann. Beide Offenbarungen, die natürliche,
wodurch wir erleuchtet sind, um die ins Gebiet der Wissenschaft gehörenden Wahrheiten zu erkennen,[1]) und die übernatürliche, wodurch Gott selbst sich gewürdigt hat, die Menschen
in den ihr ewiges Heil berührenden Wahrheiten zu unterrichten,
beide Offenbarungen, sage ich, sind Töchter des Himmels, beide
steigen herab von Gott, dem Vater der Lichter und dem Herrn
der Wissenschaften, beide tragen an sich das Siegel der absolut
unfehlbaren Intelligenz. Es ist nicht möglich, diese Wahrheit
zu leugnen, ohne zugleich dem Princip zu widersprechen, daſs
nur das Falsche dem Wahren entgegengesetzt ist — solum falsum
vero contrarium est — und ohne die Vollkommenheiten desjenigen zu verkennen und zu verachten, welcher weder sich
selbst leugnen oder sich widersprechen, noch auch sich oder
uns täuschen kann.

25. Der h. Thomas entwickelt den nämlichen Beweis mit
überaus klaren und präcisen Worten im ersten Buche seiner
Summa contra gentiles. Nachdem er an die Spitze des 7. Kapitels
die These gestellt hat, daſs der Wahrheit des christlichen Glaubens
die Wahrheit der Vernunft in keiner Weise entgegentrete (quod
veritati fidei christianae non contrariatur veritas rationis), sagt
er, um Kern und Stern seines unbesiegbaren Argumentes anzugeben, also: „Es ist unzweifelhaft, daſs die Wissenschaft des
Lehrers all dasjenige in sich begreift, was er den Schüler lehrt,

---

[1]) „Lumen naturale animae inditum est illustratio Dei, qua illustramur
ab ipso ad cognoscendum ea, quae pertinent ad naturalem cognitionem.“
S. Thomas: S. th. I. II. 109. 1 ad 2.

er müfste denn etwa sich vornehmen, ihn zu täuschen. Da nun
aber Gott der Urheber unserer Natur ist, so ist es evident, dafs
die Erkenntnis der von Natur aus einleuchtenden Principien uns
von dem nämlichen Gott zu teil wird und dafs deshalb diese
uns an der göttlichen Weisheit teilnehmen lassen. Hieraus
folgt, dafs all dasjenige, was jenen Principien widerspricht, zu
gleicher Zeit auch der göttlichen Weisheit entgegentritt und
darum von Gott seinen Ursprung nicht hernehmen kann. Es
leuchtet also ein, dafs die Dinge, welche wir mit dem Glauben
an die göttliche Offenbarung festhalten und bekennen, der natürlichen Erkenntnis nicht widersprechen können." Der h. Lehrer
bestätigt diesen Ausspruch mit der Auktorität des h. Augustin,
welcher in seiner Schrift de genesi ad litteram schrieb:[1] „Dasjenige, was von der Wahrheit (auf dem natürlichen Gebiete der
Wissenschaft) verkündet wird, kann auf keinerlei **Weise den**
hh. Büchern des alten oder des neuen Testamentes widersprechen"; und er fügt dann bei: „Daraus folgt mit Klarheit,
dafs die Argumente, welche immer gegen die Lehre des Glaubens
vorgebracht werden mögen, sicherlich nicht regelrecht von den
ersten von Natur aus uns innewohnenden Principien ausgehen und
deshalb auch **keine Beweiskraft besitzen,** dafs sie vielmehr nur
Wahrscheinlichkeits- **oder** sophistische Gründe sind, welche die
Möglichkeit einer Widerlegung gewähren." Und in seiner theologischen Summe sagt der h. Thomas:[2] „Da der Glaube sich
auf die unfehlbare Wahrheit stützt und es unmöglich ist von
dem Wahren das Gegenteil zu beweisen, so ist es klar, dafs
die Argumente, welche man gegen den Glauben anführt, keine
richtigen Beweise, sondern auflösbare Schwierigkeiten sind."

26. Von dieser Lehre ausgehend, haben die hh. Väter, die
Lehrer des Mittelalters und im allgemeinen alle katholischen Gelehrten immerdar die gröfste Sorgfalt darein gelegt, mit den von
Gott geoffenbarten Wahrheiten die Resultate des wissenschaftlichen
Denkens zu vergleichen. Und wenn sie gewahrten, dafs letztere
mit dem christlichen Glauben nicht übereinstimmten, hielten sie
dieselben sofort für sophistische Lehren, welche durch eine sehr

[1] De gen. ad litt. l. 1, c. 18.
[2] S. th. I. 1. 8 c.

genaue Prüfung der Vernunftprincipien oder der Thatsachen leicht zu widerlegen seien, weil sie nicht zweifelten und auch nicht daran zweifeln konnten, dafs den von Gott geoffenbarten Wahrheiten die Urteile des menschlichen Geistes, dem Gott selbst das leuchtende Siegel seiner unendlichen Weisheit aufgedrückt hat, nicht entgegen stehen können.

Dafs dieses ihr Verfahren vernünftig sei, beweist das von ihnen befolgte Princip, dafs die erste Wahrheit, woraus jedes Licht und jede wahre Erkenntnis hervorgeht, eine einzige ewige und unveränderliche ist. Und wenn dies Princip es nicht bewiese, so würde die Geschichte des menschlichen Geistes dafür eintreten. In der That, wie oftmal hat es dieser Geist erlebt, dafs ihm in seinem Glauben mit scheinbar sehr gewichtigen und unwiderleglichen Gründen widersprochen wurde, welche sofort wie die Schatten vor dem Lichte neuer Beobachtungen oder umfassenderer und tieferer Untersuchungen oder einer genaueren Prüfung derselben Thatsachen verschwanden. „Der grofse Unterschied zwischen einen bestechenden Irrtum und einem System der Wahrheit, schreibt Kardinal Wiseman,[1]) ist der, dafs der eine gewisse Seiten darbieten kann, von denen aus betrachtet er keinen Fehler verrät, er ist wie ein Edelstein, welcher einen Flecken hat, aber dem Auge so zugekehrt werden kann, dafs das Lichtspiel, unterstützt durch eine künstliche Fassung, ihn verbirgt, der aber, nur ein wenig gedreht und unter einem andern Winkel beobachtet, seinen Mangel enthüllt: die Wahrheit aber ist ein Edelstein, der nicht gefafst zu werden braucht, der, fehlerfrei und ohne Wolke, dem reinen, hellen Lichte von jeder Seite, nach jeder Richtung entgegen gehalten werden darf, und überall dieselbe Reinheit, Gesundheit und Schönheit entfaltet. Jener ist ein unreines Metall, das der Kraft mehrerer Reagentien, die man darauf wirken läfst, widerstehen mag, aber zuletzt doch von einem aus ihnen angegriffen wird; diese ist wie im Glühofen bewährtes Gold, das der Kraft jeder Prüfung trotzt. Je zahlreicher daher die Berührungspunkte sind, die irgend ein System andern Ordnungen intellektueller oder

---

[1]) A. a. O. S. 581.

wissenschaftlicher Forschung darbietet, um so mehr Gelegenheit
giebt es zur Prüfung seines Wertes; und gewifs, wenn ihm der
fortgesetzte Fortschritt zur Vollkommenheit auf den verschiedenen
Seiten keinen Eintrag thut, so müssen wir schliefsen, dafs es in
der ewigen Wahrheit so tief eingewurzelt sei, dafs nichts Geschaffenes seine Gewifsheit erschüttern könne." Der gelehrte
Kardinal erinnert sodann[1]) an die ausgedehnte Reihe der Studien,
welche nötig geworden, um die starken Vorurteile zu beseitigen,
welche aus dem ersten Anschein der verschiedenen Irrtümer
gegen den Glauben entsprangen und den anmafsenden Schlufsfolgerungen einer Wissenschaft neue Nahrung verschafften, die
er eine schlecht studierte nennt. Und in der That kann man,
um mit dem gelehrten deutschen Übersetzer des Wiseman'schen
Werkes zu reden,[2]) die Erfahrung machen, „dafs jede Wissenschaft nur in den rohen Anfangsstufen ihrer Entwickelung in
feindselige Stellung zu der Offenbarung tritt, dafs sie aber in
demselben Mafse, wie sie in ihrer Ausbildung fortschreitet, sich
mit den geoffenbarten Lehren in Einklang setzt." Aus dem
Gesagten zieht dann Kardinal Wiseman folgenden Schlufs:[3])
„Wenn alles, was bisher geschehen, nur auf Bestätigung unserer
Beweise (für die Thatsache der Offenbarung) abzielte, so haben
wir gewifs nichts von dem zu fürchten, was noch verhüllt bleibt."
Und an einer andern Stelle fügt er hinzu:[4]) „Wenn die Erfahrung der Vergangenheit uns eine Bürgschaft gegeben hat,
dafs der Fortschritt der Wissenschaft gleichmäfsig darauf abzielt,
die Anzahl unserer Beweise zu Gunsten des Christentums zu
mehren und denen, die wir bereits besitzen, neuen Glanz zu
geben, so wird es sicherlich ihr Interesse und ihre Pflicht sein,
jenes beständige und heilsame Fortschreiten zu ermutigen."

Ein bemerkenswertes Beispiel für die Wahrheit dieser Behauptungen bietet sich uns in den Schwierigkeiten dar, welche
speciell das verflossene Jahrhundert gleich drohenden Wolken
gegen die mosaische Offenbarung aufgehäuft hat. Mehr als
achtzig geologische Systeme zählte im J. 1806 das Institut de
France, welche sämtlich gegen die hh. Schriften ihre Spitze

---

[1]) A. a. O. S. 582.   [3]) A. a. O. S. 588.
[2]) A. a. O. S. V.   [4]) A. a. O. 590.

kehrten, aber keines von ihnen ist bestehen geblieben, keines
von ihnen verdient einmal mehr die Aufmerksamkeit der Gelehrten oder auch nur die Namhaftmachung seines Urhebers;
ihr Name ist der Vergessenheit anheimgefallen, in welcher sie
das Wort Gottes, das ewig dauert, begraben wollten.

27. Doch wenn wir zu den oben[1]) angegebenen termini der
These zurückkehren, deren Beweis ich zuvor mit den Worten
der beiden ausgezeichneten Lehrer Augustin und Thomas von
Aquin formuliert habe, so ist es nicht möglich, auch nur einen
Augenblick an ihrer vollständigen Übereinstimmung zu zweifeln.
Die Wissenschaft, so sagten wir an erster Stelle, entspringt der
Vernunft, in gewisser Weise ein göttliches Licht, welche deshalb
auch in Bezug auf ihr eigentümliches Objekt sich nicht täuschen
kann, wofern sie nur entsprechend den Gesetzen und Principien
thätig ist, die sie mit Evidenz erkennt. Die Dogmen des Glaubens gehen für ihren Teil von demselben obersten Ursprung
aus, von der absolut unfehlbaren Vernunft Gottes selbst. Wie
ist es nun möglich, daſs irgend ein Gegensatz zwischen beiden
Objekten bestehe, da doch das oberste Princip, woraus die Erkenntnis herstammt, die wir von ihnen haben, ein und das
nämliche ist?

In bezug auf dasjenige, was wir von den Dogmen des
Glaubens gesagt haben (an der Gewiſsheit der wissenschaftlichen
Wahrheiten zweifeln ja nur die Skeptiker), müssen diejenigen,
welche sich in dem Glauben daran vertiefen und befestigen
wollen, auf zwei Punkte ihren Geist richten: 1. darauf, daſs Gott
die höchste Wahrheit ist, und 2. darauf, daſs diese höchste
Wahrheit zu den Menschen geredet hat. Sind diese zwei Wahrheiten bewiesen, so kann die Vernunft nicht umhin, in dem
Worte Gottes ein von dem ihrigen verschiedenes Licht zu erblicken, welches sie stärkt und vervollkommnet, und eine auſser-
ordentliche Kundgebung, gröſser als die Sonne, welche jeden
Menschen, der in diese Welt kommt, auf natürliche Weise erleuchtet. Was das erste betrifft, daſs Gott die höchste Wahrheit
ist, welche weder sich noch uns täuschen kann, so kann das

---

[1]) In n. 24.

niemand ohne Gotteslästerung leugnen; denn dieselbe Idee, welche wir von Gott als einem unendlich vollkommenen Wesen haben, enthält unter den Attributen, die wir in ihm anbeten, wesentlich auch ein unfehlbares Wissen und eine unendliche Heiligkeit, von der sich die sittliche Vollkommenheit, welche den Namen Wahrhaftigkeit trägt, sachlich nicht unterscheidet. Irgend eine von diesen Vollkommenheiten Gottes leugnen, ist genau das nämliche, wie ihn selbst leugnen. Wie in vielen andern, so stimmt auch in diesem Punkte die natürliche Theologie auf eine bewunderungswürdige Weise mit der Dogmatik überein, indem beide durch den Mund eines der Lehrer der Kirche also reden[1]): „Gott ist der Herr der Wissenschaften, welcher nur eines nicht kennt, die Unwissenheit. Er ist ganz Licht und in seiner Vernunft giebt es keinen Schatten; er ist ganz Auge, welches über nichts sich täuscht, weil es niemals sich schliefst; er braucht nicht aus sich herauszugehen, um zu sehen, weil er nicht blofs derjenige, welcher sieht, sondern zugleich auch das Ziel und Fundament seines Sehens ist."

28. Das Wissen Gottes ist nicht, wie das unsrige, begrenzt in seinem Objekte, accidentell, veränderlich, untermischt mit Dunkelheit und, historisch betrachtet, selten frei von Irrtümern, sondern ein unbegrenztes, reines, substanzielles, unveränderliches, intuitives und absolutes Wissen, welches, um zu existieren, nicht von den Dingen abhängt, sondern die Dinge, welche sind, erschafft, gemäfs dem Worte der Schule: Scientia Dei causa rerum. Diese unaussprechliche Wissenschaft enthält in der That den Grund aller Wirklichkeit und aller Wissenschaft, sie ist die Originalwahrheit, die Quelle, woraus für die Menschen alle Wahrheiten entspringen, welche sie erreichen können, sei es mittels der Vernunft, welche eine Art natürlicher Offenbarung ist, sei es mittels der Offenbarung, welche, wie Leibniz sagt, eine übernatürliche Vernunft ist. Verbinden wir mit den angeführten Arten der Wahrheit hier noch die andere, welche man moralische Wahrheit nennt, gegen welche Gott zufolge seiner unendlichen Heiligkeit niemals fehlen kann, und schliefsen wir

---

[1]) S. Bernardus: De consid. l. 5, c. 4.

dann, indem wir sagen: Gott kann weder sich noch uns täuschen;
das Fundament, worauf sich unsere notwendige Zustimmung zu
seiner Offenbarung stützt, ist seine eigene Wissenschaft und
unendliche Wahrhaftigkeit, im Vergleich zu welcher die Autorität
der Menschen, denen die Vernunft mit Bezug auf eine grofse
Zahl von Thatsachen zu glauben uns verpflichtet, nur ein Schatten
von Autorität ist.

29. An zweiter Stelle habe ich gesagt,[1]) dafs Gott zu den
Menschen geredet hat. Diese Wahrheit ist das lichtvolle Centrum, welches die ganze gegenwärtige Abhandlung bestrahlen
mufs, oder, um die Sprache der Schule zu reden, der minor
d. i. der Untersatz des Schlusses, womit ich meine These beweisen will. Den maior oder Obersatz desselben habe ich schon
klar formuliert, und ich glaube nicht, dafs ihm jemand seine
Beistimmung zu verweigern wagt. Wenn ich also den Beweis
dafür erbringe, dafs der nämliche Gott, die wesenhafte Wahrheit
und Heiligkeit, sich gewürdigt hat, zu den Menschen zu reden,
indem er ihnen einen Teil seines unendlichen Wissens offenbarte,
werde ich mit strenger Logik schliefsen können, dafs die Dinge,
welche er uns lehrt, Wahrheiten sind, die wir als Glaubens-
artikel festhalten und bekennen müssen, die uns aber noch gewisser sein müssen, als die natürlichen Wahrheiten es sind, und
deshalb viel mehr noch, als die Thatsachen und Gesetze der
Natur. Mit andern Worten, es handelt sich um eine Thatsache,
für deren Wahrheit ungemein viel daran gelegen ist, dafs sie
auf Fundamente gestützt werde, welche die Vernunft und die
Wissenschaft notwendigermafsen zum mindesten für genügend
halten müssen, um der Wahrheit des Katholicismus beizustimmen
„Um in einem so wichtigen Geschäfte nicht getäuscht zu werden
und zu irren, sagte der grofse Pius IX.,[2]) mufs die Vernunft
sorgfältig die Thatsache der göttlichen Offenbarung erforschen,
damit sie darüber Gewifsheit erlange, dafs Gott wirklich

---

[1]) In n. 27.

[2]) „Humana ratio, ne in tanti momenti negotio decipiatur et erret,
divinae revelationis factum diligenter inquirat oportet, ut certo sibi constet,
Deum esse locutum, ac eidem, quemadmodum sapienter docet Apostolus,
rationabile obsequium exhibeat." Encyclica d. d. 9. Nov. 1846.

gesprochen hat, und damit sie ihm das vernünftige Opfer des
Glaubens darbringe, wovon der Apostel spricht." Ist diese
Thatsache untersucht, so zeigt sich uns die Wahrheit des Glaubens umgeben mit dem Glanze eines stringenten Beweises, und
der christliche Philosoph kann mit Stolz das Wort Fontenelle's
wiederholen, dafs die katholische Religion die einzige Religion
ist, welche Beweise für sich hat.

30. Aber hat Gott denn in Wirklichkeit zu den Menschen
gesprochen? „Gott, der manchmal und auf manchfache Weise
vordem zu den Vätern durch die Propheten geredet, hat zuletzt
in diesen Tagen zu uns geredet durch den Sohn, den er zum
Erben über alles gesetzt, durch den er auch die Welten erschaffen
hat."[1]) Das Licht der Offenbarung brach also schon gleich im
Anfange hervor; es wuchs allmählich und erleuchtete die Menschen auf den Gefilden von Chaldäa, unter den Zelten der
Patriarchen, von den Höhen des Sina, im Lande des triumphie-
renden Judas und an den Orten seiner Gefangenschaft; und
zuletzt erschien es mit seinem vollen Glanze in Jesus Christus,
dem Sohne Gottes, „voll der Gnade und Wahrheit, aus dessen
Fülle wir alle empfangen haben."[2]) Das Licht war das nämliche,
weil es stets aus der nämlichen göttlichen Sonne hervorging,
aber die Vorsehung Gottes würdigte sich, es den Menschen nach
und nach zu senden, indem er anfing, zu den Vätern durch die
Propheten zu reden, sich also zu dem Menschengeschlechte in
Bezug auf die Erkenntnis der Wahrheit ähnlich verhielt, wie ein
geschickter Lehrmeister zu einem Kinde, welches er zuerst in
den Anfangsgründen der Wissenschaften unterrichtet und sich
vorbehält, zu geeigneter Zeit ihm die ganze Fülle derselben
und insbesondere ihre sublimsten Wahrheiten mitzuteilen. Auf
diese Weise konnte die Menschheit, durch die Erfahrung vieler
Jahrhunderte belehrt, die Schwäche ihrer Kraft sehr gut erkennen, und nicht minder die Notwendigkeit einer übernatürlichen
Hülfe, die sie, wie auf dem moralischen Gebiete, so auch auf
dem der Erkenntnis und Wissenschaft bis zum Himmel erhob,
wie ihn die Uroffenbarung schauen liefs; sie empfand die Notwendigkeit, nach der Ankunft des Wortes zu verlangen, welches

---

[1]) Hebr. 1. 1 f.　　　[2]) Joh. 1. 14 u. 16.

später Fleisch annahm und unter den Menschen wohnte, um
ihre Wünsche über alles menschliche Hoffen hinaus zu erfüllen
und sie all das zu lehren, was es selbst im Schofse seines
ewigen Vaters gehört hatte.

Der h. Augustin bemerkt in seinem Werke De civitate Dei,[1]
dafs die Propheten früher da waren, als die heidnischen Philosophen; aufserdem hält er es für sicher, dafs die Uroffenbarung
sich über die ganze Welt verbreitete und sich besonders in den
wunderschönen Aussprüchen der alten Weisen wiederspiegelte.
Worauf wir aber bei der Besprechung der Thatsache der Offenbarung unser Augenmerk richten müssen, ist diejenige Offenbarung, welche Gott in seiner Huld den Menschen zu teil
werden liefs durch Jesus Christus, das Ende und die Vollendung
des Gesetzes Mosis und der Propheten. Die Menschheit Jesu
Christi ist gewissermafsen das materielle Gewand, durch welches
das Wort sich sinnlich wahrnehmbar gemacht hat,[2] ähnlich wie
das innere Wort unsers Geistes sich durch das äufsere Wort
kundgiebt, welches, wie Cicero sagt, das Kleid des Gedankens
ist — cogitatio sono vestita. Das Wort, welches von Anfang
an auf natürliche Weise zu den Menschen sprach, indem es das
Licht ihrer Vernunft erschuf und zugleich das Sein den sichtbaren Dingen verlieh, welche auf ihre Art zu dem Menschen
reden und ihm in gewisser Weise die unsichtbaren Dinge offenbaren, das Wort, welches zu den Menschen auch durch den
Mund der Propheten redete, wollte schliefslich Mensch werden
und in dieser Form sich zeigen, damit wir in dem nämlichen
sichtbaren Worte das übersinnliche und ewige Wort, welches
die Weisheit Gottes selbst ist, vernähmen und von seinen Lippen
das von Ewigkeit her im Herzen des Vaters gesprochene Wort
hörten. „Auf dafs der Mensch mit gröfserem Vertrauen auf dem
Wege der Wahrheit einherschreite, sagt der h. Augustin,[3] hat die

---

[1] L. 18, c. 37.

[2] „Humana natura in Christo assimilatur habitui, id est vestimento,
non quidem quantum ad accidentalem unionem, sed quantum ad hoc, quod
Verbum videtur per humanam naturam, sicut homo per vestimentum.“
S. Thomas: S. th. III. 2. 6 ad 1.

[3] „In qua (fide) ut fidentius ambularet (homo) ad veritatem, ipsa
veritas Deus Dei Filius, homine assumpto non Deo consumpto, eamdem

nämliche Wahrheit, welche Gott von **Gott ist, welche** die Menschheit angenommen und die Gottheit beibehalten hat, den Glauben
gegründet, auf daſs er den Menschen als Weg diene, auf welchem
sie zu dem Gotte des Menschen vermittelst des Gottmenschen
gelangen; und dies ist der Mittler zwischen Gott und den
Menschen, der Mensch Christus Jesus."

Das göttliche Wort, d. h. Gott selbst ist es, welcher zu
den Menschen gesprochen hat in Jesus Christus, dem Weg, der
Wahrheit und dem Leben,[1]) welcher weder sich irren noch uns
täuschen kann. Welche Beweise haben wir aber für diese
Wahrheit? welche Gründe nötigen uns zu glauben, daſs Jesus
Christus von Gott gesandt worden und daſs wir deshalb **alles**
glauben müssen, was er die Menschen zu lehren sich **gewürdigt**
hat, daſs er insbesondere das **nämliche göttliche Wort ist,** welches
jeden Menschen, der in diese Welt **kommt, erleuchtet, das** strahlende und unfehlbare Centrum **der Religion und der Wissen-**
schaft?

31. Die Natur des vorliegenden Memorias erlaubt es nicht,
an dieser Stelle all die Gründe, **welche den** Beweis für jene
Wahrheit ausmachen, einen nach dem andern langsam zu entwickeln. Die Wahrheit ist bewiesen worden mit allen Arten
von Argumenten durch zahlreiche **und gelehrte** Schriftsteller,
welche die Kraft ihres Genies und die Schätze ihrer Gelehrsamkeit aufgeboten haben, sie evident **zu machen,** angefangen
von den Apologeten der ersten Jahrhunderte des Christentums,
einem Tertullian, Justin, Origenes und so vielen andern Zierden
der Religion **und der Wissenschaft** in den alten Zeiten, bis
herab zu Frayssinous, Lacordaire, Balmes, Perronne, Felix,
Monsabré, Freppel, August Nikolas, Hettinger und vielen andern
ausgezeichneten Lehrern unserer Tage, in deren Werken die
Wahrheit des Glaubens bis zur Evidenz dargethan ist. Da es
indessen nicht möglich ist, ihnen in dieser Schrift zu folgen, so
wird es gut sein, wenigstens die leuchtende Linie, welche die

constituit atque fundavit fidem, ut ad hominis Deum iter esset homini per
hominem Deum; hic est enim mediator Dei et hominum, homo Christus
Jesus." De civitate Dei. l. 11, c. 2.

[1]) Joh. 14. 6.

54 Angabe der Beweise für jene Thatsache.

Verteidiger der Wahrheit innegehalten haben, zu zeichnen, so
nämlich, dafs einigermafsen die Quellen und Kriterien angegeben
werden, aus welchen die Beweise für die Existenz der göttlichen Offenbarung, oder, sagen wir besser, für die christliche
Religion geführt werden.

Einer der beredtesten Redner unserer Tage, Pater Felix S. J.,
hat sie in bewundernswerter Weise nach Art eines Kompendiums
zusammengefafst, indem er sagt:[1] „Fast seit 2000 Jahren er-
bringt die katholische Theologie in Denkmälern, welche existieren
und die ihr befragen könnt, der Menschheit den Beweis, dafs
das Wort Fleisch geworden ist und zu den Menschen geredet
hat; zu gleicher Zeit stellt sie die Göttlichkeit des Wortes, des
Urhebers der Offenbarung, die Göttlichkeit der geoffenbarten
Dogmen und die Göttlichkeit der Kirche, der Dollmetscherin
der Offenbarung, fest. Ich will jetzt diesen Beweis nicht selbst
erbringen; man kann ja nicht alles zugleich sagen und thun.
Ich begnüge mich, zu sagen: Der Beweis dafür ist so vollkommen
und einleuchtend, dafs er in jedem vorurteilsfreien und un-
parteiischen Herzen eine tiefe Überzeugung hervorbringen mufs.
Die genannten Wahrheiten sind auf so viele Arten bewiesen
worden, dafs ich sie nicht einmal alle aufzuzählen vermag. In
der That, sie sind bewiesen worden durch die Wunder und die
Prophezeiungen, durch die Geschichte und die Gesetzgebung
des Volkes, welches ausgewählt wurde, um die Ankunft des
Messias vorzubereiten, durch die Schrift und Tradition, durch
die Wunder, die Lehre und das persönliche Leben Jesu Christi,
durch die Ausbreitung des Christentums, durch das Schauspiel
des Martyriums und des christlichen Apostolats, durch die wunderbare Erhaltung und Fortdauer der Kirche inmitten der Stürme
und Revolutionen der Jahrhunderte, durch die in der Geschichte
einzig dastehende Erscheinung ihrer Kämpfe gegen all die
Häresieen, gegen alle Sekten der Philosophen und gegen alle
Leidenschaften der Menschen, welche sich gegen sie verschworen
hatten, durch die Betrachtung ihrer göttlichen Hierarchie, und

[1] Le progrès par le christianisme (Conférences de Notre-Dame de
Paris. Année 1862) 2. édit. Paris. 1871. pag. 133—135.

durch die Unveränderlichkeit ihres Glaubensbekenntnisses, durch
das Offenbarwerden der Harmonie aller Dogmen unter sich und
der Wahrheit eines jeden einzelnen, durch die übermenschliche
Kraft der katholischen Lehre, allen Bedürfnissen der Menschheit
zu entsprechen, durch den göttlichen Erweis ihrer Thätigkeit in
dem Individuum, in der Familie und in der bürgerlichen Gesellschaft. Sieh da eine Menge von Strahlen, aus welchen das
lebendige und reichhaltige Licht des katholischen Beweises besteht; würden sie sich, wie Pascal sagte, auf einer Fläche vereinigen, so nämlich, daſs sie alle mit einem Blicke gesehen
werden könnten, so würde sich jener Beweis mit der nämlichen
Evidenz und Klarheit unserm Geiste aufdrängen, wie ein Beweis
der Geometrie."

32. Vielleicht wird die einfache Aufzählung der Gründe,
welche die Zustimmung der Vernunft zu der Wahrheit des
Glaubens fordern, manchem etwas trocken erscheinen. O, wenn
die einfachen Linien, welche ich gezeichnet habe, in die vollständigen Formen des Beweises umgewandelt würden, so wie
sie uns entgegentreten in den ausgezeichnetsten Denkmälern der
Wissenschaft und der Vernunft, hingeordnet zur Verteidigung
des Christentums, d. i. in den Werken der Väter und Lehrer
der Kirche und zumal in denen des Engels der Schule, wie
stark würde dann das Gefühl der inneren Zustimmung sein,
welches die Zahl, die Vortrefflichkeit und der Wert jener Gründe
in den Gemütern erregten! Liest man die schönen Apologieen
des Christentums, so kommt es einem vor, als ob die Offenbarung
vor den Augen mit der Helligkeit der Evidenz erglänze, und
man begreift sehr gut die pietätvolle Verwegenheit, mit welcher
einer der gefeiertsten Erklärer der christlichen Wahrheit im
Mittelalter angesichts der unerschütterlichen Festigkeit der Beweise für das Christentum, indem er sich an seinen göttlichen
Schöpfer wendete, in die Worte ausbrach[1]): „Domine, si error
est, a teipso decepti sumus, nam ista in nobis tantis signis et
prodigiis confirmata sunt et talibus, quae non nisi per te fieri
possunt."

---

[1]) Hugo von St. Viktor: De trin. I. 2.

Man braucht sich also darüber nicht zu verwundern, daſs
selbst diejenigen Gemüter, welche am meisten gegen die christliche Religion eingenommen waren, daſs selbst ihre gröſsten
Feinde in lichten Augenblicken die Göttlichkeit derselben anerkannt haben, indem sie eingestanden, daſs sie die auſserordentlich
glaubwürdigen Zeugnisse derselben nicht in Zweifel zu ziehen
vermöchten, ohne zugleich auch an den Fundamenten aller historischen Wahrheit zu rütteln, und daſs viele von ihnen schlieſslich
zu der christlichen Religion übertraten, nachdem sie die Einwendungen des Unglaubens auf die Wagschale der Vernunft
gelegt und sie als zu leicht erfunden hatten. Unglücklicherweise
flieht die vom Hochmut erzeugte Wissenschaft immer vor dieser
Art der Untersuchungen und verschlieſst ihr Ohr vor der Stimme
derjenigen, welche sie auf das Feld rufen, wo die Vernunft
selbst mit unüberwindlichen Waffen die Wahrheit des christlichen
Glaubens verteidigt. Mit Fug und Recht klagen deshalb die
katholischen Gelehrten jene Schriftsteller, welche dieses Feld
nicht betreten wollen, der Starrköpfigkeit und Verstocktheit an;
denn dieselben sind von einem systematischen Unglauben be-
fangen, welcher um so mehr befremdet, je gröſser die harmlose
Zustimmung ist, die sie zu all demjenigen geben, was irgendwie
mit den katholischen Glaubenslehren in Widerspruch zu stehen
scheint, wenn es auch nur scheinbare oder sophistische und
deshalb leicht zu beseitigende Gründe für sich hat, und die sie
auch den von ihnen jetzt verworfenen Wahrheiten schenken
würden, wenn sie nicht eben offenbart wären, weil das in ihren
Augen eine Erbsünde ist, welche sich durch nichts, auch nicht
mit allen Kräften der Vernunft beseitigen läſst.

33. Um auf irgend eine Weise diese Widerspenstigkeit zu
entschuldigen, sagen sie, die übernatürliche Offenbarung Gottes
sei unmöglich und deshalb brauche man die Thatsache derselben
nicht zu diskutieren. Natürlich; denn ein Diskutieren derselben
hieſse augenscheinlich demjenigen, was in den Augen der „Wissenschaft“ absolut der Vernunft entbehrt, zu viel Ehre anthun. Sie
fügen noch hinzu, daſs weder Gott dem Menschen etwas zu
offenbaren vermöge, noch auch der Würde und Selbstherrlichkeit
der Vernunft es gezieme, von einem Princip, was sie nicht selbst

ist, das Licht der Wahrheit zu empfangen. Bevor wir auf diese
erbärmlichen Ausflüchte antworten, wollen wir darauf aufmerksam
machen, wie die Feinde der Offenbarung vergessen oder zu
vergessen affektieren, dafs die Fragen über Thatsachen, z. B.
über Wunder und Weissagungen, welche in den heiligen Schriften
feststehen, nicht wie die rein metaphysischen Fragen, mit Hülfe
von abstrakten Gründen und Principien sich lösen lassen. Die
wahre und echte Logik befolgt das gerade entgegengesetzte
Verfahren. Jene Fragen erledigt sie mit Beweisen von derselben Natur, und wenn sie dabei den Schlufs zieht, dafs derartige Thatsachen stattgefunden haben, dann ist sie weit davon
entfernt, vor der Idee ihrer angeblichen Unmöglichkeit zu er-
schrecken und zurückzuweichen, dann folgert sie vielmehr aus
jenen Thatsachen, sobald sie dieselben mit den Gesetzen des
historischen Zeugnisses in Konformität erblickt, gerade deren
innere Möglichkeit, gestützt auf das bekannte Princip: Ab actu
ad posse valet consequentia.

Die Schriftsteller, woran ich hier denke, gehören durch-
gehends zu der Schule der sog. Positivisten. Merkwürdigerweise
rühmen sie sich, auf die Thatsachen ein aufmerksames Auge zu
haben, um darauf die Wissenschaft zu gründen, und verachten
dabei die abstrakten Erkenntnisse und zumal die des rein spekulativen Gebietes; wenn es sich aber darum handelt, die Religion
zu bekämpfen, vergessen sie sofort ihre Methode und ihre Principien und tragen kein Bedenken, aus apriorischen Begriffen,
welche ihr Geist fingiert, wie z. B. aus ihrer Idee von Gott und
dem Menschen, die ihnen eigentümlichen Folgerungen gegen die
göttliche Offenbarung abzuleiten.

34. Beginnen wir, um das soeben Gesagte zu beweisen,
mit der Idee, welche sie von Gott haben. Können sich diejenigen vielleicht rühmen, Gott zu kennen, welche ihm die Macht
absprechen, den Menschen seiner ewigen Weisheit dadurch
teilhaftig zu machen, dafs er ihm Wahrheiten offenbart, welche
seine Vernunft vervollkommnen und seinen Willen auf den Pfaden
der Gerechtigkeit führen? Man begreift nicht, wie es jemanden
geben kann, welcher eine derartige Macht Gott nicht zuerkennt,
da ja unter uns Menschen kein einziger der Mittel entbehrt,

die Begriffe und Gedanken seines Geistes andern kund zu machen.
„Ein Allmächtiger, so ruft hier ein berühmter Gelehrte[1]) aus,
der das nicht kann, was jedes alte Weib vermag, seine Gedanken
offenbaren! . . . Er, der im Menschen die geheimnisvolle Kraft
hervorbrachte, mit der Sprache in den Geist des andern einzudringen und durch gewisse materielle Zeichen seine eigne
Intelligenz mitzuteilen! . . .“[2]) Man sage nicht, es gezieme der
göttlichen Majestät nicht, sich bis zu dem äufsersten Grade
herabzuwürdigen, dafs sie mit geschaffenen Intelligenzen spreche;
denn, so fragt jener Autor weiter,[3]) „ist es eine gröfsere Erniedrigung, in unserm Geiste das Licht der Wahrheit anzu-
zünden, als zu unserm Körper die Erde zu formen, aus welcher
er uns gebildet hat?“ Und in der That, wenn die Wissenschaft
des Schülers zur Ehre des Lehrers gereichen mufs, wenn die
intellektuellen wie die moralischen Vollkommenheiten des Sohnes
und das Glück der Unterthanen Kronen des Vaters und des
Fürsten sind, welche ihnen, um ihr individuelles und sociales
Leben zu ordnen, ihre darauf bezüglichen Gedanken mitteilen,
mit welchem Grunde darf man dann dem höchsten Urheber
unsers Seins den Ruhm verweigern, welcher für ihn aus all
den Lichtern resultiert, die er dem menschlichen Geiste vermittelst der Offenbarung verliehen hat! Es ist wahr und sicher,
dafs in dieser Art von Behandlung und Zutrauen, wie sie der
Kreatur, die sein Ebenbild trägt, von Gott erwiesen wird, ein
Fonds von Herzlichkeit und Liebe liegt, welcher immerdar ein
Geheimnis für diejenigen bleiben wird, welche die Kraft dieses
Wortes nicht kennen, d. i. den süfsesten Ausdruck jener reinen

---

[1]) Al. Taparelli: Versuch eines auf Erfahrung gegründeten Naturrechts. Aus dem Italienischen übersetzt. Regensburg 1845. Bd. 1, S. 89.
[2]) „La parole est la lumière médiatrice entre les choses égales qui
ne se voient pas, à plus forte raison entre les choses deux fois separées
par leur invisibilité et leur inégalité. Pourquoi Dieu ne parlerait-il pas à
l'homme? Pourquoi, nous voyant incapables d'atteindre jusqu'à lui par la
faiblesse de notre nature, ne condescendrait-il pas à s'ouvrir à nous dans
une confidence qui nous révélerait avec les mystères de son être l'ordre de
ses pensées et de ses desseins?“ Lacordaire: Conférences de Notre-Dame
de Paris. tom. 3, p. 334.
[3]) A. a. O.

und selbstlosen Freundschaft, die da nicht weifs, was Erniedrigungen sind, sobald es sich um das Gut der geliebten Person handelt.

35. Nicht weniger blind zeigt sich der Rationalismus, wenn er die Möglichkeit der Offenbarung im Namen der Würde unsers Geistes leugnet. Kennt der Mensch vielleicht alle Dinge? „Denke nicht, sagte Laktantius,[1] dafs du alles weifst, was es zu wissen giebt, denn das ist Sache Gottes; noch auch, dafs du von allem nichts weifst, gleich den Kreaturen, welche der Vernunft entbehren; zwischen beiden Extremen giebt es ein Mittleres, was dem Menschen zukommt, nämlich die Wissenschaft vermischt mit der Unwissenheit und gemäfsigt durch sie." Wenn das also die Lage des Menschen und seine Einsicht so beschaffen ist, dafs sie vervollkommnet werden kann und oftmals **vervollkommnet** werden mufs, dann reicht die Vernunft, für welche es keine Möglichkeit giebt, durch die göttliche Offenbarung erleuchtet und vervollkommnet zu werden, zur Erkenntnis **der** Wahrheit für sich allein nicht aus, **zumal dann nicht,** wenn unter den Wahrheiten, **die wir** von Gott empfangen, einige sind, welche durch ihre eigene Erhabenheit die Fassungskraft und die Geschicklichkeit des Menschen übersteigen. Das gilt ganz besonders von **den Wahrheiten,** welche Gott selbst betreffen. „Gott selbst, sagt der h. Anselm,[2] möge mich die Geheimnisse des Himmels lehren, welcher das Werk seiner Hände ist, nicht aber der Mensch, welcher sich selbst nicht kennt. Wem mufs man, **wenn** es sich um Gott handelt, mehr glauben, als **Gott** selbst?"

36. Es wünschten etliche, dafs **es** unter den von Gott geoffenbarten Wahrheiten keine Geheimnisse gäbe. „Der Gott, welchen ich anbete, sagte Rousseau,[3] ist kein Gott der Finsternis, sondern des Lichtes. Er gab mir nicht die Vernunft, um mich

---

[1] „Neque omnia scire te putes, quod est Dei, neque omnia nescire, quod pecudis; est enim aliquid medium, quod sit hominis, id est scientia cum ignoratione coniuncta et temperata." Institution. divin. l. 3, c. 6.

[2] „Coeli mysterium doceat me Deus ipse, qui condidit, non homo, qui seipsum ignoravit. Cui magis de Deo, quam Deo credam?" **Epistol.** l. 2, ep. 12 edit. Rom. (ep. 18 edit. Migne).

[3] **Emile ou de l'éducation. tom. 3, p. 122.**

zu hindern, dafs ich von ihr Gebrauch mache; es begeht also
eine Injurie gegen Gott, wer da verlangt, dafs ich meine Vernunft gefangen gebe." Und an einer andern Stelle fügt jener
Sophist hinzu: „Welches Verbrechen kann es sein, wenn ich
Gott gemäfs dem rein natürlichen Lichte meiner Vernunft anbete? Wenn ich imstande bin, mit meiner blofsen Vernunft mir
eine würdige Idee von Gott zu entwerfen, welche Güter können
uns dann aus der Offenbarung und aus der Notwendigkeit zu
glauben entspringen?" Auf diese nichtswürdigen Fragen werde
ich, wenngleich nur kurz, zu antworten suchen.

Zunächst ist dies zu bemerken: der Gott, den wir anbeten,
ist freilich **nicht** ein Gott der Finsternis, sondern des Lichtes,
er ist das wesenhafte Licht selbst, welches jeden Menschen erleuchtet, der in diese Welt kommt. Aber die menschliche
Intelligenz ist nicht imstande, dies Licht zu begreifen, weil die
unendliche Wahrheit in die engen Grenzen unserer Vernunft
nicht hineingeht, noch auch in sich selbst direkt erkannt werden
kann, da sie ein für uns unnahbares Licht ist. Das Mysterium
waltet nicht in demjenigen ob, was Gott absolut d. i. an und
für sich ist, denn für sein eigenes Auge ist derselbe ein ganz
klares und intelligibeles Wesen, sondern nur in demjenigen, was
er in Beziehung zu uns und zu unserer Erkenntnis ist. Das,
was eine Fledermaus hindert, das Licht der Sonne zu ertragen,
ist nicht der helle Glanz des Tagesgestirns an sich, sondern der
Umstand, dafs derselbe gerade für ihr Auge zu stark und mächtig
ist.[1] So zerstört also die Betrachtung dessen, was Gott in sich
selbst ist, **nicht den Grund des** Geheimnisses, worin seine intelligibele Wesenheit **uns verborgen** ist, sie macht vielmehr **denselben**
gerade erst offenbar. Aufserdem ist es falsch, dafs die Vernunft,
indem sie unbegreiflichen Wahrheiten zustimmt, in Finsternissen
untergeht; denn erstens machen wir bei den Geheimnislehren von
der Vernunft dadurch Gebrauch, dafs **wir die** Begriffe, woraus
sie bestehen, und die Realität ihrer Verbindung erkennen,[2] und

---

[1] Vgl. Aristoteles: Metaph. l. 2 p. 993 b. 9 f.

[2] „Absit, inquam, ut ideo credamus, ne rationem accipiamus sive
quaeramus, cum etiam credere non possemus, nisi rationales animas habe-
remus." S. Augustinus: Epist. 120 ad Consent. I. 3.

zweitens giebt es neben den unbegreiflichen Wahrheiten auch noch viele andere, gleichfalls geoffenbarte, welche vor unsern Augen mit dem Lichte der demonstrativen Evidenz glänzen.

Sodann ist in Beantwortung obiger Fragen darauf aufmerksam zu machen, dafs die Zustimmung der Menschen zu den geoffenbarten Mysterien viel zur Vervollkommnung der Menschen beiträgt. Denn auf der einen Seite lassen diese Mysterien die Menschen die Grenzen ihrer Intelligenz erkennen und auf der andern Seite prägen sie ihnen eine höhere Idee von Gott ein, insofern sie ihnen zu erkennen geben, dafs seine unendliche Vollkommenheit über alles, was wir begreifen können, erhaben ist, und liefern ihnen zugleich den Schlüssel zur Erklärung vieler Dinge, welche für die durch das Licht der göttlichen Mysterien nicht erleuchteten Seelen wahre Rätsel sind.[1]

37. Da ich später über die Mysterien zu handeln habe, insofern sie als eigentümliches Objekt der Religion betrachtet werden, sachlich verschieden von dem der Wissenschaft, die ebenfalls ihre Mysterien hat, so will ich mich jetzt über diese

---

[1] „Die Erbsünde ist ein Geheimnis, aber dieses Geheimnis erklärt die ganze Welt; die Menschwerdung ist ein Geheimnis, aber dieses Geheimnis erklärt die Überlieferungen des Menschengeschlechtes; der Glaube ist voll von Geheimnissen, aber dieser Glaube befriedigt eines der gröfsten Bedürfnisse der Vernunft; die Geschichte der Schöpfung ist ein Geheimnis, aber dieses Geheimnis entwirrt das Chaos, erleuchtet die Welt, enträtselt die Geschichte der Menschheit; das ganze Christentum ist eine Summe von Geheimnissen, aber diese Geheimnisse verknüpfen sich auf verborgenen Pfaden mit allem Tiefen, Grofsen, Erhabenen, Schönen und Rührenden im Himmel und auf Erden, treten in Verbindung mit dem Individuum, mit der Familie, mit der Gesellschaft, mit Gott, mit dem Verstande, mit dem Herzen, mit den Sprachen, mit der Wissenschaft, mit der Kunst. Der Forscher, der auf die Religion vergifst, der zuweilen selbst Mittel sucht, um sie zu bekämpfen, findet sie am Eingang wie am Ausgang seiner geheimnisvollen Wege, neben der Wiege des Kindes, wie unter dem Schatten der Gräber, in der Zeit, wie in der Ewigkeit; sie erklärt alles mit einem einzigen Wort, sie bietet unbeirrt die Stirn den Thorheiten der Unwissenheit und den Sarkasmen des Unglaubens, und wartet ruhig, bis der Lauf der Jahrhunderte ihr Recht gebe, ihr, die um Recht zu haben, nicht nötig hatte, dafs die Jahrhunderte sich in Bewegung setzten." J. B a l m e s: **Fundamente** der Philosophie. Aus dem Spanischen übersetzt von Fr. Lorinser. Regensburg. 1855. Bd. 2, S. 279 f.

interessante Materie nicht weiter verbreiten. Statt dessen erscheint es mir zweckmäfsig, hier die erste Quelle und Wurzel der Schwierigkeiten zu bezeichnen, welche die ungläubigen Gelehrten gegen die göttlichen Lehren erheben.

Denjenigen, welche die Geschichte der zeitgenössischen Philosophie studieren, ist die Theorie sattsam bekannt, welche von Kant, dem Philosophen von Königsberg, ausgedacht und von allen Rationalisten nach ihm allgemein angenommen worden, die Theorie, nach welcher der menschliche Gedanke das Centrum des absoluten intellektuellen Systems und das einzige Fundament der Wahrheit ist. Ähnlich wie die Stoiker danach strebten, das höchste Glück mit rein menschlichen Kräften zu erreichen, so haben die Philosophen, die ich meine, das Projekt ausgedacht, durch sich selbst eine absolute, auf reine Begriffe ihres Geistes gegründete Wissenschaft zu konstruieren, mit Übersehung oder Verachtung aller objektiven Wahrheits-Regel, welche nicht von ihrer Vernunft ausgeht, so dafs diese nach ihnen das Princip und die absolute Norm aller Erkenntnis ausmacht. Das ist der Begriff von der Autonomie der Vernunft, worin sich schliefslich alle Doktrinen der Transscendentalphilosophie auflösen.

Es ist nicht meine Absicht, die Systeme zu prüfen, ausgedacht von den Hauptphilosophen, welche den Geist ihres Meisters als Erbteil empfangen haben, um die absolute Wissenschaft aufzubauen. Die Geschichte der neuern Philosophie hat sie auf ihren Blättern als ebenso viele Proben oder Versuche des Genies ihrer Urheber weitläufig aufgezeichnet, welches, obwohl in einigen von ihnen in der That grofs, doch nicht so grofs war, dafs es die Kraft gehabt hätte, aus der Tiefe des vernünftigen Geistes nichts Geringeres zu schöpfen, als den absoluten Gedanken, worin alle Wissenschaften enthalten sind, so dafs sie auf diese Weise die menschliche Intelligenz in die göttliche umwandelten oder zum wenigsten die Erkenntnis der Geheimnisse des gegenwärtigen Lebens mit der Anschauung der wesenhaften Wahrheit verwechselten, welche den Gerechten im Himmel vorbehalten ist. Diese Philosophie, sage ich, ist in sich selbst gerichtet, sowie auch in ihrer Anwendung auf die besonderen Kenntnisse, welche heutzutage vorzugsweise den Namen

Wissenschaft tragen. Unglücklicherweise dauert aber das Princip, welches jene Philosophie erzeugte, noch ungeschwächt fort, das Princip, kraft dessen die reine Vernunft nach Lehre der Schüler Kants absolut in sich selbt lebt ohne Verbindung **mit der unsichtbaren Welt der Noumena** und insbesondere ohne **Verbindung mit Gott, dem höchsten Princip** aller Wirklichkeit und Wissenschaft. Es ist nicht nötig, hinzuzufügen, dafs diese **Lehre die Thore der Seele** den Strahlen der unsichtbaren Sonne **der Intelligenzen** verschliefst, mögen dieselben sich nun in den **geschaffenen Dingen** reflektieren, mögen sie **mittels der Offenbarung** direkt von Gott herniederfallen.

38. Was aber schliefslich noch betreffs der vorliegenden Frage in Betracht gezogen werden mufs, ist dies, dafs, **wenn** man unter dem Namen Autonomie der Vernunft ihre **vornehme Unabhängigkeit** von jedem äufsern Zwang versteht, derzufolge sie nur durch gewisse und evidente Gründe zu der Zustimmung, welche sie der Wahrheit leihen **mufs, bewogen werden kann,** wenn man mit jenem Worte das Recht bezeichnen will, die Fundamente des Glaubens **zu prüfen,** keine Lehre ohne hinreichenden Grund zu acceptieren und die Zustimmung zu jedwedem Irrtum, **der als solcher** erkannt worden, zu verweigern,[1]) — die katholische Religion **dann weit davon** entfernt ist, einer derartigen Autonomie sich zu widersetzen, dafs sie **vielmehr** dieselbe anerkennt und beschützt, indem sie mit **der ganzen Kraft** ihrer Autorität die Rechte der Vernunft gegen die Aussprüche des protestantischen falschen Supernaturalismus und auch gegen die traditionalistische Philosophie aufrecht hält. Wenn man aber **unter** Autonomie **zu verstehen** hat, dafs **die** Vernunft **sich für** unabhängig von jeder Regel erklärt und sich als absolutes und einziges Princip der **Wissenschaft** aufstellt, ohne eine andere Quelle und Norm der Wahrheit, Sittlichkeit und Schönheit, als

---

[1]) „Es hüte sich die Vernunft jedoch, für Irrtum zu halten, was sie nicht einzusehen oder zu begreifen oder zu fassen vermag — caveat sibi tamen humana ratio, ne, quidquid vel intelligere vel comprehendere vel concipere nequit, inter errores reputet." H. Hurter: Theolog. dogm. tr. 4, thes. 76. Vgl. von demselben Autor das Schriftchen: Über die Rechte der Vernunft und des Glaubens. Innsbruck. 1863.

sich selbst, anzuerkennen, mit einem Worte, wenn man der
aus sich selbst schwachen und beschränkten menschlichen Vernunft die nicht mitteilbaren Prärogativen der göttlichen Vernunft
zuerkennen will, welche par excellence die einzige Vernunft
a priori ist, so trägt die Religion in Übereinstimmung mit der
gesunden Philosophie kein Bedenken, eine derartige Autonomie
zu verurteilen als eine leere, von der Eitelkeit erzeugte Illusion,
welche heutzutage wie immerdar vordem das eritis sicut dii
der alten Schlange den Menschen im Ohr ertönen läfst.

Merkwürdig! Alle Welt kennt die Beschränkung der Kräfte
und Fähigkeiten des menschlichen Geistes sowie auch die Abhängigkeit, welche dieselben unter sich eint und sie auf ihre
letzte Vollkommenheit hinordnet. Nichts desto weniger giebt
es solche, welche den Menschen trotz dieser Einschränkung und
gegenseitigen Abhängigkeit seiner Vermögen für selbständig
und unabhängig erklären, als ob es möglich wäre, dem Ganzen
die Eigentümlichkeiten seiner Teile nicht zuzuschreiben. Wenn
also der Mensch selbst ein beschränktes und unabhängiges Naturwesen ist, welch eine Albernheit ist es dann, einer seiner Kräfte,
wie ausgezeichnet sie auch sein mag, die Unabhängigkeit bei-
zulegen, welche der Mensch selbst, obgleich er ihnen allen
übergeordnet ist, nicht besitzen kann! Die menschliche Vernunft
unabhängig? Sehen wir sie denn nicht etwa den obersten Principien der Wissenschaft unterworfen, den Gesetzen der Dialektik
und der Ordnung der Wirklichkeit, welche sie nicht geschaffen
hat, noch auch vollständig zu erkennen vermag, nicht nur nicht
in ihrer ersten Quelle, sondern auch nicht in den Wesen des
Universums?

39. Es ist nicht blofs der Apostel, welcher uns sagt, dafs
unsere jetzige Erkenntnis ein Bruchstück von dem ist, was die
ganze Wirklichkeit umfafst, und dafs wir blofs wie in einem
Spiegel und in dunkeln Bildern erkennen,[1]) auch die eigene
Erfahrung und die Aussprüche der Weisen verbürgen dieselbe
Wahrheit. Der grofse Apologet in Deutschland, Hettinger,

---

[1]) „Ex parte enim cognoscimus .... Videmus nunc per speculum in
aenigmate .... Nunc cognosco ex parte.“ 1. Cor. 13. 9 et 12.

schreibt:[1] „Gerade das Höchste und Niedrigste — Gott und
das Atom — wie schon Aristoteles (Metaph. II. 1) bemerkt hat
entzieht sich vielfach dem Scharfblick des Geistes." Nicht
weniger berühmt sind die Worte Alexanders von Humboldt geworden. Er sagt:[2] „Es gleichen die Ergebnisse unsers Denkens,
wo im Gebiete der tiefern Forschung über die dunkle Werkstätte der Natur und die schaffende Urkraft es abgewandte
unerreichbare Regionen giebt, den Erkenntnissen über den Mond,
dessen drei Siebentel der Oberfläche gänzlich und, wenn nicht
neue, unerwartet störende Kräfte eindringen, auf immer unsern
Blicken entzogen bleiben." Zwei Jahrhunderte vorher hatte
Pascal gesagt:[3] „Je weiter der denkende Geist in seiner Forschung vordringt, desto mehr erkennt er, daſs es noch unendlich
viele Wahrheiten giebt, die er nicht weiſs, und wenn ein Denker
nicht so weit gekommen ist, dies zu begreifen, so ist er sehr
schwach." Nur in der Gegenwart Gottes sind seine unerforsch-
lichen Ratschlüsse offenbar;[4] wer kann sich rühmen, sie zu
kennen?[5] Der Mensch kann sie nur zum Teil erkennen, und
das verdankt er der Güte Gottes, welcher ihm das Licht seiner
Weisheit aufgeprägt und ihn vor das Buch des Universums und
vor das noch viel erhabenere der göttlichen Offenbarung gestellt hat.

40. Die katholische Kirche ist für ihren Teil der menschlichen Vernunft zu Hülfe gekommen, indem sie die Menschen
daran erinnerte, daſs sie gänzlich von Gott, dem Herrn aller
Dinge, abhangen, daſs die geschaffene Intelligenz auf die ewige
Wahrheit hingeordnet worden, und endlich, daſs wir verpflichtet
sind, dem nämlichen Gotte, dem Urheber der Offenbarung, den
vollen Gehorsam der Vernunft und des Willens zu leisten, worin
der Glaube besteht. Folgendes sind die Aussprüche des Vatikanischen Konzils, worauf ich mich beziehe:[6] „Wenn jemand

---

[1] Apologie des Christentums. 1867. Bd. 1, Abt. 1, 2. Vortrag S. 58.

[2] Kosmos. Bd. 1, S. 164; sieh Hettinger ebend. S. 59.

[3] Pensées sur la religion. Paris. 1869. art. 5, n. 1.

[4] „Quam magnificata sunt opera tua, Domine, nimis profundae factae
sunt cogitationes tuae." Ps. 91. 6.

[5] „Quis enim cognovit sensum Domini?" Rom. 11. 34.

[6] Concil. Vatic. Const. dogm. de fide cath. can. 3, n. 1.

sagt, dafs die menschliche Vernunft unabhängig sei, so dafs ihr
der Glaube von Gott nicht geboten werden könne, der sei im
Banne." **Bevor** das Konzil solch schreckliches Anathem ver-
hängte, hatte **es erklärt:**[1]) **„Da der Mensch von Gott seinem
Schöpfer und Herrn vollständig abhängt und die geschaffene**
Vernunft der ungeschaffenen Wahrheit gänzlich unterworfen **ist,**
so sind wir verpflichtet, dem sich offenbarenden Gotte den vollen
Gehorsam des Verstandes und Willens durch den Glauben zu
leisten." Eine herrliche Lektion und eine wunderbar kräftige
Warnung, von der Kirche an den menschlichen Geist gerichtet,
um ihn vor zwei Klippen zu bewahren, an denen er, vom Stolze
geleitet, so oftmal Schiffbruch gelitten hat.

Mit überlegter Absicht habe ich dieses Wort niedergeschrieben und ich mufs es aufrecht halten, weil man der Vernunft wie jeder menschlichen Macht keinen bessern Dienst
erweisen kann, als wenn man ihr die Wahrheit sagt. Das
grofse Hindernis, welches der Rationalismus dem Glauben ent-
gegensetzt, ist nicht so sehr der Irrtum, womit er dem Menschen
das Sein und die Attribute Gottes beilegt (pantheistische Albernheit, welche niemand im Ernste ausspricht), als vielmehr die
freiwillige Ungelehrigkeit und die Verblendung der Geister,
welche das Licht, das ihren Verstand erleuchtet und vervollkommnet, nicht Gott verdanken wollen. „Wenn Gott, hat jüngst
ein deutscher Rationalist gesagt,[2]) in seiner Rechten alle Wahrheit,
und in seiner Linken den einzig immer regen Trieb nach Wahrheit, obschon mit dem Zusatze, mich immer und ewig zu irren,
verschlossen hielte, und zu mir spräche: wähle! ich fiele ihm
mit Demut in seine Linke und sagte: Vater, gieb! die reine
Wahrheit ist ja doch nur für dich allein." Wahrlich, mit gröfserer
Offenheit kann man die Hauptsünde des zeitgenössischen Rationalismus nicht aussprechen. Der Wahrheit, welche vom Himmel
herniedersteigt, ziehen die Ungläubigen den Irrtum vor, den die
Vernunft aus sich selbst gewinnt. Anstatt die Augen auf das
göttliche Licht zu richten und in ihm die Vervollkommnung des

---

[1]) Ibid. cap. 3.
[2]) Sieh T. Pesch Die moderne Wissenschaft. Freiburg. 1876. S. 88.

Verstandes zu suchen (ratio perfecta lumine supernaturali), kehren sie sich mit Verachtung von ihm ab und wenden sich zu sich selbst, ohne zu merken, daſs auf diese Weise der Gedanke ganz subjektiv, d. h. hohl und unfruchtbar wird, um dann in dem Nichts, was er aus sich selbst hat, zu ersterben.

Es ist also evident, daſs die Vernunft einen andern Weg gehen muſs, um die Wissenschaft zu konstituieren und sie durch die Autorität des unfehlbaren Princips, woraus sie hervorgeht, zu bestätigen. Sie muſs gewissermaſsen aus sich selbst heraustreten und ein aufmerksames Ohr nicht bloſs der natürlichen Offenbarung leihen, welche Gott ihr durch die geschaffenen Dinge hat zu teil werden lassen, sondern auch der übernatürlichen Offenbarung, womit der nämliche Gott sich den Menschen bezeugt hat, indem er ihnen die Geheimnisse seines **Wesens** und die Ratschlüsse seiner Weisheit und Liebe enthüllte. Welcher Grund, wenn nicht ein thörichter, könnte den Menschen hindern, sich dem Vater der Lichter zuzuwenden, **auf** daſs derselbe in seine Seele die Schätze der Weisheit und Wissenschaft Gottes ausgieſse! „Wenn mich **jemand eine** Wahrheit lehrt, die ich nicht kenne, sagt ein Publicist unserer Zeit, so fühle ich mich geneigt, ihm für sein gutes Werk zu danken, indem ich das Gut, welches er mir mitteilt, um so höher schätze, je mehr das geoffenbarte Geheimnis verborgen ist. Gott allein gegenüber ist für mich die Unwissenheit rühmlich, das Wissen eine Erniedrigung, **der** Unterricht ein Schimpf!" Indessen wir wollen uns in diese **Materie** noch mehr vertiefen, um mit voller Klarheit einzusehen, **wie vernünftig der Gehorsam ist, den wir der gött**lichen Offenbarung schulden, **und in welch** schöner und bewunderungswürdiger Harmonie **er mit den** obersten Principien des menschlichen Wissens **steht**.

41. Da die Sphäre der Objekte, welche **wir** durch uns selbst erforschen können, von den Bedingungen der Zeit und des Raumes auſserordentlich eingeschränkt ist, so könnten sich unsere Erkenntnisse zu der Kategorie der eigentlich so zu nennenden **Wissenschaft** nicht erheben, wenn sie das Licht **und** Wachstum, **wie es die** fremde Erfahrung **und** die Unterredung mit andern ihr spenden, nicht empfingen. Wenn das menschliche

Geschlecht nach dem berühmten Ausspruch Pascals sich nicht
nach Art eines einzelnen Menschen verhielte, welcher immerfort
lernt, müfsten wir sofort nicht blofs auf die Kenntnis der Thatsachen verzichten, welche in mehr oder minder vergangenen
Zeiten stattgefunden haben, und auf die Frucht der Erfahrung
von Jahrhunderten, sondern auch auf das, was im gegenwärtigen
Augenblicke existiert und passiert. Die Geschichte und Geographie
mit all dem unermefslichen Gewinn, welchen sie aus den mit
ihnen verwandten Wissenschaften ziehen, unterstellen die Notwendigkeit, dafs wir durch andere Menschen belehrt werden,
und den Glauben an das menschliche Zeugnis. Ebenso müfsten
wir Lebewohl sagen allen Wissenschaften, welche sich auf die
Beobachtung der Thatsachen stützen, die doch gewöhnlich eine
fremde ist, und sogar den rein spekulativen Wissenschaften,
welche sich gebildet und bereichert haben mittels einer Art von
wissenschaftlicher Tradition, welche dem Genie gestattet, mit
neuen Beweisen und Theorieen den Schatz der Wahrheiten zu
vermehren, die ein Jahrhundert dem andern durch die Hülfe der
Gelehrten übermittelt.

Das ist also ein allgemeines Gesetz: Der Mensch mufs erst
unterrichtet werden, bevor er andere unterrichten kann; in der
Eigenschaft eines Schülers mufs er die Lehren empfangen, welche
er nachher vielleicht als Lehrer übergeben soll. Darum hat er
den wunderbaren Instinkt des Glaubens erhalten, den J. Balmes
sogar in jenen Wissenschaften entdeckt hat, woran die Autorität
auf den ersten Blick keinen Teil zu haben scheint.[1]) Fügen

---

[1]) „Prüft man die grofse Prahlerei, welche unter dem Namen Wissenschaft so viel Geschrei in der Welt macht, aufmerksam, so entdeckt man,
dafs sie im Grunde sehr stark auf Autorität beruht, und dafs von dem
nämlichen Augenblick an, wo man mit völlig freiem Forschergeist in dieselbe einzudringen versucht, sogar in Beziehung auf die der Reflexion an-
gehörigen Punkte das wissenschaftliche Gebäude grofsenteils zu grunde
gehen würde, und nur sehr wenige Menschen im Besitz ihrer Geheimnisse
bleiben dürften. Kein Zweig unserer Kenntnisse ist von dieser allgemeinen
Regel ausgeschlossen, so grofs auch die Klarheit und Gewandtheit, deren
sie sich rühmen, sein mag. Wie reich sie auch an unumstöfslichen Principien, wie streng sie auch in ihren Folgerungen sein, in wie grofsem
Überflusse ihnen Beobachtungen und Erfahrungen zu Gebote stehen mögen,

wir den genannten Gründen noch bei die für das sociale Leben
existierende Notwendigkeit des Glaubens und Vertrauens, die
wir in das Zeugnis der Menschen setzen, weil ohne sie, wie
der h. Augustin scharfsinnig bemerkt, sofort die gegenseitige
Liebe der vernünftigen Kreaturen aufhörte und die socialen
Bande zerrissen. Und dann sage man uns, ob es einen Grund
dafür geben könne, das Princip der Autorität von dem intellektuellen Gebiete, welches in der Gründung der Wissenschaften aufleuchtet, auszuschliefsen, wenn etwa derjenige, welcher
zu uns redet, mit der Wissenschaft und Wahrhaftigkeit geziert
erscheint, welche seinem Worte Wert verleihen und unsere Zustimmung rechtfertigen! Wenn es nun also der natürlichen
Ordnung konform ist, dafs wir in vielen Dingen von der Autorität
und dem Glauben leben, wenn sich niemand dieser Ordnung in
weltlichen Angelegenheiten widersetzt, mit welcher Art von
Albernheit hat man dann in Sachen der geoffenbarten Wahrheiten, wenn Gott auf jenem so natürlichen Wege die Begriffe,
die Anstrebungen, die Werke der übernatürlichen Ordnung von
Geschlecht zu Geschlecht fortpflanzen wollte, diesen bewunderungswürdigen Plan der göttlichen Vorsehung bekämpft und verlangt,
dafs die natürliche Ordnung sich umdrehe und sich Gewalt an-
thue und dafs Gott verpflichtet sei, die Gesetze zu ändern,
welche er selbst sich gab, als er den Menschen, den König der
körperlichen Naturwesen erschaffen wollte mit der Fähigkeit,
sich fortzupflanzen, welche auch die übrigen animalischen Wesen
besitzen, obgleich seine Vollkommenheit bei weitem hervorragender ist?[1])

42. Dafs das natürliche Licht unserer Vernunft mangelhaft
sei, war allen Gelehrten, welche in dem Bereich der christlichen

---

stützen nicht dessenungeachtet die Natur- und exakten Wissenschaften einen
grofsen Teil ihrer Wahrheiten auf andere höhere Wahrheiten, deren Kenntnis
notwendig eine Zartheit der Beobachtung, eine Höhe der Berechnung, eine
Umsicht und Schärfe des Blickes erheischt, die nur eine sehr kleine Zahl
von Menschen sich aneignen können?" J. Balmes: Der Protestantismus
verglichen mit dem Katholizismus. Aus dem Französischen übersetzt.
Regensburg. 1844. Teil 1, S. 67.

[1]) Taparelli: A. a. O. Bd. 1, Teil 1, Kap. 9, S. 78 ff. u. Teil 2,
Kap. 4, S. 174 ff.

Civilisation geglänzt haben, eine sehr bekannte Wahrheit. Um sie aber vollständig zu erfassen, wird es sehr zweckmäfsig sein, die Alten zu befragen, welche sie zugleich gekannt und gefühlt haben.

Viele Jahrhunderte sind es schon, dafs man den tiefsinnigen Ausspruch des Sokrates kennt und bewundert: Hoc unum scio, me nihil scire. Plato, der begeisterte Schüler dieses Weisen, läfst ihn in seiner Apologie desselben sagen:[1] „Ihr wisset, dafs Chärephon einmal nach Delphi reiste und es wagte, das Orakel zu befragen, ob einer weiser sei, als ich. Die Pythia antwortete, weiser sei niemand. Als ich dies hörte, dachte ich bei mir darüber nach: Was sagt doch wohl der Gott, und was deutet er hiemit an? Denn ich bin mir doch bewufst, dafs ich weder in grofsem, noch in geringem Mafse weise bin. Was soll dies also, wenn er mich für den Weisesten erklärt? Ich trat nun zu einem hin von jenen, welche weise zu sein scheinen, ich forschte ihn aus und fand im Gespräche, dafs dieser Mann sowohl vielen andern, als auch ganz besonders sich selbst weise zu sein schien, es aber durchaus nicht war. — So ging ich denn hinweg und dachte bei mir, weiser als dieser Mann nun bin ich sicherlich, denn es scheint, dafs keiner von uns beiden das Gute und Schöne erkennt, aber dieser meint, er wisse etwas, da er doch nichts weifs, ich aber, wie ich nichts weifs, weifs auch, dafs ich nichts weifs. — Es scheint mir aber der Gott wahrhaft weise zu sein, und dies in seinem Orakelspruch andeuten zu wollen, es sei die menschliche Weisheit gering, ja für gar nichts anzuschlagen, und es scheint, als habe er sich meiner nur als eines Beispiels bedienen wollen, als wolle er sagen: Derjenige, ihr Menschen, ist unter euch der weiseste, welcher wie Sokrates weifs, seine Weisheit sei für gar nichts anzuschlagen."

Nachdem ein berühmter Schriftsteller der Gegenwart diese Worte des Sokrates angeführt hat,[2] zum Beweise dafür, dafs jener Weise schon „die Unzulänglichkeit alles menschlichen

---

[1] Platonis opera quae feruntur omnia. Turici. 1839. Apologia. c. 5—9 p. 12. a. 13 — p. 13. a. 16.

[2] Hettinger: Apologie des Christentums. A. a. O. S. 77.

Wissens, die Erkenntnis seiner Unwissenheit, namentlich wenn sein Wissen mit dem göttlichen verglichen werde, als das Resultat seiner philosophischen Forschungen ausgesprochen habe", fährt er also fort:[1] „Darum wird es die Aufgabe und unerläfsliche Pflicht eines jeden Denkers sein, zu forschen und zu prüfen, ob denn nicht der göttliche Geist sich der endlichen Intelligenz noch in einer andern Weise kundgegeben habe, - als durch Natur und Vernunft, ob denn nicht jenes ‚göttliche Wort' erschienen sei, nach dem Platon sich sehnte,[2] um auf ihm, wie auf sicherm Fahrzeug über das stürmische Meer dieses Lebens hinüberzuschiffen .... Unsere Vernunft wird hingebend lauschen auf das Wort, das ein höherer Geist zu ihr redet, und gläubig aufnehmen die Kunde, die aus dem Reiche der unfehlbaren, göttlichen Wahrheit zu ihr dringt. Darum räumt Sokrates neben seinem Streben nach Erkenntnis dem Glauben ein weites Gebiet ein.[3] Und der Verfasser des im platonischen Geiste gehaltenen zweiten Alkibiades hat allen Bestrebungen echter Philosophie den wahrsten und würdigsten Ausdruck gegeben, wenn er sagt: Wir wollen warten auf einen, sei es ein Gott oder ein gottbegeisterter Mensch, der uns unsere religiösen Pflichten lehrt und, wie Athene bei Homer zu Diomedes sagte, die Dunkelheit von unsern Augen wegnimmt."

43. Wenn es nun, wie ich mit dem oben[4] citierten berühmten Philosophen bemerkt habe, der natürlichen Ordnung der Dinge sehr entspricht, dafs die Menschen vom Glauben leben, insofern nämlich die einen von den andern die Schätze der socialen und wissenschaftlichen Überlieferungen empfangen, dann ist es kein Wunder, dafs die göttliche Vorsehung die Einrichtung getroffen hat, auf dem Wege des Unterrichtes und der Überlieferung auch die geoffenbarten Wahrheiten uns zukommen zu lassen. Nachdem Jesus Christus, der in dem Gesetze und von den Propheten Verheifsene, gekommen war, die ganze Erde und alle Generationen zu erleuchten, beschlofs er, weil er nicht wollte, dafs die Wahr-

---

[1] A. a. O. S. 77 f.
[2] Platonis opera. Ed. cit. Phaedo c. 35, p. 43. l. 24—29.
[3] Vgl. Xenophon: Memorabilia. l. 1, c. 2, n. 2—10.
[4] In n. 41.

heiten des Glaubens, die er die Menschen zu ihrem Heile zu
lehren sich gewürdigt hatte, im Laufe der Jahrhunderte durch
die Leidenschaften und den Stolz der Menschen verändert und
vermindert würden, eine Gesellschaft zu gründen, welche sie
als heiliges Unterpfand treu bewahrte, und in derselben stellte
er als Meister und Lehrer diejenigen auf, welche er dazu bestimmt hatte, der Welt das Evangelium zu verkünden, und diejenigen, welche denselben in der Aufeinanderfolge der Zeiten
als Erbe ihres göttlichen Auftrags nachfolgten.

Jesus Christus selbst, der Urheber und Vollender des Glaubens,[1]) unterrichtet direkt seine Apostel über alle Dinge, welche
das Reich Gottes betreffen, und verheifst ihnen, bei ihnen zu
bleiben bis ans Ende der Welt.[2]) So haben wir also bei den
Aposteln in Betracht zu ziehen: erstens dafs sie direkt und unmittelbar von dem göttlichen Meister unterrichtet wurden und
von seinen Lippen das Nämliche hörten, was er, der natürliche
Sohn des lebendigen Gottes, von seinem ewigen Vater gehört
hatte; und zweitens auf den erhabenen Beistand, den sie von seiten
Gottes erfahren, wenn sie reden und lehren: „Denn nicht ihr
seid es, die da reden, sondern der Geist eures Vaters, der in
euch redet."[3]) Das Nämliche lehrt auch der h. Paulus, indem
er an die Thessalonicher schreibt:[4]) „Darum danken wir auch
Gott unablässig dafür, dafs ihr die Verkündigung des Wortes
Gottes, welches ihr von uns vernommen habet, aufnahmet nicht
als Menschenwort, sondern, wie es wirklich der Fall ist, als
Gottes Wort, der da wirksam ist in euch, den Gläubigen."
Welches Vertrauen mufs das Wort, wie es die Kirche vorträgt,
in den Herzen erzeugen, da es das Wort Gottes selbst ist, der
wesenhaften Wahrheit, welche uns nicht betrügen kann: Impossibile est mentiri Deum!

44. Ohne Zweifel kann der sorgsame Forscher, welcher die
Titel nicht kennt, worauf die Kirche ihre göttliche Mission und
Autorität stützt, von dem Rechte Gebrauch machen oder, besser
gesagt, die Pflicht erfüllen, jene Titel zu prüfen, welche, obwohl
sie zu dem übernatürlichen Gebiete gehören, dennoch vor den

---

¹) Hebr. 12. 2.   ³) Matth. 10. 20.
²) Matth. 28. 20.   ⁴) 1. Thessal. 2. 13.

Augen derjenigen, welche sie sehen wollen, offenkundig werden.
Ist es vielleicht der menschlichen Vernunft nicht verstattet, als
unzweifelhafte historische Thatsachen die Weissagungen der
Propheten anzuerkennen, welche Jahrhunderte vor der Ankunft
des göttlichen Erlösers und mit gröfserer Bestimmtheit, als den
verheifsenen Messias, die Gründung und die Vorrechte der Kirche
verkünden, unzweifelhaft erleuchtet von einer göttlichen Eingebung, da ja die menschlichen Kräfte nicht imstande sind, dasjenige vorauszusagen, was die Ordnung der Natur übersteigt
und nicht unter ihre Gesetze fällt? Kann die Vernunft nicht
gleichfalls als ebenso sichere denn wunderbare Thatsachen erachten
die Auferstehung Jesu Christi sowie die allgemeine Ausbreitung
und die beständige Dauer und die Unverirrlichkeit der Kirche,
— fürwahr glorreiche Titel, womit diese Gesellschaft ihren göttlichen Ursprung und ihr unfehlbares Lehramt beweist?

Obgleich nun die Prüfung und die Untersuchung jener Titel
ein Recht der Vernunft ist, und sogar eine ihrer heiligsten
Pflichten, so ist es nicht weniger gewifs, dafs die nämliche Vernunft, wenn sie die Legitimität und Gültigkeit der Titel anerkennt, sich mit logischer Notwendigkeit dahin geführt sieht, die
Erklärungen und Lehren der Kirche als göttliche Orakelsprüche
anzuerkennen und zu verehren; dafs sie ferner, indem sie die
Kirche hört, den Urheber der Offenbarung selbst hört, dessen
Wort, in Büchern von unantastbarer Autorität enthalten und
von der Kirche im Namen Gottes, welcher durch ihren Mund
redet und von den Menschen verlangt, dafs sie dieselbe hören,
erklärt und eingeschärft, das Wort Gottes selbst ist. Von dieser
göttlichen Gesellschaft hat uns aufserdem das letzte ökumenische
Konzil gesagt,[1]) dafs sie zu keiner Zeit von ihrer Mission, die
Wahrheit Gottes, dies allgemeine Heilmittel, zu bezeugen und
zu predigen, ablassen könne, weil sie wohl wisse, dafs zu ihr
gesagt worden: Mein Geist, welcher in dir ist, und meine
Worte, welche ich in deinen Mund gelegt habe, sie werden aus
deinem Munde nicht weichen von nun an bis in Ewigkeit.“[2])

---

[1]) Concil. Vatic. Const. dogm. de fide cath. prooem.
[2]) Isaias 59. 21.

45. Erinnern wir nun, um zu schliefsen, an die Termini,[1] welche ich mir miteinander zu verbinden vorgenommen habe. Auf der einen Seite war es das Licht der Vernunft, von Gott selbst unserm Geiste wie ein Siegel aufgeprägt, und auf der andern das Licht der göttlichen Offenbarung, wie es uns vermittelst seiner Kirche mitgeteilt wird. Da also beide Principien, die Vernunft und die Offenbarung, Strahlen ein und der nämlichen Sonne der Wahrheit sind, welche auch nicht den geringsten Schatten der Veränderung duldet,[2] und da zwischen Licht und Licht irgend ein Widerspruch sich nicht einmal denken läfst, so folgt mit aller logischen Strenge dasjenige, was ich an erster Stelle zu beweisen mir vorgenommen habe, dies nämlich, dafs es zwischen der Religion und der Wissenschaft keinerlei Konflikt geben kann, weil das Princip der ersteren der Glaube und das der zweiten die Vernunft ist und zwischen der Vernunft und dem Glauben niemals ein Widerstreit möglich ist. „Nulla tamen inter fidem et rationem veram dissensio esse potest", lehrt die Kirche in ihrer letzten constitutio de fide, und ihre Worte sind den katholischen Gelehrten das Motto geworden, welches sie an die Stirne ihrer Werke schrieben.[3] Das vatikanische Konzil erklärt jene Worte selbst sehr schön, indem es sagt,[4] derselbe Gott, welcher die Geheimnisse offenbart und den Glauben eingiefst, habe zugleich auch der Seele des Menschen das Licht der Vernunft eingegeben, und es sei evident, dafs Gott sich selbst nicht leugnen noch auch eine Wahrheit einer andern widersprechen könne.

[1] Vgl. n. 24.   [2] Jak. 1. 17.

[3] Besonderer Erwähnung würdig ist die herrliche ‚Revue des questions scientifiques', welche seit etlichen Jahren zu Brüssel erscheint und sich die Aufgabe gestellt hat, die Wahrheit des obigen Satzes, welcher auf ihrem Titelblatt zu lesen steht, immerfort und glorreich zu beweisen. Der Satz bildet auch das Motto der zu Bologna erscheinenden Zeitschrift ‚La Scienza italiana', redigiert und geleitet von hervorragenden Gelehrten, die auf bewundernswerte Weise eine grofse Kompetenz in den Natur- und exakten Wissenschaften in sich vereinigen mit jener Dauerhaftigkeit und Festigkeit philosophischer Lehren, welche eine ganz natürliche Folge des geläuterten Thomismus sind und bei andern katholischen Gelehrten vergeblich gesucht werden.

[4] Concil. Vatic. Const. dogm. de fide cath. cap. 4.

Zweiter Teil.

Beweis für die nämliche Wahrheit, hergenommen von der Objekts-Verschiedenheit zwischen der Wissenschaft und der Religion.

> „Wir halten es für unmöglich, daſs das Wort Gottes, wie es in dem Buch der Natur niedergeschrieben, und das Wort Gottes, welches in den heiligen Büchern enthalten ist, sich widersprechen."
>
> Erklärung, von 210 berühmten Mitgliedern der Königl. Gesellschaft zu London i. J. 1864 abgegeben.

46. Ähnlich wie die **Himmelskörper** beständig im **Weltenraum** kreisen, indem jeder von ihnen seine Bahn beschreibt, ohne einem andern jemals lästig zu sein, und alle zusammen jene bewundernswerte Eintracht und Harmonie bewahren, welche der **Gegenstand** der Bewunderung von seiten der Gelehrten ist, bewegen sich **auch die Religion** und die Wissenschaft in ihren Sphären, indem sie **sich** nicht nur nicht stören, sondern vielmehr sich gegenseitig anziehen und unterstützen und dadurch den **Augen** des vernünftigen Geistes ein unvergleichliches Schauspiel darbieten, welches noch viel erhabener und wunderbarer ist, als die einträchtige Bewegung der Himmelskörper. Der Grund dieses Wunders liegt darin, daſs, wie die Religion, so auch die Wissenschaft ihr eigenes **Objekt** besitzt, und daſs sie beide diejenigen Dinge, welche sie gemeinsam **betrachten**, von verschiedenen Gesichtspunkten aus ansehen, wobei sich dann dem Geiste immerdar Lehren darbieten, welche, weil sie keine Berührung

mit einander haben, sich auch nicht gegenseitig bekämpfen
können, sondern vielmehr sich aneinander anschliefsen und sich
innig vereinigen.

Sehr gut hat das vatikanische Konzil diese Unterscheidung
ausgedrückt; ich setze seine Worte hieher, weil sie vortrefflich
meinem Zwecke dienen. Es sagt:[1] „Auch dies hat die beständige Übereinstimmung der katholischen Kirche festgehalten
und hält fest daran, dafs es zwei Erkenntnisgebiete giebt, welche
nicht blofs dem Princip, sondern auch dem Objekte nach verschieden sind; dem Princip nach, weil wir auf dem einen der
beiden Gebiete mittels unserer natürlichen Vernunft und auf dem
andern vermittelst des göttlichen Glaubens erkennen, und dem
Objekte nach, weil aufser denjenigen Dingen, woran die natürliche Vernunft hinanreichen kann, auch die in Gott verborgenen
Geheimnisse uns zu glauben vorgestellt werden, welche ohne
die göttliche Offenbarung nicht bekannt werden können. Deshalb sagt der Apostel, welcher bezeugt, dafs Gott von den Heiden
aus den erschaffenen Dingen erkannt worden sei, dort, wo er
über die Gnade und Wahrheit handelt, welche uns durch Jesus
Christus zu teil geworden ist,[2] also: Wir reden die Weisheit
Gottes, die geheimnisreich ist, die verborgene, welche Gott vor
Anbeginn der Zeiten zu unserer Verherrlichung bestimmt hat,
welche keiner von den Fürsten dieser Welt erkannt hat, ...
die uns Gott aber geoffenbaret hat durch seinen Geist, denn der
Geist ergründet alles, auch die Tiefen der Gottheit.[3] Und der
Eingeborene bekennt selbst dem Vater,[4] dafs er dies den Weisen
und Verständigen verborgen, den Kleinen aber geoffenbart habe."
An einer andern Stelle fügt das Konzil hinzu:[5] „Ebenso verbietet die Kirche den menschlichen Wissenschaften wahrlich
nicht, dafs sie, eine jede innerhalb ihrer Sphäre, eigener Principien und eigener Methode sich bedienen, aber indem sie diese
gerechte Freiheit anerkennt, sorgt sie angelegentlichst dafür,
dafs sie keine der göttlichen Lehre widerstreitende Irrtümer in
sich aufnehmen, und dafs sie, ihr eigenes Grenzgebiet über-

---

[1] Concil. Vatic. Const. dogm. de fide cath. cap. 4.
[2] Vgl. Joh. 1. 17.   [3] 1. Kor. 2. 7—10.   [4] Matth. 11. 25.
[5] Concil. Vatic. L. c.

schreitend, das des Glaubens nicht okkupieren und in Unordnug bringen."

Mit gröfserer Klarheit kann man den Unterschied zwischen den menschlichen und den göttlichen oder heiligen Wissenschaften nicht ausdrücken, auch nicht besser die Unmöglichkeit darthun, dafs unter ihnen jemals ein Konflikt ausbreche. Der Glaube und die dogmatische Theologie haben ihr eigenes **Objekt**. Die menschlichen Wissenschaften besitzen für ihren Teil auch ihr besonderes, und darin sind die Principien eingeschlossen, von denen sie nach den Regeln ihrer jedesmaligen Methode ausgehen, und ebenso die Reiche der Wahrheiten, welche ihr Gebiet konstituieren, ein Gebiet, das sie frei durchlaufen können und auch thatsächlich durchlaufen, sei es forschend, sei es die Wahrheiten beweisend, nach deren Erkenntnis der menschliche Geist sich sehnt. Diese Gebiete haben **naturgemäfs** ihre Grenzen, **da** die menschliche Vernunft von sich aus begrenzt ist, und **sie** beginnen schlechterdings dort, wo **die** Wirklichkeit mit **dem** Schleier des Geheimnisses bedeckt ist, „weil aufser denjenigen Dingen, woran die natürliche Vernunft hinanreichen kann, auch die in Gott verborgenen Geheimnisse **uns** zu glauben vorgestellt werden, welche ohne die göttliche Offenbarung nicht bekannt werden können."[1])

47. Es ist sonach klar und einleuchtend, dafs man, um mit Sicherheit in der vorliegenden Materie vorwärts zu gehen, beweisen mufs: erstens, dafs die Objekte der Religion und der Wissenschaft in Wirklichkeit verschieden sind, auch vor dem Forum der Vernunft; zweitens, dafs die eine wie die andere sich auf ihrem Gebiete frei bewegen kann, so dafs weder **die** Wissenschaft irgend einen Vernunftbeweis gegen die katholische Religion vorbringt, der die Fundamente des Glaubens erschüttert, noch auch die Religion die Wissenschaft auf **dem** Wege ihrer Forschungen stört oder den ruhigen Besitz ihrer Errungenschaften angreift; drittens endlich, dafs die Wissenschaft und Religion, diese beiden Töchter, wie Guizot sie nennt,[2]) weit entfernt, einen

---

[1]) Concil. Vatic. Const. dogm. de fide cath. cap. 4.
[2]) A. a. O.

Widerspruch unter sich aufkommen zu lassen, durch unzerstörbare
Bande des Friedens und der Eintracht mit einander verbunden
dahinschreiten und sich gegenseitig mit liebevoller Sorgfalt unterstützen, indem jede von ihnen zur Ehre und zum Einfluß der
andern beiträgt und so beide auf die Verherrlichung Gottes und
das Glück der Menschen hinarbeiten.

Erstes Kapitel.

Wissenschaft und Religion unterscheiden sich durch ihr eigentümliches Objekt.

48. Indem Cicero mit wenigen aber schönen Worten die
Lehren der griechischen Philosophen resumiert, definiert er die
Weisheit d. i. die auf ihre höchste Stufe erhobene Wissenschaft
als die Erkenntnis der göttlichen und menschlichen Dinge —
illa autem sapientia, quam principem dixi, rerum est divinarum
atque humanarum scientia,[1] eine Definition, welche allen philosophischen Schulen, den alten wie den modernen gemeinsam ist.
Und in der That, mag man die Wissenschaft im objektiven Sinne
des Wortes auffassen als eine Summe von Wahrheiten, welche
systematisch geordnet sind und aus ihren Fundamenten und
Gründen erkannt werden, mag man sie in subjektiver Bedeutung
betrachten als die sichere und methodische Erkenntnis der gleichfalls in ihren Principien erfaßten Dinge, sie erstreckt sich über
das ganze System der Wirklichkeit, vom unwahrnehmbaren
Atome angefangen bis hinauf zu dem absoluten Sein Gottes.
Da nun die Wissenschaft auch eine Vervollkommnung des menschlichen Geistes bildet, der seiner Wesenheit nach vernünftig ist,
so ist das Objekt der menschlichen Intelligenz zugleich auch
Objekt der Wissenschaft, nur mit dem Unterschiede, daß die
Erkenntnis, welche wir von den Dingen besitzen, sich solange
nicht zu der Kategorie der Wissenschaft erhebt, als wir sie
nicht erkennen gemäß der Ordnung, welche sie unter sich inne-
halten, und aus den Principien, woraus sie hervorgehen. Nun
ist aber Objekt der menschlichen Intelligenz die Wahrheit, das

---

[1] De officiis. l. 1, c. 43.

Sein, insoweit es von unserm Geiste erkannt ist, obiectum intellectus est ens. Alles, was ist oder sein kann, von den einfachsten Elementen der körperlichen Welt bis zu den kostbarsten
Mineralien, von der Erde, worauf wir gehen, bis zu den Sternen-
welten, welche in den Höhen dahinrollen, und von diesen letzten
bis zu den intellektuellen Substanzen, welche sie betrachten, ja
bis zu Gott selbst, welcher vorzugsweise in ihnen sich offenbart,
alles ist Objekt der Vernunft und folglich auch der Wissenschaft.
Mit vollem Rechte sagte daher Aristoteles,[1]) dafs die vernünftige
Seele des Menschen in gewissem Sinne alle Dinge sei, weil alle
entweder wirklich oder virtualiter in ihr repräsentiert seien, und
mit dem nämlichen Rechte hat man von dem mit Vernunft begabten Menschen gesagt, dafs er das Auge sei, in welchem
sich alle Dinge der Welt abspiegeln, und dafs er gleichfalls die
Zunge der Schöpfung sei, weil er die Dinge kundthut und offenbart, nachdem er sie durch die Thätigkeit seiner Intelligenz in
seinem Innern aufgefafst hat. Mit andern Worten, alle Dinge,
an welche der Mensch mit seinem intuitiven und diskursiven
Denken hinanreicht, d. h. diejenigen, welche das geordnete Ganze
der Schöpfung bilden, und die Ordnung selbst, welche in ihnen
prangt, und auch ihre schöpferische und ordnende Ursache, alles
das, wiederhole ich, ist Objekt der Vernunft und Wissenschaft.

49. Obgleich aber der Mensch in Wirklichkeit mit einer
Intelligenz begabt ist, welche imstande ist, alle Dinge, Gott
selbst nicht ausgenommen, zu erkennen, so geschieht es doch,
dafs in den Dingen, welche er erkennt, wie gut er sie auch
erkennen mag, immer noch viel zu erkennen übrig bleibt. Die
Erkenntnis, welche er von ihnen erzielt, selbst nach umfassenden
und tiefgehenden Untersuchungen, stellt die Ordnung der Wirklichkeit in dem, was sie Geheimnisvolles enthält, sehr unvollkommen dar. An diesem Orte will ich jedoch nicht die Schatten
andeuten, welche die Wissenschaft des Menschen umgeben und
durchdringen, selbst wenn sie sich auf die Sphäre beschränkt,
worin die Vernunft sich frei bewegt, nicht die Schleier, welche
den Blicken des Geistes unzählige Geheimnisse der natürlichen

---

[1]) De anima. l. 3, c. 4 p. 429. a. 30 sqq.

Ordnung verbergen, weil jetzt mein Vorhaben hauptsächlich dahin
geht, die Grenzen des menschlichen Wissens zu bezeichnen,
jenseits deren die Religion das besondere Objekt ihres Studiums
besitzt. Welche Grenzen das seien und worin jenes Objekt bestehe, das läfst sich, so scheint mir, in folgenden Worten ausdrücken: Die menschliche Vernunft kann mit ihren eigenen
Kräften nur die natürliche Ordnung der Dinge, das einzige Objekt der Wissenschaft, betrachten; dafür ist die übernatürliche
Ordnung das einzige und ausschliefsliche Objekt der Religion.

50. Indem der h. Thomas von Aquin die verschiedenen
Arten von Ordnung, die sich unterscheiden lassen, auseinandersetzt, lehrt er uns, dafs eine davon diejenige ist, welche die
menschliche Vernunft betrachtet, ohne an ihrer Gründung teil-
zuhaben, wie z. B. die Ordnung der natürlichen Dinge; „est
enim quidam ordo, sagt er,[1] quem ratio non facit, sed solum
considerat, sicut est ordo naturalium.“ Der Weise, welcher die
Gesetze der Bewegung studiert oder das Verhältnis, das die
einfachen Elemente in den aus ihren Verbindungen resultierenden
zusammengesetzten Körpern bewahren, oder welcher die Reihenfolge der Wesen in den verschiedenen Reichen des Universums
betrachtet, erkennt und bewundert eine Ordnung, welche er
sicherlich nicht begründet hat. Und diese Ordnung basiert in
der Wesenheit der geordneten Dinge, aus der die Kräfte entspringen, welche die Ordnung selbst hervorbringen. Jene Ordnung unterstellt also eine Vielheit von Objekten, unter denen
gemeinsame mehr oder weniger bedeutende Beziehungen und
Unterschiede existieren, und daher kommt dann die Einheit in
der Manchfaltigkeit, das Verhältnis, die Harmonie und jene
stufenartige Skala von Vollkommenheiten, von denen jede für
sich allein eine hierarchische Ordnung bildet, an deren Spitze
Gott den Menschen, die Krone der sichtbaren Schöpfung gestellt
hat. Aufserdem sind die Dinge, aus denen das Universum besteht, unter sich durch unzählige Bande geeinigt, seien dies nun
dynamische, seien es teleologische Bande; denn wir sehen, dafs
die einen auf die andern wirken, indem sie sich wechselseitig

---

[1] Expos. in 1. ethic. Arist. lect. 1 a.

die Effekte ihrer betreffenden Kräfte mitteilen, und dafs nach
der Stufe, welche **sie auf besagter** Skala einnehmen, die untern
auf das Wohl und die Vervollkommnung der höhern hingeordnet
sind. Jene Ordnung, sage ich, betrachtet die Vernunft, sie schafft
dieselbe nicht. Wer schafft sie denn? „Nur eine intelligente
und vernünftige Natur vermochte, wie Cicero sagte,[1]) die Dinge
hervorzubringen, welche nicht blofs, um das Sein zu erlangen,
sondern auch um in ihrem Wesen erkannt zu werden, eine höchste
Intelligenz verlangen. Oder wer wird denjenigen einen Menschen
nennen, welcher, nachdem er die feste Bewegung des Himmels,
die unveränderliche Ordnung der Gestirne und die Harmonie
von allem gesehen, dann noch zu behaupten wagt, dafs keine
Vernunft darin walte und dafs dasjenige ein Werk des Zufalls
sei, bei dem wir die Gröfse der Weisheit, welche es regiert,
mit all unserer Weisheit nicht zu erkennen vermögen."[2]) Diese
intelligente Natur ist also nicht blofs **das** Princip der natürlichen
Ordnung der Dinge, sondern auch ihrer aller Endzweck, weil **sie**
dieselben zu ihrer Verherrlichung geschaffen und darauf hingeordnet hat. Ja, Gott ist Anfang und Ende, Alpha und Omega
der Wirklichkeit und deshalb auch der Wissenschaft, welche ja
die nämliche Wirklichkeit **ist,** nur dafs sie ideell in unserm
Geiste existiert. Kurz, die reale **und** natürliche Ordnung der
Dinge, welche die Vernunft nicht schafft, sondern nur betrachtet,
indem sie deren jedesmalige Natur erforscht und durchdringt,
sie in verschiedene Gattungen und Arten einteilt, sich zur Erkenntnis ihrer Gesetze und Beziehungen erschwingt und schliefslich
in dem ungeheueren System von Wesen, welche das Universum
bilden, die sichtbaren Zeichen der Weisheit und Macht Gottes
erkennt, — das ist das Objekt der menschlichen Wissenschaft.[2])

---

[1]) „Quae natura mentis et rationis expers haec efficere potuit, quae
non modo ut fierent ratione eguerunt, sed intelligi qualia sint sine summa
ratione non possunt?" De natura deorum. I. 2, § 44. „Quis enim hunc
hominem dixerit, qui cum tam certos coeli motus, tam ratos astrorum
ordines tamque inter se omnia connexa et apta viderit, neget in his ullam
esse rationem eaque casu fieri dicat, quae quanto consilio gerantur nullo
consilio assequi possumus?" Ibid. § 38.

[2]) Es ist klar, dafs die Wissenschaft, welche hier in Betracht kommt,
blofs diejenige ist, welche über das reale Sein, das in rerum natura existiert

51. Die soeben erwähnte Erkenntnis ist aber je nach den Dingen, welche ihr Objekt bilden, eine grundverschiedene. Alle

oder wenigstens existieren kann, nicht aber über das logische oder moralische Sein handelt, von denen das erstere in den der Vernunft eigentümlichen und auf die Erkenntnis der Wahrheit gerichteten Akten, das letztere aber in den Akten des Willens, sie in ihrer Beziehung zum letzten Ziele des Menschen aufgefaßt, besteht. Ebenso wenig betrachten wir hier als Objekt der Wissenschaft die Ordnung, welche die Vernunft in den von ihr hervorgebrachten äußern Dingen herstellt, z. B. in den Werken oder Monumenten der Baukunst (Sieh hierüber die tiefe und lichtvolle Auseinandersetzung des h. Thomas von Aquin über die Arten von Ordnung in seiner Expos. in 1. ethic. Arist. lect. 1 a). Wenn die philosophia rationalis und moralis an der These, welche in vorliegender Schrift zu beweisen ist, beteiligt wären, würde es mir nicht schwer sein, darzuthun: 1. daß die Gesetze der Logik in keiner Wissenschaft mit größerem Glanze zu ihrem Rechte gelangen, als in der dogmatischen Theologie, welche deshalb eine wahre Wissenschaft ist, weil der Theologe mit Sicherheit weiß, daß die Schlußfolgerungen derselben mit Evidenz aus den geoffenbarten Wahrheiten hervorgehen (Vgl. Gotti: Theologia scholastico-dogmatica, tr. 1, qu. 2, dub. 1 n. 6; und Petavius: De Theologia dogmatica, prolog. c. 8 n. 4); 2. daß die Feinde der Religion zugleich Feinde der Logik sind, weil sie sich auf jedem Schritte widersprechen und einige davon dieselbe auch formell bekämpfen, wie dies z. B. Hegel beweist, dessen Kühnheit in diesem Punkte sich soweit verstieg, daß er dem Princip des Widerspruchs das von ihm sogenannte Princip des vermittelnden Dritten (principium tertii intervenientis) substituierte, welches in einem ich weiß nicht was für einem absurden und unbegreiflichen Mittleren zwischen dem Sein und Nichtsein bestehen soll: 3. daß die katholische Moral in eminenter Weise in Form einer himmelentstammten Lehre alle moralischen Wahrheiten enthält, welche in den Werken der Philosophen sich zerstreut finden, daß sie die Moral par excellence ist, die Moral in ihrer ganzen Reinheit und Vollkommenheit, welche ein vom göttlichen Glauben nicht erleuchteter Philosoph niemals ausgedacht hat, eine Moral, welche in kurzen Worten die Principien, Maximen und Schlußfolgerungen des Rechts, der Politik, der Social-Ökonomie, kurz aller auf die Vollkommenheit und Glückseligkeit des Menschen hingeordneten Wissenschaften in sich schließt; 4. endlich, daß in der Ordnung der äußeren Dinge, welche die Vernunft hervorbringt, d. i. auf dem Gebiete der mechanischen und noch mehr der schönen Künste die Religion weit davon entfernt ist, mit der Vernunft, welche jene Dinge ersinnt und ordnet, sich in Widerspruch zu setzen, daß sie vielmehr die Quelle bildet, woher die Vernunft Erleuchtung und Ermutigung, Ideale von größerer Schönheit, und der Künstler äußere Mittel und Hülfe empfängt, diese Ideale in Werke umzusetzen, welche zuweilen staunenswert sind und in denen sich noch

Dinge, die körperlichen wie die geistigen, welche als Teile zu
dem Universum gehören, werden von uns vermittelst mehr oder
weniger allgemeiner Ideeen erkannt, wodurch sie den Augen
unserer Vernunft vorgestellt werden, und unser eigenes Sein
erfassen wir durch das Bewußtsein. Aber die Erkenntnis, welche
wir hienieden von Gott haben, ist rein diskursiver Natur, weil
wir Gott nicht in sich selbst sehen, sondern nur, um so zu
sagen, reflektiert in den Werken seiner Hände, welche uns seine
Existenz darthun und seine Vollkommenheiten offenbaren. Da
nun der Abstand der geschaffenen Dinge, wie ausgezeichnet sie
auch sein mögen, von Gott ein unendlicher ist, so ist keines
von ihnen imstande, uns eine eigentliche oder auch nur eine
angemessene Idee von dem göttlichen Sein zu geben. Keines
sagt uns, was Gott ist, obgleich sie alle lehren, daß er ist.
Wir legen ihm die Vollkommenheiten von allen Dingen bei,
welche wir außerhalb und innerhalb unser gewahren, wofern
sie keine Unvollkommenheit in sich schließen, und wir schreiben
sie ihm zu in unendlich hohem Grade, befreit von jeder Unvollkommenheit und jedem Mangel. Aber erreichen wir nach all
dem was anders, als daß wir Gott erkennen als die Ursache
aller geschaffenen Dinge, worin mit Eminenz alle Vorzüge und
Vollkommenheiten derselben enthalten sind? Gott in sich selbst,
seine Wesenheit, sein inneres Leben, die Pläne seiner Weisheit,
die unermeßlichen Schätze seiner Güte, sind unbegreifliche Geheimnisse, welche wir auf natürlichem Wege nicht zu erkennen
vermögen, und nicht allein wir Menschen, sondern auch nicht
einmal die erhabensten Intelligenzen unter den reinen Geistern.
Nun, gerade diese erhabenen Geheimnisse, welche der geschaffene
Geist aus sich selbst nicht zu erkennen vermag, bilden das
Fundament und Princip der übernatürlichen Ordnung, welche

mehr der Geist des Christentums, als das Genie des Menschen offenbart.
Ich wiederhole es, keine von diesen drei Ordnungen ist das Objekt des
gegenwärtig zu liefernden Beweises, wiewohl sie es für andere specielle
Denkschriften sein könnten, und obgleich die Bücher in Wahrheit voll sind
von bewunderungswürdigen Harmonieen der Religion mit der Vernunft und
dem Herzen, mit der Politik, mit den Künsten, kurz mit allem, was es
Wahres, Schönes, Erhabenes, Zartes und Zweckmäßiges auf Erden giebt.

6*

das Objekt des Glaubens ist. Fahren wir weiter in unserer Betrachtung.

52. Was bedeutet das Wort „natürlich", angewendet auf das Gebiet der Dinge, welche das Objekt der Wissenschaft sind? Natürlich im eigentlichen Sinne des Wortes heifst dasjenige, was aus der Natur der Dinge hervorgeht. Um also die Bedeutung des besagten Wortes gut erfassen zu können, mufs erst erklärt werden, was man unter Natur zu verstehen hat. „Die Alten, sagt der h. Augustin,[1]) gebrauchten dies Wort an Stelle von Wesenheit und Substanz"; und in Übereinstimmung mit ihnen definierte und definiert die Philosophie die Natur, indem sie sagt, sie sei die Wesenheit der Dinge selbst, insofern sie als die Wurzel der Eigentümlichkeiten einer jeden Sache und als inneres Princip ihrer Thätigkeiten betrachtet werde. Sodann versteht man unter Natur die Gesamtheit der geschaffenen Dinge und ihrer Kräfte, so dafs, wenn wir von irgend einem Dinge sagen, es existiere in der Natur, wir zu verstehen geben, dafs es einen Teil des Universums ausmacht, und wenn wir sagen, diese oder jene Thatsache oder Erscheinung sei natürlich, wir dann einschliefslich behaupten, dafs sie durch Kräfte zustande gekommen sei, welche in dem ungeheueren System der Schöpfung enthalten sind. Entsprechend dieser Lehre begreift die natürliche Ordnung, das Objekt der Wissenschaft, die Wesenheit der geschaffenen Dinge, die daraus hervorgehenden Eigentümlichkeiten und die Thatsachen, welche nach konstanten und sich gleichbleibenden Gesetzen durch die betreffenden Kräfte der Dinge als die nächsten Principien der Thätigkeit zustande kommen.

Werden wir nun, diese Elementarbegriffe unterstellt, den Begriff von Natur auch auf Gott anwenden können? Und wenn diese Frage zu bejahen ist, wird unser Geist dahin gelangen, die Natur Gottes direkt und intuitiv zu erkennen? Was das erste anlangt, dafs die Natur nichts anders, als die Wesenheit der Dinge selbst ist, so unterliegt es keinem Zweifel, dafs wir die Wesenheit Gottes ganz wohl auch Natur nennen können, nur müssen wir diesen Begriff veredeln und erhöhen, so dafs er die

[1]) „Veteres .... pro essentia et substantia naturam vocabant." Contra Faust. l. 26, c. 3.

Bedeutung von Ursprung oder Geburt, welche ihm gemäfs der
Etymologie des Wortes (natura a nascendo) zukommt, verliert und
auch keinen Unterschied zwischen der Wesenheit und den aus ihr
hervorsprießenden Eigentümlichkeiten andeutet. Denn das göttliche Sein gestattet als das reinste und einfachste einen solchen
Unterschied nicht und ebenso wenig einen andern, welcher irgend
eine Art von Zusammensetzung unterstellt. In diesem höchsten
Sinne der Wörter Natur und natürlich ist Gott in sich selbst ein
natürliches Wesen, weil er eine eigentümliche Wesenheit besitzt,
die keiner Kreatur mitgeteilt und auch nicht einmal von irgend
einem Dinge aufserhalb Gottes genau vorgestellt werden kann.
Ich sage, in sich selbst, weil er, mit Bezug auf die geschaffene
Natur betrachtet, sicherlich ein übernatürliches Wesen ist, da
er ja über alle und jede geschaffene Natur in unermefslichem
Abstande hinausragt, so zwar, dafs in Vergleich zu ihm kein
Ding ein Sein besitzt.[1]) Hieraus ergiebt sich auch die Lösung
der zweiten Frage, ob wir nämlich mit den Kräften unsers
vernünftigen Geistes direkt und intuitiv die göttliche Wesenheit
oder Natur erkennen können, ähnlich wie wir die Substanzen
des Universums vermittelst eigentümlicher Vorstellungen, bezie-
hungsweise durch das Bewufstsein, welches der Geist von seinen
Thätigkeiten und von sich selbst hat, erkennen.

53. Wir können es nicht; die Wesenheit Gottes entzieht
sich den Blicken jeder geschaffenen Intelligenz, weil sie dieselbe
unendlich übertrifft und überragt und sich auf einer Höhe befindet, wohin das natürliche Schauen der intelligenten Geschöpfe
nicht reicht. Ich weifs, dafs jenseits der Himmelskörper, welche
sich meinem Auge darbieten, sei es dem unbewaffneten, sei es
dem vom Teleskope unterstützten, es noch andere Gestirne giebt,
die nicht weniger glänzen, aber ich sehe sie nicht und kann
sie auf natürlichem Wege auch nicht sehen. In ähnlicher Weise
weifs ich, dafs über alle Wesen der Welt und auch über meinen
eigenen denkenden Geist hinaus, welcher unvergleichlich gröfser
ist, als die sichtbare Welt, es noch ein Wesen giebt, welches
für sich existiert durch seine eigene vollkommenste Wesenheit

[1]) „Et substantia mea tamquam nihilum ante te." Ps. 38. 6.

und Natur, und ich weifs, dafs es alle Dinge erschaffen hat,
weil alle, ein jedes in seiner Weise, es mir sagen, und dafs es
sie auf sich als auf ihr letztes Ziel hingeordnet hat, aber dieses
Wesen, welches den erhabenen Namen Gott trägt, sehe ich
nicht, ich sage nicht, mit den Augen, welche die körperlichen
Dinge wahrnehmen, sondern nicht einmal mit den Augen der
Vernunft, weil es in einem unzugänglichen Lichte wohnt, wozu
sich meine Intelligenz ähnlich verhält, wie das Auge der Eule
zu den Strahlen der Sonne, nur dafs für jene das Verhältnis unendlich ungünstiger ist.[1])

In der That, der Mensch hat von Gott eine ziemlich unvollkommene Erkenntnis, weil er, trotzdem dafs er sehr wohl
um dessen Existenz weifs, von seiner Natur weit mehr erkennt,
was er nicht ist, als was er ist. Mit den nämlichen Worten
lehrt dies auch der Adler von Hippo, indem er sagt:[2]) „Leichter
können wir angeben, was Gott nicht ist, als was er ist. Denkst
du an das Meer? Es ist nicht Gott. An all das, was es auf
Erden giebt, an Menschen und Tiere? Nichts davon ist Gott.
An alles, was es in dem Meere giebt und was in den Lüften
fliegt? Es ist nicht Gott. An alles, was immer an dem Himmel
glänzt, an Sterne, Sonne und Mond? Sie sind nicht Gott. An
den Himmel selbst? Er ist nicht Gott. Denkst du an die Engel,
Kräfte, Gewalten, Erzengel, Throne, Sitze, Mächte? Auch sie
sind nicht Gott. Was ist Gott denn? Nur dies konnte ich von
Gott sagen, was er nicht ist." Übereinstimmend mit dieser Lehre
sagte der Engel der Schule:[3]) „Die göttliche Substanz überragt
in unendlichem Mafse alle Formen, die wir uns ausdenken
können, und deshalb ist es uns nicht möglich, sie so zu erkennen,
wie sie ist, wiewohl wir von ihr ein Wissen besitzen, wonach
wir erkennen, was sie nicht ist. Um so mehr nähern wir uns

---

[1]) „Divina substantia .... est extra facultatem intellectus creati sicut
excedens virtutem eius, sicut excellentia sensibilium sunt extra facultatem
sensuum; unde et philosophus dicit, quod intellectus noster se habet ad
rerum manifestissima, sicut oculus noctuae ad lucem solis." S. Thomas:
S. c. g. l. 3, c. 54.
    [2]) Enarr. in Ps. 85 n. 12.
    [3]) S. c. g. l. 1, c. 14.

dem Wissen oder der Erkenntnis Gottes, je mehr es der Dinge
sind, welche wir von dem göttlichen Sein in intellektueller
Weise fern halten können."

54. Ist es aber etwa absolut unmöglich, daſs dasjenige,
was die Kräfte des vernünftigen Geistes inbetreff der vollkommenen Erkenntnis der göttlichen Substanz (welche darin
besteht, sie von Angesicht zu Angesicht zu erkennen, wie sie
in sich ist und nicht wie „in einem Spiegel und in dunkeln
Bildern — per speculum in aenigmate") nicht erreichen, Gott
selbst ergänzt, indem er die vernünftige Kreatur durch eine Art
von Lebensgleichheit bis zur Vereinigung mit sich selbst erhebt
und sich ihren Augen in dem Glanz seiner Herrlichkeit enthüllt?
Dieser Gedanke übersteigt ohne Zweifel allen Begriff, schlieſst
aber keinerlei Widerspruch in sich ein, weil Gott nicht verlangt,
daſs der Mensch bei seiner Vereinigung mit ihm seine menschliche Natur aufgebe und dafür die göttliche annehme, was ja
unmöglich ist, sondern nur dies, daſs er seine menschliche Natur
in die göttliche ähnlich umgestalte, wie das Eisen sich im Feuer
umgestaltet, oder wie die mineralischen Substanzen, welche sich
den Pflanzen assimilieren, an deren Leben teilnehmen, und daſs
auf diese Weise die Seele eins mit Gott wird, nicht der Natur
nach, sondern zufolge der Liebe und der Lebensgleichheit.

Wir haben vorhin, als wir an einen Ausspruch des Aristoteles erinnerten, gesehen, daſs die Seele in gewisser Weise sich
zu allen Dingen macht, und zwar durch die Erkenntnis, welche
sie von ihnen besitzt; denn behufs dessen ist es nötig, daſs die
Dinge auf ideale Weise in ihr existieren und insofern mit ihr
eins sind. Da nun die Seele, welche Gott sieht, ihn weder durch
die Vorstellung eines geschaffenen Dinges erkennt, noch durch
irgend eine Vorstellung von Gott selbst, — denn es giebt ja
keine, welche ihn, so wie er ist, darstellen könnte — so muſs
sie ihn durch die göttliche Wesenheit selbst erkennen, indem
sie mit dieser eine sicherlich unbegreifliche und unaussprechliche,
aber doch mögliche Verbindung eingeht. Doch was sage ich,
eine mögliche? Nein, eine wirkliche und wahrhafte; denn einer
solchen erfreuen sich gemäſs der Lehre unsers Glaubens die
Gerechten im Himmel. Und fürwahr, das, was kein Auge gesehen,

kein Ohr gehört hat, und kein geschaffener Verstand fassen
kann, das, wonach der menschliche Wille nicht umhin kann zu
verlangen, weil kein Ding, welches weniger als das Unendliche
ist, ihn zu befriedigen vermag, die Anschauung Gottes nämlich
und mit ihr die Glückseligkeit Gottes selbst, das ewige und
selige Reich Gottes, das ist das höchste Ziel, wozu der Mensch
berufen worden ist von jener unendlichen Güte, die sich damit
nicht begnügt, durch die Schöpfung dem Menschen irgend eine
Ähnlichkeit mit sich selbst mitzuteilen, sondern in dem Glanze
seiner Herrlichkeit sich ihm selbst zu schenken beliebt hat.

55. Wie kann aber der Mensch erfahren, dafs er zu diesem
übernatürlichen Ziele berufen ist? Wer zeigt ihm die Wahrheiten,
die er erkennen, den Weg, den er einschlagen, das Leben, welches
er führen mufs, um zu Gott zu gelangen, indem er sich durch
eine Art von Teilnahme an der Ähnlichkeit seines Wesens gewissermafsen bis zu ihm erhebt? Nur die göttliche und übernatürliche Offenbarung kann vor den Augen des Menschen das
Mysterium seiner Bestimmung und die dahin führenden Mittel
enthüllen. Von diesen Mitteln ist eines der Glaube, welcher
die von Gott geoffenbarten Wahrheiten zum Objekte hat, und
darunter viele unbegreifliche Wahrheiten aus dem übernatürlichen Gebiete, wohin die menschliche Vernunft mit ihren blofsen
Kräften nicht hinreicht. Wie nun zu der natürlichen Ordnung,
wovon ich früher[1]) gesprochen habe, die Dinge gehören, insofern
sie gemäfs ihrer Natur betrachtet werden, und auch die aus
ihrer Natur hervorgehenden Kräfte, womit sie ein jedes nach
seinem Ziele streben und dadurch alle insgesamt zu dem allgemeinen Zwecke der Schöpfung beitragen, der Gott ist: so begreift die übernatürliche Ordnung alle jene Mittel, welche den
Menschen zu einem Ziele hinführen, das alle Kräfte seiner Vernunft überragt, Mittel also, welche zufolge ihres Verhältnisses
zu diesem Ziele schlechterdings übernatürlich sein müssen, welche
nicht aus der geschaffenen Natur hervorgehen können, sondern
von Gott, dem Urheber der Natur und Ausspender der Gnade, herrühren müssen. In der ausgezeichnetsten Kreatur der sichtbaren

---

[1]) In n. 52.

Welt, in dem Menschen, umfaßt das natürliche Gebiet bekanntlich zugleich mit seinem Wesen auch alle Kräfte seines Wesens und ebenso die Akte, worin sich sein Leben manifestiert, zumal jene Akte, wodurch er sich in Erkenntnis und Liebe zu Gott erhebt; das übernatürliche Gebiet umspannt aber außerdem die Gaben, welche Gott dem Menschen verleiht, um ihn seines göttlichen Lebens teilhaftig zu machen.

56. In dieser Teilnahme giebt es zwei Zustände, einen Anfangszustand, welcher der Zustand der Gnade ist, und einen vollkommenen, welcher die Vollendung der Gnade droben im Himmel ist. Die Gnade ist ein Geschenk, welches die Natur vervollkommnet, indem sie ihren Vermögen neue, höhere Qualitäten mitteilt, ein übernatürliches Geschenk, welches die Seele zur Erkenntnis der göttlichen Dinge erhebt und zugleich zu der Liebe und Gerechtigkeit, welche da dem Glaubensleben folgen. Kurz, die übernatürliche Ordnung fügt zu der Natur eine Verbindung mit Gott, durch welche die Seele gewissermaßen vergöttlicht und zu einem Bilde der höchsten Substanz wird,[1]) dergestalt, daß dasjenige, was in Gott auf substanzielle Weise existiert, in der Seele, die an der Güte Gottes teilnimmt, auf accidentelle Weise sich findet.[2]) Hieraus ersieht man, daß das Übernatürliche im Menschen eine accidentale Modifikation seines natürlichen Seins ist, eine Vollkommenheit seiner Seele, die da bereichert ist mit den Gaben, welche der Urheber ihrer Natur ihr austeilt als Unterpfand der unsichtbaren Güter, die der aus dem Glauben lebende Gerechte erwartet; denn der Glaube ist ja, wie der Apostel sagt,[3]) „das Fundament oder die feste Überzeugung von den Dingen, welche man hofft, und eine Gewißheit von dem, was man nicht sieht."

. 57. Diese kurzen Andeutungen, die ich nach der Eigenart der vorliegenden Schrift nicht weiter ausführen darf, können dem Leser dazu verhelfen, in vollgültiger Weise sich den

---

[1]) „Idcirco transformans in seipsum quodammodo hominum animas, divinam eis similitudinem imprimit et supremae omnium substantiae effigiem insculpit." S. Cyrillus Alex.: De sancta et consubst. trinitate dialog. 4.

[2]) S. Thomas: S. th. I. II. 110. 2 ad 2.

[3]) Hebr. 11. 1.

Begriff des Übernatürlichen zu bilden und nicht blofs dessen Unterschied von der natürlichen Ordnung, sondern auch die bewunderungswürdige Harmonie mit der Natur zu erkennen, die es
durchdringt, erhebt und mit dem unaussprechlichen Reichtum
der göttlichen Gaben vervollkommnet. Vor allem mufs ich daran
erinnern, dafs, wenn die Vergöttlichung des Menschen, wie sie
hienieden angefangen und im Himmel vollendet wird, der letzte
Grund dieser höheren Ordnung ist, dann die Vereinigung des
Wortes, d. i. des Sohnes Gottes, mit der menschlichen Natur
diese selbe Ordnung in ihrer ganzen Fülle ist. Ich sage: des
Wortes d. i. des Sohnes Gottes, weil das göttliche Leben, woran
die Seelen auf übernatürliche Weise teilnehmen, das eigentliche,
innere, wesentliche und persönliche Leben Gottes ist, welcher,
da Gott absolut einfach und ein einziger ist, zu gleicher Zeit
Vater, Sohn und h. Geist ist; Vater, welcher von Ewigkeit her
seinen Sohn erzeugt und ihm seine ganze Substanz giebt, Sohn,
welcher durch diese Erzeugung für sich existiert und von dieser
substanziellen Mitteilung lebt, h. Geist, welcher, von diesem
Vater und Sohne wie von einem Princip ausgehend, die nämliche
Natur und Gottheit wie sie besitzt. So sind es also, wiewohl
die Substanz eine und dieselbe bleibt, der Personen drei. Boëthius
sagt daher:[1] „Substantia in divinis continet unitatem, relatio
multiplicat trinitatem."[2] Und Dante stellt das ewige Wort unter
dem Bilde des Lichtes dar, welches in der nämlichen Natur
seines Princips subsistiert und von der Liebe, die nach Weise
eines Strahles von beiden ausgeht, sich substanziell nicht unterscheidet; mit einer Poesie, welche der tiefen Wahrheit dieses
Gedankens würdig ist, stellt er ihn uns also vor Augen:[3]

> „Das lebend'ge Licht, das da hervorgeht
> Von seinem Leuchtenden, von ihm enteint nie,
> Noch von der Liebe, die das Dritt' in ihnen."

[1] Lib. de trinitate non multum a fine.

[2] Die Betrachtung dieser Beziehungen in Gott schliefst das Bedenken
aus, welches der Unglaube gegen das h. Dogma von der Einheit in der
Dreifaltigkeit erhebt: qui posuit relationem, tollit contradictionem.

[3] A. a. O. 3. Teil, Ges. 13, V. 55—57.

Das Wort Gottes hat sich der menschlichen Natur mitgeteilt, indem es sich mit ihr in Jesus Christus, wahrer Gott und wahrer Mensch, vermählt. Dank dieser unaussprechlichen Vereinigung empfing seine Menschheit mit der Gottheit des Wortes, das in ihr Fleisch angenommen hatte, die Schätze des göttlichen Lebens in ihrer ganzen Fülle und Vollkommenheit. Msgr. Ch. Gay, ein ausgezeichneter Redner unserer Tage sagt:[1] „Bei der Offenbarung und Mitteilung, welche Gott von sich der menschlichen Natur gewährt hat, wollte er nichts halb oder gegen Zinsen thun. Als er mit ihr sprach, sagte er alles, was er **ist, als er sich mit ihr** vereinigte, gab er ihr alles, was er besitzt; **damals** rührte die göttliche Liebe mit einem Schlage an die Grenzen des Möglichen und ihre erste Absicht **war**, einen Gottmenschen zu schaffen. In der That bestimmte sie, dafs das von Ewigkeit her vom **Vater** erzeugte **Wort,** woraus gleichmäfsig wie vom Vater der h. Geist hervorgeht, Fleisch annehme und in der menschlichen **Natur** lebe. Darin besteht das Geschenk Gottes . . . . mit seiner **ganzen** Vollkommenheit und Fülle ist es in Jesus Christus, dessen höchstheilige Menschheit jetzt **ebenso Gott wie** ihr selbst angehört." Hier, so sagt Origenes **und nach ihm** St. Augustin, hier ist die Gnade, aber die Gnade in ihrer herrlichsten Realität, in ihrem erhabensten Vorbild, die wesenhafte und substanzielle Gnade in ihrer ganzen Fülle und Glorie, die Vollkommenheit des übernatürlichen Lebens, die Quelle, **woraus** alle Seelen sie empfangen; mit einem Worte, Jesus Christus **ist die** Summe, der Inbegriff des übernatürlichen Lebens.

58. Mit welch **hellem** Lichte sehen wir jetzt das uns beschäftigende Mysterium **erleuchtet!** Wie klar erscheint der Unterschied zwischen der Wissenschaft und der **Religion,** zwischen der natürlichen Ordnung, **welche von der ersteren** studiert wird, und **der** übernatürlichen, **welche die zweite betrachtet** und in Jesus Christus als in ihrem Quell und Vorbild anbetet! Ja, Jesus Christus ist **das** Centrum, das Muster, **die** Fülle des übernatürlichen Lebens, und darum besteht die wahre Religion darin,

---

[1] De la vie et des vertus chrétiennes. 1878.

Jesus Christus zu erkennen. „Die Juden verlangen Zeichen und
die Griechen d. i. die Heiden Weisheit, sagt der Apostel,[1]) aber
wir predigen einfach Christum den Gekreuzigten." Und an einer
andern Stelle[2]) fügt er bei: „Da ich erachtete, unter euch nichts
zu wissen, als Jesum Christum, ihn den Gekreuzigten, ... so
predigen wir die Weisheit Gottes in dem Geheimnis der Menschwerdung, die verborgene Weisheit, welche Gott von Anbeginn
der Zeiten zu unserer Verherrlichung bestimmt und vorbereitet
hat, die Weisheit, welche keiner von den Fürsten dieser Welt
erkannt hat." Auf Jesus Christus zielte die Religion immerdar
von Anfang der Welt an, und auf ihn richten die Augen des
Glaubens und werden sie immer gerichtet halten die wahren
Kinder Gottes und der Kirche, weil Jesus Christus, der Mittel-
punkt der übernatürlichen Ordnung, was er gestern war, auch
heute ist und das nämliche von Ewigkeit zu Ewigkeit sein
wird: „Jesus Christus heri et hodie, ipse et in saecula."[3])

Fragt man jetzt, wo Jesus Christus gewesen, bevor das
Geheimnis par excellence, die Menschwerdung des göttlichen
Wortes, die Basis der übernatürlichen Ordnung gewirkt wurde,
so antwortet Monseigneur Gay:[4]) „Nun er war in den übernatürlichen Verheißungen, er war in den englischen Herolden,
welche sie zu verkünden und zu bestätigen pflegten; er war in
den Patriarchen, in ihren Namen, ihrem Leben, ihren Thätigkeiten, in ihrem Glauben, ihren Wünschen und Hoffnungen, ihren
Vermählungen und Nachkommenschaften; er war in allen Mysterien, in allen Opfern, in allen Sakramenten, in allen Ge-
bräuchen und Ceremonieen des Kultus; kurz, er war in der
ganzen Religion, weil Christus von ihr insgesamt die Substanz
war. Er war in den Büchern Mosis und in den übrigen heiligen
Schriften, er war in den Prophezeiungen und in der Geschichte.
Er war, wie die Morgenröte am Tage, wie die Ähre am Halme,
wie das Kind im Mutterschoß; er war mit einem Worte das
Endobjekt und deshalb auch der bestimmende Grund von allem."

---

[1]) 1. Kor. 1. 22 f.
[2]) Ebend. 2. 2 u. 7 f.
[3]) Hebr. 13. 8.
[4]) A. a. O.: 1. Abhdlg.

„Vor der Menschwerdung des Wortes, sagt der h. Augustin,[1]) wurden die alten Gerechten gerechtfertigt durch den Glauben an Christus und durch die wahre Gerechtigkeit, welche für uns Christus ist, indem sie glaubten, daß er dasjenige sein werde, **wovon** wir glauben, daß er es war." Mehr oder weniger ausdrücklich, die Verschiedenheit der Zeit und des Ortes in Betracht gezogen, so fügt Monseigneur Gay hinzu, ist der uns rettende Glaube ein einziger. Vor wie nach der Menschwerdung ist dieser Glaube „die **Substanz** der Dinge, welche wir hoffen."[2]) Die Summe dieser Wirklichkeiten, welche wir notwendigerweise glauben d. h. hienieden dem Keime nach besitzen müssen, bevor **wir** sie vollständig kundgemacht dort oben erlangen, ist **das** ewige Leben, wie es uns Jesus Christus lehrt, indem er sagt:[3]) „Das ist das ewige Leben, daß sie dich den einen wahren Gott erkennen und den du gesandt hast, Jesum Christum." Ich will diese Erwägungen nicht **schließen**, ohne den erhabenen Gedanken des erlauchten Prälaten **wiederzugeben**, nach welchem nichts mehr gesagt zu werden **braucht, um das** Princip des Übernatürlichen ins helle Licht zu stellen. „Für Gott, so sagt Monseigneur Gay, ist das Erschaffen Wirken, Denken, Wollen; er sprach und alles wurde gemacht (Ps. 32. 9). Das Nämliche geschieht, **wenn** er regiert. Nur thut er bei dem Erschaffen mehr; denn wenn er durch diese seine Thätigkeit Menschen und Engel hervorbringt, so kann er keine **Götter** hervorbringen, ohne auf irgend eine Weise seine eigene göttliche Substanz mitzuteilen, **und** vielleicht, um uns ihrer in Wirklichkeit teilhaftig zu machen, ordnete er an, daß Jesus in Person unter uns zu wohnen kam."[4])

---

[1]) „Antiqui iusti ante incarnationem Verbi in hac fide Christi et in hac vera iustitia, quod **est nobis Christus,** iustificati sunt, hoc credentes futurum, quod credimus factum." De patientia. c. 21.

[2]) Hebr. 11. 1. Der h. Thomas sagt ausdrücklich: „Nullus umquam habuit gratiam Spiritus Sancti, nisi per fidem Christi explicitam sive implicitam. Per fidem autem Christi pertinet homo ad novum testamentum; unde quibuscumque fuit lex gratia indita, secundum hoc ad novum testamentum pertinebant." S. th. I. II. 106. 1 ad 3.   [3]) Joh. 17. 3.

[4]) „In cordibus eorum, qui ipsum suscipiunt, velut cera invisibiliter instar sigilli imprimitur et naturam nostram per communicationem similitudinemque sui ad archetypi pulchritudinem depingit." S. Cyrillus Alex.: Thesaurus de sancta et consubstantiali trinitate. assert. 34.

Ich zweifele nicht daran, dafs man mir diese kleine Abschweifung auf das Gebiet der Theologie verzeihen wird, da sie
zu Gunsten der genauen Unterscheidung zwischen der Religion
und der Wissenschaft gemacht worden. Diese Unterscheidung
verlangt nämlich die präcise Kenntnis der beiden Termini,[1]) von
denen der eine gerade das Objekt der Religion ist, und darauf mufs
man die Augen fest hingerichtet halten, um es von dem Objekte
der Wissenschaft zu unterscheiden. **Da nun das Objekt der Religion die übernatürliche Ordnung ist und wir als den Inbegriff**
dieser göttlichen Ordnung Jesus Christus zu betrachten haben, so
unterliegt es keinem Zweifel, dafs in der Erkenntnis Jesu Christi
alle Wahrheiten und alle Geheimnisse der Religion enthalten sind.
Geheimnisse, sage ich, weil sie die natürliche Ordnung, die das
Objekt der Wissenschaft bildet, überragen, Wahrheiten, welche
mit einem Schleier bedeckt **sind,** der erst dann zerreifsen wird,
wenn der Glaube in Schauen und die Hoffnung in Besitz der
absoluten Wahrheit, in klare Erkenntnis der übervernünftigen d. i.
über die Fassungskraft unserer Vernunft hinausgehenden Wesenheit Gottes sich umwandelt. So erkennt also derjenige, welcher
Jesum Christum erkennt, auch das hehre Geheimnis **der** Drei-
einigkeit, weil Jesus Christus der Sohn Gottes des Vaters **ist,**
welcher zum Heile der Menschen in die Welt gekommen, und
weil dieses vollendet wird durch den ihnen gesandten h. Geist,
welcher vom Vater und Sohne **ausgeht.** Wer Jesum Christum
erkennt, der erkennt auch das Geheimnis des ersten Sünden-
falles, sowie der Erlösung **und** der Heiligung der Menschen,
weil Jesus Christus deshalb in die Welt gekommen ist, **um für**
unsere Sünden **Genugthuung** zu leisten und uns mit seinem
ewigen Vater **zu** versöhnen, **auf** dafs wir **das** übernatürliche
Leben der Gnade, **dieses Samens** der zukünftigen Glorie, wieder-
erlangten. Derjenige, welcher Jesus Christus erkennt, erkennt
zugleich das eucharistische Opfer, worin **er** sich darbringt, die
Sakramente, worin er wirkt, die Kirche, **worin** er lebt. In Jesus
Christus ist dem kurzen Inbegriff nach das grofse Geheimnis des
Kreuzes enthalten, weil er an ihm alles an sich zog,[2]) indem

---

er die alten Weissagungen erfüllte und die alten Vorbilder in
Wirklichkeit umsetzte, und weil an ihm die Quellen lebendigen
Wassers hervorsprudelten, welche ins ewige Leben fliefsen,[1])
und an ihm die Wahrheit der h. Schriften mit dem Blute des
von Anfang der Welt geopferten Lammes besiegelt wurde.[2])
Es dürfte noch hinzuzufügen sein, dafs alle diese Mysterien,
wie sie in Jesus Christus enthalten sind, von ihm selbst der
Kirche übermittelt worden, welche dieselben dann für ihren Teil
treu bewahrt und verteidigt, sie erklärt und ihre Erklärungen
als Objekt des Glaubens so zu glauben vorstellt, als ob dieselben durch den Mund der wesenhaften und unfehlbaren Wahrheit selbst gegeben worden wären.

59. Ich mufs hier noch bemerken, dafs aufser den Geheimnissen des Glaubens, welche das eigentliche Objekt der Religion
bilden, diese göttliche Weisheit auch Wahrheiten der natürlichen
Ordnung umfafst, welche das Objekt der Wissenschaft sind.[3])
Von diesen Wahrheiten kann der Mensch mit den blofsen Kräften
seiner Vernunft einige erreichen, wie z. B. die Existenz und
Eigenschaften Gottes, die Geistigkeit und Unsterblichkeit der
menschlichen Seele, die Freiheit des Willens, die Principien der
moralischen Ordnung. Andere giebt es darunter, welche ihm
auf übernatürliche Weise offenbart werden müssen, weil die
Geschichte des menschlichen Geistes bezeugt, dafs die Vernunft
aus sich es nicht vermag, sie zu erkennen, wenigstens nicht mit
Sicherheit, wiewohl sie, nachdem sie dieselben erkannt hat, sie
mit Hülfe von rein wissenschaftlichen Begriffen beweisen kann,
z. B. das Dogma von der Schöpfung, welches von der heidnischen
Philosophie verkannt und verworfen wurde, nachdem es aber

---

[1]) Joh. 4. 14.
[2]) Offenbg. 13. 8.
[3]) „Est .... duplex veritatis modus. Quaedam namque vera sunt
de Deo, quae omnem facultatem humanae rationis excedunt, ut Deum esse
trinum et unum; quaedam vero sunt, ad quae etiam ratio naturalis per-
tingere potest, sicut est Deum esse, Deum esse unum et alia huiusmodi,
quae etiam philosophi demonstrative de Deo probaverunt, ducti naturalis
lumine rationis.‟ S. Thomas: S. c. g. l. 1, c. 3. Im 4. Kapitel wiederholt
der h. Lehrer die nämliche Lehre und fügt hinzu: „Utraque convenienter
divinitus homini credenda proponitur.‟

offenbart und als Wahrheit des Glaubens umfaßt worden war,
die hellste Leuchte der Wissenschaft wurde.[1]) Endlich sei bemerkt, daß selbst dann, wenn diese Wahrheiten als Objekt der
Religion und Wissenschaft zu gleicher Zeit dienen, das Motiv
der Zustimmung, welche der Glaube ihnen erteilt, von dem,
worauf die Zustimmung der bloßen Vernunft beruht, verschieden
ist, weil der Glaube sich zu ihnen bekennt auf Grund der Autorität Gottes, der sie geoffenbaret hat, die bloße Vernunft aber
deshalb, weil sie dieselben aus gewissen und evidenten Principien ableitet.

Zweites Kapitel.

Religion und Wissenschaft können, weil in ihren Sphären selbständig, nicht mit einander in Streit geraten.

60. Nachdem die natürliche und übernatürliche Ordnung
gegen einander abgegrenzt sind, wird es leicht sein, einzusehen,
daß es zwischen der Religion und der Wissenschaft keinen Streit
geben kann (nullum dissidium esse potest), weil **einerseits** die
übernatürliche Ordnung die Natur nicht zerstört, **sondern** vielmehr sie unterstellt und vervollkommnet, indem sie dieselbe erhöht und **über all das** hinaus, was wir mit **menschlichen Kräften**
erreichen können, bereichert, und weil es anderseits **unmöglich**
ist, daß die Religion, deren Objekt wie gesagt aus jener übernatürlichen oder göttlichen Ordnung besteht, sich mit der Wissenschaft in **Widerspruch** setzt, welche über die natürlichen Dinge
als über ihr Objekt handelt.[2]) In der That, die übernatürliche

---

[1]) In dem großen Werke de divina traditione et scriptura des berühmten Kardinals F r a n z e l i n liest man (p. 604) folgende tiefdurchdachte
Einteilung der geoffenbarten Wahrheiten „Sunt revelata mysteria quae
nec quoad existentiam nec quoad essentiam nisi analogice etiam revelatione
supposita ex principiis rationis intelligi possunt; sunt revelata dogmata,
quorum exsistentia quidem ex sola revelatione innotescit, essentia tamen
postquam revelata sunt, proprie intelligitur; sunt denique veritates, quae
tum naturali lumine rationis intelligibiles, tum supernaturali revelatione
credendae proponuntur."

[2]) „Quamvis praedicta veritas fidei christianae humanae rationis capa-
citatem excedat, haec tamen, quae ratio naturaliter indita habet, huic
veritati contraria esse non possunt." S. T h o m a s : S. c. g. l. 1, c. 7.

Ordnung unterstellt die Natur der Dinge dergestalt, dafs sie ohne dieselbe nicht einmal gedacht werden kann. Nehmet die Natur hinweg, und die Gnade wird aufhören, möglich zu sein; nehmet die Vernunft hinweg, und ihr könnet nicht mehr glauben, noch viel weniger das Fundament unseres Glaubens beweisen, so dafs ihr einem Astronomen gleichet, welcher sich beider Augen beraubt, um mit Hülfe des Teleskops dasjenige zu sehen, was er mit unbewaffnetem Auge nicht erreicht. Unterdrückt die freie Entscheidung, welche eine natürliche Eigentümlichkeit des Willens ist, und ihr werdet sehen, wie die heilige Moral erlischt, die da das christliche Leben gestaltet und leitet. Wie in unserm Herrn Jesus Christus die göttliche Person des Sohnes Gottes sich mit der menschlichen Natur vereinigte, indem er sie nicht blofs unversehrt und unverletzt bewahrte, sondern sie auch veredelte und vervollkommnete, ja sie sogar so hoch erhob, dafs er ihr sein göttliches Sein mitteilte: so wird auch in jedem Gläubigen die Natur seines Seins vermittelst der übernatürlichen Ordnung, welche sie vollständig durchdringt, bewahrt und belebt. Wie wäre es da also möglich, dafs er seine Gaben verlöre, seine Kräfte sich verminderten, seine Wissenschaft verschwände, die Krone des Königs der Schöpfung, welche der Mensch trägt, zu Boden fiele infolge der Thatsache, dafs sich vor seinen Augen der Himmel öffnet, um ihn von dieser Welt aus dasjenige erblicken zu lassen, was er in seiner himmlischen Heimat klar anzuschauen bestimmt ist!

61. Um aber mit vollständiger Klarheit einzusehen, dafs die Religion das natürliche Objekt der eigentlich so zu nennenden Wissenschaft unversehrt läfst, wird es gut sein, dieses Objekt zu zergliedern, indem man es unter die verschiedenen Studien und Disciplinen, welche gewöhnlich den Namen Wissenschaft tragen, verteilt. Läfst man diejenigen Wissenschaften beiseite, welche sich auf die Ordnung der Sitten sowie auf diejenige Ordnung beziehen, die der Geist in seinen Begriffen herstellt, d. i. die Moral und Politik und die Logik, so kann man die übrigen ohne Schwierigkeit so nennen, wie einer der gröfsten Philosophen unserer Tage nach dem Vorgang des h. Thomas sie

faktisch genannt hat,[1]) indem man sie mit dem Namen Physik
bezeichnet und dabei dieses Wort in dem Sinne nimmt, den es
seiner Etymologie ($\varphi\acute{v}\sigma\iota\varsigma$ == Natur) gemäfs besitzt, weil die
natürliche Ordnung das Objekt der Realwissenschaft oder Real-
philosophie ist. Die Natur der Dinge und das Erfordernis ihres
Studiums haben aber eine sehr lichtvolle Einteilung eingeführt,
gemäfs welcher vor dem Auge unserer Betrachtung als verschiedene Wissenschaften, jede mit ihrer eigenen Sphäre, sich
darbieten die vorzugsweise sogenannten exakten Wissenschaften,
sodann die physikalischen und Naturwissenschaften und über
ihnen allen die Metaphysik d. h. die Wissenschaft von den
höchsten Gründen der Dinge, worin die Wissenschaft vom menschlichen Geiste und die natürliche Theologie mit einbegriffen ist.
Welches ist nun das Objekt einer jeden von diesen Wissenschaften, unter welche die göttliche Vorsehung das ungeheure
System der Schöpfung verteilt hat?

62. Die exakten Wissenschaften studieren die körperlichen
Dinge unter dem Gesichtspunkte der Gröfse, der diskreten wie
der kontinuierlichen Gröfse. Zu dem Ende beginnt die Vernunft damit, von den körperlichen Substanzen dasjenige abzustreifen, was sie von rein Sinnlichem und Veränderlichem an
sich tragen, und betrachtet an ihnen blofs die intelligibele Materie
d. h. jene Dinge, welche von der sinnlichwahrnehmbaren Materie
abstrahiert sind und die Kraft unserer Vernunft nicht übersteigen. „Aufgabe dieser Wissenschaften ist es, die verschiedenen Gröfsen mit einander zu vergleichen; ihre gegenseitigen
Beziehungen zu bestimmen, mittels der Berechnung und des

---

[1]) Nachdem Zigliara den bekannten Text des h. Thomas (expos.
in 1. ethic. Arist. lect. 1 a) mitgeteilt hat in betreff der vier Arten von
Ordnung, welche das Objekt der Physik, Logik, Moral und der mechanischen
Künste bilden, bemerkt er: „Imperocchè sia pur manifesto che la Metafisica
sia da San Tommaso inclusa nella naturale — ita quod sub naturali
philosophia comprehendamus et metaphysicam." Della luce intellettuale,
l. 4. p. 3. — Es wird gut sein, sich zu merken, dafs die Physik, in solch
weitem Umfang genommen, nicht mit der Experimentalphysik verwechselt
werden darf, ebenso wenig aber auch mit der Naturphilosophie, welche in
der Schule der Metaphysik als der höhern oder ersten Wissenschaft gegenüber gestellt wird.

Maßes ihren Wert festzustellen; die Zahlen dergestalt zusammen-
zusetzen und zu zerlegen, daß sie bis zu den höchsten Potenzen
erhoben oder in ihre letzten Elemente aufgelöst sind; die zu-
sammengesetzteren Operationen zu vereinfachen und zwar durch
Zurückführung derselben auf leichtere Processe vermittels der
Beziehung, welche unter ihren Endgliedern besteht; die unbekannten Größen aus den mehr oder minder zahlreichen Verbindungen abzulösen, welche sie unter sich oder mit den bekannten
Größen verknüpfen; die **Probleme** mit ihren Auflösungen zu
verallgemeinern und **mit** Hülfe einer kleinen Zahl von Zeichen
und einiger Buchstaben des Alphabets für die ganze Wissenschaft
eine allgemeine Sprache zu schaffen, welche nicht weniger durch
ihre Bündigkeit als durch ihre Klarheit wahrhaft wunderbar ist;
das Unendliche, wenigstens das der Möglichkeit nach Unendliche,
in die Kombinationen des Kalkuls eintreten zu **lassen, und da-**
durch der Analyse ein unbegrenztes **Feld zu** eröffnen; sich
zwischen dem unendlich Kleinen und dem unendlich Großen zu
bewegen mitten durch alle Veränderungen der Größen, durch
ihre gegenseitigen Abhängigkeiten und gemeinsamen Entwickelungen; die Gesetze des Gleichgewichtes und der Bewegung
und ebenso die Eigentümlichkeiten der Figuren samt ihren Beziehungen der Größe, Form und Lage auf klare und bestimmte
Formeln dergestalt zurückzuführen, daß jede Kraft ihren Zahlen-
wert, jede Oberfläche ihr Maß, jedes Volumen sein Gewicht
besitzt, und daß nichts sich der Ausdehnung und Durchdringung
dieses Kalkuls entziehen kann, welcher da ebenso die Himmelskörper **wie die Erde** zählt, mißt und wägt, indem er sich zu
den Sphären erhebt, die uns beherrschen, nachdem er die ganze
Region, in der wir leben, abgegangen hat, immer streng in seiner
Methode, immer fruchtbar in seinen Anwendungen."[1]

63. **Die** physikalischen Wissenschaften erforschen für ihren
Teil die Gesetze, welche die Bewegungen der Körper und die
Aufeinanderfolge ihrer Zustände beherrschen; ihr Objekt ist die
körperliche Welt, sowie sie sich unserer Beobachtung darbietet,

---

[1] Aus der Rede des Bischofs Freppel von Angers bei Eröffnung
der Fakultät für Naturwissenschaft und Mathematik in genannter Stadt
am 8. Dezember 1877.

dabei freilich von den individuellen Umständen abgesehen, welche wir mit den Sinnen wahrnehmen. Ihr Studium, durch die Mathematik erleuchtet und befruchtet, hat zwei wunderbar exakte Wissenschaften erzeugt: die Mechanik und Astronomie. Letztere ist ganz besonders wunderbar, weil sie die Himmelskörper, deren Abstand von der Erde sie abkürzt, mit Genauigkeit klassificiert und ihre Bahnen beschrieben und den Mechanismus des ganzen Himmels den Gesetzen des Kalkuls unterworfen hat. Eine Schwester der Physik, die Chemie, erkennt die einfachen Elemente der zusammengesetzten Körper und weifs, wie und in welchen Verhältnissen sie sich zusammensetzen, um jene Körper zu bilden, wie die einen den andern substituiert werden und Äquivalente bilden können, ohne sich von ihrem gemeinsamen Typus zu entfernen, welche Ursachen die geeinigten Elemente zusammenhalten und welche sie trennen, welche Eigenschaften aus der Verbindung und Trennung hervorgehen und welche Wirkungen aus dieser und jener erfolgen, welches die Grenze ist, bei der die körperliche Substanz der Kraft der Agentien sowie den Experimenten und Versuchen widersteht, womit der Chemiker sie foltert, um sie zu zwingen, dafs sie ihm, falls sie etwa zusammengesetzt sein sollte, das Geheimnis ihrer Zusammensetzung offenbare. Auf diese Weise bringt die Chemie in ihren Laboratorien eine Art von Mikrokosmus hervor, indem sie eint und trennt, zusammensetzt und zerstört, um wieder neue anorganische Substanzen zu bilden, und zwar den Gesetzen entsprechend, welche die Natur bei der Hervorbringung und Zerstörung ihrer eigenen Substanzen befolgt.[1])

64. Ich habe die Substanzen anorganische genannt, weil die Physik und Chemie sich bis zur Erkenntnis der durch irgend einen Hauch des Lebens beseelten Wesen nicht erheben können. Diese Wesen besitzen in sich das Princip ihrer Thätigkeiten. welche da in der Erhaltung und Vervollkommnung der betreffenden Wesen bestehen, unterscheiden sich also von den Mineralien, welche den Impuls, der sie bewegt, von aufsen empfangen, und deren Bewegungen auf andere von ihnen

---

[1]) Vgl. dieselbe Rede.

verschiedene Objekte übergehen. So bilden sie eine Welt für sich, in welche der Naturforscher eintritt, nachdem er die niedrigere Welt der leblosen Wesen, deren Studium Sache der Mineralogie ist, erforscht hat. Die lebendigen Substanzen zerteilen sich für ihren Teil wieder in zwei Reiche. Davon umfaßt das eine diejenigen Substanzen, welche die unterste Stufe des Lebens einnehmen und vegetative heißen, das andere die sensitiven Wesen, unter welchen der Mensch hervorragt als König der Erde und Herr der Natur, weil er von dem Könige der Könige und dem obersten Herrn Himmels und der Erde das Licht der Vernunft empfangen hat, das ihn seinem Schöpfer ähnlich macht. Es teilen sich also in die Erkenntnis der lebendigen Natur die Botanik, die Zoologie und die Anthropologie. Neben diesen Wissenschaften wäre es unbillig der Geologie zu vergessen, welche auf der einen Seite unter dem Namen Geognosie die Struktur der Erdrinde, soweit sie unsern Untersuchungen zugänglich ist, erforscht, und auf der andern Seite unter dem Namen Geogenie darauf ausgeht, von den aufeinander folgenden Zuständen unsers Erdballs sich Rechenschaft zu geben, indem sie die Ursachen aufsucht, welche seiner Formation vorausgingen, und in den geognostischen und paläontologischen Thatsachen die nötigen Urkunden zu finden hofft, um den ersten Ursprung und die Geschichte der Erdbildung zu entwerfen.

65. Die genannten Wissenschaften erschöpfen das Objekt der Naturphilosophie. Der menschliche Geist kann und muß sich aber in den Regionen des Seins und der Wahrheit noch höher schwingen, sei es daß er die ersten Begriffe unserer Vernunft betrachtet, sowohl die einfachen, wie die des Seins der Einheit, des Guten, der Schönheit, der Substanz, der Dauer, der Ursache, des Unendlichen, als auch die zusammengesetzten, wie die Principien des Widerspruchs und des hinreichenden Grundes, sei es daß er die absolut immateriellen Substanzen betrachtet, welche bei gänzlicher Unabhängigkeit von jedem Organismus das Leben der Einsicht und der Liebe führen, d. i. Gott und den menschlichen Geist.

66. Aus der summarischen Klassifikation der Wissenschaften, in welche die Naturphilosophie zerfällt, resultiert die Bestätigung

dessen, was ich vorhin gesagt habe, dies nämlich, dafs das
Objekt der Wissenschaft in der Ordnung besteht, welche aus
der Natur der Dinge selbst, insofern sie in ihren konstitutiven
Principien sowie in ihren Eigentümlichkeiten und Beziehungen
betrachtet werden, hervorgeht, eine Ordnung, durch welche uns
die Weisheit und die unendliche Macht Gottes, des Schöpfers
und Ordners des Universums und des Endziels alles Seins offenbar
wird. Wie ungeheuer grofs ist also die Domäne der Wissenschaft! Gott, die Welt und der menschliche Geist, d. h. die
ganze Unermefslichkeit des Seins, alle göttlichen und menschlichen Dinge, die Wahrheit in ihrem ewigen Fundamente und
in den Kreaturen, welche an ihr teilhaben gemäfs der Stufe, die
sie auf der Skala der Schöpfung einnehmen: das ist das Objekt
der Wissenschaft, die unermefsliche Sphäre, welche die menschliche Vernunft frei durchlaufen kann, ohne Gefahr für die Religion, ja sogar unter dem Schutz und Schirm der Kirche. Man
sage also nicht, dafs der Katholicismus die menschliche Vernunft
einschränke, indem er dem Felde ihrer Untersuchungen enge
Grenzen ziehe; nein, dies Gebiet ist in den Augen des gläubigen
Christen so ungeheuer grofs, dafs weder die Zahl der geschaffenen
Wesen, noch die unbestimmte Dauer der Jahrhunderte, noch
die Ausdehnung des Himmels und der Erde es einschliefsen
können.[1]

Will ich damit sagen, dafs die Wissenschaft keiner Grenzen
bedarf? Gewifs nicht, und zwar deshalb nicht, weil die menschliche Vernunft, aus der die Wissenschaft unmittelbar herstammt,

---

[1] „Gott, der Mensch, die Gesellschaft, die Natur, die ganze Schöpfung
sind Gegenstände, mit denen sich unser Geist beschäftigen kann, und er
kann über diesen Bereich nicht hinauskommen, denn derselbe ist unendlich.
Aufser diesen Dingen giebt es nichts mehr. Nun, das katholische Princip
setzt den Fortschritten des Geistes nicht das geringste Hindernis entgegen.
Es setzt weder in Beziehung auf Gott, noch auf den Menschen, noch auf
die Gesellschaft, noch auf die Natur hierin einen Damm oder ein Hindernis
entgegen; weit entfernt, diesem Fortschritte zu schaden, läfst sich dasselbe
vielmehr als ein erhabener Leuchtturm ansehen, der statt der Freiheit des
Schiffers entgegen zu sein, ihm zum Führer dient und seine Verirrung in
der Finsternis der Nacht verhütet." J. Balmes: Der Protestantismus u. s. w.
Teil 3, Kap. 69, S. 360.

nicht das Licht selbst ist, sondern ein erleuchtetes und teil-genommenes und deshalb endliches Licht, welches nicht alles verstehen und begreifen kann. Und so ist es denn klar, aufser den unzähligen Geheimnissen der Natur und darum auch der Wissenschaft, worin der Weise, der mit Sorgfalt Ursprung, Wesenheit und Beziehungen der Dinge erforscht, mit jedem Schritt auf Geheimnisse stöfst, die nur derjenige nicht kennt, welcher sich eitlerweise mit dem Namen der Wissenschaft brüstet, giebt es auch noch viele Wahrheiten, welche die Kraft unserer Vernunft absolut übersteigen und über welche hinaus wir auf natürliche Weise überhaupt nichts mehr wissen können. Schön lehrte dies mit Rücksicht auf Gott der grofse italienische Dichter, als er sagte, dafs der Mensch, wiewohl er Gott sähe in den Kreaturen, welche ihn in beschränkter Weise darstellten, bis in die Tiefe der göttlichen Wesenheit dennoch nicht vorzudringen vermögen würde, wie sehr er es auch vermittelst der Kontem-plation versuchte:

„... ob's (das Auge) am Strand den Grund erblicke, so doch
Auf hohem Meere nicht, und dennoch ist jener
Vorhanden; doch ihn birgt die eigne Tiefe.“[1]

67. Das überintelligibele Leben Gottes, das Dogma von der übernatürlichen Erhebung des Menschen, der Sündenfall, die Erlösung, die ganze übernatürliche Ordnung sind Geheim-nisse, welche die Wissenschaft nicht zu ergründen vermag. Ist der menschliche Geist dabei angekommen, so sieht er nur mehr das Licht des Glaubens und immer unter der erhabenen Form des Geheimnisses; anstatt intelligibele Wahrheiten zu betrachten, sieht er sich genötigt, unbegreifliche Mysterien anzubeten. Zwei-felsohne ist es der menschlichen Vernunft gestattet, die Ge-heimnisse des Glaubens zu prüfen, um sich auf vernunftgemäfse Weise davon zu überzeugen, dafs sie keinen Widerspruch in sich einschliefsen, weil der Widerspruch etwas Absurdes ist und die Vernunft unter ihren kostbarsten Rechten auch dasjenige

---

[1] Dante: A. a. O. 3. Teil, Ges. 19, V. 61—63. — Schon der Apostel hatte gesagt (1. Kor. 2. 11): „Wer der Menschen weifs, was im Menschen ist, als der Geist des Menschen, der in ihm ist? So auch, was Gottes ist, kennt keiner, als der Geist Gottes.“

besitzt, dem Irrtum, wenn er als solcher anerkannt ist, ihre
Zustimmung zu versagen.[1]) Aber ist vielleicht dasjenige absurd,
was die menschliche Intelligenz nicht zu begreifen vermag?
„Mag also der Glaube immerhin Unbegreifliches lehren, sagt der
gelehrte H. Hurter,[2]) niemand hat deswegen das Recht, denselben zu verwerfen, sonst müfsten beinahe alle Wissenschaften
verworfen werden, weil beinahe jede ihre Geheimnisse hat.
Etwas anderes ist die Unbegreiflichkeit, etwas anderes die Irr-
tümlichkeit einer Lehre; oder sind die Begriffe Geheimnis und
Irrtum identisch?"

Auch die vom Glauben erleuchtete Vernunft vermag mit
pietätvoller Sorgfalt und Mäfsigkeit sich keine Einsicht in die
geoffenbarten Geheimnisse zu verschaffen. Mag sie ihre Augen
auf die Analogie richten, welche die Geheimnisse mit den uns
von Natur aus bekannten Dingen besitzen, oder auf die Verbindung und Harmonie der einen mit den andern und ihrer
aller mit dem letzten Ziele des Menschen, niemals wird sie dieselben so erkennen, wie sie die Wahrheiten erkennt, welche das
eigentliche Objekt der Wissenschaften bilden, weil, wie das
Vatikanische Konzil sagt,[3]) „die göttlichen Geheimnisse ihrer
eigenen Natur zufolge so sehr die geschaffene Vernunft überragen, dafs sie, auch nachdem sie durch die Offenbarung bekannt

---

[1]) Hiezu bemerkt mit Recht die Innsbrucker Zeitschrift für kath.
Theologie (Jahrg. 1877, S. 737)· „Es kann freilich derjenige, dem die
Thatsache der göttlichen Offenbarung noch nicht genügend vorgestellt
worden ist, die Widerspruchslosigkeit der auch durch die Vernunft erkenn-
baren Glaubenssätze als inneres Kriterium der göttlichen Lehre in Mit-
erwägung ziehen; es darf ferner der schon Gläubige mit dem sog. metho-
dischen Zweifel zur Untersuchung jener nämlichen Sätze herantreten:
immerhin bleibt aber für den Gläubigen jeder wirkliche Zweifel ausgeschlossen, und was die Geheimnisse und zwar die Geheimnisse ersten Ranges
(primi ordinis) anbelangt, so mufs, wie der **Herr Verfasser selbst** im unmittelbaren Kontext richtig andeutet, jede endliche Vernunft, ihren eigenen
Kräften überlassen, auf ein positives Urteil über die Möglichkeit oder Unmöglichkeit ihres Inhalts wegen der unzulänglichen Kenntnis ihrer termini
verzichten und sich darauf beschränken, die gegen ihre Möglichkeit er-
hobenen Einwürfe abzuweisen."
[2]) Über die Rechte der Vernunft u. s. w. S. 26.
[3]) Const. dogm. de fide cath. cap. 4.

gemacht und im **Glauben** aufgenommen worden, unter dem
Schleier des Glaubens und in eine gewisse Dunkelheit eingehüllt
bleiben, **solange wir in** diesem sterblichen **Leben fern von dem**
Herrn dahinpilgern, denn **wir wandeln im Glauben und nicht**
im Schauen."[1])

68. Aus den **vorstehenden Gründen** ersieht man deutlich,
wie gerecht und vernünftig es ist, **wenn die Kirche ihre Stimme**
gegenüber der Verwegenheit derjenigen erhebt, welche die
Grenzen der Wissenschaft überschreiten und in die Domäne
des **Glaubens eindringen, um die** Geheimnisse der göttlichen
Weisheit dem **Urteil** ihrer gebrechlichen Vernunft zu unterwerfen. „Niemals, so sagte der grofse Pius IX. in seinem berühmten Breve an den Erzbischof von München,[2]) **niemals können**
wir in einer so höchst wichtigen **Angelegenheit dulden, dafs**
mit Leichtfertigkeit **alles durcheinander geworfen werde und**
dafs die Vernunft auch jene **Dinge, welche zum** Glauben gehören, okkupiert und trübt, da es doch sehr bestimmte und für
alle **sehr** bekannte Grenzen giebt, über welche die Vernunft
mit Recht weder hinausgehen kann, noch hinausgegangen ist.
Zu derartigen Lehren gehören ganz besonders und einleuch-
tendermafsen **diejenigen** Dogmen, welche sich auf die übernatürliche Erhöhung des Menschen und auf seinen übernatürlichen
Verkehr mit Gott beziehen. Und in der **That,** da diese Dogmen
über die natürliche Ordnung hinausliegen, so können sie mit
der natürlichen Vernunft und mit natürlichen Principien nicht
erreicht **werden."**   •

Was also die Kirche von der Vernunft und Wissenschaft
verlangt, ist dies, **dafs** sie die Domäne des göttlichen Glaubens
nicht an sich reifsen, indem sie die Majestät dessen erforschen,
was **über** ihre natürlichen Kräfte hinausgeht; dafs sie **die Grenz-**
linie, welche zwischen den Objekten der Religion und Wissenschaft von Gott selbst gezogen worden, respektieren und auf
diese Weise die intellektuelle Welt vor der Strafe der Verwirrung und des Irrtums bewahren, welche einer so grofsen
Verwegenheit auf dem Fufse folgt. Und da, wie **wir gesehen**

---

[1]) 2. Kor. 5. 7.   [2]) Vom 11. Dezember 1862.

haben, die Gebiete der Wissenschaft so grofs sind, dafs sie niemals gänzlich erforscht werden, so ist es gerecht und vernünftig,
dafs sie aufserhalb derselben ihre Jurisdiktion nicht ausübt.
Würde sie auch sonst dem entgegen handeln, was ihre Vervollkommnung und Vergröfserung, ja selbst ihre Erhaltung erheischt, weil es eine konstante Thatsache ist, dafs derjenige
sich der Gefahr aussetzt, die eigenen Vorzüge zu verlieren,
welcher nach fremden begehrt. Nach solchen aber begehrt die
menschliche Vernunft im vorliegenden Falle, indem sie die Reichtümer der Gottheit an sich reifsen will. Und dafür kann ihr
nicht einmal die Absicht, die übernatürlichen Dogmen des Glaubens zu beweisen, zur Entschuldigung dienen. Denn, so sagte
der h. Thomas von Aquin[1]) mit vollem Rechte, „Quae fidei
sunt, non sunt tentanda probare nisi per auctoritates his, qui
auctoritates suscipiunt — was Sache des Glaubens ist, darf man
nicht mit innern Gründen zu beweisen versuchen, sondern mittels
der Auktorität"; und trug darum auch das Vatikanische Konzil
kein Bedenken, einen solch frevelhaften Versuch mit folgenden
Worten zu verurteilen:[2]) „Wenn jemand behaupten sollte, dafs
in der göttlichen Offenbarung keine wahren und eigentlich so
zu nennenden Geheimnisse enthalten seien, dafs vielmehr sämt-
liche Glaubensdogmen von der richtig ausgebildeten Vernunft
aus natürlichen Principien erkannt und bewiesen werden können,
der sei im Banne."

69. Nunmehr mufs ich einem besondern Einwande begegnen,
welchen man gegen die vorstehenden Gründe zu erheben pflegt.
Es mag, so wird jemand, der sie liest, vielleicht sagen, es mag
gerecht und vernünftig sein, dafs die Vernunft die übernatürliche
Ordnung respektiert und ihre Thätigkeit einzig auf das Studium
der Natur derjenigen Dinge hinwendet, welche ihrer Kraft zugänglich sind, allein innerhalb der Grenzen, wie sie ihr durch
das Objekt ihrer Kompetenz gezogen sind, mufs sie sich doch
entsprechend ihren eigenen Gesetzen frei bewegen, ohne dafs
sie sich auf jedem Schritt durch das Dogma behindert und

---

[1]) S. th. I. 32. 1 c.
[2]) Const. dogm. de fide cath. can. 4.

dazu verurteilt sieht, das Joch der Autorität sogar in denjenigen Materien zu tragen, worin Gott selbst ihr eine von niemanden geleugnete Jurisdiktion verliehen hat. Wenn der Katholicismus in die rein natürliche Ordnung eindringt, indem er der Vernunft als Glaubenswahrheiten Wahrheiten der reinen Vernunft zumutet, verwirrt er für seinen Teil die Gebiete der Wissenschaft, er demütigt und erniedrigt sie auf ungerechte Weise und raubt ihr infolge dessen dasjenige, was zu ihrer Fruchtbarkeit, ja zu ihrem Leben unbedingt nötig ist: die Freiheit. Dies sein Verhalten ist auf der andern Seite der Grund und Ursprung der Konflikte zwischen der Religion und der Wissenschaft. Soweit der Einwand; hören wir nunmehr die Lösung desselben.

Es ist eine bekannte Sache, dafs es unter den Wahrheiten, welche die Religion lehrt, einige giebt, welche die Vernunft durch sich selbst erkennt, deren Erkenntnis sie aber vollständig und ohne Beimischung eines Irrtums erst erlangt, nachdem sie uns offenbart worden.[1]) Diese Offenbarung ist eine Thatsache, welche die providentielle Thätigkeit Gottes im Rahmen des menschlichen Lebens ins helle Licht setzt. Denn diese Wahrheiten drücken die Gedanken aus, welche sich auf die Ordnung seiner intellektuellen und moralischen Natur beziehen, sie enthalten die Titel seiner Würde und seines Adels, die Norm seiner Thätigkeiten und das Fundament seiner erhabensten Hoffnungen. Und darum war es sehr zweckmäfsig, dafs ihre Erkenntnis nicht auf gut Glück der schwächlichen, ihren eigenen Kräften überlassenen und von vielen Ursachen des Irrtums abhängigen Vernunft anheim gegeben wurde. Dank der göttlichen Offenbarung können jetzt alle Menschen mit vollkommener Sicherheit die Existenz und Eigenschaften Gottes, die Schöpfung

---

[1]) Aus diesem und andern Gründen schliefst der h. Thomas von Aquin, die göttliche Huld habe sich durch die Vorschrift bekundet, dafs die Menschen als Wahrheiten des Glaubens, **Dank der** göttlichen Offenbarung, auch jene Wahrheiten über Gott festhielten und bekännten, welche sie mit **ihrer natürlichen** Vernunft zu erkennen vermöchten: „Salubriter ergo divina providit clementia, ut ea etiam, quae ratio investigare potest, fide tenenda praeciperet, ut sic omnes de facili possent divinae cognitionis participes esse et absque dubitatione et errore." S. c. g. l. 1, c. 4.

des Universums, die Geistigkeit und Unsterblichkeit der menschlichen Seele, die Freiheit des Willens, das Naturgesetz, welches das ewige Gesetz wiederspiegelt, die Pflichten der Gottesverehrung, die Notwendigkeit des Opfers, die reinigende Kraft der Reue und andere Wahrheiten der moralischen und metaphysischen Ordnung erkennen, welche mit jenen in Verbindung stehen. In all diesen Wahrheiten glänzt zu gleicher Zeit das Licht der Vernunft und das des Glaubens.

Aufserhalb des Christentums gelangte kein Weiser der alten und neuen Zeit dahin, alle jene Wahrheiten zu erkennen, und wenn es einigen glückte, diese oder jene Wahrheit zu erfassen, so erkannten sie dieselbe nicht rein von jedem Irrtum, weshalb es für die Philosophen des Altertums ein grofses Glück war, dafs sie von einigen jener Wahrheiten wenigstens auf dem Wege der vom Himmel mehr oder minder entfernt herstammenden Überlieferung und Unterweisung einige Kenntnis erlangten. Eines der gröfsten Verdienste der christlichen Civilisation ist es, dafs die erhabensten Wahrheiten, wozu sich die Genies des Altertums, freilich nicht ohne die angedeutete Hülfe, glücklich erhoben haben, nunmehr durch das Christentum gereinigt und vermehrt, selbst die weniger ausgebildeten und einfacheren Intelligenzen, z. B. die des Landmanns und des Kindes erleuchten. „Es giebt ein Büchlein, sagt Jouffroy an irgend einer Stelle seiner Werke, welches sich in den Händen der Kinder befindet und über welches sie in der Kirche befragt werden. Leset dieses kleine Buch, das den Namen Katechismus trägt, und ihr werdet in ihm die Lösung aller Fragen finden, welche ich soeben vorgelegt habe, aller ohne Ausnahme. Fraget den Katholiken, welches der Ursprung unseres Geschlechtes sei, oder welches das Ziel, wohin er geht, und der Weg, der zu ihm hinführt, und ihr werdet sehen, dafs er all diese Wahrheiten gut kennt. Fraget ein armes Kind, wer sein Leben bewache, für was es in dieser Welt sei und was aus ihm werde nach dem Tode, und es wird euch eine sublime Antwort geben, welche es zwar nicht vollständig versteht, die aber darum doch nicht weniger bewunderungswürdig ist. Fraget es, wie und zu welchem Zwecke das Universum erschaffen worden sei, wodurch Gott die Pflanzen

und Tiere erschaffen habe, auf welche Weise die Erde sich
bevölkert habe, ob es am Anfange eine oder viele Familien gegeben habe; fraget es nach der Ursache der ungeheueren Verschiedenheit der Idiome, in welchen die Menschen reden, oder
nach der Ursache ihrer Leiden und Zwistigkeiten, oder über
das Ende, an welchem alle Dinge dieser Welt stille stehen
müssen, und ihr werdet gleichfalls sehen, dafs ihm nichts von
all diesen Materien unbekannt ist. Den Ursprung der Welt,
den Ursprung unsers Geschlechtes, die Frage über die Rassen
der Menschen, die Bestimmung des Menschen in diesem und
jenem Leben, die Beziehungen des Menschen zu Gott, die Pflichten
des Menschen zu seinen Nächsten, die Rechte des Menschen
über die Schöpfung — all das weifs es; und wenn es heran-
gewachsen ist, hat es auch keinen Zweifel über das natürliche,
das politische und das Völkerrecht, weil all dies klar und wie
von selbst aus der christlichen Religion hervorgeht."

70. Wiewohl nun die Religion von dem kath. Gelehrten
verlangt, dafs er den Wahrheiten dieses Büchleins mit vollem
Herzen zustimme und sich wie ein Kind benehme, welches die
Wahrheit aus dem Munde seiner Mutter gelehrig anhört, so
verbietet sie ihm doch keineswegs, die Dogmen des Glaubens,
welche seine Vernunft nicht übersteigen, zugleich auch für
wissenschaftliche Folgerungen anzusehen und als solche zu bekennen. Ein und dieselbe Wahrheit kann Objekt der Religion
und der Wissenschaft zugleich sein; der Religion, insofern sie
geoffenbart worden, und der Wissenschaft, insofern sie durch
die menschliche Argumentation bewiesen wird. So trifft es
thatsächlich zu bei den geoffenbarten Wahrheiten, welche über
die Kräfte der Vernunft nicht hinausgehen. Die Religion lehrt
sie mit ihrer Autorität und die Wissenschaft folgert sie aus den
höchsten Principien oder aus der Beobachtung der Thatsachen,
ganz entsprechend der Methode, von welcher sie bei ihren
Untersuchungen und Argumentationen überhaupt sich leiten läfst.
Obgleich also für die menschlichen Wissenschaften die wichtigsten Wahrheiten aus der Offenbarung abgeleitet werden, so
kann die wissenschaftliche Vernunft dennoch diese nämlichen
Wahrheiten sehr wohl erforschen, indem sie auf deren natürliche

Ursachen ihr Augenmerk richtet, und darin besteht ja eigentlich
die Wissenschaft. Trotzdem kann es vorkommen, dafs das Resultat der ersten
wissenschaftlichen Untersuchung mit der geoffenbarten Lehre
nicht übereinstimmt. Wird die Vernunft in einem solchen Falle
genötigt sein, gänzlich und für immer die Augen vor der natürlichen Realität zu schliefsen und auf dem **Altare des Glaubens**
die Würde und Freiheit der Wissenschaft zu opfern? **Keineswegs.** Aber was ist denn bei diesem scheinbaren Konflikte zu
thun? Was zu thun ist, ist dies: Vorerst überzeugt sich die
Vernunft davon, dafs Gott uns nicht betrügen kann, weil er die
erste und höchste Wahrheit ist, von wo jede Wahrheit herstammt,[1] sowie davon, dafs „Gott mit sich selbst nicht in
Widerspruch treten, noch auch eine Wahrheit einer andern
Wahrheit widersprechen kann."[2] Und nachdem die Vernunft
durch freimütiges Bekenntnis dieser Lehre neue Kräfte gewonnen hat und der Geist davon sich überzeugt hat, dafs „der
falsche Schein eines Widerspruchs (zwischen Vernunft und
Glaube) hauptsächlich darin seinen **Ursprung hat,** dafs entweder
die Dogmen des Glaubens nicht im Sinne der Kirche verstanden
und erklärt worden oder dafs man Meinungsgespinste für Aussprüche der Vernunft hält,"[3] mufs zweitens sodann die Materie
des scheinbaren Widerspruchs einer neuen Untersuchung unterzogen werden, und zwar in der Richtung, dafs man mit gröfserem
Fleifse die Thatsachen befragt und nachsieht, ob in den daraus
gezogenen Schlüssen ein Irrtum begangen worden, oder ob es
etwa möglich sei, den Text der h. Schrift, wenn die Wissenschaft etwas nicht ganz mit ihm Konformes lehrt, in einem andern, als in dem erstgebrauchten Sinne zu verstehen sei, immer
freilich entsprechend den Lehren der katholischen Exegese. Hat
er diese Bedingungen erfüllt, so kann der christliche Naturforscher füglich hoffen, dafs ein glückliches Resultat seine Bemühungen krönen und auf die Beängstigungen seines aufgeregten,

---

[1] „Non solum in Deo est veritas, sed ipse est summa et prima
veritas." S. Thomas: S. th. I. 16. 5 c.

[2] Concil. Vatic.: Const. dogm. de fide cath. cap. 4.

[3] Concil. Vatic.: L. c.

wenngleich immer bemeisterten Gemütes die unaussprechliche Freude über irgend eine neu entdeckte Harmonie zwischen der Wissenschaft und der geoffenbarten Religion folgen werde. „So widerruft die Philosophie, sagte einer der ersten Denker der Gegenwart,[1]) ihre dem Glauben widerstreitenden Urteile nicht blofs deshalb, weil sie einsieht, dafs die Urteile mit dem Glauben in Widerspruch stehen, sondern auch deshalb, weil sie in Anbetracht dessen, dafs alles, was dem Glauben widerstreitet, falsch ist, ihr vorher eingeschlagenes Verfahren prüft und den Fehler entdeckt, der sich dabei infolge ihrer Unaufmerksamkeit eingeschlichen hatte. Und wenn sie von der Theologie einige philosophische Wahrheiten herübernimmt, so hält sie dieselben für sicher nicht blofs wegen der Autorität des Glaubens, sondern auch auf Grund der Vernunftbeweise, die sie durch sich selbst findet." Es sei mir gestattet, diese Lehre mit einem aufserordentlich **beredten** Beispiel von einer rein wissenschaftlichen Untersuchung über eines unserer Glaubensdogmen zu verdeutlichen und zu bestätigen.

71. Die Einheit des Menschengeschlechtes ist eine Wahrheit, welche in der h. Schrift gewährleistet ist und von der Kirche kategorisch gelehrt wird. Trotzdem behauptete Voltaire das Gegenteil, indem er sagte:[2]) „Nur ein Blinder konnte daran zweifeln, dafs die Weifsen, die Schwarzen, die Albinos, die Hottentotten, die Lappländer, die Chinesen, die Amerikaner gänzlich verschiedene Rassen (d. h. Arten) seien." Unglücklicherweise wurde der Ausspruch des Patriarchen **von Fernay**, dessen **Autorität in der** Wissenschaft, wie alle wissen, gleich Null ist, **von den gelehrten Naturalisten** Virey und Bory de Saint-Vincent aufrecht gehalten. Der eine nahm um das Jahr 1801 zwei Arten von **Menschen** an,[3]) und der zweite ging 25 Jahre **später sogar soweit, dafs** er das Menschengeschlecht in nicht weniger als fünfzehn **Arten** einteilte.[4]) Sieben Jahre

[1]) C. Sanseverino: Philosophia christiana cum antiqua et nova comparata. t. I. p. 103.

[2]) Philosophie de l'histoire. 1874. Oeuvres compl. tom. 16, pag. 6.

[3]) Histoire naturelle du genre humain. 1801.

[4]) Dictionaire classique d'histoire naturelle. Paris. 1825. t. 8. p. 287 u. 293.

danach nahm Gerdy vier Untergattungen an und teilte jede
von ihnen wieder in eine unbestimmte Zahl von Arten, welche
in ihrem anfänglichen Zustande nicht mehr existieren.[1] Gliddon
endlich, einer von den Häuptern der amerikanischen Schule, hat
sich nicht gescheut, bis auf 150 die Zahl der Familien festzusetzen, in welche er das Menschengeschlecht sich geteilt dachte;
und dabei ist zu bemerken, dafs seine polygenistischen Zeitgenossen sich noch nicht einmal mit dieser Ziffer begnügt haben,
denn unter ihnen gab es solche, welche förmlich versicherten,
dafs die Menschen nach Nationen geschaffen worden seien.

Es ist nun kein Wunder, dafs die Feinde des Glaubens,
von dem blendenden Schein jener und anderer nicht weniger
berühmter Namen eingenommen, die Behauptung aufgestellt
haben, dafs nach den letzten Resultaten der wissenschaftlichen
Untersuchung über diesen Gegenstand der auf den Menschen
angewandte Monogenismus zum wenigsten eine verantiquierte
und nicht zu rechtfertigende Hypothese sei, die sich einzig auf
traditionelle Vorurteile gründe, und dafs er deshalb zur Zahl
jener Dogmen gehöre, welche, wie die heutige Welt es sehe,
vor dem Lichte der durch die Wissenschaft emancipierten Vernunft zusammenbrechen, u. s. w. u. s. w. Zu unserm Glück hat
Quatrefages, der gelehrte Professor an dem Museum zu Paris,
mit einem ungeheueren Aufgebot seines experimentellen Wissens
dargethan:[2] 1. dafs alle jene Polygenisten den Begriff der
Rasse, dieses veränderlichen und beweglichen Elementes der
betreffenden Art, verwechselt haben mit dem Begriff dieser
letztern, welche das feste und beständig fortdauernde Element
der Rassen ist, in die sie zerfällt; 2. dafs in all den Fällen,
wo zwischen zwei Formen, so verschieden sie auch sein mögen,
eine Stufenfolge von Individuen sich einschieben läfst, welche
allmählich von der einen zu der andern hinführen, und besonders
in all den Fällen, wo in den Endgliedern dieser Stufenfolge
die Merkmale der einen und andern Individuen sich kreuzen,
man jedesmal mit Fug behaupten darf, dafs beide Formen zu
einer Art gehören; 3. dafs zwischen den beiden Formen, welche

---

[1] Physiologie médicale. 1832.

[2] Unité de l'espèce humaine. Paris. 1861.

weiter von einander abstehen, es immer, wenn es sich um den
Menschen handelt, eine Reihe von Individuen giebt, welche zufolge ihrer unmerklichen Schattierungen als Zwischenstufen gelten;
4. dafs die Verschiedenheit der Farbe und der Haare, der verschiedene Bau des Schädels, die Beharrlichkeit, womit die Neger
die eigenen Merkmale auf ihre Nachkommen vererben, Differenzen
sind, die sich auch bei Tieren finden, welche die Wissenschaft
unter ein und der nämlichen Art gruppiert hat. „Die Polygenisten, so schliefst der gelehrte Professor, haben geglaubt, dafs
sie die Unterschiede, wie sie zwischen den einzelnen Gruppen
der Menschen bestehen, nicht erklären könnten, wenn man nicht
viele Arten von Menschen annähme. Aber ein aufmerksames
Studium zeigt, dafs diese Unterschiede, mit Bezug auf die
Natur der Menschen betrachtet, zur Ordnung derjenigen gehören,
welche die Rassen der Pflanzen und Tiere bilden. Und betrachtet man sie unter dem Gesichtspunkte ihrer Verbreitung,
so ergiebt sich bei einem strengen Vergleich das Resultat, dafs
die Rassen der Tiere unter sich Veränderungen aufzeigen, welche
in jeder Hinsicht beträchtlicher sind, als die der Völkerschaften,
die am weitesten von einander abstehen.... Um die Verschiedenheit der Menschengruppen zu erklären, ist es also unnütz, auf
die Hypothese einer Vielheit von Arten zu rekurrieren, weil für
diese Erklärung die Vielheit der Rassen und die Einheit des
Menschengeschlechtes ausreicht."

Diese Gründe, welche an und für sich schon entscheidend
sind, hat Quatrefages auch durch direkte Beweise für die Einheit des Menschengeschlechtes bestätigt gefunden, und zwar
durch Beweise, welche von den Gesetzen hergenommen sind,
die wie im Pflanzen- so auch im Tierreich die Kreuzung der
Arten und Rassen beherrschen. Schon der berühmte Naturforscher Isidor Geoffroy Saint-Hilaire hatte bewiesen, dafs es
unter den Säugetieren in deren Naturzustand nur einen Fall
fruchtbarer Kreuzung von zwei Individuen giebt, welche zu
verschiedenen Arten gehören. Zum nämlichen Resultate war ein
anderer ausgezeichneter Gelehrte inbetreff der Fische gekommen.
Andererseits sind die ausnahmsweisen Wesen, welche aus solchen
Verbindungen hervorgehen (bei den Tieren, welche der Herrschaft

des Menschen unterworfen sind, sind sie freilich weniger selten), unfruchtbare Hybriden oder Bastarde, bei denen die Reihe der Erzeugungen endigt. Das Gegenteil kommt bei den Rassen derselben Art vor, wie verschieden sie auch sein mögen; denn immer und überall kreuzen sie sich mit Leichtigkeit und ihre Kreuzung ist gewöhnlich fruchtbar, und weit davon entfernt, durch sie zu erlöschen, wächst vielmehr ihre Zeugungskraft. Wenn nun die verschiedenen Menschengruppen ebensoviele Arten bildeten, so würde man bei der Kreuzung derselben notwendigerweise die Gesetze der Hybridation oder Bastardzeugung zur Anwendung kommen sehen; und umgekehrt, wenn sie in Wirklichkeit nichts anders, als Rassen derselben Art sind, so werden wir bei ihrer Kreuzung das Gesetz der Erzeugung von Mestizen oder Mischlingen auftreten sehen, deren Fruchtbarkeit gegen die Unfruchtbarkeit der Individuen kontrastiert, welche aus der Kreuzung der Arten, die immer schwierig und in den meisten Fällen unmöglich ist, hervorgehen. Was sagt uns in diesem Falle die Erfahrung? Die Erfahrung, welche während dreier Jahrhunderte auf einem Flächenraum von vielen tausend Quadratmeilen und an Millionen von Individuen stattgefunden hat, verkündet mit lauter Stimme, daß die Kreuzung der drei Gruppen von Menschen, der weißen, roten und schwarzen nämlich, in Amerika Mischlinge hervorgebracht hat, welche keine Hybriden sind.[1] Folglich sind jene Gruppen drei Rassen ein und der nämlichen Art und nicht drei verschiedene Arten.[2]

---

[1] „Die Erscheinungen, welche auf amerikanischem Boden stattgefunden haben, zeigen sich täglich an allen Orten der Erde, wo man verschiedene Menschenrassen antrifft. In Asien, in Afrika, in Australien, in allen Ländern und unter allen Breitegraden ist die Verbindung der menschlichen Geschlechter fruchtbar und diese Fruchtbarkeit (métissage) geht in normaler Weise auf die Nachkommen über. Allenthalben sind die Beweise der erfolgreichen Kreuzung zu sehen und nirgendwo gewahrt man auch die geringste Spur der im Gefolge der Unfruchtbarkeit (hybridation) auftretenden Eigentümlichkeiten. Das ganze Menschengeschlecht ist also bloß eine Art, und die Gruppen, welche sich darin unterscheiden lassen, sind nichts anders, als Rassen dieser einen Art." J. J. Thonissen: Mélanges. Louvain. 1873. p. 489.

[2] Quatrefages: L. c. p. 191 sq.

72. Wenden wir nun auf unser Thema die nachfolgende vortreffliche Erklärung des gelehrten Naturforschers an, welcher mit ebenso grofser Gründlichkeit als Klarheit auf den Gebieten der Wissenschaft die Rechte einer Wahrheit glücklich wiederhergestellt hat, die Gott einst durch den Mund des Moses den Menschen offenbarte. Der gelehrte Professor an dem Museum zu Paris sagt nämlich: „Ich glaube, im ganzen Verlauf dieses Studiums auch nicht einen Augenblick von dem Wege mich entfernt zu haben, den ich gleich zu Anfang desselben angab. Als Mann der Wissenschaft bin ich blofs der Wahrheit nachgegangen und habe Argumente für dasjenige gesucht, was wir für wahr zu halten haben.... Nicht ein einziges Mal habe ich zu meiner Hülfe die Erwägungen angerufen, wie sie die Moral, die Philosophie und die Religion eingiebt."[1]) Wer wird angesichts solch herrlicher Worte noch zu sagen sich erkühnen, dafs die Wahrheit und Würde der Wissenschaft sich mit den Wahrheiten des Glaubens nicht vertrage?

Viele Jahrhunderte, bevor diese Art von Verleumdung vorgebracht worden, hatte der grofse Ausleger und Fortsetzer der Kirchenväter gesagt, dafs der Weise seine Gründe in der Natur der Dinge selbst suche, zum Unterschiede von dem einfachen Gläubigen, welcher seine Zustimmung zur Wahrheit davon abhängig mache, dafs sie von Gott gelehrt worden sei.[2]) Und

---

[1]) Nachdem Thonissen, der gelehrte Löwener Professor, diese Worte angeführt hat, bemerkt er, dafs inmitten der überall herrschenden Charakterlosigkeit und Abtrünnigkeit vom Glauben kaum ein Jahr vergehe, in welchem durch die Wissenschaft der Jetztzeit nicht irgendeine von den Wahrheiten bestätigt würde, die von den falschen Philosophen der Vergangenheit verspottet worden sei. „Als Moses, so fährt er fort, den erhabenen Text der Genesis schrieb, waren ihm sicherlich die unterscheidenden Merkmale der Negerrasse bekannt. Die Neger figurieren auf den Monumenten der Pharaonenzeit mit allen äufsern Kennzeichen der Negerrasse. Aber wie konnte ein Jude, welcher die Annalen seines Volkes in der arabischen Wüste schrieb, wissen, dafs diese beiden so verschiedenen Typen zu einer einzigen Art gehörten? Wie konnte er ohne Bedenken eine Thatsache behaupten, welche durch die Forschungen der Wissenschaft tausende von Jahren später in den Schulen Europas bestätigt werden sollte? Einem gläubigen Christen ist die Antwort hierauf sehr leicht." A. a. O. S. 490.
[2]) S. Thomas: S. c. g. l. 2, c. 4.

das, so fügt der nämliche heilige Lehrer bei, ist der Grund der
Verschiedenheit in der Methode, welche die den beiden entsprechenden Lehren befolgen. Denn die Lehre der Wissenschaft,
welche die geschaffenen Dinge gemäfs ihrer Natur betrachtet
und von ihnen zur Erkenntnis Gottes fortschreitet, handelt an
erster Stelle über die genannten Dinge und über Gott zuletzt,
während in der Lehre des Glaubens, worin die Dinge nur in
Beziehung auf Gott betrachtet werden, die Betrachtung über
Gott die erste Stelle einnimmt und dann erst über die geschaffenen Dinge gehandelt wird.[1]) Das ist auch die Lehre,
welche die Kirche jüngsthin auf dem Vatikanischen Konzil definiert hat. Dieses lehrt nämlich: „Die Wissenschaften, regelrecht gepflegt, führen zu Gott hin. Auch verbietet die Kirche
den Wissenschaften nicht, innerhalb ihrer jedesmaligen Sphäre
von ihren Principien und von ihrer Methode Gebrauch zu machen;
indem sie aber diese gerechte Freiheit anerkennt, sorgt sie
ernstlich dafür, dafs die Wissenschaften keinen Irrtum zulassen,
welcher der göttlichen Offenbarung widerstrebt, und dafs sie
nicht mit Überschreitung ihres Grenzgebietes in die Domäne
des Glaubens eindringen und dort Verwirrung anrichten."[2]) „Diese

---

[1]) „Philosophus namque considerat illa, quae eis secundum naturam
propriam conveniunt, sicut igni ferri sursum, fidelis autem ea solum considerat circa creaturas, quae eis conveniunt, secundum quod sunt ad Deum
relata, utpote quod sunt a Deo creata, quod sunt Deo subiecta et huiusmodi.... Si qua vero circa creaturas communiter a philosopho et fideli
considerantur, per alia et alia principia traduntur. Nam philosophus argumentum assumit ex propriis rerum causis, fidelis autem ex causa prima,
utpote quia sic divinitus est traditum, vel quia hoc in gloriam Dei cedit,
vel quia Dei potestas est infinita.... Exinde etiam est, quod non eodem
ordine utraque doctrina procedit. Nam in doctrina philosophiae, quae
creaturas secundum se considerat et ex eis in Dei cognitionem perducit,
prima est consideratio de creaturis et ultima de Deo, in doctrina vero
fidei, quae creaturas nonnisi in ordine ad Deum considerat, primo est consideratio Dei et postmodum creaturarum, et sic est perfectior, utpote Dei
cognitione similior, qui seipsum cognoscens alia intuetur." Ibid.

[2]) Der Text des Konzils, worauf ich mich beziehe, ist dieser: „Fatetur
imo (ecclesia), eas, quemadmodum a Deo, scientiarum Domino, profectae
sunt, ita, si rite pertractentur, ad Deum iuvante eius gratia perducere.
Nec sane ipsa vetat, ne huiusmodi disciplinae in suo quaeque ambitu propriis utantur principiis et propria methodo; sed iustam hanc libertatem

gerechte Freiheit der Philosophie, so hatte vorher der große
Papst Pius IX. gesagt, welche darin besteht, daß sie nichts
zugiebt, was nicht von ihr gemäß ihren eigenen Gesetzen gefunden worden ist oder was dem Gebiete der Wissenschaft
fremd ist, muß die Grenzen kennen, welche das Objekt ihrer
Forschungen umschreiben."[1])

73. Diese feierlichen Aussprüche bedürfen keiner Erläu-
terung. Die Religion erkennt der Wissenschaft und der Vernunft ihre gesetzmäßigen **Rechte** zu. Diese Rechte bestehen
darin, daß man die Wahrheit innerhalb der natürlichen Ordnung
erforscht, indem man von evidenten Principien ausgeht, welche
in der Natur der Dinge selbst begründet sind, und gemäß den
Gesetzen der wissenschaftlichen Methode, welche bekanntlich
aus Analyse und Synthese besteht und sich bald auf dem Wege
der Induktion bald auf dem der Deduktion bewegt, aus jenen
Principien die Wahrheiten ableitet, welche das Patrimonium des
menschlichen Wissens bilden. Die Religion hingegen verlangt,
daß die Vernunft im ganzen Verlauf ihrer Untersuchungen und
Betrachtungen immer den Fixstern der geoffenbarten Wahrheit
vor sich habe, damit sie nicht in irgend einen wissenschaftlichen
Irrtum gegen den Glauben falle;[2]) und wenn ihren Augen sich
etwa als Resultat des Studiums irgendein Gedanke darbieten
sollte, welcher mit den geoffenbarten Urkunden in Widerspruch
steht, daß sie dann jene Meinungen, deren Widerspruch gegen
die Lehre des Glaubens sie erkennt, nicht als gesetzmäßige
Folgerungen der Wissenschaft verteidige, um so weniger in dem

---

agnoscens id sedulo **cavet, ne divinae** doctrinae repugnando errores **in se**
suscipiant aut fines **proprios** transgressae ea, quae sunt fidei, occupent **et**
perturbent." L. c. cap. 4.

  [1]) „Haec justa philosophiae libertas (ita, **ut nihil in se** admitteret,
quod non fuerit ab ipsa suis conditionibus acquisitum, **aut fuerit** ipsi alienum)
suos limites noscere et experiri debet." Breve Pius' **IX.** an den Erzbischof
von München am 11. Dezember 1862.

  [2]) „Quamvis naturales disciplinae suis principiis ratione cognitis
nitantur, catholici tamen earum cultores divinam revelationem veluti rectricem
stellam prae oculis habeant oportet, qua praelucente sibi a syrtibus **et**
erroribus caveant." Schreiben Pius' IX. an den Erzbischof von München
vom 21. Dezember 1863.

Falle, wenn die Meinungen von der Kirche verworfen worden
sind, weil die Pflicht, sie für Irrtümer zu halten, welche mit
einem gewissen trügerischen Schimmer oder mit einem falschen
Anschein der Wahrheit bekleidet sind, absolut vorgeht.[1)]
Weit entfernt also, die Wissenschaft in Fesseln zu legen
oder zu demütigen, thut die katholische Religion ihr alle Ehre
an, indem sie ihr das Recht und sogar die Mission zuerkennt,
in der Erkenntnis der intelligibelen Wirklichkeit vorzugehen,
entsprechend ihren natürlichen Gesetzen und mit dem Lichte,
welches sie auf ihrem Wege vor den Abgründen des Irrtums
bewahrt, in die sie früher oder später sicherlich fallen würde,
wenn der göttliche Glaube sie nicht erleuchtete. „Nur ein Gedanke, sagt ein katholischer Schriftsteller unserer Tage,[2)] darf
den Weisen beseelen, der nämlich, eine gewisse und möglichst
vollständige Erkenntnis von denjenigen Objekten sich zu er-
werben, deren Studium zu dem Zweig der Wissenschaft gehört,
den er kultivieren will. Zu dem Ende muſs er sich einzig auf
die natürlichen Kundgebungen der Wesen stützen, welche er
studiert, mögen sie ihm nun durch die eigene Beobachtung,
oder aber, wenn es sich um historische Ereignisse handelt, durch
glaubwürdige Zeugen bekannt geworden sein. Die Erkenntnis,
welche er sich etwa durch ein anderes Mittel erwirbt, kann
gewiſs und vollständig sein, ist es auch vielleicht, bildet aber
sicherlich keinen Teil seiner Wissenschaft und trägt auch nicht
den Charakter derselben." Der berühmte Jesuit de Smedt, von
dem diese Worte herrühren, fügt bei, wenn der Katholik, welcher
die Wissenschaft betreibe, es fertig bringe, irgend eine der
Harmonieen, wie sie zwischen den Resultaten der wissenschaftlichen Untersuchungen und den Lehren der Offenbarung bestehen,
ins helle Licht zu setzen, so dürfe er sich sicherlich freuen in
dem Gedanken, daſs diese Übereinstimmung eine Wahrheit mehr
sei und daſs er eine Waffe aufgefunden habe zur Verteidigung
seines religiösen Glaubens gegen die Angriffe des Unglaubens,
welche für die Freunde der Wahrheit und die ergebenen Söhne
der Kirche immer schmerzlich sind, müsse sich aber davor in

[1)] Concil. Vatic. Const. dogm. de fide cath. cap. 4.
[2)] P. de Smedt: L'Eglise et la Science. p. 84.

acht nehmen, dieselbe Wahrheit zu entstellen, dadurch dafs er den Wert der Argumente übertreibe und Thatsachen, welche rechtmäfsig zu dem Gebiete der Wissenschaft gehören, leugne oder in Zweifel ziehe, was ein Akt der Illoyalität und Unklugheit wäre, dessen sich kein wahrhaft Weiser schuldig machen wird. „O, so schliefst mit Ernst der gelehrte Bollandist,[1]) wir rühmen uns ohne Zweifel mehr, Katholiken zu sein, als Gelehrte zu sein, aber wir unterlassen nicht, auf diesen letzten Titel Anspruch zu machen, und wir glauben nicht nötig zu haben, einen von den beiden zu opfern, um den andern in seinem ganzen Glanze zu erhalten. Wir wissen wohl, dafs der Glaube uns nicht die Wissenschaft giebt (wir sprechen hier von der rein natürlichen Wissenschaft, nicht von der theologischen Wissenschaft, deren hauptsächliches Objekt die geoffenbarte Wahrheit ist); ebenso wissen wir aber auch, dafs der Glaube nichts von der Wissenschaft zu fürchten hat und dafs die Lehren der Erfahrung nötigenfalls diese Gewifsheit bestätigen. Wenn die Feinde der Wissenschaft hartnäckig das Gegenteil behaupten, geschieht es aus dem Grunde, weil sie im allgemeinen, sei es in gutem Glauben, sei es in affektierter Unwissenheit, einen der Fragepunkte nicht kennen."

Zwischen Glaube und Wissenschaft kann freilich zuweilen ein Widerspruch auftreten, welcher mit Hülfe neuer wissenschaftlicher Forschungen nicht leicht zu lösen ist, nicht einmal dann, wenn man die heilige Schrift in Übereinstimmung mit dem Resultate auslegt, zu welchem die Wissenschaft zu führen scheint. Werden wir in einem solchen Falle vielleicht zu behaupten wagen, dafs zwischen beiden in Wirklichkeit ein Gegensatz bestehe? Weder die Vernunft noch der Glaube berechtigen jemals zu solch einer Kühnheit. Und so werden wir in der Überzeugung, dafs weder die Natur noch die Offenbarung uns betrügen können, an alle Hülfsmittel der Exegese und der natürlichen Wissenschaft appellieren, um die Schwierigkeit zu lösen. „Vor allem und unter allen Bedingungen, sagt der Verfasser eines für unsere Materie klassischen Buches,[2]) ehrlich sein und

---

[1]) A. a. O. S. 87.
[2]) F. H. Reusch: Bibel und Natur. 3. Aufl. Freiburg. 1870. S. 19 f.

unsere reine heilige Sache nicht durch Sophismen und Rabu-
listereien beflecken; um keinen Preis den Widerspruch vertuschen
und verkleistern, und weder an den Worten der Bibel deuteln,
noch die auf wahrhaft wissenschaftlichem Wege gewonnenen
Sätze des Naturforschers bemängeln. Der gröfste Gelehrte
braucht sich nicht zu schämen, mit den Weisen des Altertums
zu gestehen, dafs er vieles nicht wisse. Wir werden also in
einem solchen Falle das Geständnis nicht zu scheuen brauchen,
es wolle uns nicht gelingen, den scheinbaren Widerspruch aus-
zugleichen, wir seien aber dennoch von vornherein überzeugt,
dafs der Widerspruch eben nur ein scheinbarer sei und dafs
derselbe · sich werde beseitigen lassen, wenn es auch auf dem
jetzigen Standpunkt der Wissenschaft noch nicht gelungen sei.
Ein solches Geständnis braucht uns um so weniger schwer zu
fallen, als die Naturwissenschaften in fortwährender Entwickelung
begriffen, ja mehrere Zweige kaum über die Anfänge hinaus-
gekommen sind."[1)]

74. Aus all diesen Gründen ersieht man leicht, dafs die
Wissenschaft in der That ein Patrimonium der menschlichen
Vernunft, ein Besitztum der geschaffenen Intelligenz ist, an dem
ohne Unterschied der Zeit und des Klimas alle diejenigen parti-
cipieren, welche die Wahrheit kultivieren, indem sie dieselbe auf
dem Gebiete der Natur suchen, mögen sie nun Katholiken,
oder Protestanten oder Juden sein, oder unglücklicherweise gar
alles Gefühl der Frömmigkeit entbehren. Wer kennt z. B. nicht
die hohe Stufe, zu welcher bei den alten heidnischen Völkern,
zumal bei den Griechen, die Wissenschaften gelangt sind! Indessen wenn niemand an dieser Wahrheit vernünftigerweise
zweifeln kann, so ist es auf der andern Seite ebenso unzweifelhaft, dafs die Wissenschaft unter den Christen mit gröfserer

_____

[1)] Sehr treffend bemerkt der gelehrte Pater de Smedt (A. a. O. S. 87,
N. 1), Reusch habe das Unglück gehabt, diese Principien zu vergessen,
als er seine Zustimmung zu dem Dogma der päpstlichen Unfehlbarkeit
daraufhin verweigert habe, weil es ihm nicht möglich geworden, das Dogma
mit gewissen historischen Thatsachen zu vereinigen; aber darum hörten
die Principien, welche der deutsche Professor mit so grofser Bündigkeit
und Genauigkeit ausgesprochen habe, doch nicht auf, wahr zu sein.

Lebenskraft, Ausdehnung und Reinheit wachsen und blühen mufs, als unter den übrigen Menschen, **welche** die Wahrheiten **des** Glaubens entweder gar nicht gekannt oder sie vergessen haben. Der Grund davon liegt darin, dafs die Philosophie, welche die erste von allen menschlichen Wissenschaften ist, den geoffenbarten Lehren viele Wahrheiten entnimmt, welche die Vernunft, wiewohl sie dieselben schlechtweg gesprochen erreichen könnte, nur sehr schwer erreicht und niemals rein und frei von gröfseren oder kleineren Irrtümern, z. B. die Wahrheiten, welche sich beziehen auf die Schöpfung der Welt, auf die Natur und den Ursprung des Übels, auf die Vorsehung, mit welcher Gott die Werke seiner Hand regiert und leitet. Inbetreff all dieser Wahrheiten irrten schimpflicherweise sogar die ausgezeichnetsten unter den Philosophen des Altertums, die doch auf dem **Gebiete** der natürlichen Ordnung so scharfsinnig und erfinderisch waren in der Erforschung der Wahrheiten, welche den meisten Menschen **verborgen** blieben. Aber diejenigen Weisen **irrten nicht und** konnten nicht irren, welche Gott selbst unterrichtete, indem er ihnen das göttliche Licht mitteilte, welches auf wunderbare Weise die Gedanken unsers Geistes erleuchtet, kräftigt und erweitert.

Der Philosoph beginnt damit, die besagten Wahrheiten zu glauben, und er endigt mit dem Beweis für dieselben.[1] „Wenn er glaubt, sagt der h. Thomas,[2] verleugnet der Mensch seine Vernunft nicht, gleichsam als ob er gegen sie handelte, **sondern** er erhebt sich **über** dieselbe, indem er sich auf einen höheren Lenker, nämlich auf die erste und oberste Wahrheit stützt, **weil**

---

[1] Der spanische Humanist **Joh. Ludw. Vives hatte** schon gesagt: „Parit rationem cognita veritas et veritatem confirmat adhibita **ratio.**" De veritate religionis christ. l. 1. — Diesen Unterschied zwischen dem **erstmaligen Erkennen einer Wahrheit und dem** nachherigen Beweisen der erkannten Wahrheit drückt der gelehrte **Berger** so aus: „Autre chose est de découvrir une vérité par la réflexion, et autre de la démonstrer lorsqu'elle est connue." Traité de la véritable religion. tom. 4.

[2] „Dicendum, quod homo, dum credit, rationem non abnegat, quasi contra eam faciens, sed eam transcendit, altiori dirigenti innixus, scilicet veritati primae, quia ea, quae fidei sunt, etsi supra rationem sint, tamen **non** sunt contra rationem." In 3. sent. d. 24. qu. 1 art. 3 ad II. 2.

die Glaubenssachen, wiewohl sie über die Tragweite der Vernunft hinausragen, ihr doch nicht widersprechen." Indem aber der Philosoph jene Wahrheiten beweist, verleibt er sie für immer der Wissenschaft ein, welche eine Tochter des Beweises ist, und dadurch erweitert und veredelt er die Wissenschaft und erhebt sie bis zu jenem Punkte der Vollkommenheit, bis zu welchem sie bei den berühmtesten Philosophen der neueren Zeit emporgestiegen ist. An einer Stelle seines Opus maius, welche mit Recht eine goldene genannt wird, sagt Roger Baco:[1] „Bei den Christen muſs die Philosophie viel von Gott und den göttlichen Dingen wissen, mehr, als sie bei den Heiden davon wuſste. Aus diesem Grunde müssen die Philosophen ihre Wissenschaft so betrachten, als ob sie eben erst von neuem

---

[1] „Philosophia apud Christianos debet sapere multum de divinis, plus quam apud philosophos infideles; et propter hoc debent philosophi considerare philosophiam, ac si modo esset de novo inventa, ut eam facerent aptam fini suo. Et ideo debent multa addi in philosophia Christianorum, quae philosophi infideles scire non poterant. Et huiusmodi sunt rationes exsurgentes in nobis ex fide et auctori(?tati)bus legis et sanctorum, qui sapiunt philosophiam; et possunt esse communia philosophiae completae et theologiae. Et haec cognoscuntur per hoc, quod debent esse communia fidelibus et infidelibus, ut sint ita nota, cum proferuntur et probantur, quod negari non possunt a sapientibus et instructis in philosophia infidelium. Nam philosophi infideles multa ignorant in particulari de divinis, quae proponerentur eis, ut probarentur per principia philosophiae completae, hoc est per vivacitates rationis, quae sumunt originem a philosophia infidelium, licet complementum a fide Christi reciperent sine contradictione, et gaudent de proposita sibi veritate, quia avidi sunt et magis studiosi, quam Christiani. Non tamen dico, quod aliquid de spiritualibus articulis fidei Christianae reciperetur in probatione; sed multae veritates sunt communes rationales, quas omnis sapiens de facili reciperet ab aliquo, quamvis secundum se ignoraret. Non igitur mirentur philosophantes, si habeant elevare philosophiam ad divina et ad theologiae veritates et sanctorum auctoritates, et uti eis abundanter, cum fuerit optimum, et probare eas, cum necesse est, et per illas alias probare; quoniam procul dubio philosophia et theologia communicant in multis, et sancti non solum loquuntur theologice, sed philosophice et philosophica multicipliter introducunt. Et ideo Christiani philosophiam volentes complere debent in suis tractatibus non solum dicta philosophorum de divinis veritatibus colligere, sed longe ulterius progredi, usquequo potestas philosophiae totius compleatur." Opus maius pars 2 cap. 8.

aufgefunden worden, um sie für ihren Zweck geeignet zu machen. Und deshalb müssen vielerlei Dinge in der Philosophie der Christen hinzugefügt werden, welche die heidnischen Philosophen nicht kennen konnten. Derartig sind die Begriffe, welche wir aus dem Glauben, aus den Lehrsprüchen des Gesetzes und der in der Philosophie bewanderten Heiligen gewinnen und welche der vollendeten Philosophie und der Theologie gemeinsam sein können. Diese Dinge müssen aber insofern erkannt werden, als sie Christen und Heiden gemeinsam sind, so dafs sie also, wenn sie vorgebracht und bewiesen werden, dergestalt einleuchten, dafs sie auch von keinem Gelehrten, der in der heidnischen Philosophie zu Hause ist, geleugnet werden können. Die heidnischen Philosophen wissen nämlich viele Einzelheiten über Gott und die göttlichen Dinge nicht, welche man ihnen eventuell vorlegt, um sie mit Principien der vollendeten Philosophie zu beweisen, d. i. mit lichtvollen und greifenden Vernunftgründen, welche ihren Ursprung von der heidnischen Philosophie hernehmen, von dem christlichen Glauben aber unbeanstandet ihre Vollendung erlangen könnten; und sie freuen sich über die ihnen vorgelegte Wahrheit, weil sie lernbegierig sind, wifsbegieriger, als die Christen. Damit will ich jedoch nicht sagen, dafs etwas von den Artikeln des christlichen Glaubens zum Beweise aufgenommen werden solle; es handelt sich nur blofs um die vielen allgemeinen Vernunftwahrheiten, welche jeder Gelehrte (falls sie ihm bewiesen würden) leicht von irgend einem andern annähme, auch wenn er sie von sich aus nicht kännte. Es mögen sich daher die Philosophierenden nicht wundern, wenn ihnen die Pflicht obliegt, die Philosophie zu den göttlichen Dingen und zu den Wahrheiten der Theologie und zu den Lehrsprüchen der Heiligen zu erheben und dann von ihnen reichlichen Gebrauch zu machen, wenn es so gut erscheint, und sie zu beweisen, wenn es nötig ist, und durch sie andere Wahrheiten zu beweisen, weil die Philosophie und Theologie in vielen Punkten sich berühren, und die Heiligen nicht blofs theologisch, sondern auch philosophisch reden und vielfach philosophische Dinge einführen. Darum dürfen die Christen, welche die Philosophie zur Vollendung bringen wollen, in ihren Lehrtraktaten sich damit

nicht begnügen, die Aussprüche der Philosophie, welche sie
über göttliche Dinge gethan, sorgfältig zu sammeln, sie müssen
noch viel weiter gehen, bis das Machtgebiet der ganzen Philosophie vollendet ist."

Drittes Kapitel.

Friedensbündnis zwischen Wissenschaft und Religion.

75. Wir haben gesehen, daſs die Wissenschaft ihr eigentümliches Objekt besitzt, nämlich das ungeheure System von
Wahrheiten, welche der Mensch mit seinen bloſsen Kräften erkennen kann, indem er die Gesetze der induktiven und deduktiven
Methode, der Analyse und Synthese befolgt, mit deren Hülfe
die Wissenschaft konstituiert und geordnet wird. Wir haben
ferner gesehen, daſs die Religion, weit entfernt, die Wissenschaft
zu stören oder ihre fortschreitende Bewegung zu hemmen, ihre
ausgezeichnete Kraft anerkennt, sie sogar anspornt, das immense
Meer der Wirklichkeit zu durchfurchen, und sich dabei ihren
Augen immer als Leuchtturm des unfehlbaren Lichtes zeigt,
welches sie klar darüber belehrt, wo in Wahrheit die Grenze
ihrer Betrachtungen ist, sodaſs der Weise, welcher zu Schluſs-
folgerungen gelangt, die mit der Wahrheit des Glaubens in
Widerspruch stehen, falls er etwa ein Christ ist, sofort bemerkt,
daſs er den Weg verfehlt habe, **und** sich bemühet, darauf zurückzukehren **und** ihm zu folgen, **bis er jenes** ersehnte Ziel erreicht,
bei welchem **die** Vernunft und der Glaube sich die Hand geben,
indem **sie sich auf das** innigste in der Wahrheit vereinigen.
Dies gilt freilich **nur** auf dem natürlichen oder rein wissenschaftlichen Gebiete. Handelt es sich um das übernatürliche Gebiet,
worin die geoffenbarten Geheimnisse enthalten sind, so kann
die Vernunft durch sich selbst die darin enthaltenen Wahrheiten
nicht erreichen, noch weniger beweisen. Der schwere Irrtum,
besser gesagt, der Geist des Rationalismus unserer Zeit besteht
gerade in der thörichten Anmaſsung, jene Abgründe zu erforschen
und zu begreifen, indem **er** ihnen den Charakter natürlicher
Begriffe verleiht, was nichts anders ist, als die übernatürliche
Ordnung entstellen und unterdrücken wollen.

Obgleich aber die menschliche Vernunft aus sich selbst sich nicht zur Betrachtung der geoffenbarten Geheimnisse zu erheben vermag, so ist die Religion doch weit davon entfernt, den Weisen daran **zu hindern, dafs er mit dem** Lichte seiner Intelligenz die göttlichen Mysterien betrachte, sie **ladet ihn sogar durch den** Mund ihrer Lehrer zu dieser Betrachtung ein. „Nach der Erkenntnis derjenigen Dinge verlangen, welche die menschlichen Fähigkeiten übersteigen, sagt der h. Thomas,[1]) verdient keinen Tadel, sondern Lob, weil der Mensch so viel als möglich **sich** mit seinem Geiste erheben soll.“ In einer andern Stelle, welche gleichfalls von den übernatürlichen Wahrheiten handelt, sagt er:[2]) „Es ist nützlich, dafs der menschliche Geist sich im Sammeln von dergleichen Gründen (d. i. von Wahrscheinlichkeitsgründen für die Wahrheit des Glaubens) übt, wie schwach **sie** auch sein mögen, wenn er nur sich **von der Anmafsung fern** hält, die Glaubenswahrheiten zu begreifen **und zu beweisen,** weil es nämlich etwas sehr Angenehmes ist, von den höchsten Dingen auch nur mittels einer geringen und schwachen Betrachtung etwas anschauen zu können.“ Und an einer ferneren Stelle fügt er bei:[3]) „Das Geringste, was man **von** den höchsten Dingen erlangen kann, ist wünschenswerter, als die sicherste **Erkenntnis,** die wir von den geringsten Dingen besitzen.“

76. Es liegt hier nicht in meiner Absicht, diese sublime Lehre zu erläutern, so dafs ich unter andern an die wunderbare

---

[1]) „Ea autem, quae supra hominem sunt, quaerere, non est vituperabile, sed laudabile, quia homo debet se erigere ad divina, quantumcumque potest.“ In 3. sent. d. 24, **qu. 1, art. 3 ad II. 2.**

[2]) „Humana ratio ad cognoscendam fidei veritatem, quae solum videntibus divinam substantiam potest esse notissima, ita se habet, quod ad eam **potest** aliquis veras similitudines colligere; quae tamen non sufficiunt ad hoc, quod praedicta veritas quasi demonstrative vel per se intellecta comprehendatur. Utile tamen **est, ut in huiusmodi rationibus quantum**cumque debilibus se mens humana exerceat, dummodo desit comprehendendi vel demonstrandi praesumptio, quia de rebus altissimis etiam parva et debili consideratione aliquid posse inspicere, iucundissimum est.“ S. c. g. l. 1, c. 8.

[3]) „Minimum, **quod** haberi potest **de** cognitione rerum altissimarum, desiderabilius est, quam certissima cognitio, quae habetur de minimis rebus.“ S. th. I. 1. 5 c.

Mischung von Licht und Schatten erinnerte, welche die Vernunft in den übernatürlichen Mysterien schaut, oder an die unaussprechliche Harmonie, welche unter ihnen besteht, oder an die vielfachen und schönen Analogieen, durch welche sie in gewisser Weise erklärt und selbst dem Verständnis der weniger ausgebildeten Intelligenzen nahe gebracht werden. Derartiger Reflexionen nebst vielen Lobpreisungen jener Geheimnisse finden sich in Menge bei den christlichen Apologeten des Altertums und der neueren Zeit. Was ich aber sicherlich nicht übergehen darf, ist dies, daſs aus jenen Geheimnissen viel Licht auf die natürliche Wissenschaft fällt, und zwar dergestalt, daſs sie, obwohl Geheimnisse in sich selbst und dunkle Wahrheiten für uns, die bloſs den Augen des Glaubens mit ihrem Glanze sichtbar sind, dennoch ohne Zweifel alle Horizonte der menschlichen Vernunft erleuchten. So hat es Balmes, die gröſste Leuchte Spaniens in diesem Jahrhundert, wohl verstanden, als er sagte:[1] „Die katholische Glaubenslehre ist soweit davon entfernt, den Fortschritten der Philosophie entgegen zu sein, daſs sie vielmehr eine reiche Quelle für die verschiedenartigsten Fortschritte ist." Es scheint so ganz, als ob der spanische Gelehrte jenen Text der Schrift im Gedächtnisse gehabt hätte,[2] worin sie uns die Kirche als einen auserwählten Weinberg hinstellt, welcher dem Keime nach alle Wahrheit in sich birgt.

Es wäre ein Leichtes, alle christlichen Dogmen, eines nach dem andern zu betrachten und das Licht zu beschauen, welches von ihnen auf die verschiedenen Zweige, zumal auf die eigentlich so zu nennende Philosophie fällt. Um aber nicht weitschweifig zu werden, will ich nur dies eine bemerken, daſs die Grundbegriffe aller Wissenschaften der katholischen Glaubenslehre so vortreffliche Eigenschaften der Reinheit, Klarheit, Präcision und Genauigkeit, und zugleich eine solche Ausdehnung und Fruchtbarkeit verdanken, daſs es zum verwundern ist. Als Beispiele mögen dienen die Ideeen von Sein, Substanz, Natur, Person, Schöpfung, Zeugung, Einheit, Einfachheit, Ewigkeit, Unendlichkeit,

---

[1] Der Protestantismus u. s. w. Teil 3, Kap. 69, S. 366.
[2] „Plantavi te vineam electam, omne semen verum." Jerem. 2. 21.

Zeit, Raum, und so viele andere Ideeen derselben Art, welche bei den alten Vätern gäng und gäbe waren und in den katholischen Schulen mit einer Schärfe definiert wurden, mit der sich blofs die Definitionen der Geometrie vergleichen lassen. Die Principien, welche aus jenen Ideeen resultieren, sind die obersten Gesetze der Wirklichkeit und des menschlichen Denkens, die, nachdem sie durch die innere wie äufsere Beobachtung befruchtet worden, den Theorieen und Systemen, welche durch das Genie der Wissenschaft zur Ehre des vernünftigen Geistes ausgedacht worden, den Ursprung verliehen haben.

Man darf wohl versichern, dafs es keinen Zweig der menschlichen Erkenntnisse giebt, der nicht belebt worden wäre durch die Elementarbegriffe der Metaphysik, welche vorher von der Theologie aufgeklärt und erläutert worden. Und dies gilt auch sogar von den Erkenntnissen, welche mit Recht den Ehrennamen exakte Wissenschaften tragen; denn sie verdanken ihre staunenswertesten Resultate der durch die christliche Philosophie erleuchteten Vernunft.[1]) Was die mathematischen Wissenschaften betrifft, welche ich soeben genannt habe, so dürfte es nicht überflüssig sein, zu bemerken, dafs sie sowohl rücksichtlich ihres speciellen Objektes, der Quantität, als auch zufolge ihres Abstandes von den moralischen Gütern einen neutralen Charakter besitzen, der sie bis zu einem gewissen Punkte ausnimmt von dem wachsamen Schutze, womit die Kirche die übrigen Wissenschaften vor den sie mit Verderben bedrohenden Sophismen,

---

[1]) Nachdem der italienische Philosoph G i o b e r t i mit grofsem Scharfsinn bemerkt hat, dafs der Pantheismus das spekulative Fundament der Infinitesimal-Rechnung zerstöre, indem er den Unterschied zwischen der diskreten und kontinuierlichen Gröfse aufhebe, einen Unterschied, den man ohne das Dogma von der Schöpfung sich nicht denken könne, fährt er fort: „So erklärt es sich, dafs Leibniz und Newton, die Erfinder des genannten Kalkuls, wie auch Kepler, Cavalieri und Fermat, welche deren Erfindung vorbereitet haben, religiöse Männer waren, erzogen und erleuchtet durch die Lehren des Christentums. Die erhabene Mathematik ist ein Privileg der Wissenschaft, welche in dem Dogma von der Schöpfung wurzelt, denn ohne dieses Dogma ist es nicht möglich, die Idee des Unendlichen mit der Reinheit und Wirklichkeit, welche ihr eigentümlich sind, zu gewinnen." Del primato civile e morale degli Italiani. parte 2 pag. 302 sq.

wie sie von der Unwissenheit oder von der Böswilligkeit der
Herzen erzeugt werden, bewahrt, einem Schutze, den selbst die
Rationalisten für heilsam halten.[1]) Was werden wir aber erst
sagen, wenn wir von den einfachsten und elementarsten Begriffen der Wissenschaften und von jenen andern Begriffen,
welche in den Schulen komplexe genannt werden, zu den besondern Wahrheiten übergehen, mit welchen der Katholicismus
das menschliche Wissen bereichert hat, also zu den Wahrheiten
über den Ursprung, die Natur und die Bestimmung der Welt
im allgemeinen sowie die des Menschen im besondern und all
dessen, was sich auf sein intellektuelles und moralisches Leben
bezieht, — alles Wahrheiten, welche wir unserm Glauben zu
verdanken haben? Was werden wir also von Moral- und poli-
tischen Wissenschaften sagen, sie in ihrer Beziehung zur Religion
betrachtet? Sie alle hörten in ihren bessern Zeiten auf die Aussprüche der Kirche und dank ihrer Treue durchdrangen sie
sich mit jenem Geiste, dem die Gesetze ihre Billigkeit, das Recht
seine Titel, die Freiheit ihre Regel, die Autorität die genaue
Erkenntnis ihres Berufes, und alle gegenseitigen Beziehungen
der Individuen wie der Völker die unveränderlichen Normen
der durch die Liebe vervollkommneten Gerechtigkeit schulden.

77. Vielleicht wird man sagen, daß die Fundamental-
Ideeen des menschlichen Wissens, die ersten Principien und
Wahrheiten, aus denen im Laufe der Jahrhunderte zu gelegener
Zeit die verschiedenen Studien und Disciplinen entstanden,
welche die Encyklopädie der Wissenschaften bilden, schon im
Besitze der Philosophen des Altertums waren, insbesondere derer
in Griechenland, wo die Philosophie mit all ihren Teilen von
den ersten Genies, die in der Welt geblüht haben, gepflegt
wurde und wo sie ausgezeichnete Früchte zeitigte, die noch
heutzutage die Bewunderung der Gelehrten herausfordern, und
daß jene vornehme Bildung und die Doktrinen, womit sie aus-
geschmückt war, das ausschließliche Werk der menschlichen
Vernunft war. Aber mit großem Unrecht; denn abgesehen von
dem, woran ich schon an andern Stellen erinnert habe, daß

---

[1]) „La philosophie sous contrôle ecclésiastique est contrainte d'être
plus sage." Cousin: Histoire de la philosophie, tom. 1 p. 336.

nämlich die Wissenschaft der alten Philosophen, diejenigen miteingeschlossen, welche sich in der sokratischen Schule gebildet
haben, die metaphysischen und moralischen Wahrheiten nicht in
ihrer ganzen Unversehrtheit und Reinheit besaſs, ist es eine
selbst von den Rationalisten anerkannte Thatsache, daſs die
gröſsten Philosophen des Altertums aus den Quellen der übernatürlichen Offenbarung getrunken haben, deren Gott unsere
Stammeltern würdigte. Von den ersten Jahrhunderten der Kirche
an gab sich diese Meinung unter den christlichen wie jüdischen
Autoren kund. Einer von den letzteren, Namens Numenius,
frug mit einem Anstrich von Sicherheit: „Wer war Plato anders,
als der griechisch redende Moses"?[1]) Unter den christlichen
Autoren waren es Tatian und Klemens von Alexandrien, welche
der griechischen Philosophie den Charakter der Einheimischkeit
bestritten, womit einige ihrer Anhänger eitlerweise sie heraus-
strichen. Wie groſs in der That die Eitelkeit dieser letztern
darin war, daſs sie eine vollständige Originalität in wissenschaftlichen Materien für sich in Anspruch nahmen, das beweisen in
unzweideutigen Ausdrücken selbst die Väter der griechischen
Gelehrsamkeit, Plato und Aristoteles nämlich, welche sich nicht
scheuten, auf gewisse göttliche Traditionen ($\lambda \acute{o} \gamma o \varsigma$ $\pi \alpha \lambda \alpha i \acute{o} \varsigma$,
sermo antiquus) Bezug zu nehmen, die nichts anders waren, als
die Kunde, welche von den geoffenbarten Wahrheiten zu allen
Völkern gekommen.[2]) In der That darf man nicht glauben, daſs
es anders zugegangen sei. Denn mögen die Anstrengungen der
menschlichen Vernunft auch noch so groſs gewesen sein, wenn
sie durch irgend eine äuſsere Ursache, welche sie unterstützte
und erleuchtete, nicht angeregt worden wären, so wäre es ein
Wunder gewesen, daſs sie durch sich selbst aus den, um so zu

---

[1]) „Quid enim est Plato, nisi Moses attice loquens?" Vgl. Klemens
von Alex.: Stromata, l. 1, c. 22. Eusebius: Praeparatio evang, l. 8, c. 6;
l. 13, c. 12.

[2]) Die Stellen von Plato und Aristoteles, welche diese Wahrheit bestätigen, sieh bei C. Sanseverino: Philosophia christiana cum antiqua
et nova comparata, p. 30 sq. Ihnen fügt er diese andere Stelle von Diogenes
Laertius bei: „Philosophiae munus nonnulli a barbaris initia sumpsisse
quidem autumant" (De claror. philosophorum vitis etc. procem. segm. 1;)
und rechnet dann zu denjenigen, welche so gedacht haben, auch Aristoteles.

sagen, eingeborenen Samenkörnern, die Gott ihr mitgeteilt, den
Baum der Wissenschaft hervorgetrieben haben. Es ist in der
That bei den Systemen der Alten nicht möglich, dasjenige, was
ihre Autoren auf dem Wege der Überlieferung gelernt haben,
von dem, was der natürlichen Schärfe des menschlichen Genies
zu verdanken ist, zu unterscheiden.

Indessen, welches auch immer die wissenschaftlichen Ideeen
sein mögen, welche die Religion in den Werken der Ungläubigen
als ihr Eigentum in Anspruch nehmen darf, und welches auch
die Art und Weise gewesen sein mag, in welcher die ersten
Wahrheiten zuerst zu den Völkern des Orients und sodann nach
Griechenland und Rom kamen, das unterliegt keinem Zweifel,
dafs sie in Wirklichkeit dadurch erleuchtet waren und dafs
aufserdem diese von der Geschichte einregistrierte Thatsache
eine sehr gewisse Wahrheit ist. „Da die Vorsehung Gottes,
sagte Origenes,[1]) sich über das ganze Universum erstreckt und
ein und der nämliche Gott alles lenkt und regiert, so mufsten
die ersten Eltern des Menschengeschlechtes mit einer ganz
andern und ausgezeichneteren Natur ausgestattet gewesen sein,
so dafs sie von Anfang an die innigste Vereinigung und den
engsten Verkehr mit Gott genossen. . . . In der That berichtet
uns Moses, dafs sich Gott gewürdigt habe, mit jenen ersten
Menschen zu reden, und dafs ihnen nicht selten Engel des
Himmels erschienen seien. Es war auch fürwahr gerecht, dafs
im Anfang der Welt das zur Unterstützung der menschlichen
Schwäche mitgeteilte Licht gröfser war, als späterhin, wo nach
Kräftigung des Genies und Erfindung der Künste die Menschen
die Verteidigung des Lebens führen konnten, ohne jenen aufser-
ordentlichen Beistand der göttlichen Boten zu bedürfen.“

Merkwürdig! Diese erste übernatürliche Erziehung des
Menschengeschlechtes ist als eine wahre Notwendigkeit für den
Menschen in den ersten Tagen seiner Existenz sogar von den
Rationalisten anerkannt worden. „Wollte die Gottheit, sagt Joh.

---

[1]) Contra Celsum. l. 4, c. 79 sq. Der h. Augustin lehrt das nämliche
in diesen kurzen Worten: „Neque enim eis (er meint das jüdische Volk
zur Zeit, als ihm das Gesetz noch nicht gegeben war) praedicator Deus
vel Angeli defuerunt.“ De civitate Dei. l. 10, c. 25.

Gottfried Herder,[1]) dafs der Mensch Vernunft und Vorsicht übte, so mufste sie sich seiner auch mit Vernunft und Vorsicht annehmen. Erziehung, Kunst, Kultur war ihm vom ersten Augenblick seines Daseins **an unentbehrlich; und so ist uns der specifische Charakter der Menschheit selbst für die innere Wahrheit** dieser ältesten Philosophie unsrer Geschichte **Bürge."** Noch deutlicher war der berühmte Joh. Gottlieb Fichte; denn er trug **kein Bedenken, zu** versichern:[2]) „Es ist notwendig, dafs sie (die ersten Menschen) ein anderes vernünftiges Wesen erzog, **das kein Mensch war** — es versteht sich, bestimmt nur so **weit, bis sie sich selbst unter** einander erziehen konnten." Auch die historischen Thatsachen bestätigen in einer sich gleichbleibenden **Weise die** nämliche Wahrheit. Denn niemals ist der spontane Übergang eines Volkes aus dem Zustande der Wildheit zu dem der Bildung beobachtet worden. Und ebenso bekundet die **Pflege der** Künste und Wissenschaften, welche sozusagen von der Idee Gottes, dem leuchtenden Centrum der Wirklichkeit und des Wissens, durchdrungen sind, auf eine zuversichtliche Weise einen ersten intellektuellen Ursprung, der nichts anders ist noch sein kann, als die ersten göttlichen Unterweisungen. **Damit** soll nicht **gesagt sein,** dafs die menschliche Natur den Keim **der** eigentlich so zu nennenden Wissenschaft nicht in sich trage, sondern vielmehr dies, dafs dieser Keim ebenso, wie diejenigen, welche die lebenden Wesen in sich schliefsen, der vorherigen **Einwirkung** eines äufsern Princips bedarf, um sich in die Anfangsform der wissenschaftlichen Erkenntnis umzuwandeln. Merkwürdig! Die katholische Religion, deren erhabene Mysterien das höchste Objekt der Vernunft in diesem Leben bilden, **ist also** zugleich **der** historische Ursprung **für die menschlichen** Wissenschaften.

78. Am Anfange dieser Schrift hatte ich Gelegenheit, daran zu erinnern, dafs seit den ältesten Zeiten die beiden Principien, woraus die Erkenntnis der Wahrheit hervorgeht, die Vernunft und die Offenbarung, bei den Vätern repräsentiert waren, da

---

[1]) Ideeen **zur** Philosophie der Geschichte der Menschheit. Riga u. Leipzig. 1785. **Teil** 2, Buch 10, Kap. VI. S. 339.

[2]) Grundlage des Naturrechts. Jena u. Leipzig. 1796. S. 32.

ihre Werke die Wissenschaft der alten Weisen, wie sie durch
das Licht des Glaubens geläutert und verklärt worden, unversehrt enthalten. So entstand die christliche Wissenschaft im
eigentlichen Sinne des Wortes, die von den katholischen Lehrern
und besonders von dem h. Thomas von Aquin systematisiert
worden, von Thomas in seinen vielen und bewundernswerten
Schriften, vor allem aber in seiner theologischen Summe, von
welcher der Rationalist Cousin sagt,[1]) dafs sie eines von den
grofsen Monumenten sei, welche im Mittelalter von der menschlichen Intelligenz errichtet worden, und dafs sie aufser einer
erhabenen Metaphysik auch noch ein ganzes System der Moral
und der Politik enthalte.

Ohne Zweifel findet man darin nicht alle Wissenschaften,
wohl aber sind darin die ersten Lineamente aller Wissenschaften,
welche dort fehlen, die philosophischen Begriffe von allem, was
der Mensch wissen kann, und die Methode, welche die Vernunft
befolgen mufs, um das Gebäude aufzuführen, welches bestimmt
ist, die Wissenschaften in sich aufzunehmen. Mit Recht sagt
Graf de Maistre:[2]) „Die Religion ist die Mutter der Wissenschaft.
Das Zepter der Wissenschaft gehört Europa nur darum, weil
es christlich ist. Nur darum ist es zu einem so hohen Grade
von Civilisation und Kenntnissen gelangt, weil es mit der Theologie angefangen, weil die Universitäten anfänglich nichts anders
waren, als Schulen der Theologie, und weil alle auf diesen
göttlichen Stamm gepfropften Wissenschaften dessen göttlichen
Saft durch eine unermefsliche Fruchtbarkeit geoffenbart haben.
Die unerläfsliche Notwendigkeit dieser langen Vorbereitung des
europäischen Geistes ist eine Grundwahrheit, die unsern modernen
Schwätzern ganz und gar entgegen ist.‟

79. Durch diese Vorbereitung war der menschliche Geist,
als die neue Zeit kam, ein Riese und als solcher schritt er
vorwärts in der Erforschung und dem Studium der verschiedenen
wissenschaftlichen und litterarischen Materien, welche das Mittelalter zu durchlaufen berufen worden war. Um von den rein

---

[1]) Histoire de la philosophie. leç. 3.
[2]) Abendstunden von St. Petersburg. Bd. 2, S. 224.

litterarischen und künstlerischen Materien abzusehen, worin das
christliche Genie durch unsterbliche Monumente den Grund bestätigt hat, mit welchem die Ästhetik erklärt, daſs das Schöne
in seiner gröſsten Vollendung im Reiche des Übernatürlichen
liege,[1]) so sind all die Fortschritte bekannt, welche berühmte
Männer, die im Schoſse der Kirche geboren waren und starben,
im Schatten des Katholicismus und unter seiner Gunst gemacht
haben in der Linguistik, der Chronologie, der Geographie, der
Geschichte, der philosophischen wie rein erzählenden, der Archäologie, der Paläographie, der Nummismatik, der Epigraphik und
all den Zweigen des heiligen wie profanen Wissens, welches
durch die Kritik aufgehellt und zur Verdeutlichung der Wahrheit
hauptsächlich in jenen Punkten hingeordnet worden, worin sie
von seiten des Protestantismus und der ungläubigen Philosophie
beständige und rohe Angriffe zu erdulden hat, — ein bewun-
derungswürdiges Werk der göttlichen Vorsehung, dieselben Irrtümer, welche die Braut Jesu Christi bekämpfen, in Mittel umzuwandeln, welche zu deren Verherrlichung dienen. Doch lassen
wir auch die Wunder der Gelehrsamkeit und **Kritik** in diesen
verschiedenen Materien beiseite, welche der katholischen Religion
zum Ruhme gereichen, betrachten wir sie bloſs, wenngleich nur
für kurze Augenblicke, in ihren Beziehungen zu den Naturwissenschaften, weil gerade in ihnen der Knoten von der angeblichen Geschichte der Konflikte zu liegen scheint, die sich
einige zwischen dem Katholicismus und der Wissenschaft ein-
gebildet haben.

80. Da der bewunderungswürdige Fortschritt der Naturwissenschaften in den letzten Jahrhunderten zusammenfällt mit
der Abnahme des katholischen Glaubens in vielen Seelen und
auch bei ganzen Nationen, die da vom Geiste des Unglaubens,
dieser letzten Frucht des Protestantismus, angesteckt sind, so
meinen manche, daſs die Lehren der Kirche, ja selbst die
Frömmigkeit oder, wie sie sagen, der „christliche Mysticismus"
jenen Fortschritt während des Verlaufs vieler Jahrhunderte

---

[1]) Vgl. J. Jungmann: Die Schönheit und die schöne Kunst. Innsbruck. 1866. Abteilg. 1, § 11.

aufgehalten haben, und schliefsen dann sofort daraus, dafs die
Religion das Studium der Natur nicht mit freundlichen Augen
anschaue und dafs dieses Studium nur dort blühen könne, wo
es durch eine Autorität, deren Amt es ist, über die Reinheit
der spekulativen Lehren zu wachen, nicht gefesselt sei. Hieher
gehört, was über dieses obligate Thema unser Gegner, der
deutsche Gelehrte Julius Schaller in seiner ‚Geschichte der
Naturphilosophie' schreibt. „Das ewige Heil gewinnt der Mensch,
sagt er,[1] nur durch den Glauben, durch die ununterbrochene
Beschäftigung mit der Offenbarung, durch die innigste Vereinigung
mit Christus. Wie sollte bei dieser innerlichen Bewegung, bei
dieser in sich selbst seligen Zurückgezogenheit des Geistes in
sich noch ein Interesse übrig bleiben für die vergängliche irdische
Äufserlichkeit der Natur? Ist dies Interesse nicht vielmehr das
Zeichen eines durch Christus nicht befriedigten Gemüts? Und
hängt der Mensch nicht durch seine Sinnlichkeit mit der Natur
zusammen? Ist aber nicht diese ihm selbst immanente Natur
gerade dasjenige, was ihn in seiner religiösen Vereinigung mit
Gott stört, was ihn von seinem höchsten und einzigen Zwecke
abführt, was er daher vor allem bemüht sein mufs ohnmächtig
zu machen und abzustumpfen?" Hören wir nunmehr nach solchen
Argumenten das Zeugnis der Thatsachen und die Stimme der
Vernunft zu Gunsten der bekämpften Wahrheit.

  Dafs die exakten, die physikalischen und die Naturwissenschaften während der drei letzten Jahrhunderte und die beiden
zuletzt genannten zumal in unserm Jahrhunderte auf eine bewunderungswürdige Weise fortgeschritten sind, ist eine der
sichersten Thatsachen, eine Thatsache, welche wir gern anerkennen. Die konstanten Anwendungen dieser Wissenschaften
auf die Industrie, den Verkehr, die Kriegskunst; die fast unzählige Menge von Apparaten, wodurch man die Gesetze der
Natur erforscht und die Art und Weise lernt, ihre Kräfte zu
beherrschen und zu dirigieren, sei es um den Druck der Atmosphäre zu bestimmen und die Gestalt der Erde kennen zu
lernen, sei es um Abbildungen der Dinge hervorzubringen oder

---

[1] Leipzig. 1841. Teil 1, Seite 3 f.

über die Erde dahinzufliegen oder auf dem Meere den Kurs
des Schiffes mit Sicherheit zu lenken oder die Gedanken von
einem Ende der Erde bis zum andern mit der gröfsten Schnelligkeit mitzuteilen: all das sind ebenso offenkundige als ruhmreiche
Trophäen der Eroberungen, welche das Genie des Menschen
auf den Gebieten der physischen Welt gemacht hat. Der „katholische Mysticismus" ist nun weit davon entfernt, die Bewegung
der Wissenschaften, welche dem Studium der physischen Natur
gewidmet sind, aufzuhalten. Im Gegenteil, in denselben bewährt
er den Ausspruch des Apostels:[1] „Pietas ad omnia utilis est, —
die Frömmigkeit ist für alles von Nutzen." Es ist in der That
das nämliche, das Herz von den materiellen Dingen lostrennen
und die Vernunft vom Studium der Natur abwenden. Ja es
kommt sogar gewöhnlich vor, dafs dieses Studium der Natur,
um deren Geheimnisse mit einem durchdringenden Blick zu ergründen, von dem Menschen fordert, manches von demjenigen,
was er mit den materiellen Substanzen gemeinsam hat, zum
Opfer zu bringen.

Es ist auch nicht richtig, dafs das Studium und die Erkenntnis der Schöpfung den Menschen **von** Gott entfernen, sie
führen ihn vielmehr **zu ihm hin,** indem sie seinen Geist zur
Betrachtung seiner anbetungswürdigen Vollkommenheiten erheben.
Nachdem der h. Thomas von Aquin das erste Buch seiner **Summa
contra gentiles** darauf verwendet hat, die wahre Lehre über
Gott darzulegen, führt er den Leser in das zweite Buch, welches
über die Schöpfung handelt, mit folgenden Worten ein:[2] „Die
Erkenntnis der Geschöpfe ist eine notwendige Sache nicht blofs
für die Unterweisung in der Wahrheit, sondern auch für die
Bekämpfung der Irrtümer." Denn in demselben Mafse, wie die
Werke der Kunst das Genie, wodurch sie hervorgebracht wurden,
offenbar machen, offenbaren auch die Werke Gottes die Weisheit,
mit welcher Gott sich gewürdigt hat, sie hervorzubringen. Deshalb heifst es in der h. Schrift, dafs Gott über alle seine Werke
seine Weisheit ausgegossen habe;[3] und der Psalmist hatte von

---

[1] 1. Tim. 4. 8.
[2] S. c. g. l. 2, c. 3. Cfr. ibid. c. 1 sq.
[3] Sir. 1. 10.

diesen Werken einen so lebhaften Eindruck, dafs er das Licht
nicht fassen konnte, was ihre Betrachtung in seinem Geiste verbreitete.[1] Neben der Weisheit aber soll die Erkenntnis der
geschaffenen Dinge uns die erhabene Macht Gottes vor Augen
stellen. Wenn die Heiden bei ihrem Staunen über die Kraft
und Thätigkeiten der Himmelskörper, welche sie bewunderten,
schlossen, dafs das Wesen, welches den Himmel und die Erde
mit allem, was darin ist,[2] geschaffen, um so mächtiger sein
müsse, so hätten sie, wenn sie von religiöser Bewunderung und
Furcht Gottes erfüllt gewesen, sicherlich mit dem Propheten
ausgerufen:[3] „Grofs bist du und grofs die Macht deines Namens.
Wer sollte dich nicht fürchten, o König der Nationen!" Ebenso
wird das Herz desjenigen, welcher die Werke Gottes betrachtet,
zu dessen Liebe hingezogen. Wenn daher das Herz von der
Güte, der Schönheit und den andern Reizen der geschaffenen
Dinge ergriffen wird, müfste unser ganzes Gemüt sich entflammt
und begeistert fühlen bei dem Gedanken, dafs all die unzähl-
baren Vollkommenheiten, die wir in den Geschöpfen verteilt
sehen, in Gott, ihrem ersten Ursprung, vereinigt sind. Darum
heifst es auch in dem Buche der Psalmen:[4] „Du hast mich,
o Herr, mit deinen Werken erquickt, und beim Beschauen der
Werke deiner Hände jauchze ich auf vor Freude." Und an
einem andern Orte:[5] „Sie werden berauscht werden von der
Fülle deines Hauses, und aus dem Strome deiner Wonne lässest
du sie trinken, denn bei dir ist die Quelle des Lebens." Durch
die Erkenntnis der Kreaturen wird endlich in uns das Bild
Gottes vervollkommnet. Denn Gott besitzt die Wissenschaft,
insofern er sich selbst und dadurch auch alle andern Dinge
erkennt. Wir erreichen also das Bild dieser Wissenschaft, wenn
wir, unterrichtet durch den Glauben, zuerst Gott und sodann
die Kreaturen im Lichte der Offenbarung erkennen. Darum
lehrt der Apostel:[6] „Und so kommt es, dafs wir, indem wir
mit verhülltem Antlitz und wie in einem Spiegel die Herrlichkeit
des Herrn schauen, in das nämliche Bild Jesu Christi umgewandelt

---

[1] Ps. 138. 14.   [4] Ps. 91. 5.
[2] Weish. 13. 4.   [5] Ps. 35. 9 f.
[3] Jerem. 10. 6 f.   [6] 2. Kor. 3. 18.

werden und von Klarheit zu Klarheit fortschreiten, als Erleuchtete durch den Geist des Herrn."

Das sind nicht die einzigen Gründe, welche der heilige
Lehrer anführt, um die Betrachtung der Kreaturen, d. h. um
die Naturwissenschaft oder Naturphilosophie zu rühmen. Aufserdem bemerkt er, dafs derjenige, welcher die Kreaturen richtig
erkenne, sie mit Gott nicht verwechseln könne, wie es der
Materialismus und der Pantheismus thut, indem sie die Materie
vergöttlichen oder Gott das Wesen der endlichen Dinge beilegen, und dafs wir, wenn wir die geschaffene Natur gut erkennen, viele Irrtümer' inbetreff des Verhältnisses Gottes zur
Welt vermeiden, z. B. die Annahme zweier höchsten Principien,
oder einer Notwendigkeit der Schöpfung, die Leugnung der
Providenz und der Mitwirkung beim gewöhnlichen Lauf der
Ereignisse sowie bei aufsergewöhnlichen Thatsachen, welche
gleichfalls seine Macht offenbaren. Hieraus folgert der h. Thomas
endlich, wie falsch es sei, zu glauben, dafs an der Erkenntnis
der geschaffenen Dinge wenig gelegen sei, wenn etwa Gott
richtig erkannt ist, weil der Irrtum in Sachen der Kreaturen
zu falschen Meinungen über ihren göttlichen Urheber führe; und
deshalb fordere die h. Schrift uns nicht blofs auf, die Werke
des Herrn zu erforschen und dasjenige, was wir davon erkannt
haben, andern mitzuteilen,[1]) sie bedrohe auch mit der ewigen
Verdammnis diejenigen, welche in der Erkenntnis der Werke
des Allerhöchsten irren.[2])

Zu den angeführten Gründen nehme man noch den Begriff
der christlichen Philosophie von der Materie, die da zu der
Würde erhoben ist, wie sie dieselbe in dem gegenwärtigen Zustande des Menschen schon besitzt und am Tage der Auferstehung
des Fleisches erst besitzen wird; die Lehren der Thomisten
über die Notwendigkeit, die naturwissenschaftlichen Studien auf
die Erfahrung und Induktion zu gründen; auch die Resultate
und Principien, welche den Schatz dieser Wissenschaften vor

[1]) „Memor ero igitur operum Domini et quae vidi annunciabo."
Eccli. 42. 15.

[2]) „Quoniam non intellexerunt opera Domini et in opera manuum
eius destruss illos et non aedificabis eos." Ps. 27. 5.

der Ankunft eines Baco und Galilei in Europa ausmachten,
Resultate, welche im Vergleich zu den späterhin erreichten
freilich gering an Zahl waren, welche aber durch eine grofse
Menge intellektueller Begriffe, womit sie kompensiert wurden,
den menschlichen Geist instandsetzten, die Geheimnisse des
Universums zu erforschen, — und man wird begreifen, dafs das
17. Jahrhundert, wenn es auch die Morgenröte der Naturwissenschaften, welche heutzutage von so grofsem Glanz umgeben
sind, über alles noch nicht vollständig aufgegangen sah, doch
wenigstens Grund hatte, sie zu erhoffen, weil die bereits erzielten
Erkenntnisse der Kraft nach schon das Licht enthielten und
nur noch fehlte, dafs, nachdem die theologischen und philosophischen Wissenschaften sowie die schönen Wissenschaften und
Künste geblüht hatten, nun auch für die exakten und die Naturwissenschaften ihre Stunde käme, wie sie thatsächlich gekommen
ist, und zwar nicht blofs ohne Schaden für das Christentum,
sondern sogar zu seiner gröfseren Bestätigung und Verherrlichung,
gleichsam eine in gewisser Hinsicht natürliche Konsequenz der
Vorbereitung, welche der menschliche Geist in Bezug auf das
Verständnis der sichtbaren Schöpfung im Laufe vieler Jahrhunderte des Glaubens genossen hatte.[1])

---

[1]) Am Schlusse seiner vortrefflichen Abhandlung über „die christliche
Vorzeit und die Naturwissenschaft", in der er mit einer Fülle von Gelehrsamkeit nachweist, wie lebendig die bewunderungswürdigen Vorzüge der
sichtbaren Schöpfung in den hh. Büchern und in den Werken der Lehrer
des Mittelalters sich abspiegeln, sagt P. von Hummelauer: „Einen ähnlichen
Verlauf, wie das Wachstum des einzelnen, nimmt auch die geistige Entwicklung der Menschheit in übernatürlicher, wie in natürlicher Hinsicht.
In naturgemäfser Weise, hier wie dort, geht die Entwicklung vor sich, und
darum allmählich, langsam, stufenweise. Diese Langsamkeit ist nicht Fehler,
sondern Gesetz. Wie im Keime ist schon von Anfang an vorhanden, was
im Zeitenverlauf sich ausgestalten, ist im Teile bereits gegeben, was später
ins Dasein treten soll. Aber Blätter und Blüten und Früchte haben jedes
seine Zeit; eine andere ist die Reife des Kindes, eine andere diejenige des
Knaben, des Jünglinges, des Mannes; und diese Aufeinanderfolge ist kein
Säumnis der Natur, sondern harmonische Ordnung. Hat nicht auch das
Kind an Blumen, Schmetterlingen und Vögeln seine Freude? und doch
gelangt erst in spätern Jahren der Naturforscher zur Reife. Ähnlich vollzieht sich die geistige Entwicklung der Menschheit. Naturfreudig war die

81. Aber ist es denn sicher, daſs der Fortschritt und das Wachstum der exakten wie der physikalischen und Naturwissenschaften unserer Tage eine Frucht der vom Glauben losgetrennten Vernunft ist? Weit gefehlt! Die Reihe der wissenschaftlichen Entdeckungen und Fortschritte, welche die Geschichte der genannten Wissenschaften anfüllen, lehrt uns das gerade Gegenteil. Denn unter denjenigen, welchen jene Entdeckungen und Fortschritte zu verdanken sind, giebt es kaum einen, welcher seine ruhmreiche **Stirn** vor der göttlichen Offenbarung nicht gebeugt **hätte.** Und just einer der schönsten Beweise für die Harmonie zwischen **Wissenschaft und Religion** ist die Thatsache,

---

Offenbarung von der Wiege an, aber die Menschheit war damals noch nicht reif für den wissenschaftlichen Ausbau der Naturerkenntnis. Die christliche Offenbarung hat die Menschheit von dem Punkte ihrer Entwickelung aus weitergeführt, auf welchem sie dieselbe vorgefunden hatte. In dem Geiste der römisch-griechischen Welt hat sie zunächst, durch den Vergleich ihrer Grunddogmen mit den philosophischen Zeitanschauungen, das spekulative Denken geläutert, geschärft und erhoben. Hinausgeworfen dann unter die Stämme der „Barbaren‘ hat sie diese langsam und schrittweise herangezogen zum Vollgenuſs der übernatürlichen Güter sowohl, als zur Aneignung klassischer Bildung und Wissenschaft; in der Scholastik erreicht die spekulative Durchbildung der Menschheit ihren ersten glänzenden Abschluſs. Aber die spekulative Reife ist selbst wieder der Kern, aus welchem naturnotwendig das exakte Wissen üppig erblühen muſs. Darum beginnt mit dem Abschluſs **des Mittelalters,** und als das eigenste Ergebnis **der** kirchlichen Vorzeit, **die** Epoche des Aufschwungs zunächst der Erd- und der Himmelskunde, und mit ihnen aller andern Zweige des Naturwissens. Dem wohlthätigen **Einflusse der** Kirche durch die Reformation grofsenteils **entzogen, vollzieht sich derselbe gleichwohl,** kraft des dem Menschengeiste eigenen Triebes nach **Naturerkenntnis und** der von der christlichen Vorzeit empfangenen Impulse, zu ungeahnter, herrlicher Entfaltung, die jedoch nur in der Wiederkehr zur Kirche ihre naturgemäfse Vollendung zu erreichen vermag. Der Mann, welcher, zu körperlicher Vollkraft und geistiger Reife gediehen, die seinem Kreise entsprechenden Kenntnisse umspannt, durchdringt und fruchtbar erweitert, er schämt sich nicht der Jahre, welche die erste Entwickelung des Körpers, die mühsame Erlernung der Anfangsgründe ausgefüllt hat; sind sie doch insgesamt die Stufen einer selben und einheitlichen Entwicklung, Triebe und Blüten, welche die späte Frucht enthielten. So sind auch die Zeiten vor uns ebensoviele Lebensalter der einen, dem Vollmafs geistiger Reife in Christo entgegenreifenden Menschheit.‘‘ Stimmen aus Maria-Laach. Jahrg. 1880. Heft 8, S. 299 ff.

dafs sie beide in dem Geiste der Gelehrten und in den Denkmälern, welche das Siegel ihres Genies tragen, geeinigt sind.
Wenn wir also die Wissenschaft konkret betrachten, d. h. so
wie sie in den Männern, die sich zu ihr bekannten, wurzelt
und repräsentiert wird, wer kann dann an ihrer Religiosität
zweifeln. Hören wir die Aussprüche aus dem Munde der gröfsten
Gelehrten.

Baco z. B., der Verfasser des Novum organum, welches
manche für thatsächlich neu halten, gesteht an verschiedenen
Stellen desselben, dafs das Studium der physischen Phänomene
zu Gott und zur Religion hinführe.[1] Der andere Vater der
modernen Wissenschaft, Réné Descartes, dem wir unter anderm
die Anwendung der Algebra auf die Geometrie zu verdanken
haben, gleichsam als ob er gefürchtet hätte, es möchten seine
Ideeen inbetreff der Schöpfung mit den göttlichen Lehren nicht
übereinstimmen, und in dem Verlangen, seinen Geist gegen
die Illusionen der Einbildungskraft zu schützen, beschlofs, in
sein Gedächtnis die Regel einzugraben, dafs wir vor allem die
Dinge glauben müssen, welche Gott sich gewürdigt hat, uns
zu offenbaren.[2] Allgemein kann man das festhalten, dafs die
grofsen Mathematiker und Astronomen auch hervorragende
Christen waren und sind. Leibniz und Newton verdienen die
Palme für die Erfindung der Infinitesimalrechnung, deren Fruchtbarkeit geradezu für wunderbar gehalten wird. Und sieh da,
der erste von ihnen, immer eine fromme, erhabene, um es mit
einem Wort zu sagen, immer eine christliche Seele, betet vor
seinem Tode vollständig das katholische Glaubensbekenntnis,
und der andere, von dem es in seiner Lebensgeschichte heifst,
dafs er beim Anhören des Namens Gottes sein edles Haupt

---

[1] „Tantum ergo abest, ut explicatio phaenomenorum per causas
physicas a Deo et providentia abducat, ut potius philosophi illi, qui in
iisdem eruendis occupati fuerunt, nullum exitum rei reperirent, nisi postremo
ad Deum et providentiam confugerent." De dignitate et augmento scientiarum l. 3, c. 4. — „Certissimum est atque experientia comprobatum,
leves gustus in philosophia movere fortasse ad atheismum, sed pleniores
haustus ad religionem reducere." Ibid. l. 1, col. 5.

[2] „Memoriae nostrae pro summa regula est infigendum, ea quae nobis
a Deo revelata sunt, ut omnium certissima esse credenda." Princ. phil. I. 76.

entblöfst habe, sah es für eine heilige **Pflicht an,** dafs all diejenigen, welche das Glück haben, das in den heiligen Schriften
enthaltene Wort Gottes zu kennen, ihm den Tribut ihrer Zustimmung darbringen. „Wir haben nun Moses, sagte er, die
Propheten, die Apostel, ja **Jesu Worte selbst.** Wollten wir
ihnen nicht beipflichten, so wären wir ebenso wenig zu entschuldigen, wie die Juden; denn den Propheten zu glauben, ist
ein **sicheres Kennzeichen der wahren Kirche.**"[1]) Kepler, dessen
Genie das Gesetz der Sternenbahnen erfafste und „mit pro-
phetischer Sehkraft in seinen Gesetzen uns die geheimen lebens-
vollen Beziehungen unsers Sonnensystems ahnen liefs",[2]) bricht
ganz entzückt von der Erhabenheit seines Gegenstandes am
Schlusse seines grofsen Werkes von der Harmonie der Welt in
die Worte aus: „Mein Herr und mein Schöpfer, der du durch
das Licht der in den weiten Weltenraum hingestreuten Gestirne
der **Natur** in uns die Begierde nach dem göttlichen Lichte der
Glorie entzündest, um uns dereinst in das ewige Licht deiner
Gnade aufnehmen zu können, ich sage dir Dank für all die
Freuden, die ich empfunden habe, für die Entzückung, in die
mich das Werk deiner Hände versetzt hat." Der Vater der
Astronomie, jener berühmte Kanonikus von Frauenburg, Kopernikus mit Namen, schrieb mit eigener Hand auf die Platte,
welche seine sterblichen Überreste zu decken bestimmt war, die
demütige Inschrift:

> Non parem Pauli gratiam requiro,
> Veniam Petri neque posco, sed quam
> In crucis ligno dederas latroni,
>   Sedulus oro.[3])

---

[1]) Jahrbücher für deutsche Theologie. 1860. S. 769.
[2]) J. H. Kurtz: Bibel und Astronomie. Kap. 5, §. 1.
[3]) Nicht mit Paulus bitt' ich um gleiche Gnade,
  Nicht, die Petrus fand, die Verzeihung such' ich;
  Jene, die am Kreuze du gabst dem Schächer,
      Erbitt' ich mit Inbrunst.
  Kopernikus hatte diese Verse einer Ode auf die Leiden des Herrn entnommen, welche Äneas Sylvius Piccolomini, nachmals Bischof von Ermland
und dann Papst unter dem Namen Pius II. dem deutschen Kaiser Friedrich III.
gewidmet hatte.

Und Galilei, dessen berühmten Namen der Unglaube so sehr
gebraucht hat, um die katholische Kirche zu verleumden, hat
er nicht fast seine ganze Mühe darauf verwendet, seine Lehre
mit der h. Schrift in Einklang zu bringen, innerlich davon überzeugt, dafs sie das unfehlbare **Wort Gottes** ist? Eine Zierde
der Wissenschaft ist ebenfalls der ausgezeichnetste Mathematiker
des verflossenen Jahrhunderts, das gefeierte Mitglied der Aka-
demieen zu Paris, Petersburg und Berlin, mit Namen **Euler**,
dessen wunderbares Genie, weit davon entfernt, sich durch den
Glauben behindert zu fühlen, ihm grade im Gegenteil sein
schönes Werk eingab, welches den Titel führt: „Rettung der
göttlichen Offenbarung gegen die Einwürfe der Freigeister."
Alexander Volta, der unsterbliche Erfinder der nach ihm be-
nannten Säule, war ein aufrichtiger Katholik. **Faraday** bestieg
die Leiter der Wissenschaft, um zu **Gott** zu gelangen. Von
Ampère, der wegen seiner Entdeckungen in Sachen der dyna-
mischen Elektrizität mit Recht bewundert wird, erzählt Arago,
gewifs ein unparteiischer Zeuge, derselbe habe auf seinem Sterbe-
bette bekannt, das Buch De imitatione Christi auswendig zu
wissen. Wer kennt nicht den religiösen Ausspruch **Linnés** angesichts der Wunder des Universums, der sich wie eine inspirierte Harmonie der Harfe Davids anhört? „Den ewigen, unermefslichen, allwissenden und allmächtigen **Gott,** sagte jener
grofse Naturforscher,[1]) habe ich, als ich erwachte, rücklings an
mir vorübergehen sehen und ich erstarrte vor Staunen. Ich
habe freilich nur einige von seinen Spuren in den geschaffenen
Dingen gelesen, aber aus ihnen allen, auch aus den verschwin-
dend kleinsten, welche Macht leuchtete daraus hervor, welche
Weisheit und welch unbeschreibliche Vollkommenheit!"

Doch es würde zu weit führen, wollte man an die Meinungen und Gedanken erinnern, welche die berühmtesten Gelehrten aus neuerer Zeit über die Harmonie zwischen der Religion

---

[1]) „Deum sempiternum, **immensum,** omniscium, omnipotentem expergefactus a tergo transeuntem **vidi** et obstupui. Legi aliquot eius vestigia
per **creata** rerum, in quibus omnibus etiam in minimis ut fere nullis quae
vis, quanta sapientia, quam inextricabilis perfectio!" Systema naturae
per regna tria naturae. Holmiae. **1766.** tom. 1, pag. 10.

und der Wissenschaft gehabt haben; ihre Namen sind ruhmreich in die Geschichte der Wissenschaft eingetragen. Auf der andern Seite sind diejenigen, welche heutzutage als Vertreter der Naturphilosophie in ihren neuesten Errungenschaften gelten, so bekannt, daſs es nicht nötig ist, sie in Erinnerung zu bringen. Oder wer ist so fremd auf diesem Gebiete der Kultur, daſs er in seinem Gedächtnisse nicht aufbewahrte die Namen der Franzosen: Marcel de **Serres, de Blainville,** Armand de Quatrefages, Alexander Brongniart, Binet und des Belgiers Waterkeyn; der Deutschen: Heinrich Steffens, Andreas und Rudolf Wagner, J. H. Mädler, Friedrich Pfaff und Ath. Bosizio; der Engländer: William Buckland, John Flemming und William Whewell; der Italiener: Pianciani, Bianchoni, Stoppani und Angelo Secchi, **den** Freund und Feind als Fürsten der **Physik und** Astronomie anerkennen und ausrufen?

82. Da **ich** aber diese und andere gleichfalls berühmte Gelehrte, welche in unsern Tagen die Stimme der katholischen Wissenschaft in den bedeutendsten Publikationen Europas erheben, bei jetziger Gelegenheit nur sehr kurz erwähnen kann, ist es billig, daſs wenigstens einer von ihnen sein Votum über die Hauptthese des gegenwärtigen Abschnittes ausdrücklich uns abgebe. Zu diesem Zwecke wählen wir aus ihnen den ausgezeichneten Jesuiten-Pater Secchi, dem die wissenschaftlichen Annalen aller Nationen noch jetzt nachtrauern. Bekannt ist der famose Brief, den dieser gefeierte Astronom am 29. Januar 1877 an die italienische Zeitung La voce della verità schrieb, um den boshaften Verleumdungen entgegenzutreten, welche der Deputierte Bovio **gegen seine** Gesinnung und Lehre auszustreuen **gewagt** hatte, sie mit den schwarzen Farben ausmalend, wie sie die Feinde der Kirche aufzutragen pflegen. Unter anderm sehr Gehässigen hatte dieser Deputierte gesagt, daſs „Pater Secchi der erste Jesuit sei, welcher es gewagt habe, in der Gesellschaft zu denken, und daſs es deshalb **billig sei, ihn** für einen würdigen Zeitgenossen der päpstlichen Unfehlbarkeit d. i. des Absurden zu halten." Hören wir nun die Worte des demütigen Gelehrten.

Vor allem bekennt er, daſs Gott in der Wissenschaft und Jesus Christus in seinem Stellvertreter gegenwärtig sei. „In

meinen Augen, sagt er, kam die Wissenschaft nie dazu und
wird nie dazu kommen, daſs sie ohne Gott auch nur einen
Schritt macht, und solange es eine reale Welt giebt, ist es
nötig, daſs sie einen höchsten Urheber hat. Übrigens bin ich
in Sachen des Glaubens für die Lehre des Stellvertreters Christi,
und was die Physik betrifft, so halte ich dafür, daſs das Licht
der Natur und der Erfahrung jenem heiligen Orakel nicht wider-
streiten kann." Nachdem er auf diese schöne Weise seinen
aufrichtigen Glauben und zugleich die Unmöglichkeit eines
Streites zwischen der katholischen Religion und der Wissenschaft
bekannt hat, fährt der Direktor der römischen Sternwarte also
fort: „Die Geschichte unserer physikalischen Wissenschaft sagt
uns aus der Zeit, als wir alle Nationen unterrichteten, daſs die
gelehrten Italiener, deren Namen ich jetzt nicht zu nennen
brauche, tief religiös waren. Es konnte wohl diese und jene
Kontroverse in Sachen des Unterrichtes oder eine rein persönliche Differenz stattfinden, aber unter den wahrhaft Gelehrten
brach niemals eine dogmatisch-religiöse Streitigkeit oder Miſs-
helligkeit aus. Ich sage: unter den wahrhaft Gelehrten, weil
ich für solche gewisse Hitzköpfe nicht halte, welche heutzutage
freilich in Vergessenheit begraben sind, ehemals aber die Welt
mit dem Geschrei von Worten und Behauptungen erfüllten, in
denen man nachträglich etwas Wahres fand, aber inmitten von
tausend Irrtümern und nur zufällig, ohne daſs diejenigen, von
denen jene Worte und Behauptungen herrührten, etwas davon
beweisen konnten. Sie haben sicherlich viel Lärm gemacht, aber
keine Spur zurückgelassen, in welcher die Wissenschaft irgend
einen Schritt hätte vorwärts thun können, und ihr ganzes Verdienst besteht darin, die Religion bekämpft zu haben." Auf wie
viele von denen, welche heutzutage von der Wissenschaft leben
und um ihrer Pflege willen in Ehren stehen, mögen diese Worte
des unsterblichen Secchi wohl Anwendung finden!

83. So kann man also nicht sagen, daſs der Glaube und
die Autorität dem Fortschritt der modernen Wissenschaften
fremd und kalt, oder gar noch feindlich gegenüber gestanden
haben. Im Gegenteil, von dem Glauben und der Autorität hat
die Wissenschaft den anfänglichen Impuls empfangen, aus ihnen

ist sie, wie die Pflanze aus ihrem Samen, hervorgesprosst auf einem guten, durch intellektuelle und moralische Erziehung vortrefflich zubereiteten Erdreich, mit dessen Hülfe sie hundertfältige Frucht brachte. Die Frucht kam spät, aber sie kam sicher und war eine vorzügliche. O, wenn, was unmöglich ist, die Nacht eines allgemeinen Unglaubens über die Welt käme, die Wissenschaft würde dann gewifs sofort jene Errungenschaften, welche die Welt zum Wohlstand und sogar zu der heutigen überfeinerten Bildung geführt haben, aufbewahren, aber all dasjenige, was sie von Geistigem und Göttlichem enthält, ihre reinsten und schönsten Lehren der spekulativen und praktischen Wissenschaften, all dies würde sie sicherlich verlieren. Und da diese Wahrheiten die Atmosphäre, worin der Geist lebt, und das Fundament aller Wissenschaften bilden, so würde sogar jene äufsere und materielle Kultur all ihre Herrlichkeit allmählich verlieren in dem Schofse einer aufgeklärten Barbarei. Wenn aber im Gegenteil diese nämlichen Finsternisse vor dem Lichte des Evangeliums, welches durch den katholischen Seeleneifer ausgebreitet wird, bei irgend einem heidnischen Volke verschwinden, wie dies z. B. in der neuen Welt geschehen ist, wer zweifelt dann, dafs dort der Glaube die Wissenschaft in seiner Begleitung und in seinem Gefolge hat, ähnlich wie auch die heiligmachende Gerechtigkeit von allen Gütern begleitet wird, welche ihr als Zugabe verheifsen sind?

84. Erinnern wir uns nun an die wunderbaren Harmonieen zwischen der Wissenschaft und den Offenbarungslehren und an die Dienste, welche die erstere der Wahrheit des Glaubens leistet. „Auf dreifache Weise, sagt der h. Thomas von Aquin,[1]) können wir in der heiligen Wissenschaft Gebrauch von der Philosophie machen. Erstens, um dasjenige zu beweisen, was ein praeambulum fidei bildet und für die Glaubenswissenschaft notwendig ist, dasjenige also, was man mit Vernunftgründen von Gott beweisen kann, z. B. dafs er existiere, dafs er nur ein einziger sei und dgl., oder dasjenige, was die Philosophie von den Kreaturen beweist, der Glaube aber unterstellt. Zweitens,

---

¹) Expos. in libr. Boëth. de trinit. qu. 2, a. 3 c.

um mittels gewisser Gleichnisse solches klar zu machen, was
zum Glauben selbst gehört, wie St. Augustinus z. B. in seinen
Büchern über die hh. Dreifaltigkeit sich vieler von philosophischen
Lehren hergenommenen Vergleiche bedient, um das Dogma
von der hh. Dreifaltigkeit zu veranschaulichen. Drittens, um
dasjenige, was gegen den Glauben vorgebracht wird, zu
widerlegen, indem man darthut, entweder dafs es falsch, oder
dafs es nicht notwendig wahr ist." Das nämliche hatte schon
neun Jahrhunderte vorher der h. Augustin gesagt und zwar in
jener berühmten Stelle:[1] „Fides .... per scientiam gignitur,
nutritur, defenditur, roboratur." Der Glaube wird erzeugt durch
den Beweis der Wahrheiten, welche das Vorwort des Evangeliums bilden; er wird aufrecht gehalten und gestärkt durch
die Gründe oder Motive, welche ihn erklären und ihn dadurch
gewissermafsen einsehbar machen; endlich verteidigt ihn die
Wissenschaft, indem sie die Sophismen und Spitzfindigkeiten
des Unglaubens zu Staub zerreibt. Alle diese Dienste werden
dem Glauben in eminentem Grade von derjenigen Schutzwissen-
schaft geleistet, welche in der einen Hand das Gesetzbuch der
ersten, durch die katholischen Glaubenslehren erhellten und
vervollkommneten Wahrheiten hält, und in der andern das
Schwert, womit sie die Glaubenslehren verteidigt gegen die
Sophismen, zu denen der menschliche Geist durch die Philosophie
selbst verleitet wird, nachdem sie zum allgemeinen Unglück in
dem Geist des Widerspruchs entartet ist.

85. Indessen, die Metaphysik ist sicherlich nicht die einzige Wissenschaft, an welcher wir eine Art von heiligem Siegel
der Religiosität sehen können. An allen übrigen Wissenschaften
glänzt es ebenfalls. Heilige Wissenschaften nannte deshalb Origenes die mathematischen.[2] Und dies mit Recht; denn nächst
der Metaphysik giebt es keine andere Wissenschaft, welche ein
besserer Beweis wäre für die geistige Kraft der Vernunft, die
allgemeinen Begriffe, worüber jene Wissenschaften handeln, aus
der Materie zu abstrahieren, als die Mathematik. Wenn man von
der artikulierten Sprache, sie zumal so betrachtet, wie sie uns in

---

[1] De trinit. l. 14, c. 1, n. 3.
[2] Vgl. die oratio panegyrica in Origenem von Gregorius Thaumaturgus.

einem vollkommenen Idiom entgegentritt, sagen durfte, daſs ihre
Erfindung **dem** Genie eines Newton oder Leibniz alle Ehre
gemacht haben würde, ist es dann nicht gerecht, an des ersteren
Erfindung des Binomen und an die Erfindung der Infinitesimal-
rechnung von seiten beider zu erinnern? Sehr richtig bemerkt
ein berühmter Kirchenfürst und höchst eifriger Beschützer der
Wissenschaft,[1] „daſs ein materialistischer Mathematiker **eine**
contradictio in terminis, ein Widerspruch in sich selbst wäre;
denn indem er die Geistigkeit der Seele leugnete, würde er sie
der Fähigkeiten berauben, welche ihm das Abstrahieren und
Verallgemeinern ermöglichen. Um die groben Systeme zu widerlegen, welche in unsern **Tagen** von neuem aufgetaucht sind, genügt es den Blick auf eine Logarithmentafel zu richten. **Wer**
könnte sich den Abkömmling eines **Tieres** vorstellen, welcher
das Binomen Newtons erdenkt, **die Gesetze** Keplers entdeckt,
die Theorie von den Funktionen entwickelt **und mit den Schwie-**
rigkeiten der Infinitesimalrechnung, **dank einer** wunderbaren
Kunst, sozusagen spielt. So ist also die Mathematik **einerseits**
durch die Fähigkeiten, welche **sie in der Seele unterstellt,** und
anderseits durch die Resultate ihres **Kalkuls** eine der glänzendsten
Manifestationen der Denkkraft; sie allein genügt, um den Vorzug
unsers Geistes, dem nichts Ähnliches auf Erden an die Seite
gestellt werden kann, evident zu machen. Zwischen seinen er-
staunlichen Rechnungen und den Thätigkeiten des **Instinkts** liegt,
wie überraschend die letzteren auch' sein mögen, ein tiefer Abgrund. **Der** angenommene Übergang einer niedern **Art** in eine
höhere genügt nicht, **um diese** herrlichen dem Menschen eigentümlichen Erkenntnisse zu erklären; dafür läſst sich **nur eine**
Schöpfung ganz anderer Art **als Grund** angeben, die **erhabenste**
von allen, die Schöpfung des **Geistes, der** einzigen Macht, welche
imstande ist, durch sich **selbst und** ohne Beihülfe irgend einer
andern geschaffenen Macht sich zu jener Höhe zu erheben und
darauf zu halten. Und da nun alles, **was** zu dem Geiste die
innigsten Beziehungen hat, zugleich auch mit Gott aufs eugste
verbunden **ist,** so leuchtet ein, weshalb die Mathematik, um mit

---

[1] Bischof Freppel in seiner S. 99 citierten Rede.

der h. Schrift[1]) zu reden, **die** scientiae religiositas d. i. den
Charakter einer religiösen Wissenschaft besitzt."

86. Die Grenzen der gegenwärtigen Schrift gestatten nicht,
hier die Harmonie aufzuzeigen, in welcher die chemischen, physikalischen und biologischen Wissenschaften mit der Theologie
stehen. Dafür werde ich im dritten Teil derselben die wunderbare Übereinstimmung der beiden letzten Wissenschaften mit
den heiligen Büchern darthun; und was die erstgenannten betrifft, so will ich sogleich bemerken, dafs ihr unanfechtbarstes
und bestdefiniertes Gesetz, das Dogma der Chemie par excellence[2])
(wonach, wenn ein zusammengesetzter Körper der Vermehrung
irgend eines seiner Teile oder Faktoren fähig ist, die Quantität
des neu in die Verbindung eintretenden Körpers nicht gröfser
noch kleiner, als die in derselben bereits existierende Quantität
des gleichartigen Körpers sein kann, oder vielmehr immer ein
Vielfaches dieser Quantität sein mufs, nie aber ein Bruchteil
derselben sein darf) der Ausdruck eines göttlichen Gedankens
ist, den wir in der h. Schrift niedergelegt finden, des Gedankens
nämlich, dafs Gott alles nach Mafs und Zahl und Gewicht geordnet habe.[3])

Ein gelehrter Professor der Chemie an der Centraluniversität
zu Madrid formulierte jüngsthin das Gesetz von der begrenzten
und multiplen Proportion und bekannte dann die Religiosität der
Wissenschaft, indem er bei Gelegenheit der feierlichen Eröffnung
der akademischen Studien sich an sein auserlesenes Auditorium
mit den Worten wandte:[4]) „Der Mensch gelangt schliefslich zu
der Erkenntnis, dafs die Materie einem unveränderlichem Gesetze
gehorcht, welches blofs von dem grofsen Wesen geändert werden
kann, von dem es diktiert wurde. Alles, was uns umgiebt, gehorcht jenem Gesetze von den begrenzten Proportionen. Wie

---

[1]) Sir. 1. 26.
[2]) **Prof.** Dr. Saez Palacios sagte in seiner Rede bei Beginn der
Vorlesungen an der Central-Universität zu Madrid im J. 1877: „Diese Gesetze sind vielleicht die einzigen, welche man in der Chemie ohne Bedenken
und als Dogma zulassen kann."
[3]) Weish. 11. 21.
[4]) Saez Palacios in derselben Rede.

kompliziert auch die Zusammensetzung eines Körpers sein mag,
seine Elemente repräsentieren immer gleiche Quantitäten, oder
aber solche, die genau teilbar sind durch die Zahl, welche man
für ein jedes der heutzutage bekannten Elemente der Natur
experimentell festgesetzt hat, und das Nämliche wird auch mit
den Elementen der Fall sein, welche späterhin entdeckt werden.
Da hätten wir also den Beweis für das Thema, welches ich
entwickeln wollte: ,Omnia in mensura et numero et pondere
disposuisti — Gott hat die Dinge der Welt nach Mafs und Zahl
und Gewicht geordnet', ein Thema, von dessen Wahrheit der
Mensch höchstens, und das heifst noch viel ihm einräumen, einen
vagen Begriff hatte, bevor er sie mit der Lichtfackel der Chemie
klar erkennen konnte."

Jahrhunderte früher, als das menschliche Genie Mittel erfand, die Körper nach verschiedenen Weisen umzuwandeln und
ihre gegenseitigen Beziehungen bis zu dem Punkte zu erkennen,
dafs man daraus Gesetze ableiten und die Wissenschaft der
Chemie mit dem Texte der Bibel in Übereinstimmung bringen
konnte, wie dies der gelehrte Madrider Professor nach dem
Vorgange berühmter Chemiker, z. B. des gefeierten J. B. Dumas,[1]
noblerweise anerkennt — hatte der h. Augustin jenen Ausspruch
des Buchs der Weisheit, wonach diejenigen, welche die Erscheinungen und Gesetze der Natur studieren, auf ihrem Wege
bei jedem Schritt finden, dafs Gott alle Dinge nach Zahl, Gewicht

---

[1] Dieser ausgezeichnete Chemiker erkennt die Grenzen seiner Wissenschaft, die er mit so grofsem Ruhme kultiviert, vollständig an und censuriert
zugleich, wie es recht ist, diejenigen, welche die Chemie in verwegener
Weise auf das intellektuelle Leben anwandten und sich nicht entblödeten,
zu sagen, dafs „der Gedanke nichts anders ist, als eine Sekretion des Gehirns, ein chemisches Produkt." „Die Chemie, so erklärt dieser Gelehrte,
kennt ihre Grenzen und sie mafst es sich nicht an, dieselben auszudehnen"
(Rede, gehalten in der französischen **Akademie** am 15. Januar 1880). Diese
letzten Worte sind beredt genug; denn wenn es die Chemie nicht ist,
welche in diesem Falle sich anmafst, das zu wissen, was über ihre Grenzen
hinausgeht, zum Nachteil der philosophischen und religiösen Wahrheit von
der Geistigkeit der menschlichen Seele, wem anders kann man **diese
eitle Anmafsung zur Last** legen, als dem Hochmut und der Verwegenheit
derjenigen, welche ihre Unwissenheit und Dreistigkeit mit **dem Namen
Wissenschaft verdecken?**

und Mafs geschaffen hat, schon erklärt. Er sagt:[1] „Insofern
das Mafs jedem Dinge die Art und Weise des ihm entsprechenden
Seins vorschreibt, die Zahl es einer bestimmten Art zuweist
und das Gewicht es zur Ruhe und Festigkeit hinzieht, ist Gott
jene Dinge an erster Stelle, auf wahrhafte und einzige Weise."
Das nämliche Gesetz verkündete Thomas von Aquin mit seiner
bewunderungswürdigen Bündigkeit, indem er sagt:[2] „Alles, was
von Gott ist, ist auf einander und auf Gott hingeordnet."

87. Ebenso wenig will ich hier die Betrachtungen übergehen, welche durch die neuen vergleichenden Studien des Buchs
der Natur, das uns in seinen ersten Seiten geöffnet vorliegt,
und des Buchs der Offenbarung, wie es im ersten Kapitel der
Genesis aufgeschlagen ist, für das Thema der gegenwärtigen
Denkschrift sich uns nahe legen, — Betrachtungen, welche um
so zeitgemäfser sind, je gröfser die Prahlerei und je bedeutender
die Schwierigkeiten der Glaubensfeinde sind, die ja soweit gegangen sind, zu sagen, dafs die Entdeckungen auf dem Gebiete
der Erdkunde „das Grabgeläute der mosaischen Kosmogonie"
seien.[3] Glücklicherweise stehen uns zu Gunsten des biblischen
Berichtes die Zeugnisse aus dem Munde der berühmtesten Repräsentanten der Wissenschaft zu Gebote.

Der gefeierte Buffon z. B., auf dessen Büste am Eingang
des Pariser Naturalienkabinetts man die Worte liest: Maiestati
naturae par ingenium (der Majestät der Natur gleicht das Genie),
trug kein Bedenken zu erklären,[4] dafs der Bericht des Moses
eine genaue und philosophische Erzählung von der Schöpfung
des Universums und von dem Ursprung aller Dinge sei. Nicht
weniger klar sind die Worte, mit welchen Cuvier, von Geoffroy
St.-Hilaire der grofse Gesetzgeber der Naturgeschichte genannt,

---

[1] „Secundum id, quod mensura omni rei modum praefigit et numerus
omni rei speciem praebet et pondus omnem rem ad quietem ac stabilitatem
trahit, ille (sc. Deus) primus et veraciter et singulariter ista est." De
genesi ad litt. l. 4, c. 3, n. 7.

[2] „Quaecumque sunt a Deo, ordinem habent ad invicem et ad ipsum
Deum." S. th. I. 47. 3 c.

[3] Vgl. Reusch: A. a. O. S. 3.

[4] Théorie de la terre. art. 2.

für jene Wahrheit Zeugnis ablegte, — Cuvier, von dem ein
Schriftsteller unserer Zeit sehr schön sagt,[1]) es scheine nicht
anders, als ob die Natur ihm ihre Geheimnisse offenbart habe;
denn nachdem er die Formen der anorganischen Wesen bis in
ihre letzten Details erkannt und ihre gegenseitigen Beziehungen
sowie ihre innersten Analogieen entdeckt, **habe er sie auf eine**
solche Weise rekonstruiert, wie wenn er ihrer ersten Bildung
beigewohnt und durch alle Jahrhunderte hindurch die Umwand-
lungen des Erdballs **und den** Wechsel der Materie verfolgt
hätte. Das Urteil, welches die Wissenschaft durch seinen Mund
abgiebt, lautet:[2]) „Moses hat uns eine Kosmogonie hinterlassen,
deren Genauigkeit sich tagtäglich auf bewunderungswürdige
Weise bewahrheitet. Die neuesten geologischen Beobachtungen
stimmen über die Ordnung, worin nach und nach alle organisch
gebildeten Wesen erschaffen sind, vollkommen mit der Genesis
überein." Allgemein bekannt ist der Ausspruch Ampères, eines
tief gelehrten Physikers und Mathematikers, berühmt durch
seine Entdeckungen über dynamische Elektricität. „Entweder
besafs Moses, sagt er,[3]) eine ebenso gründliche Kenntnis der
Naturwissenschaften, **wie unser** Jahrhundert, oder er war in-
spiriert." Das sind die Schlufsfolgerungen der Wissenschaft im
Munde derjenigen, welche sie aus Liebe zur Wahrheit pflegen.
Es wäre ein Leichtes, auch noch viele Zeugnisse von zeitgenössischen Gelehrten heranzuziehen.[4]) Doch lasset uns die
Dinge selbst hören, denn sie reden mit gröfserer **Beredsamkeit,**
als die Gelehrten.

---

[1]) Vgl. Civiltà cattolica. Jahrg. 1878. Januar-Heft.

[2]) Théorie de la terre. **Vgl.** Revue des deux mondes. Jahrg. 1877.
Juli-Heft, und Université **catholique.** Jahrg. 1830. April-Heft.

[3]) Théorie de **la terre**; cfr. Revue des deux Mondes. Jahrg. 1833.
Juli-Heft. — Nachdem Hurter (Über die Rechte der Vernunft u. s. w.)
die Namen und Aussprüche mehrerer ausgezeichneten Gelehrten angeführt
hat, bemerkt er (S. 17 N. 35): „Alle diese nebst vielen andern bestreben
sich, in ihren naturwissenschaftlichen Werken die Vereinbarkeit der Resultate
der Naturforschung mit den Angaben der Bibel nachzuweisen."

[4]) Andere sehr **schöne** Zeugnisse ausgezeichneter Gelehrten zu Ehren
des Glaubens finden sich in dem wertvollen Werke von Alfio Fisichella:
S. Tommaso d'Aquino, Leo XIII. e la Scienza. Catania. 1880. pag. 75 sqq.

88. Vor allem kommt es viel darauf an, das Augenmerk fest auf zwei Punkte hinzurichten, welche über die vorliegende Materie ein grofses Licht verbreiten. Der eine von ihnen ist dieser, dafs die Wissenschaft, wenn es sich um den Ursprung und die Bildung unsers Erdballs handelt, viel zu dürftige Anhaltspunkte besitzt, als dafs wir darauf wahre und sichere Lehren soliderweise gründen könnten. Der gelehrte deutsche Jesuiten-Pater Bosizio bemerkt im ersten Kapitel seines herrlichen Werkes „die Geologie und die Sündflut,"[1]) es sei unmöglich, die wirkliche Urgeschichte d. i. die wirkliche Entstehungs- und Entwickelungsgeschichte der Erde und der organischen Wesen zu entwerfen, weil die Wissenschaft eine für diesen Zweck durchaus nötige Bedingung entbehre, nämlich die erfahrungsmäfsige Kenntnis der Thatsachen, und wenn sie auch auf die geognostischen und paläontologischen Thatsachen sich stützen könne, so dienten diese Beweisstücke nur dazu, die späteren Umbildungen zu erforschen, erlaubten aber inbetreff des Ursprungs der Erde und ihrer Urgeschichte keinen andern, als einen Wahrscheinlichkeitsschlufs. Dies begreife auch ganz klar die moderne Geologie. Darum „nehme sie ihre geogenischen Theorieen über die ursprüngliche Entstehung und Bildung der kosmischen Weltkörper und ihre Hypothesen über die ursprüngliche Entstehung und Entwickelung der organischen Welt zu Hülfe und lege die geologischen Thatsachen, welche ihr die geognostisch-paläontologische Erforschung der Erdrinde liefern, nach diesen vorgefafsten Principien aus, wodurch der richtige Standpunkt der geologisch-archäologischen Forschung notwendig verrückt werde."[2]) Und im zweiten Kapitel[3]) sagt er: „Den einen, wirklichen Urzustand der Erde festzustellen, ist für die Naturwissenschaft eine pure Unmöglichkeit, aus dem einfachen Grunde, weil sich eben sehr viele und sehr verschiedene Urzustände der ursprünglichen Erdmasse denken und voraussetzen lassen, aus deren jedem vermittelst mannigfacher Kombinationen der im gegenwärtigen Naturlaufe wirkenden Naturgesetze und Naturkräfte sich der gegenwärtige fertige Zustand der Erde durch verschiedene Entwickelungsstufen

---

[1]) Mainz 1877.   [2]) A. a. O. S. 8.   [3]) A. a. O. S. 12 f.

hypothetisch darstellen läfst." In Übereinstimmung mit diesen Principien widerlegt sodann der ausgezeichnete Geologe das bekannte Axiom der modernen Geologie, dafs die Erde sich allmählich gebildet habe, und erklärt dasjenige, was die moderne Geologie über die ursprüngliche Entstehung der Erdkruste lehrt, für eine reine Hypothese, ebenso auch die Grundanschauung, welche allen geologischen Theorieen gemeinsam ist, „dafs nämlich die Schöpfung der organischen Welt nicht allzumal und in kurzer Zeit, sondern in sehr grofsen, durch lange Zwischenräume getrennten Zeitperioden und zwar in einem progressiven Fortschreiten des Organisationstypus vor sich gegangen sei."[1]) Weder die paläontologischen Thatsachen der Erdrinde, noch die anatomisch-morphologischen Studien **des Tier- und** Pflanzenreiches berechtigen nach Bosizio zu dieser Lehre, welche man **auch** kurzweg die Progressionstheorie nennt.[2]) **Und** was die geologisch-archäologischen Urkunden betrifft, worauf man sich zur Stütze jener Lehre ebenfalls beruft, so kann man nach dem **Urteile** Bosizios kühn behaupten, dafs, obgleich die **Formation** der Urgesteine die erste war, die Weise ihrer Hervorbringung **für** die Wissenschaft ein Geheimnis ist,[3]) und dafs die Sedimentärschichten mit ihren organischen Versteinerungen nicht, **wie** man gewöhnlich glaubt, **während der** Schöpfung der **organischen** Wesen angefangen haben können, **weil einer derartigen Annahme** die geologischen Thatsachen und die biologischen Gesetze **jener** Wesen entgegenstehen.[4])

89. Soweit **der** berühmte deutsche Jesuit.[5]) Ohne **allen** Zweifel hat **diese seine** entschieden ausgesprochene Würdigung

---

[1]) A. a. O. S. 19 f.　　　　[3]) Vgl. a. a. O. S. 46.
[2]) Vgl. a. a. O. Kap. 2.　　　[4]) Vgl. a. a. O. Kap. 6.
[5]) In einer an der Central-Universität zu Madrid gehaltenen Inaugural-Rede über **das** Thema, dafs Glaube und Wissenschaft sich gegenseitig bestätigen und unterstützen, spricht der **Doktor** und Professor der Naturwissenschaft und Mathematik J. M. Solano y Eulate von dem **ausgezeichneten** Jesuiten Athanasius Bosizio und citiert von ihm als **eine seiner** Werke, ‚die Geologie und die Sündflut', welches noch in keines unserer neulateinischen Idiome übersetzt worden ist. Vielleicht war es dieser **Umstand**, weshalb er, um die Arbeiten Bosizios kennen zu lernen, sich an den **Artikel** gehalten hat, den Charles de la Vallée-Poussin, Professor an der

der negativen Resultate der Geologie sowie seine Theorie über
die Wirkungen der Sündflut eine wahre Revolution auf dem
Gebiete dieser neuen Studien hervorgerufen. Indessen war
Bosizio nicht der erste, welcher seine gänzliche Unzulänglichkeit
auf diesem Gebiete eingestanden hat. In dem Werke ,Bibel
und Natur' von Reusch begegnen wir einer Reihe von teilweise
ganz unverdächtigen Zeugnissen inbetreff unsers Fragepunktes,
welche seine Lösung vorbereitet haben. Und das sind fürwahr
nicht die einzigen. Vor ihnen hatte Alexander von Humboldt
gesagt:[1] „Die wahre Geognosie . . . . ist eine Wissenschaft, so
sicher, wie nur immer eine physikalisch beschreibende Wissenschaft sein kann. Dagegen ist alles, was auf den früheren
Zustand unsers Planeten Bezug hat, ... so ungewiß, als die
Art, wie sich die Atmosphäre der Planeten gebildet." Indem

Universität zu Löwen, in der Brüsseler Revue des questions scientifiques
(Januar-Heft 1879) unter dem Titel ,La certitude en Géologie' veröffentlicht
hat. Was diesen letztern betrifft, so mußte er anerkennen, daß Pater
Bosizio einen zehnmal größeren Vorrat geologischer Gelehrsamkeit besitze,
als viele jüngere belgische Forscher, daß er ein höchst gelehrter Mann sei
und daß sein Buch einen ganzen Schatz von Thatsachen und gelehrten Reflexionen enthalte; dafür verzeiht er es ihm aber nicht, daß er aus seiner
Studierstube heraus gegen die Erfahrung und die Überzeugung der größten
Naturforscher des Jahrhunderts Gründe vorführt (on est stupéfait de l'assu-
rance imperturbable du P. Bosizio dans les raisonnements qu'il oppose, du
fond de son cabinet, à l'expérience et aux convictions des plus grands
naturalistes du siècle). Es ist jedoch in der That nicht schwer, den ausgezeichneten deutschen Gelehrten von dieser Sünde loszusprechen; denn
jedweder kann bei seinem Studium gar wohl einen ganzen Schatz von
Thatsachen sammeln, ohne daß er nötig hätte, auch selbst die Natur zu
erforschen, indem er sich nämlich der fremden Erfahrung bedient, und
kann dann aus ihr Schlüsse ziehen, welche mit der Überzeugung der größten
Naturforscher nicht ganz konform sind, da dieselben ja wahrlich keine
Dogmen des Glaubens bilden. Übrigens hat das Thema des ausgezeichneten
Bosizio auch Anhänger gefunden, z. B. den Dr Venturoli, der in der
Bolognaer Zeitschrift ,La Scienza Italiana' (März-Heft 1879) einen Artikel
unter dem Titel ,La certezza in Geologia' veröffentlicht hat. Dieses Thema
liefern die Geologen, welche da in einem circulus vitiosus zuerst die Chronologie der Pflanzen- und Tierarten gemäß der Reihenfolge in den Schichten
und Ablagerungen aufstellen und dann die Aufeinanderfolge dieser Ab-
lagerung gemäß der angenommenen Chronologie der Arten behandeln.

[1] Essai géognostique sur le gisement des roches, p. 5.

der Engländer Charles Lyell dem Affentheorie-Apostel Karl Vogt
antwortet, welcher behauptet hatte,[1]) dafs die Urgeschichte der
Erde in ihrer Kruste niedergeschrieben worden und dafs die
Geologie gekommen sei, diese Chronik zu entziffern, erteilt er
ihm folgende Lektion der Bescheidenheit:[2]) „Der geologische
Bericht ist eine Geschichte der Erde, die unvollkommen auf-
bewahrt und in einem stets wechselnden Dialekt geschrieben
ist, von der wir nur den letzten Teil besitzen, der sich vorerst
nur auf zwei bis drei Länder bezieht. Von diesem Teil ist hie
und da ein kurzes Kapitel erhalten und von jeder Seite hie
und da ein paar Zeilen." In einem ähnlichen Vergleich hat
Charles Darwin die Unzulänglichkeit der wissenschaftlichen
Dokumente über die Geschichte unserer Erde erklärt. „Ich für
meinen Teil, so gesteht der berühmte Neuerer,[3]) betrachte die
geologischen Urkunden als eine Geschichte der Erde, unvollständig geführt und in wechselnden Dialekten geschrieben, von
welcher Geschichte aber nur der letzte, blofs auf zwei oder
drei Länder sich beziehende Band bis auf uns gekommen ist.
Doch auch von diesem Bande ist nur hie und da ein kurzes
Kapitel erhalten, und von jeder Seite sind nur da und dort
einige Zeilen übrig."

90. Zu diesen Bekenntnissen kommt weiterhin die Thatsache, dafs man an den Orten, wo man Tiefbohrungen in die
Erde vorgenommen hat, nur bis zum 10 000 sten Teile des Erd-
radius vorgedrungen ist, so dafs die Durchbohrungen unserer
Erdoberfläche sich mit den Stichen einer Ameise in die Schale
einer Pomeranze vergleichen lassen. Darum hat Lyell Recht,
wenn er die Tragweite der bestimmten Folgerungen, zu denen
wir durch Beobachtungen berechtigt sein sollen, blofs auf etwa
den vierhundertsten Teil des Erdinnern von der Oberfläche bis
zum Centrum zugiebt;[4]) und mit den Worten Humboldts[5]) kann

[1]) In seinem Grundrifs der Geologie. Braunschweig. 1860. § 2.
[2]) Vgl. Jahrbücher für deutsche Theologie. Jahrg. 1861. S. 696.
[3]) Über die Entstehung der Arten im Tier- und Pflanzenreich. Übersetzt von Carus. Stuttgart. 1872. S. 389.
[4]) Geologie I. 2.
[5]) Kosmos. Bd. 1, S. 167.

man weiter fahren: „Was darunter liegt, ist uns ebenso unbekannt, wie das Innere der andern Planeten unsers Sonnensystems." Nimmt man zu all dem hinzu, dafs wir nicht alle
Kräfte der Natur zu erkennen vermögen und auch keine Gewifsheit darüber erlangen können, ob diese Kräfte immer dieselben gewesen sind, so wird man schliefslich einsehen, ein wie
spärliches Licht der Geologie zu Gebote steht, um damit der
Offenbarung, wie sie Gott durch Moses der Welt hat zuteil
werden lassen, „das Leichenbegängnis zu halten", und wie sehr
es den hochmütigen Gelehrten, welche ihren Hochmut besonders
der Religion gegenüber zeigen, geziemte, die schönen Worte
Bossuets zu bedenken:[1] „Es giebt nichts Gröfseres in der Welt,
als die grofsen bescheidenen Menschen."

91. Der zweite der oben[2]) gemeinten Punkte, den man
ganz besonders zu beachten hat, betrifft die h. Schrift in ihrem
Verhältnis zu den vorhin namhaft gemachten Studien sowie
ihren eigentümlichen Gegenstand und Charakter und ihre richtige
Interpretation d. h. ihr Verständnis gemäfs den **Lehren der**
hh. Väter und der Kirche. Vor allem ist hier zu bemerken, dafs
weder die h. Schrift, noch auch die Autorität, deren Schutz sie
anvertraut ist, **den Beruf haben,** die Menschen wissenschaftlich
auszubilden, sie etwa die Mathematik oder Physik oder irgend
eine andere Vernunft- und Erfahrungswissenschaft zu lehren,
sondern einzig nur den, **ihren Geist** zu erleuchten durch die
Erkenntnis der Wahrheiten, **welche** ihnen auf dem geistigen
Gebiete der Gnade und des ewigen Lebens zum Heile gereichen.
Der h. Thomas lehrt, dafs der Mensch infolge der Sünde die
Wissenschaft der natürlichen Dinge nicht verloren hat und
ebensowenig jene, welche ihm zur Befriedigung seiner körperlichen Bedürfnisse dienen sollte, und dafs deshalb die h. Schrift
ihn in diesen Dingen nicht unterrichte, **sondern** blofs in der
Wissenschaft **der** Seele, die er durch **die** Sünde verloren hat.
Der h. Augustin trug darum für seinen Teil kein Bedenken,
anzuerkennen, dafs die Alten für das Durchdringen der Natur-

---

[1] In seiner Oraison funèbre de Nicolas Cornet.
[2] In n. 88.

geheimnisse (abdita rerum) ein sehr grofses Genie besafsen und
zu dem Behufe das Licht der Offenbarung nicht bedurft hätten.

Um mich nun hier auf das Buch Genesis und speciell auf
den Teil zu beschränken, worin es die Schöpfung der Welt berichtet, so dürfen wir nicht daran zweifeln, dafs sein Objekt,
wie das der Religion im allgemeinen, von dem der Wissenschaft
sehr verschieden ist. Das inspirierte Werk des Moses, in welchem
sicherlich von all dem nichts fehlt, was zu einem historischen
Gedicht gehört, nämlich dramatische Aktion, Rhythmus, Strophen
und vor allem erhabene, in bewunderungswürdiger Bündigkeit
ausgedrückte Gedanken, es spricht wahrhaftig nicht die Sprache
der Erde und auch nicht die des gestirnten Himmels, sondern
die Sprache Gottes, des Schöpfers und Ordners aller Dinge, die
seiner Weisheit, seiner Güte und seiner unendlichen Macht,
welche so wunderbar aus dem Akte hervorleuchtet, wodurch er
die Dinge aus dem Nichts erschuf, sowie aus jenem Akte, wodurch er ihnen in so vielen und verschiedenen Weisen von
seinen Vollkommenheiten mitteilte, als es Reiche giebt, worein
sich das Universum zergliedert, und Arten von Wesen, in welche
diese Reiche zerfallen, und Differenzen und Schattierungen, wodurch sich diese Arten unterscheiden, ohne dafs irgend eine
von ihnen oder alle zusammen die Gröfse des Herrn, der sie
schuf, genau auszudrücken vermöchten. Und es ist klar, indem
die Genesis uns die Vollkommenheiten Gottes offenbart, über-
redet sie uns und fordert uns auf, ihn allein anzubeten, so aber,
dafs wir dabei unsere Würde und unsern Adel, nach seinem
Bilde und Gleichnisse geschaffen zu sein, nicht vergessen, sondern sie sehr wohl beachten, und in der Reihenfolge der er-
zählten Begebenheiten die typische Woche anzuerkennen, mit
welcher der Mensch die Tage seines Lebens in Einklang bringen
solle. Aufser diesen göttlichen Unterweisungen, welche in popu-
lärem und bündigem Stile der mosaische Bericht enthält, wird
man in ihm irgend etwas, was zur Domäne der Wissenschaft
gehört, vergeblich suchen. Welches der erste Zustand der
kosmischen Materie gewesen, die Gott aus dem Nichts zog und
woraus die Welten entstanden; welches der Ursprung der Erde
gewesen, ob sie sich unter dem Einflufs des Feuers oder des

Wassers gebildet; welche Serie von Erschütterungen nach Mei-
nung der einen oder welch andere Ursachen nach Auffassung
der andern die verschiedenen Schichten der Erde hervorgebracht;
welchen Teil die Gestirne und insbesondere die Sonne an der
Entwickelung des Lebens genommen; wie lange die mysteriösen
Tage des mosaischen Hexaëmerons gedauert: all dieses sind
Fragen, worauf wir weder in den hh. Schriften, noch in den
Urkunden der katholischen Glaubenslehre irgend einen bestimmten
Aufschluſs finden. „Die Bibel, so bemerkt J. H. Kurtz sehr
treffend,[1]) bewährt darin ihren religiösen Charakter, daſs sie
nie und nirgends Probleme behandelt, deren Lösung der empi-
rischen Forschung obliegt.[2]) **Darum** kann auch kein Resultat

---

[1]) Bibel und Astronomie. 4. Aufl. Berlin. 1858. S. 397.

[2]) „Die katholische Religion zeigt sich auſserordentlich zurückhaltend
in allem, was sich auf rein natürliches Wissen bezieht. Man möchte
sagen, Gott habe in dieser Beziehung unserer allzugroſsen Neugierde eine
derbe Lektion geben wollen. Leset die Bibel und ihr werdet von dem soeben Gesagten vollkommen überzeugt werden. Nicht als ob in der Bibel
von der Natur **nicht** die Rede wäre. Die heilige Schrift stellt sie uns in
ihrem herrlichsten, erhabensten Anblicke dar; sie zeigt uns dieselbe in
ihrem lebendigen Zusammenhange, mit allen ihren Beziehungen und ihrem
erhabenen Zweck; aber sie läſst sich in keinerlei Zergliederung, nicht ins
Einzelne ein; der Pinsel des Malers und die Einbildungskraft des Dichters
können in ihr herrliche **Muster finden**, aber der Philosoph und der Be-
obachter werden hier vergebens nach der Lehre suchen, die sie wünschen.
Der h. Geist wollte keine Naturforscher, sondern **Tugendmenschen** bilden;
deswegen stellt er uns dieselbe bei der **Schilderung der** Schöpfung einzig
und allein so vor, wie sie sich am besten zur Erregung unserer Bewunderung und des Dankes gegen den Urheber so vieler Wunder und Wohl-
thaten eignet." Balmes: **Der Protestantismus u. s. w. S.** 372 f. — „Es
sei mir gestattet, hinzuzufügen, daſs, obgleich der **Zweck der h.** Schrift
nur darin besteht, den Menschen seiner überirdischen Bestimmung mittels
des Gott schuldigen Kultus und Gehorsams entgegenzuführen, obgleich das
Buch, per eminentiam so genannt, zu diesem rein religiösen Zwecke geschrieben worden ist, trotzdem in ihm für Philosophen und Naturforscher
Dinge von höchster und erhabenster Wissenschaft vorkommen, welche mit
gröſster Natürlichkeit und Einfachheit, zum Verständnis für alle auseinander gesetzt werden. Der erste Vers der Genesis z. B.: In principio
creavit Deus coelum et terram übertrifft alles, was die alte Philosophie
über den Ursprung der **Welt** ausgedacht hat. Die Worte, womit Gott,
wenn ich so sagen darf, sich selbst definiert: Ego sum, qui sum, werden

dieser Forschung mit der Bibel in Widerspruch geraten, keines einen bedrohlichen Konflikt mit der geoffenbarten Wahrheit hervorrufen. Die Offenbarung läfst für die Resultate der Naturforschung carte blanche. Sie steht weder auf der Seite des Vulkanismus, noch des Neptunismus; sie nimmt nur Partei in Dingen, die die Religion betreffen. Sie entscheidet so wenig zwischen Neptunisten und Vulkanisten, wie zwischen Homöopathen und Allopathen."

92. Da es aber doch noch in der Bibel einige Dinge giebt, welche behufs ihres richtigeren und klareren Verständnisses einer Auslegung bedürfen, so erteilt die Hermeneutik Regeln, wonach die h. Schrift so ausgelegt werden mufs, dafs sie niemals mit den sichern und ausgemachten Resultaten der wissenschaftlichen Forschung in Widerspruch trete. Dort, wo der h. Augustin von dem Bericht der Genesis handelt, sagt er also:[1] „Gewöhnlich kommt es vor, dafs sogar ein Nichtchrist etwas von der Erde, von dem Himmel, von den übrigen Elementen dieser Welt, von der Bewegung und Umdrehung, ja selbst von der Gröfse und den Abständen der Gestirne, von den Sonnen- und Mondfinsternissen, von dem Umlauf der Jahre und Jahreszeiten, von der Natur der Tiere, Pflanzen und Mineralien und von dergleichen so kennt, dafs er es mit gröfster Gewifsheit festhält. Schimpflich ist es aber gar sehr und nachteilig und unter allen Umständen zu vermeiden, dafs ein Christ, indem er

---

von dem wahren Gelehrten niemals genug bewundert werden können. Bevor die Wissenschaft die unzählbare Menge der Sterne, dank der Erfindung der Fernröhre, behaupten konnte, las man in der Schrift: Numera stellas, si potes (Gen. 15. 5); multiplicabo semen tuum sicut stellas coeli (ibid. 22. 17); sicut enumerari non possunt stellae coeli et metiri arena maris (Jerem. 33. 22). Der sehr gelehrte Abbé Moigno hat ex professo einen seiner Beweise dem Zwecke gewidmet, nachzuweisen, dafs der Ausspruch Josues: Sta sol streng wissenschaftlich sei, weil konform mit allen Gesetzen der Himmelsmechanik; wenn Josue gesagt hätte: Sta terra, würde er nach dem Geständnifs Aragos eine antiwissenschaftliche Sprache geführt haben. Vgl. in der Zeitschrift La Scienza e la Fede (Napoli. 4. ser., vol. 19 pag. 21) den Artikel La Bibbia ed il magistero del sacerdozio cattolico, dessen Autor der berühmte Stefano Apicella ist.

[1] De genesi ad litt. l. 1, c. 19, n. 39.

über diese Dinge gewissermaßen nach Maßgabe der heiligen
Bücher spricht, solche Tollheiten redet, daß ein Ungläubiger,
wenn er ihn so schrecklich irren sieht, sich kaum des Lachens
erwehren kann. Und in einem solchen Falle ist es nicht so
schlimm, wenn ein gewöhnlicher Mensch ob seines Irrtums ver-
lacht wird, als wenn diejenigen, welche draußen sind, glauben,
daß unsere Lehrer solcherlei gedacht hätten, und sie dann zu
großem Verderben derjenigen, um deren Seelenheil wir be-
kümmert sind, als schlecht unterrichtet tadeln und verachten.
Denn da sie bemerken, daß ein jeder Christ in den Dingen,
welche sie sehr gut kennen, irrt und seine haltlose Meinung
auf unsere hh. Bücher stützt, wie sollen sie dann diesen Büchern
Glauben schenken, wenn dieselben von der Auferstehung der
Toten, von der Hoffnung des ewigen Lebens und dem Himmel-
reiche reden, sobald sie sich die Meinung gebildet haben, daß
dieselben über diejenigen Dinge, welche man aus Erfahrung
kennen lernen und mit unangreifbaren Zahlen berechnen kann,
fälschlich berichten!" Und der h. Thomas von Aquin, gleichsam
als ob er die Fortschritte der modernen Zeit geahnt hätte, hinter-
ließ uns die Verhaltungsmaßregel, welche der biblische Exeget,
um auf diesem Gebiete Übereinstimmungen herzustellen, zu befolgen habe. „Zweierlei, sagt er,[1]) ist hier zu beobachten, entsprechend dem, was über derartige Fragen der h. Augustin
gelehrt hat. Erstens ist dafür zu sorgen, daß die Wahrheit
der h. Schrift unerschütterlich festgehalten wird. Zweitens muß
man, da' die h. Schrift in vielfachem Sinne ausgelegt werden
kann, ernstlich sich davor hüten, irgend einer Auslegung so
exklusiv zuzustimmen, daß man selbst dann noch an ihr fest-
zuhalten wagt, nachdem die Falschheit dessen, was man für
den Sinn der Schrift gehalten, mit Gewißheit nachgewiesen ist."

93. Ein hervorragendes Objekt der biblischen Exegese war
stets die Bedeutung des Wortes Tag, dessen sich die Genesis
in ihrem Schöpfungsberichte bedient. Die hauptsächlichsten
Auffassungen dieses Wortes sind an Zahl drei. Nach der ersten
bedeutet es die Dauer von 24 Stunden, die wir heutzutage als

---

[1]) S. th. I. 68. 1 c.

den bürgerlichen oder astronomischen Tag bezeichnen;[1]) nach
der zweiten ist der Tag die Zeit, innerhalb welcher wir von
dem Lichte des Tages d. i. von der Sonne[2]) beschienen werden;
nach der letzten hat man darunter zu verstehen eine unbestimmte
Periode, die Zeit von einer beliebigen **Dauer,**[3]) einen göttlichen
Tag, wie einige sagen. In welcher von diesen drei Bedeutungen
müssen wir nun die Tage des mosaischen Hexaëmerons auffassen?
Nimmt man die Worte der h. Schrift, wie sie lauten, so hat
**Gott ohne allen Zweifel in blofs sechs Tagen, jeden zu 24 Stunden
gerechnet, Himmel und Erde erschaffen.** Da indessen die Kirche
nicht lehrt, dafs dies der Sinn des Wortes Tag (hebräisch Jóm)
sei, so kann man das genannte Wort nach den bereits mitgeteilten Regeln der Hermeneutik auch so interpretieren, dafs
man ihm den Wert eines unbestimmten Zeitraums giebt, welcher
ebensowohl ein einziges als viele Jahre, ja selbst Tausende und
Millionen von Jahren betragen kann, wie das einige auch wirk-
lich, freilich ohne wissenschaftlichen Grund behaupten.

„Die sechs Tage der Genesis, sagt Dr. Reusch in seinem
bereits mehrmals angeführten Werke,[4]) sind, weil sie gar keine
eigentliche Zeitbestimmung enthalten, dehnbar genug, um so
viele Millionen von Jahren zu umspannen, als die Astronomie
oder Geologie wirklich nachzuweisen vermag.“ Vor ihm hatte
schon der berühmte Bischof von Hermopolis, **Monseigneur Frays-**
sinous in seinen zu Anfang dieses Jahrhunderts zu Paris gehaltenen klassischen Konferenzen mit besonderer Meisterschaft
bemerkt, dafs wir das Recht haben, im Namen der h. Wissenschaft zu dem Geologen zu sagen: „Ohne Zweifel bist du frei,
das Innere der Erde zu befragen. Wenn nun deine Forschungen
nicht verlangen, dafs wir dem Tag mehr, als 24 Stunden geben,
dann werden wir, wie bisher, glauben, dafs dies seine Dauer
ist. Wenn aber deine Entdeckungen mit Evidenz beweisen, dafs
der Erdball, den wir bewohnen, mit seinen Tieren und Pflanzen
älter ist, als das Menschengeschlecht, so folgt daraus nichts,
was gegen die Genesis spricht, weil wir unter dem Worte Tage

---

[1]) Sieh 1. Mos. 7. 4.   [3]) Sieh ebend. 2. 4 f.
[2]) Sieh ebend. 1. 14.   [4]) S. 139.

uns unbestimmte Zeiträume denken dürfen; und in diesem letztern
Falle dienen dann die nämlichen Fortschritte der Wissenschaft
dazu, uns die Erklärung von jener dunkeln Stelle der h. Schrift
zu geben, welche bis auf den heutigen Tag noch nicht ganz
klar interpretiert worden ist." Dem sei hinzugefügt, daſs zu
Rom, wie an den übrigen Orten des katholischen Erdkreises,
ausgezeichnete Naturforscher, Philosophen und Theologen als
gleichwertig mit den sechs Tagen des mosaischen Schöpfungsberichtes sechs lange Perioden von unbestimmten Jahren oder
Jahrhunderten zugelassen haben, entsprechend den sechs kosmogonischen Perioden, von denen in den geologischen Hypothesen
die Rede ist. Dies ist die Lehre der sog. konkordistischen
Schule, an deren Spitze Marcel de Serres und der Jesuit Pianciani stehen und zu welcher Professor Molloy und der Bischof
Meignan gehören. Konkordistisch wird diese Schule genannt,
weil die Anhänger derselben die Übereinstimmung ihrer Hypothese mit dem Texte der h. Schrift aufstellen und behaupten.
Einer von ihnen geht sogar soweit, zu versichern,[1]) es entspreche
viel mehr dem Begriffe, den wir von der göttlichen Providenz
haben, wenn wir annehmen, daſs die Dinge der Welt durch
die allmähliche und langsame Thätigkeit der zweiten Ursachen
und nicht durch plötzlich und aufserordentlich schnelle Thätigkeiten‘ hervorgebracht worden seien. Diese konkordistische
Theorie, wonach also jedem der sechs Tage der Genesis eine
unbestimmte Dauer zugemessen wird, ist heutzutage unter den
katholischen Gelehrten durchweg als die richtigere angenommen.[2])

---

[1]) Tongiorgi in seinen Institutiones philos. tom. II. l. 2, c. 3, a. 2.

[2]) Zu dieser Meinung neigt der berühmte Tilmann Pesch S. J. hin in
seinem herrlichen Werke ‚Philosophia naturalis‘. Die hieher gehörige These
formuliert er also (l. 3, disp. 1, sect. 2, n. 564): „De geogonia non sine
rationibus asseritur, terrae formationem ipsis rerum corporearum viribus
relictam ab iisque consumptis maximis temporum spatiis fuisse perfectam";
und er bemüht sich, dieselbe mit triftigen Gründen zu beweisen, ohne sich
dabei von den lichtvollen Andeutungen des h. Thomas und des Suarez über
die ursprüngliche Bildung der Erde zu entfernen. Desungeachtet bemerkt
der deutsche Philosoph, daſs man die Ansicht derjenigen, welche sich an
den Buchstaben der h. Schrift hielten, nicht als absurd bezeichnen dürfe.
Der unendlichen Weisheit Gottes, sagt P. Pesch, konnten die Gründe nicht

94. **Ein anderer Punkt,** in welchem die h. Schrift den Gelehrten einen grofsen Spielraum läfst, ist die Berechnung der in ihr angegebenen Zeiten oder die biblische Chronologie. Bekannt ist es, dafs zwischen dem hebräischen Texte des alten **Testamentes** und dem Texte der samaritanischen und alexandrinischen Übersetzung keine Übereinstimmung besteht, und dafs die Kirche nichts darüber bestimmt hat, welcher Text den Vorzug verdiene, noch auch dieser oder jener Deutung der Chronologie, wie sie uns in der Bibel begegnet, ihren Beifall zollt. Es ist wohl zu bemerken, dafs selbst in dem Falle, wenn zwischen der Vulgata und der Septuaginta eine Differenz über einen Zeitraum von ca. 2000 Jahren obwaltet, das römische Martyrologium der Septuaginta folgt. Eine scharfsinnige Berechnung erlaubt nämlich, zwischen die Sündflut und die Geburt Abrahams an Stelle der 222 Jahre, welche man gewöhnlich annimmt, 2666 Jahre einzuschieben. Anderseits bemerkt ein gelehrter Ausleger der h. Schrift, den Cornoldi in seinem ausgezeichneten Buche „Esame critico della storia dei conflitti de Draper"[1] citiert, dafs bei

fehlen, unmittelbar durch sich selbst auf eine übernatürliche und wunderbare Weise die Welt zu erschaffen, wenn es sein Wille gewesen wäre. „Nam cum quasi subito per solum voluntatis imperium multoties materiam transmutasset et ex uno aliud modo multo perfectiore procreasset, quam per vires naturales fieri potuisset, magis manifestasset, perfectionem rebus tributam non tantum universo connaturalem fuisse, sed etiam rationem habuisse ordinationis sapientissimae in hominum beneficium. Denique idipsum fieri etiam poterat propter nos, tum ut magis crederemus atque intellectum subiiceremus in obsequium solius fidei, tum ut distinctius meliusque intelligeremus, quanta Deus sapientia omnia disposuisset, quam fortiter omnia in numero et pondere et mensura, sicut disposuisset, ita retineret." (Ibid. n. 570). Der Autor bezieht sich hiebei auf Suarez (De opere 6 dier. l. 1, c. 10, n. 25).

[1] Dieses vortreffliche Werk, dessen schöne Übersetzung ins Spanische zuerst in der Madrider Zeitschrift La Ciencia Cristiana erschienen ist, hat bei uns einem wahren Bedürfnis abgeholfen, weil, nachdem zwei Übersetzungen des Werkes von Draper in Spanien veröffentlicht worden waren, um die schmählichen Irrtümer des anglo-amerikanischen Professors unter den weniger Unterrichteten zu verbreiten, der Eifer für die Religion und auch für die Wissenschaft es forderte, dafs denen ein Gegengift geboten würde, welche das Gift eingesogen hatten, und dafs diejenigen, welche es noch nicht in sich aufgenommen, davor bewahrt würden. Übrigens

den Hebräern die Sitte bestanden habe, die Nachkommen, wie
weit sie auch von dem gemeinsamen Stamme entfernt sein
mochten, Kinder, und die Voreltern Väter zu nennen, und daſs
man deshalb, wenn es in der h. Schrift heiſst: Er zeugte, dies
Wort ganz wohl auf einen entfernten Ascendenten beziehen
könne, so daſs es bei dieser Auslegung leicht sei, der Kette
von Generationen, wie sie in der h. Schrift mitgeteilt werden,
viele Ringe hinzuzufügen und die biblische Chronologie genugsam
auszudehnen. Kurz „die biblische Chronologie ist nicht fest
bestimmt und es ist eine Pflicht der menschlichen Wissenschaften,
das Datum der Schöpfung unsers Geschlechtes zu erforschen."[1])
Fast in denselben Ausdrücken erkennt Ed. Lartet die Freiheit
an, deren sich die Wissenschaft in der Berechnung der histo-

---

verdient das Buch von Draper nicht die Ehre einer förmlichen Widerlegung; der berühmte Cornoldi und der sehr gelehrte de Smedt (in seinem
Buche ‚L'église et la science') sind auf die Arena hinabgestiegen zum
Kampfe gegen jenen kleinen Goliath nicht so sehr im Interesse der katholischen Wissenschaft, als vielmehr aus Liebe zu denjenigen, welche der
Waffen entbehren, um sich selbst gegen die gröbsten Irrtümer und Sophismen
zu schützen. Damit aber meine Worte den Lesern nicht als von einem
Vorurteil diktiert erscheinen, so mögen sie über das Werk von Draper
nach dem urteilen, was eine der Hauptkoryphäen des antikatholischen
modernen Epikuräismus gesagt hat, als er in einer seiner Konferenzreden
über das Licht in den Vereinigten Staaten darüber klagte, daſs. Draper
„durch die Umstände sich genötigt gesehen habe, aus dem Rahmen seiner
bisherigen Studien herauszutreten, um sich auf die Publikation historischer
Werke zu werfen." So ist denn seine „Geschichte der Konflikte" erschienen.
— Als diese Zeilen geschrieben waren, erschien über unsern Gegenstand
ein anderes meisterhaftes Buch von dem Augustiner-Pater Fr. Thomas
Cámara unter dem Titel: „Contestacion á la historia del conflicto entre la
Religion y la Ciencia de J. G. Draper. Valladolid. 1879." Die Bedeutung
und der Wert dieses Buches ist so groſs, daſs es seinem Verfasser einen
unvergänglichen Ruhm erworben hat. In einem Jahre war die erste Auflage dieses herrlichen Werkes schon vergriffen; ihr folgte 1880 die zweite,
verbessert und vermehrt. Es ist eine Ehre für Spanien, die umfangreichste,
gelehrteste und siegreichste Widerlegung der Irrtümer zu besitzen, welche
in dem angeblichen Widerspruch zwischen der Religion und der Wissenschaft, wie ihn der anglo-amerikanische Pseudo-Gelehrte sich ausgedacht
hat, enthalten sind.

[1]) Abbé Hir: Études réligieuses. Ancienneté de l'homme.

rischen Zeiten erfreut. „Sobald als, sagt er,[1]) die Frage inbetreff des Ursprungs des Menschengeschlechtes nicht vom Dogma
abhängig ist, bleibt sie auf das beschränkt, was sie auch sein
muſs, nämlich auf eine wissenschaftliche, der Diskussion unterworfene These, welche unter verschiedenen Gesichtspunkten
behandelt werden und eine den Thatsachen entsprechendere
Lösung finden kann."

95. Vorstehenden Bemerkungen ist noch hinzuzufügen, daſs
die Reihe der menschlichen Generationen, worauf die biblische
Chronologie Bezug hat, mit Adam beginnt, von dem das ganze
Menschengeschlecht abstammt, wie das uns der Glaube lehrt.
Nichts desto weniger konnten vor unsern Stammeltern andere vernünftige Geschöpfe auf Erden existiert haben, von denen weder
Adam noch Eva abstammte. Die Kirche freilich hat die Existenz
der sog. Präadamiten für nicht vereinbar mit den Zeugnissen
der Bibel gehalten, weil jene Existenz von Präadamiten die
Einheit des Menschengeschlechtes zerreiſse und mit der Lehre
der Genesis über den Ursprung des Menschen in Widerspruch
stehe. Indessen, so sagt Cornoldi in seinem Buche gegen Draper,
unsers Wissens ist die Meinung, wonach vernünftige Kreaturen
in Wirklichkeit, wiewohl freilich ohne alle verwandtschaftliche
Beziehung zu dem Geschlechte Adams, existiert haben, niemals
verurteilt worden. Der Verfasser des Pentateuchs hätte demnach von jenen Kreaturen einfach deshalb nicht gesprochen,
weil sein Buch nur zu unserer Belehrung über diejenigen bestimmt ist, welche das Heil der Nachkommen Adams berühren.
So mag man denn diese Art von andern menschlichen Wesen,
welche nicht zu unserm Geschlechte gehören, als eine bloſse
Schöpfung der Phantasie immerhin mit aller Gelehrsamkeit und
Wissenschaft bekämpfen, doch müssen wir uns davor hüten,
ihre Annahme für häretisch zu halten, solange die Kirche sie
nicht verurteilt hat.

96. Ich habe mich etwas lange dabei aufgehalten, einerseits
an den wissenschaftlichen Mangel der Wissenschaften, welche
über den Ursprung der Welt handeln, und anderseits an den

---

[1]) Nouvelles recherches etc.

außerordentlich großen Spielraum zu erinnern, welchen die
Religion ihnen einräumt, auf daß sie ihre Hypothesen mehr oder
minder wahrscheinlich machen können, weil aus diesen Erörterungen die Bestätigung der These folgt, deren Beweis in
diesem zweiten Teile meiner Arbeit mir obliegt. Obgleich also
einige geologische Hypothesen im Widerspruch mit der h. Schrift
stehen, so ist es doch noch keineswegs gestattet, aus einem
derartigen Widerspruch auf irgend einen Streit zwischen der
Wissenschaft und der Religion zu schließen. Die Hypothesen
sind nicht die Wissenschaft; es sind Annahmen, welche die Vernunft aus Mangel an Gründen und Ursachen aufstellt, um die
in ihren wahren Ursachen nicht bekannten Thatsachen zu erklären, während die Wissenschaft die sichere und klare Erkenntnis
der Dinge aus ihren Gründen ist. Glücklicherweise können,
abgesehen von einigen Bedenken und Einwendungen gegen den
mosaischen Bericht[1]) inbetreff des Ursprungs der Himmelskörper,

---

[1]) Fr. D. Straufs formulierte seine Einwendungen also: 1. Die Erschaffung der Erde vor der der Sonne, wie Moses sie darstellt, indem er
die Erschaffung der Sonne auf den vierten Tag ansetzt, ist unzulässig;
2. ebenso unzulässig ist die Annahme, daß die Pflanzen vor Existenz der
Sonne Blüten und Früchte getragen haben; 3. sehr seltsam ist es, daß
für die Bildung der Erde fünf volle Tage nötig gewesen, und nicht mehr,
als ein Tag für die Bildung der Sonne und Sterne; 4. in der mosaischen
Kosmogonie erscheint die Erde als der Hauptteil des Universums und der
Sonne wie den übrigen Sternen wird das Amt angewiesen, der Erde zu
dienen, was gegen alle astronomischen Theorieen spricht. (Vgl. H. Hurter:
Theologia dogmatica, tr. 6 sect. 1, vol. 2 pag. 172.) Diesen Einwänden
gegenüber will ich hier bloß bemerken, daß Moses sich nicht vorgenommen
hatte, als ein Mann der Wissenschaft über die Sterne zu reden, sondern
nur dies, eine religiöse Unterweisung zu geben, welche der Auffassungskraft
des Volkes angepaßt ist. Darum spricht er nicht nach Weise der Physiker,
sondern in der, wie das Volk die Dinge versteht und darüber zu sprechen
pflegt und wie auch die Astronomen, wenn sie Dinge ihrer Wissenschaft
zur allgemeinen Kenntnisnahme bringen wollen, sich auszudrücken pflegen.
Es ist also kein Wunder, daß Moses über die Sonne und die übrigen Sterne
spricht gemäß dem, wie sie zur Erde in Beziehung stehen und von den
Menschen gesehen werden, und das andere übergeht, und um so weniger
ist es eines, wenn man erwägt, daß alles schließlich für den Menschen
geschaffen worden, woraus sich für seinen Wohnort eine Würde ergiebt,
deren die übrigen Gestirne entbehren. Auf diese Weise erklärt sich auch

alle kosmogonischen Hypothesen, von der des Laplace[1]) angefangen, welche die Erde als aus einer Art von Nebel entstanden
betrachtet, bis auf diejenige, **welche die Existenz** des prähistorischen Menschen[2]) zuläfst, mit den heiligen Urkunden in Einklang gebracht werden, wie dies auch faktisch geschehen ist.

---

alles, was Straufs unzulässig erschien, und finden seine leeren Einreden
eine zufriedenstellende Lösung. Was die zweite derselben betrifft, die einzige, welche von einiger Bedeutung ist, so begreift man, da die Sonne nicht
das einzige Princip der Wärme ist und nach der zumeist angenommenen
Theorie die Temperatur auch schon vor der Sonne hochsteigen mufste,
absolut nicht die Notwendigkeit, dafs die Sonne erschaffen worden sei,
bevor die Pflanzen blühen konnten. Nicht gerade der Sonne, sondern des
Lichtes bedürfen die Pflanzen zu ihrem Leben, und es ist bekannt, dafs
nach der Theorie des Laplace das Licht in Fülle existierte, bevor das
Sonnensystem seine definitive Gestaltung erhielt. Weitläufiger hierüber
sieh bei Karl Güttler: Naturforschung und Bibel. Freiburg. 1877. Kap. 3.
Was die Würde unsers Planeten gegenüber den übrigen Himmelskörpern
und andere Dinge betrifft, welche damit in Verbindung stehen, so kann
man darüber das ausgezeichnete Werk von Niceto Perujo (La pluralidad
de los mundos habitados ante la fe católica) nachsehen, worin er die Frage,
ob die Sterne bewohnt seien, in Rücksicht auf das katholische Dogma
prüft und gründlich erledigt.

¹) Die Hypothese des Laplace ist neuerdings von A. Stöckl widerlegt worden in seinem Werke: Der Materialismus geprüft in seinen Lehrsätzen und deren Konsequenzen. Mainz. 1877. S. 36 ff.

²) Was die Annahme des prähistorischen Menschen betrifft, auf die
man ein ganzes System der Chronologie zu bauen versucht hat, nach
welchem das Menschengeschlecht ein fabelhaftes Alter besitzen soll, so
steht sie nicht blofs in Widerspruch mit dem, was die Religion, die ge-
sunde Philosophie und die Überlieferungen aller Völker insgesamt über die
Natur des Menschen und seinen Urzustand uns lehren, sie entbehrt auch
absolut jeden Fundamentes, wie dies die einfache Auseinandersetzung der
Thatsachen und auch der Argumente beweist, die zu ihren Gunsten von
den Hauptverteidigern derselben angeführt werden. Die Thatsachen re-
duzieren sich auf die Entdeckung einiger Höhlen, Begräbnisstätten und
geologischer Ablagerungen, in denen man in Vereinigung mit menschlichen
Knochen Waffen und Gerätschaften, bald aus Stein, bald aus Bronze und
Eisen gefertigt, aufgefunden hat. Diese Thatsache ist leicht zu erklären
und beweist höchstens, dafs zu gewissen Epochen und in einigen Ländern
Gruppen von Menschen gewohnt haben, welche sich, sei es dafs sie in der
Kultur sehr zurückgeblieben waren, sei es dafs sie keine Metalle hatten,
der Steine bedienten, um sich Waffen und Gerätschaften zu fabrizieren,

Vorhin habe ich von der sog. konkordistischen Schule ge-sprochen, welche es darauf abgesehen hat, ganz genau die Über-einstimmung zwischen Geologie und Bibel nachzuweisen, eine um

bis dafs sie endlich durch den Handel und Verkehr mit andern Völkern sich Metalle verschaffen konnten und die Kunst, dieselben zu bearbeiten, erlernten. Auf diese höchst einfache Thatsache nun gründeten einige Archäologen die seltsame Theorie von den drei Altern, der Stein-, Bronze- und Eisenzeit, von denen jede, durch den Gebrauch von Instrumenten aus dem betreffenden Stoffe gekennzeichnet, viele Millionen von Jahren gedauert habe und in der Geschichte des Menschengeschlechtes als Etappe gedient habe vor jedem geschriebenen Dokumente; denn diesen Charakter sprechen sie der Bibel ab, die doch das erste und bedeutendste aller derartigen Dokumente ist, auch wenn man von ihrem heiligen Charakter absieht. Es genügt, die Hypothese und die Thatsache, worauf sie sich stützt, aus-zusprechen, um sofort zu begreifen, wie sehr sie den Gesetzen der Logik widerspricht und wie absurd sie selbst von dem rein spekulativen Gesichts-punkte erscheint, weil es evident ist, wie aus der Thatsache, dafs einige Völker während einer gewissen Zeit sich zu ihren Gerätschaften eines andern Stoffes, als des Steins, bedient haben, nicht gefolgert werden kann, dafs diese Sitte dem ganzen Menschengeschlechte eigentümlich gewesen sei oder dafs alle Völker allmählich aus der Steinzeit in die Bronzezeit und aus dieser in die Eisenzeit übergegangen seien, und wie daraus noch weniger die Dauer gefolgert werden kann, welche man einer jeden dieser ange-nommenen Zeiten beimifst. Die Unrichtigkeit dieser Hypothese tritt aber noch mehr ans Licht, wenn man die Entdeckungen, worauf ihre Anhänger sie zu stützen suchen, selbst untersucht. Das letzte Wort der Wissenschaft in dieser Angelegenheit, um so zu sagen, ist dies, dafs man in vielen Ländern, z. B. in Griechenland, Italien und Kleinasien nicht eine einzige Spur von der Steinzeit antrifft, während in Frankreich, wo es eine Stein- und Eisenzeit gab, die Bronzezeit unbekannt ist, wie dies einer der in dieser Frage kompetentesten Richter, Alexander Bertrand, der Direktor der Revue archéologique und des Musée préhistorique zu St. Germain neuerdings in seiner Archéologie celtique et gauloise (Paris. 1870) bewiesen hat. Zu diesem höchst gewichtvollen Argumente gegen die Hypothese von den drei Altern gesellt sich ein anderes nicht minder wichtiges, das Zeugnis des berühmten englischen Metallurgisten John Percy, welcher, nachdem er be-wiesen, dafs die ursprüngliche Methode, Eisen aus Kupfererz zu gewinnen, viel weniger Geschicklichkeit erfordere, als die Fabrikation von Bronze, behauptet, von metallurgischem Gesichtspunkte aus müsse man vernünftigerweise zu-geben, dafs die sog. Steinzeit der Bronzeperiode vorausgehe (Transact. ethnol. Soc. N. S. IV. pag. 125). Die chronologischen Berechnungen, welche ge-wöhnlich über die Dauer dieser drei Perioden angestellt werden, halten gleichen Schritt mit der Hypothese, worauf sie fufsen, und abgesehen davon,

die Religion und die Wissenschaft hochverdiente Schule, in
deren Geschichte als wahrhafte Monumente die Arbeiten eines
Pianciani, Molloy, Meignan und anderer berühmter Männer figurieren. Ich mufs hier noch hinzufügen, dafs sie nicht die einzige

dafs sie wie die Hypothese selbst rein überflüssig sind, widersprechen ihnen
auch unumstöfslich die Thatsachen. Denn welchen Grund giebt es, um
den für prähistorisch ausgegebenen Objekten ein fabelhaftes Altertum bei-
zulegen, wenn wir sehen, dafs es in sehr bekannten Epochen der Geschichte
und selbst in unsern Zeiten Gruppen von Menschen gegeben hat und noch
giebt, welche nicht mehr und nicht weniger in Höhlen lebten bezw. leben,
wie der Mensch der angenommenen Steinzeit, und sich wie er der Steine
und der Tierknochen **bedienten** bezw. bedienen, um sich daraus ihre Waffen
und Gerätschaften zu fertigen? Diodor von Sicilien lehrt uns, dafs zu
seiner Zeit die Bewohner der Gegenden, welche zunächst **um den arabischen**
Meerbusen liegen, in Höhlen wohnten. Das nämliche erzählt Strabo von
verschiedenen Bewohnern Sardiniens. Herodot berichtet, dafs die Äthiopier
steinerne Pfeile gebraucht hätten, und an einer andern Stelle seiner Werke
beschreibt er bis ins einzelnste eine Sumpfstation. In Gallien dauerte bis
zur merovingischen Epoche die Sitte, **sich steinerner Instrumente zu bedienen**, und es ist sehr bekannt, dafs die Angelsachsen in der Schlacht
von Hastings (1066) mit Pfeilen aus Kieselsteinen schossen und dafs noch
i. J. 1298 die Schotten Beile von Stein gebrauchten. Nimmt man hiezu
die vollkommene Identität, welche man den für prähistorisch gehaltenen
Instrumenten und denjenigen beobachtet, welche ganz bekannten Geschichts-
epochen angehören, sowie die Thatsache, dafs die vorgeschichtlichen Objekte
immer in den geologischen Schichten neueren Datums, zuweilen in Gräbern
der römischen, selbst der christlichen Zeit **sich** vorfinden, **so wird** man
leicht begreifen, wie absurd es ist, für viele **dieser Dinge auch nur an-
näherungsweise** das Alter festsetzen zu wollen ohne positive Daten, die es
beweisen, und mehr **noch,** ohne irgend einen Anhaltspunkt Dinge, deren
Gebrauch sich in allen Perioden der Geschichte als ein beständiger **nachweisen** läfst, ins grauste Altertum zu verlegen, da es selbst in unsern
Zeiten sehr wohl bekannt ist, dafs in Australien und an vielen Punkten
Amerikas wilde Stämme existieren, welche die nämliche Art des Lebens
führen, wie die Menschen der vorgeblichen Steinperiode, und welche vielleicht dieselben Waffen und Gerätschaften gebrauchen, wie letztere. Vor-
genannten Gründen sei noch hinzugefügt, dafs viele Entdeckungen nicht
blofs die Gleichzeitigkeit, sondern auch die umgekehrte Aufeinanderfolge
der Stein-, Bronze- und Eisenperiode bewiesen haben, und dann wird man
sich endlich eine richtige Vorstellung von dem angeblichen sehr hohen
Alter des Menschengeschlechtes machen können (Vgl. den Artikel L'uomo
prehistórico von dem gelehrten Venturoli und seine übrigen lichtvollen
Abhandlungen über diesen Gegenstand in der Zeitschrift La Scienza

Schule ist, welche die mehr oder weniger hypothetischen Resultate der geologischen Forschungen in Übereinstimmung mit
dem biblischen Schöpfungsberichte erklärt. Nicht weniger berühmte Schriftsteller, als die vorher genannten, an ihrer Spitze
der gefeierte englische Naturforscher William Buckland, dem
der Kardinal Wiseman in seinen bekannten Vorlesungen über
den 'Zusammenhang zwischen Wissenschaft und Offenbarung'
folgte, haben den h. Text der Bibel erklärt, indem sie sagten,
dafs die fossilen Überreste, welche man jetzt in den Sedimentärschichten finde, nicht die Schöpfung der Pflanzen- und Tierwelt
repräsentieren, welche Moses dem dritten, fünften und sechsten
Tag des Hexaëmerons zuweise, sondern eine andere Schöpfung,
welche der in der Genesis beschriebenen vorausgehe. Moses,
so fahren sie fort, spreche nicht ausdrücklich von dieser Schöpfung,
sondern begnüge sich damit, sie durch das Wort Tohu-va-bohu
anzudeuten, denn es scheine auf die Zerstörung der ersten
Schöpfung hinzudeuten, nach welcher diejenige stattgefunden
habe, welche unter dem Sechstagewerk gemeint ist und der
Ruhe des Herrn vorausging. Nach Mafsgabe dieses Systems
kann man die mosaische Schöpfung eher als die Wiederherstellung
der Welt nach einer Überschwemmung, in welcher die zuerst
geschaffenen Wesen untergingen, denn als eine eigentlich so
zu nennende Schöpfung betrachten.

Italiana). Die übrigen Argumente, womit einige das besagte Alter beweisen
wollten, entbehren allen Wertes. ,,Weder das geologische Argument hat
einen, sagt Alfio Fisichella (Santo Tommaso d'Aquino, Leon XIII. e la
Scienza. Catania. 1880. pag. 65), weil es nicht imstande ist, das genaue
Alter des Menschen auf Erden abzumessen; noch das archäologische, weil
es, anstatt die Succession in den drei Epochen des Steins, der Bronze und
des Eisens zu beweisen, nicht blofs die Koexistenz, sondern auch die umgekehrte Ordnung jener drei Epochen mit vielen Entdeckungen nachgewiesen
hat; noch das paläontologische, weil es nichts anders darthut, als dies,
dafs die neueren Faunas sich auf besondere Weise von den ältern unterscheiden; noch endlich das anthropologische, weil es mit seinem Prognathis-
mus oder Entartungsprocefs das hohe Alter des Menschen nicht zu beweisen
vermochte, die heutigen Fortschritte der Anthropologie vielmehr zeigen,
dafs die gedachte Entartung kein Merkmal ist, welches eine geringere
Entwickelung des menschlichen Wesens bezeichnete."

Es giebt noch eine andere Art, Bibel und Geologie mit einander in Einklang zu bringen, die sog. ideale Auffassung des Sechstagewerkes, unter andern vertreten von einigen gelehrten Deutschen, von denen in erster Linie die beiden Professoren Fr. Michelis und Joh. Bapt. Baltzer stehen,[1]) welche geglaubt haben, in ihrer Auslegung der Genesis dem h. Augustinus nachzuahmen. An verschiedenen Stellen seiner Worte setzte der h. Lehrer seine mystische Auslegung auseinander, indem er mit der Erklärung anhub, es sei ihm schwer, zu verstehen, was Gott durch die sechs Tage, von denen Moses rede, habe andeuten wollen. Alsdann sagt er, Gott habe nach dem Worte der h. Schrift alle Dinge in einem einzigen nicht wahrnehmbaren Augenblicke erschaffen: creavit omnia simul; um sich aber unserer Verständnisweise anzubequemen, zeichne die h. Schrift eine Art von geistiger oder idealer Aufeinanderfolge und unterscheide sechs Vernunft-Augenblicke, welche sie Tage nenne, entsprechend den verschiedenen Teilen des göttlichen Planes. Was die Unterscheidung von Morgen und Abend betrifft, von welcher im h. Texte Rede ist (factum est vespere et mane dies unus), so wird sie von dem h. Augustin also verstanden: der Morgen ist die vollkommene Erkenntnis, das Schauen der Dinge in dem göttlichen Worte, und der Abend bezeichnet die minder vollkommene Erkenntnis d. i. diejenige, welche die Betrachtung der Dinge in sich selbst entspricht. Ebenso legte der h. Augustin die sieben Tage der Genesis auf mystische Weise aus, indem er darunter, entsprechend demjenigen, was uns die Genesis an jedem Tage aufzeigt, sieben Erleuchtungen der Engelsvernunft verstand, welche, um mit dem h. Thomas von Aquin zu reden, gemäfs der natürlichen Ordnung der erkannten Dinge und nicht gemäfs der Aufeinanderfolge in der Erkenntnis oder gemäfs der Succession in der Hervorbringung der Dinge stattgefunden hätten.[2])

---

[1]) In neuester Zeit sind ihnen noch Reusch (vgl. die 3. u. 4. Auflage seines mehrfach citierten Werkes) und Bernh. Schäfer (Bibel und Wissenschaft. Münster. 1881) beigetreten.

[2]) „Et sic distinguitur dies secundum naturalem ordinem rerum cognitarum, non secundum successionem cognitionis aut secundum successionem productionis rerum." S. th. I. 74. 2 c.

Man versteht das Gesagte noch besser, wenn man die Worte erwägt, welche der h. Thomas den eben angeführten unmittelbar anschliefst. „Die Erkenntnis der Engel, sagt er, kann im eigentlichen und wahren Sinne des Wortes Tag genannt werden, weil das Licht, welches die Ursache des Tages ist, nach dem h. Augustin auf eigentliche Weise in den geistigen Dingen zu finden ist." Grofs ist daher die Verschiedenheit zwischen der Lehre des h. Augustinus und der biblischen Auslegung der idealistischen Deutschen. Der h. Lehrer statuierte keine reale Aufeinanderfolge in den Dingen, und ebenso wenig eine solche in der Erkenntnis derselben, wie sie den Engeln zu teil geworden, er unterschied vielmehr die Dinge blofs nach der natürlichen Ordnung, welche sie unter sich aufweisen, während die genannten Gelehrten an der Ordnung der Aufeinanderfolge festhalten, welche allgemein von den Geologen zugegeben wird, und dann den Worten der Genesis einen rein idealen und mystischen Sinn unterschieben. Auch in dieser Fassung ist ihre Lehre nicht verurteilt worden.

Unter diesen verschiedenen Systemen der biblischen Auslegung, welche ausgedacht worden, um die h. Schrift mit der modernen Geologie in Einklang zu bringen, möge der Leser dasjenige auswählen, welches er für das sicherste hält — in dubiis libertas —, dabei aber nicht unterlassen, auf der einen Seite die Freiheit zu bewundern, welche die Religion den wissenschaftlichen Forschungen einräumt, die da vielleicht nicht blofs zur Bestätigung, sondern auch zur Aufklärung einiger Stellen der h. Schrift berufen sind, und auf der andern Seite anzuerkennen, dafs all die berühmten Gelehrten, welche die Talente ihres Geistes und die unermefslichen Schätze ihres Wissens jenem Werke der Vereinigung und Verbündung gewidmet haben, hohes Lob und entschiedene Nachahmung verdienen. Wenn es mir erlaubt ist, über so schwierige Probleme trotz meiner geringen oder nichtigen Kenntnis in diesen Dingen meine Meinung zu äufsern, so sage ich ohne Bedenken, dafs ich allen Weisen der Schriftauslegung diejenige vorziehe, welche sich an den Litteralsinn des mosaischen Schöpfungsberichtes anlehnt. Dies unser Urteil hat auf seiner Seite das Votum gewiegter Autoritäten, wie den Giefsener Professor Knobel, den Kapuziner Laurent, den Abbé Sorignet, den Leipziger Professor Keil, den Konvertiten E. Veith und viele andere ausgezeichnete Verteidiger der strikten Auslegung, unter ihnen den gelehrten Jesuiten Athanasius Bosizio, dessen letzte Arbeit in der Erklärung der geognostischen und paläontologischen Thatsachen bestand, dieser alleinigen Urkunden, welche durch Vermittelung der allgemeinen Sündflut in den Besitz der Geologie gekommen sind.

97. Nachfolgend führen wir einige von den Gründen an, welche der gelehrte Theologe Kamillus Mazella, ehemals Professor an dem Jesuitenkolleg zu Woodstock, jetzt Studienpräfekt an der Gregorianischen Universität zu Rom, Professor der Theologie und Mitglied der römischen Akademie des h. Thomas von Aquin, in seinen 1881 herausgegebenen Praelectiones theologicae scholastico-dogmaticae zu Gunsten der buchstäblichen Schriftauslegung mit gröfster Ausführlichkeit entwickelt hat.

Erster Grund. Die Geologen versichern uns, dafs im Anfange die Materie mit den ihr zugehörigen Kräften geschaffen worden sei und dafs die successive Thätigkeit der letzteren bei der Gestaltung der Erde habe ihr Ende erreichen müssen. Aber war der Schöpfer vielleicht nicht imstande, direkt und unmittelbar die Erde und die Gewässer aus dem Nichts hervor zu holen, die letzteren von der ersteren zu trennen und die Berge samt den Metallen, dem Marmor und den übrigen Mineralien zu erschaffen, ähnlich wie er nachher den Menschen in reifem und vollkommenem Alter erschuf? Daran darf man keinen Augenblick zweifeln. Indessen hat denn Gott in der That die Dinge auf solche Weise geschaffen? Nach dem Litteralsinn des h. Textes wenigstens ist diese Frage zu bejahen, und daran mufs die Exegese so lange festhalten, als er zu keiner Ungereimtheit führt. Hiegegen darf man nicht einwenden, dafs der Litteralsinn überflüssigerweise eine wunderbare Dazwischenkunft Gottes unterstelle und man doch bei der ersten Einrichtung der Dinge keine Wunder fordern dürfe, sondern blofs darauf zu achten habe, was die Natur der Dinge verlange, wie der h. Thomas bemerke;[1]) denn die Erschaffung der Dinge in einem bestimmten Zustande der Vollkommenheit und im allgemeinen die Idee von Schöpfung schliefst die Existenz eines Wunders aus, welches ja aufserhalb der natürlichen Ordnung steht, während diese ihr Prinzip und Fundament an dem Akte hat, welcher den Dingen das Sein und die besondern Eigentümlichkeiten verleiht.

Zweiter Grund. Selbst unter den Geologen giebt es solche, welche an dem allgemein angenommenen, wiewohl unbewiesenen Princip zweifeln, wonach die zweiten Ursachen, indem sie im Anfange ebenso thätig gewesen seien, wie sie es heutzutage sind, d. h. denselben Gesetzen gehorcht hätten, welche noch heute den gewöhnlichen und natürlichen Lauf der Dinge dirigieren, den jetzigen Zustand der Erde hervorgebracht haben sollen. Bei dieser Gelegenheit mufs bemerkt werden, dafs es in der Natur gewisse exceptionelle Ursachen giebt, deren Wirklichkeit sich nur selten manifestiert, und dafs die natürlichen und gewöhnlichen Kräfte unter besondern Umständen in einer aufsergewöhnlichen Weise wirken. Wir wissen z. B., dafs gewisse Pflanzen- und Tierversteinerungen zuweilen in einem kurzen Zeitraum stattfinden. Anderseits ist es nötig, aufser der regulären Thätigkeit der Naturkräfte grofse Störungen oder Umwälzungen anzunehmen, welche vor oder nach der Sündflut vorgekommen sind und von denen die vollständige Bildung von Bergen und Thälern, sowie die Erscheinung neuer Meere Zeugnis giebt, Thatsachen, welche bei dem jetzigen Zustande der Erde langer Zeit bedürften, um durch die in ihr ruhenden Ursachen, welche in der allgemeinen und gewöhnlichen Weise wirken, möglich zu werden.

Dritter Grund. Alle Argumente, welche aus den Naturwissenschaften und speciell aus der Geologie hergeholt worden sind, um das Alter der Welt zu beweisen, leiden an der Unsicherheit, welche mit der Unvollkommenheit dieser Art von Studien zusammenhängt. Wie ihre Vertreter selbst eingestehen,[2])

---

[1]) „In prima autem rerum institutione non est considerandum, quid Deus possit facere, sed quid natura rerum habeat, ut sic fiat." Opusc. (in edit. Romana a. 1570) XI; responsio ad lectorem Venetum de articulis 36, a. 24.

[2]) Vgl. Reusch: A. a. O. S. 40 ff.

befindet sich die Astronomie, die Geologie, und im allgemeinen alle Naturwissenschaft unserer Zeit noch weit vom Zustande ihrer Vollendung, weil erstens die registrierten Beobachtungen und Thatsachen noch sehr unvollständig und weil zweitens die Gelehrten in den daraus zu ziehenden Schlüssen nicht einig sind. Humboldt und Lyell erkennen ausdrücklich die Unzulänglichkeit der Beobachtungen an, welche bis jetzt gemacht worden sind. Andere Naturforscher versichern, dafs in dem jetzigen Zustande der Geologie der Irrtum fast unvermeidlich sei. G. Bischof[1]) sagte: „Stets wird die Geologie in ihren wesentlichen Teilen hypothetisch bleiben." Und vor ihm hatte Cuvier gesagt: „Dies eine ist blofs ausgemacht, dafs das Meer seinen Ort gewechselt hat." Kurz, das grofse Alter unsers Erdballs ist eine Idee ohne wissenschaftliches Fundament, und die Thatsachen, welche einige Geologen zur Begründung jener Idee anrufen, entbehren in den Augen anderer Geologen allen Wert.[2])

98. Soweit der kurze Auszug aus den Praelectiones des ausgezeichneten Theologen Mazzella. Seine Gründe bestätigen diejenigen, welche ich früher angeführt habe, als ich mich auf den gelehrten deutschen Jesuiten Bosizio bezog und mache ich sie deshalb zu den meinigen. Der Leser aber, welcher diesen Gründen nicht beipflichtet und deshalb der buchstäblichen Schriftauslegung die sog. Restitutionstheorie oder die Theorie des h. Augustin, des Pianciani und der andern Konkordisten vorziehen

---

[1]) Lehrbuch der chem. u. phys. Geologie. 1. Aufl. I. 2.

[2]) „Si computationes physicales a Thomson institutas admitteremus, tempus, quod a prima massae ignitae consolidatione (Krustenbildung) usque ad statum terrae praesentem fluxisset, certe non plus quam 200 000 000 annorum nec minus quam 20 000 000 annorum esset, si numerus graduum caloris ponatur fuisse 3000° R. (Quodsi quis 4400° R. — id quod maximum est — ponere velit, tamen tempus non erit nisi 400 000 000 annorum.) Cuius temporis pars maxima consumpta esse dicitur, donec crusta a 3000° ad 60° defervesceret, et organismi aliqui existere possent. Si deinde decimam illius temporis partem periodis tribuamus, in quibus organismi exstiterint, unicuique earum concedenda erunt non plus quam 2 000 000, non minus quam 200 000 annorum. (Cfr. Pfaff: Schöpfungsgeschichte, c. 25.) At non pauci geologi hodie ab illis maximis atque profusis temporum spatiis resipiscunt." T. Pesch: Institutiones philos. natur. pag. 610 nota 1

will, möge auf diese Weise das Recht ausüben, welches die
Religion der Wissenschaft auf ihrem zuständigen Gebiet einräumt.
Er wird auch in diesem letztern Falle mit Freude die Harmonieen
zwischen der Religion und der Wissenschaft auf einer von den
synoptischen Tabellen betrachten können, **worauf man** die Texte
der Bibel und die Aussprüche der Wissenschaft einander gegenüber gestellt hat.

Die erste und erhabenste unter diesen bewunderungswürdigen
Harmonieen betrifft das Dogma von der Schöpfung. Die Religion
und die Wissenschaft lehren zu gleicher Zeit mit dem ersten
Vers der Genesis: „In principio creavit Deus coelum et terram,
im Anfange schuf Gott Himmel und Erde." — „Die Erde, so
fährt der h. Text weiter, war wüst und leer, Finsternis schwebte
über dem Abgrund." Und die Wissenschaft gesteht ihrerseits,
daſs im Anfang alles durcheinander und in Finsternis war. —
In der Genesis liest man: „Gott sprach, es werde Licht, und
es ward Licht." Und die Wissenschaft hält **es** für gewiſs, daſs
das Licht in der That kein substanzielles Fluidum ist, welches
etwa aus der Sonne oder aus irgend einem andern leuchtenden
Körper emaniere oder ausströme, wie Descartes und Newton es
sich dachten, sondern eine Qualität solcher Körper und mehr
noch des Äthers oder einer imponderablen Materie, welche von
den Physikern als das Subjekt der Erscheinungen des Lichtes,[1]
wie auch der strahlenden Wärme, der Elektricität und des
Magnetismus angesehen wird. Dabei ist noch zu bemerken,
daſs diese Wahrheit von streng wissenschaftlichem Charakter
auf natürliche Weise dem Moses nicht bekannt werden konnte,
weil die Undulationstheorie des Lichtes erst ganz neuen Datums
ist, daſs sie also nur auf dem Wege der göttlichen Inspiration
zu seiner Kenntnis gelangte. (?) — Die h. Schrift erzählt: „Gott
sprach, es werde eine Veste d. i. eine groſse Ausdehnung in
Mitte der Wasser, welche die Wasser von Wassern scheide.
Und es bildete Gott die Veste und schied die Wasser, welche
unter der Veste waren, von denen, welche über der Veste waren."

---

[1] Die Peripatetiker definierten das Licht als den actus rei perspicuae:
φῶς δέ ἐστιν ἡ τούτου ἐνέργεια τοῦ διαφανοῦς ᾗ διαφανές. Aristoteles:
Περὶ ψυχῆς, l. 2, c. 7, p. 418. b. 9 f.

Und die Wissenschaft stellt uns den primitiven Erdball als im Wasser untergetaucht vor. — Gott sprach gemäfs der h. Schrift: „Es sammeln sich die Wasser, so unter dem Himmel sind, an Einem Ort und es zeige sich das Trockene." Und die Wissenschaft belehrt uns, dafs in einer bestimmten Epoche die Kontinente gebildet wurden. — Gott sprach: „Es lasse die Erde Gras sprossen, das aufgrünt und Samen trägt, und Fruchtbäume, welche Frucht bringen nach ihrer Art, deren Samen in ihnen selber ist auf der Erde." Und die Wissenschaft verkündet einstimmig, dafs dem Pflanzenreich das Mineralreich, welches jenes unterhalte, vorangegangen sei, und dafs die Pflanzen, jede gemäfs ihrer Art sich durch Zeugung fortpflanzen, **und** betrachtet die Arten als fundamentale Basis aller wissenschaftlichen Einteilung wie auch als das unveränderliche Objekt der Wissenschaft. — Gott sprach ferner: „Es bringe das Wasser Kriechendes hervor .... und Vögel. ... Die Erde bringe hervor lebende Wesen in ihrer Art." Und die Wissenschaft läfst die nämliche Abstufung unter den lebenden Wesen zu, zuerst also die Vegetabilien, wovon in näherer oder entfernterer Weise die Tiere sich nähren, und hernach diese letzteren, welche sicherlich nicht hätten leben können, wäre ihnen nicht vorher die nötige Nahrung zu ihrer Erhaltung bereitet worden, und erkennt bei ihnen die verschiedenen Grade der Vollkommenheit an, wie sie von der h. Schrift ausgesprochen werden, sowie auch ihre unveränderlichen specifischen Typen und die Ordnung ihrer Erzeugung. — Endlich sprach Gott: „Lasset uns den Menschen machen nach **unserm** Bilde und Gleichnisse, der da Herr sei über die Fische **des** Meeres und über die Vögel des Himmels und über die Tiere **und** die ganze Erde **und** über alles Gewürm, das sich **regt auf** der Erde." Und die Wissenschaft sagt uns in Übereinstimmung mit der Genesis, dafs der Mensch in der That die äufserste Grenze der sichtbaren Schöpfung sei, da sich seine fossilen Überreste vorfänden in den letzten Bildungen der Erdrinde, zuweilen vermengt mit den fossilen Überresten der vollkommensten Tiere, welche gleichzeitig mit ihm geschaffen worden sind. Ampère hat also Recht, wenn er sagte:[1] „Die Reihenfolge, worin die

---

[1] Théorie de la terre; s. Revue des deux mondes, 1er Juillet 1833.

organisch gebildeten Wesen auftreten, ist genau die Reihenfolge
der sechs Tagewerke, wie sie uns die Genesis berichtet." Und
ein durch sein Wissen hervorragender Professor Spaniens[1])
durfte dann hinzufügen, dafs der bewunderungswürdige und
providentielle Fortschritt der geologischen Wissenschaft einem
gelehrten Ethnographen unserer Tage und Mitgliede der französischen Akademie folgendes wertvolle Geständnis in den Mund
gelegt habe: „Der Mensch ist nach der Genesis am letzten Tage
erschaffen worden, oder in der letzten Epoche, als schon alle
Tiere auf der Erde erschienen waren und die Organisierung
des Einfachen zum Zusammengesetzten in der Erschaffung der
lebendigen Wesen ihren Gang genommen hatte. Die Geologie
kommt alle Tage mit neuen Beweisen für die Wirklichkeit und
Beständigkeit dieses organischen Fortschritts, indem sie auf eine
untrügliche Weise das Alter einer Erdschichte berechnet nach
den Resten von Pflanzen oder Tieren, welche darin als alte
und ehrwürdige Medaillen der Urwelt eingedrückt sind." —
Ich will nichts von den biblischen Worten sagen: „Gott schuf
den Menschen nach seinem Bilde", weil diese Worte auf würdige
Weise nur von der Wissenschaft ausgelegt werden können,
welche in denselben wie in einem Schriftzeichen ihre ersten
Wahrheiten ausgedrückt sieht, d. i. von der Psychologie, in
deren Lichte man deutlich den Abgrund erblickt, welcher trotz
aller Trugschlüsse von seiten der Anhänger der transformistischen
Entwickelung immer noch die vernünftige Kreatur, der Gott sein
eigenes Bild aufgedrückt hat, von allen übrigen Kreaturen trennt,
die da, weil sie der Vernunft und der Freiheit entbehren, blofs
die Spuren, vestigia,[2]) des göttlichen Schöpfers erkennen lassen.

99. Wenn es die Grenzen und der Charakter der gegenwärtigen Schrift gestatteten, so wäre hier der passende Ort,
um mittels der historischen Erudition und Kritik, unterstützt
von der Archäologie, Ethnographie und Linguistik, nicht blofs

---

[1]) Fernandez Sanchez: Curso completo de historia universal.

[2]) „Cum in omnibus creaturis sit aliqualis Dei similitudo, in sola
creatura rationali invenitur similitudo Dei per modum imaginis .... in
aliis autem creaturis per modum vestigii." S. Thomas: S. th. I. 93. 6 c.
Cf. S. c. g. l. 1, c. 8; S. th. I. 45. 7 c.

den Begriff von der biblischen Schöpfung zu rechtfertigen, sondern auch die hauptsächlichsten der Thatsachen, welche der Verfasser des Pentateuchs berichtet, zu beweisen. Von ihnen allen sind tiefe Spuren im Gedächtnis der Völker zurückgeblieben, und mehr noch, als in ihrem Gedächtnis, in ihren Sprachen und unzähligen Dialekten, in ihren archäologischen und litterarischen Monumenten, in ihren religiösen Institutionen, zumal in ihren Versöhnungsopfern, und endlich in dem System ihrer Glaubenslehren. Wenn ein aufmerksamer Forscher die alten Traditionen studiert, indem er ihre authentischsten und echtesten Zeugnisse befragt, so wird er darin, freilich entstellt, nicht blofs die göttliche **Thatsache der** Schöpfung erkennen, sondern auch den Modus, nach welchem dies Werk der göttlichen Liebe vollbracht worden, und nicht blofs die Gröfse Gottes, wie sie in dem Sechstagewerk sich geoffenbart hat, sondern auch den heiligen Namen Jehovas, die Schöpfung der geistigen Formen **oder der von der Materie** abgesonderten Intelligenzen, die wir Engel nennen, die Empörung der einen und die Treue der andern, den Zustand der ursprünglichen Unschuld unserer Stammeltern im Paradiese (goldenes Zeitalter), ihren kläglichen Sündenfall, dazu von der Schlange angereizt, die Hoffnung, mit welcher sie danach im Vertrauen auf die göttliche Verheifsung sich nach einem göttlichen Erlöser sehnten, welcher kommen sollte, um für unsere Sünden genugzuthun und uns zu retten, die Trennung der nächsten Nachkommen Adams in zwei Völkerstämme oder, wie St. Augustin sagen würde, in zwei Städte, in die Stadt der Gottes- **und in die** der Menschensöhne, die Erbfolge und Langlebigkeit der Patriarchen, die allgemeine Sündflut, Noe und seine Familie, in der geheimnisvollen **Arche** aus den Wassern gerettet, endlich den babylonischen **Turm, wobei der Herr** den menschlichen Hochmut dadurch strafte, dafs **er** die Einheit des Uridioms in die Manchfaltigkeit der Sprachen zerteilte, **welche die Menschen** damals zu reden anfingen, so dafs sie einander nicht verstanden und die Zerstreuung der Menschen über den ganzen Erdenrund, immer anfangend von den Ländern Asiens, der Wiege **des** Menschengeschlechtes. Obgleich indessen diese leuchtenden Beweise für den biblischen Bericht keinen wesentlichen Teil der

vorliegenden Abhandlung ausmachen, sei es mir doch erlaubt,
eine neue Art von Bestätigung der Bibel zu erwähnen, womit
die göttliche Providenz den Beweis und die Verteidigung der
geoffenbarten Wahrheit zu bereichern sich in unsern Tagen gewürdigt hat.

100. Wie merkwürdig! Als der moderne Rationalismus
neue Waffen erfand, um die Offenbarung zu bekämpfen, als die
exegetische Kritik der Schüler Kants und Hegels nur mehr
Mythen in der heiligen Geschichte erblickte, da würdigte sich
Gott, die christliche Exegese und Apologetik zu verjüngen,
indem er es fügte, daß die Toten aus ihren Gräbern aufer-
stunden, um für deren Sache Zeugnis abzulegen. Es ist bekannt,
daß der ob seines Unglaubens berüchtigte Franzose Dupuis, indem er sich auf den zu Dendera entdeckten Tierkreis stützte,
eine Chronologie entwarf, um sie der historischen Rechnung,
wie sie in der h. Schrift figuriert, entgegen zu stellen, eine
Chronologie, welche nicht weniger, als einen Zeitraum von
14 000 bis 15 000 Jahren umfaßte. Als sein Ehrgeiz durch das
Triumphgeschrei, welches ihm entgegenschallte, gestillt war,
verstieg sich dieser Feind des Glaubens zu der Arroganz, in
die Welt hineinzuposaunen: „Ich habe den Anker der Wahrheit
in den Ocean der Zeiten geworfen." Aber, so sagt F. Chabas, ein
gelehrter Archäolog der Neuzeit,[1]) wohin der Anker in Wirklichkeit geworfen worden war, das war der Ocean der Irrtümer.
„Während der Zeit, daß Dupuis sein Buch schrieb, fügt Chabas
hinzu, wurde zu Figeac Champollion geboren, welcher dreißig
Jahre später die ägyptischen Hieroglyphen entzifferte; und nach
seinem Verständnis derselben ist nicht daran zu zweifeln, daß
die famosen ägyptischen Tierkreise keine ägyptischen, sondern
griechische waren, und zwar solche aus der römischen Epoche,
so daß die Chronologie der h. Schrift von ihnen nicht berührt
wurde."[2]) Dies war aber nicht der einzige Dienst, den die
Ägyptologie unsern heiligen Büchern geleistet hat; denn indem

[1]) In seinen Études sur l'antiquité historique, p. 546.
[2]) In den Tierkreisen von Dendera und Esneh las Champollion den
Namen Autokrator, worunter Nero wohl zu verstehen ist. Vgl. Wiseman
A. a. O. S. 422 f.

sie die genaueste Bekanntschaft des Pentateuchs mit ägyptischen
Verhältnissen nachweist und ebendadurch einen Verfasser voraus-
setzt, der, wie Moses, in Ägypten gelebt hat, hat sie, um mit
Dr. Bickell zu reden,[1]) die Authentie des Pentateuchs dargethan.

Noch imposanter aber, als die Entdeckungen in Ägypten,
sind zweifelsohne diejenigen, welche man den Ausgrabungen an
verschiedenen Orten Chaldäas und Assyriens verdankt, Entdeckungen, welche den Namen Assyriologie einer Wissenschaft
gegeben haben, die sich damit befafst, der Welt die Geschichte
ganzer Völker kundzumachen, welche bis jetzt fast vollständig
unbekannt waren. Unter den entdeckten Schätzen ist keiner so
kostbar, wie die zu Kujundschik, dem alten Ninive, gefundenen
Bücher in Keilschrift.[2]) Diese Bücher bestehen aus vielen
Täfelchen von gebrannter Erde nach Art der Ziegelsteine; jedes
Täfelchen bildet ein Blatt, worauf man eingedrückte Schriftzeichen in Form von verschiedenen Keilfiguren sieht, und daher
denn der Name Keilschrift. Welch einer heroischen Geduld,
welch eines grofsen Scharfsinns es bedurfte, um diese geheimnisvollen Zeichen zu entziffern, davon kann man sich schon einen
Begriff machen, wenn man blofs daran denkt, dafs die aus jenen
Zeichen gebildete Schrift ein Gemisch von alphabetischer und
Silbenschrift ist mit einer Zuthat von einigen Symbolen, Umstände, welche vielleicht das Verständnis derselben absolut verhindert hätten, wären nicht gleichfalls einige Syllabarien und
andere analoge Mittel entdeckt worden, welche zur Auslegung
jener Schrift viel beitrugen. Glücklicherweise gelang es endlich
der Geduld im Verein mit dem Genie, den verborgenen Sinn

---

[1]) Zeitschrift für kath. Theologie. Innsbruck. 1877. S. 131.

[2]) Austen Henry Layard, der englische Gesandte zu Madrid, entdeckte sie bei seinen Ausgrabungen, die er 1845—1847 auf den Ruinen-
feldern von Ninive veranstaltete, und publicierte das Resultat seiner
Entdeckungen in dem Werke „Discoveries in the ruins of Niniveh and
Babylon. London. 1853". Nach ihm setzte der gelehrte englische Assyriologe
George Smith die Ausgrabungen zu Ninive fort, das erstemal i. J. 1853
auf Kosten der Eigentümer des ‚Daily Telegraph' und das zweitemal i. J.
1874 im Auftrag des Britischen Museums; die Resultate seiner Expeditionen
legte er in dem Buche nieder: Assyrian Discoveries, an Account of Explo-
rations and Discoveries on the site of Niniveh. London. 1875.

jener Bücher zu verstehen, und sofort erglänzte ein neues Licht vor den Augen der Wissenschaft. Was hat es ihr aber offenbart? Vielleicht einen Widerspruch zwischen der Wissenschaft und dem Glauben, wie wir ihn den alten heiligen Urkunden schulden? O nein; sondern vielmehr neue und die schönsten Harmonieen zwischen beiden, neue und die glänzendsten Zeugnisse zu Gunsten der göttlichen Offenbarung. Was uns diese Zeugnisse verbürgen, das ist, um in kurzen Worten zusammenzufassen, was in Specialwerken klar und ausführlich über die Übereinstimmung jener Bücher mit der h. Schrift gesagt worden: Das Sechstagewerk, der Aufenthalt der ersten Menschen im Paradiese, die Sündflut, die Erbauung des babylonischen Turms, die Verwirrung der Sprachen, kurz die Wirklichkeit vieler biblisch-historischer Thatsachen, welche die moderne rationalistische Exegese für Fabeln hält; all dies wird in jenen Büchern, welche durch den Genius der wissenschaftlichen Forschung ausgegraben worden, vollauf bestätigt. „Wenn die Menschen schwiegen, sagt mit Bezug auf dieses Resultat ein deutscher Gelehrte[1]) unter Berufung auf die Worte der h. Schrift, dann würden angesichts dieser monumentalen Ziegelsteine die Steine reden."[2]) O Wunder, einzig in seiner Art! „Die Zeit, aus welcher das Buch Isaias stammt, sagt Dr. B. Neteler,[3]) wurde früher für eine mythische gehalten; durch die assyrischen Inschriften ist sie jedoch jetzt vollständig in den Kreis der historischen Zeiten eingetreten. Einige Zeit nach der Aufdeckung der alten orientalischen Geschichte hatte es den Anschein, als ob sich unlösbare Widersprüche zwischen den assyrischen und den alttestamentlichen Nachrichten herausstellten; die vermeintlichen Widersprüche hatten jedoch ihren Grund in unrichtigen Identificierungen

---

[1]) Fr. Kaulen: Assyrien und Babylonien nach den neuesten Entdeckungen; s. d. Vereinsschrift der Görresgesellschaft pro 1876. S. 174. Auf derselben Seite dieser vortrefflichen Schrift versichert der Verfasser, dafs „die fortschreitende Kenntnis des assyrischen Altertums zu neuer Ehrfurcht gegen die göttlichen Bücher der heiligen Schrift beitragen" werde.

[2]) „Si hi tacuerint, lapides clamabunt." Luc. 19. 40. „Lapis de pariete clamabit." Habac. 2. 11.

[3]) Das Buch Isaias. Münster. 1876. S. 3.

alttestamentlicher und assyrischer Angaben und in einer irrigen
Berechnung alttestamentlicher Zeitangaben. Die Assyrer, welche
wieder auferstanden zu sein schienen, um den alttestamentlichen
Kanon zu stürzen, wie sie einst die Mauern Jerusalems erbrachen,
müssen jetzt die Thatsachen bezeugen, die man den biblischen
Büchern nicht glauben wollte. Die assyrischen und die biblischen
Angaben bestätigen und beglaubigen sich gegenseitig."

101. Eins der bemerkenswertesten Resultate dieser Entdeckungen ist die Hülfe, welche aus ihnen der Philologie zu
teil geworden ist, um endlich die Frage nach dem einen Ursprung
all der Idiome, welche auf Erden gesprochen werden, entscheiden
und aufser andern Stellen der Schrift auch diesen Vers der
Genesis vollständig bestätigen zu können: „Erat autem terra
labii unius et sermonum eorumdem — es war auf Erden nur
einerlei Sprache und einerlei Rede."[1]) Es ist schon lange her,
dafs die Philologie auf sehr wenige Sprachfamilien die verschiedenen Idiome und Dialekte der Erde zurückführt, welche gemeinsame Elemente d. i. ein und die nämlichen Wurzeln enthalten und dadurch auf ein und dieselbe Herkunft hindeuten;
denn wohlgemerkt, gerade die Wurzeln der Sprachen bilden
das Hauptobjekt der wissenschaftlichen Forschung.[2]) Das letzte
Resultat dieser Forschung nun wird die ursprüngliche Sprach-
einheit, wie sie in der Bibel gelehrt wird, als wissenschaftliche
These feststellen. Es unterliegt in der That keinem Zweifel,
wenn man zu den Fortschritten der Philologie, welche sie in
diesem Punkte gemacht hat, ideologische und historische Gründe
hinzunimmt, die da verbürgen, dafs die Sprachen nicht das Werk
menschlicher Erfindung gewesen sind, und aufserdem auch noch
Gründe der Analogie, hergenommen von der Verwandtschaft, die
man unter den verschiedenen Dialekten ein und der nämlichen
Sprache und unter den verschiedenen aus einem gemeinsamen
Stamme hervorgegangenen Sprachen bemerkt, Gründe, welche

[1]) 1. Mos. 11. 1.

[2]) „Es mufs der Wurzelschatz der einzelnen Sprachstämme einer
sorgfältigen Prüfung und Vergleichung unterzogen werden, ehe über gene-
tische Einheit oder Geschiedenheit der Sprachen abgeurteilt werden kann."
Fr. Kaulen: Die Sprachverwirrung zu Babel. Mainz. 1861. S. 22.

zu dem Schlusse berechtigen, dafs das nämliche auch zutreffen müsse zwischen den ersten Sprachen und derjenigen, welche die Menschen im Anfange geredet haben, — ich wiederhole, es unterliegt dann keinem Zweifel, dafs man jene Bibelstelle ganz wohl für wissenschaftlich bestätigt halten kann.

Betrachtet man übrigens die Frage nach der Ursprache unter dem philologischen Gesichtspunkte, so ist die Wissenschaft noch nicht gerade dahin gelangt, darüber ihr letztes Wort zu sprechen, obgleich freilich anderseits die Erklärungen, welche aus dem Munde ihrer berühmtesten Repräsentanten kommen, sie ohne Zweifel instandsetzen, den Ausspruch zu thun. Max Müller erkennt in der That „die Möglichkeit eines gemeinsamen Ursprungs aller Sprachen" ausdrücklich an.[1] „Welches auch immer die Verschiedenheit in den Formen und Wurzeln der menschlichen Sprachen sein mag, sagt derselbe Gelehrte,[2] es ist trotzdem nicht möglich, daraus irgend ein Argument gegen die Möglichkeit ihres gemeinsamen Ursprungs herzuleiten. So kommt es, dafs die Sprachwissenschaft zu dem hohen Gipfel hinaufführt, von wo aus wir die Morgenröte des menschlichen Lebens auf Erden schauen können, und wo die Worte der Genesis: ‚Es gab damals nur einerlei Sprache auf Erden‘, welche wir so oftmal seit den Tagen unserer Kindheit gehört haben, uns einen natürlicheren, verständlicheren und wissenschaftlicheren Sinn geben, als wir vorher gekannt haben." Bunsen acceptiert die nämliche Schlufsfolgerung und widmet ihr, indem er die ursprüngliche Einheit aller Sprachen ausdrücklich anerkennt, einen grofsen Teil der reichen Erudition, welche sein Werk über die Philosophie der allgemeinen Geschichte enthält. Ich citiere keine andern Autoritäten in dieser Frage, einzig den Dr. Kaulen, Professor der Theologie an der Universität zu Bonn ausgenommen, weil ich für meinen Zweck das Zeugnis derjenigen Gelehrten vorziehe, welche unglücklicherweise aufserhalb der Kirche leben.

---

[1] Letter on the classification of the Turanian languages, citiert von Bunsen in dessen Outlines of the Philosophy of Universal History.

[2] Vorlesungen über die Wissenschaft der Sprache, deutsch von C. Böttger. Leipzig. 1863.

Was nun den eben genannten ausgezeichneten Professor betrifft, so bemerkt er, und das ist eine konstante, nicht zu beseitigende Thatsache, dafs der bisherige Gang der Sprachforschung immer zu dem Nachweis nicht neuer Differenzen, sondern neuer Verwandtschaft[1]) geführt habe, und dafs wir vom Fortschritt der Wissenschaft nichts anders zu erwarten hätten, als dafs sich der verwandtschaftliche Zusammenhang auf stets mehr entweder ungekannte oder unerforschte Sprachen ausdehnen werde, so dafs die Zahl der Familien und damit auch die der Stämme immer kleiner werde. Zum Beweise dieser Behauptung erinnert der genannte Autor an dasjenige, was bereits bei den semitischen und indogermanischen Sprachen zugetroffen sei. Unter ihnen, so sagt er,[2]) habe man vermittels eines tiefgehenden Studiums ihrer Wurzeln Ähnlichkeiten aufgefunden, welche ihren gemeinsamen Ursprung beglaubigen und den gemeinschaftlichen Schatz bilden, den sie besafsen, bevor sie sich voneinander trennten, und damit habe man einen Weg betreten, welcher zu der wissenschaftlichen Erkenntnis der ursprünglichen Einheit hinführe. Auf diesem Wege hat nun die Wissenschaft durch die neuen Entdeckungen in Assyrien einen Riesenschritt nach vorwärts gemacht. Ich habe bereits vorhin auf die Verwandtschaft der semitischen mit den indo-europäischen Sprachen aufmerksam

---

[1]) „Es ist kein Zweifel, dafs in demselben Mafse, als die Sprachvergleichung fortschreitet, sich auch noch ein gut Teil scheinbar bis jetzt vereinzelt stehender Sprachen nach stammverwandtschaftlichen Beziehungen unter die gröfseren Sprachgruppen wird einreihen lassen, und die Zahl dieser Gruppen, im Verhältnis zu der wachsenden der unter ihnen begrifflichen Sprachen, abnehmen wird." Aug. Friedr. Pott in der Allgem. Lit. Ztg. 1837. N. 62, S. 493. Noch deutlicher spricht sich dieser gelehrte deutsche Sprachforscher, von dem K. Güttler (Naturforschung und Bibel. Freiburg. 1877. S. 250) sagt, dafs er an der biblischen Erzählung „keinen besondern Gefallen" finde, über obigen Gegenstand an einer andern Stelle aus, worin er aufrichtig genug ist, sich, wenn auch ungern, zu dem Bekenntnisse zu entschliefsen, dafs sich die Sprachforschung dem einpaarigen Ursprunge aller Menschen und Völker nicht gerade entgegenstellt, und die Aussicht, dereinst für ihn mit schlagenden Gründen einzutreten, von linguistischer Seite nicht zu beanstanden ist." Die Ungleichheit der menschlichen Racen. 1856. S. 272.

[2]) Kaulen: Die Sprachverwirrung u. s. w. S. 22.

gemacht, mit welch letzteren viele Zweige der turanischen
Familie gleichfalls verwandtschaftliche Beziehungen haben. Um
aber den Sprachenbaum zu rekonstruieren, fehlte noch die
Kenntnis einiger Idiome, welche verschwunden waren. „Glücklicherweise füllen die zweisprachigen Täfelchen, sagt Abbé Vigou-
roux,[1]) welche man in der Bibliothek Assurbanipals gefunden
hat, eine von diesen Lücken aus, weil neben der assyrischen
Sprache, welche von den einen die acadische und von den andern
die sumerische genannt wird und zu der turanischen Familie
gehört, nach der Meinung Opperts die Sprache der Sumirs das
Band der Vereinigung dieser Familie mit der indo-europäischen
sein werde. Oppert hat schon selbst in der sumerischen Sprache
viele Wurzeln entdeckt,[2]) welche auch im Sanskrit vorkommen."

102. Nun mache ich dieser Abschweifung ein Ende, indem
ich mit Freude bemerke, daß, wie jede Entdeckung des wissenschaftlichen Genius der Menschheit dazu dient, das Dogma der
göttlichen Providenz in neues Licht zu stellen, so auch diese
selbe Providenz, welche so sorgfältig darüber wacht, daß das
Licht unter den Menschen nicht verschwinde, noch auch sich
vermindere, zur bezeichneten Stunde der Wissenschaft zu Hülfe
kommt, um sie durch die Betrachtung der Dinge, welche geschehen, dahin zu bringen, daß sie die Wahrheit, welche in
dem ewig dauernden Worte Gottes[3]) enthalten ist, aufrichtig
eingesteht.

---

[1]) In seinem ausgezeichneten Werke: La Bible et les découvertes
modernes en Égypte et en Assyrie. Paris. 1877.
[2]) Cours d'Épigraphie assyrienne, leçon pron. le 14. Janvier 1873.
[3]) „Verbum autem Domini nostri manet in aeternum " Is. 40. 8.

Dritter Teil.

Die Wissenschaft kann den katholischen Dogmen nicht widersprechen, ohne sich selbst zu leugnen.

„Der jetzige Kampf ist der Kampf des christlichen Glaubens gegen die Philosophie, die sich losgelöst hat von dem Boden des christlichen Glaubens."

Herm. von Mallinckrodt.

Kapitel I.

Die falsche Wissenschaft.

103. Bis hieher war ich bemüht, mit Vernunftgründen, hergenommen vom Ursprung und Objekte der Religion wie der Wissenschaft, direkt zu beweisen, daſs die beiden sich nicht widersprechen können. Das nämliche muſs ich noch mit zwei andern Arten von Beweisen darthun, von denen der eine der aposteriorische Beweis und der andere der Beweis ad absurdum heiſst. Der Beweis a posteriori reduciert sich im gegenwärtigen Falle darauf, daſs man die zu beweisende Wahrheit aus den Thatsachen ableitet, indem nämlich gezeigt wird, wie man daraufhin, daſs die Geschichte des menschlichen Geistes im Verlaufe der Vergangenheit keine einzige wissenschaftliche Wahrheit verzeichnet, welche gegen die Wahrheit des Glaubens streitet, ganz wohl behaupten darf, daſs auch in allen zukünftigen Zeiten niemand imstande sein wird, zwischen dem Worte Gottes und dem Worte der menschlichen Vernunft Feindschaft zu setzen. Dieser Beweis hätte vor Jahrhunderten, als einige Wissenschaften

noch im Zustande ihrer Kindheit sich befanden, in der That
keine Kraft gehabt; damals konnte man jene Wahrheit nur
a priori beweisen, nur mit innern oder wesentlichen Gründen.
In den heutigen Zeiten aber, wo die menschliche Vernunft alle
Reiche der Natur erforscht und über jede ihrer Arten so viele
und so schätzenswerte Kenntnisse angesammelt hat, heutzutage,
wo die wunderbaren Fortschritte, deren die Vernunft mit Recht
sich rühmt, faktisch existieren, wo die physischen, chemischen
und biologischen Gesetze formuliert sind, welche den Ursprung,
die Bildung und die gegenseitigen Beziehungen der Dinge beherrschen, und die Wissenschaft es vielleicht erreicht hat, in
dem ganzen System der Schöpfung gleich Linné[1]) die Spuren
jener unendlichen Weisheit zu sehen, von welcher ebensowohl
die natürliche Ordnung der Wissenschaft, als die übernatürliche
Ordnung der Offenbarung ausgeht, ist es da nicht gerecht, ein-
zugestehen, daß zwischen beiden Ordnungen nicht nur keine
Widersprüche, sondern beständige Harmonieen obwalten, gegen
welche die Wissenschaft in Zukunft kein Zeugnis mehr ablegen
kann, ohne sich selbst zu negieren, indem sie mit eigener Hand
das Gebäude zerstört, welches sie in diesem Jahrhundert zu
errichten die Mission zu haben scheint? Nein, sie kann es nicht;
die Vergangenheit bürgt für die Zukunft, die Naturgesetze sind
auch in der Region des Wissens konstant, und wenn eines von
ihnen bis jetzt die Übereinstimmung der wahren Wissenschaft
und des Glaubens war, wovon die Werke und auch die Religiosität der berühmtesten Gelehrten Zeugnis ablegen, so ist
nicht daran zu zweifeln, daß diese schöne Übereinstimmung in
den zukünftigen Zeiten auch von den Fortschritten bestätigt
werden wird, welche die göttliche Vorsehung dem Genie des
Menschen noch vorbehalten hat.

104. Ich habe gesagt · die wahre Wissenschaft, weil es
nämlich bekannt ist, daß es neben ihr, in vielen Dingen mit
ihrem Gewande auftretend, eine **Pseudo-Wissenschaft** gegeben
hat, giebt und immer geben wird, welche verschiedene Gestalten
annimmt, unter denen sie unaufhörlich „das einzige Thema der

---

[1]) Vgl. den Eingang zu seinem Systema naturae; sieh oben S. 142.

Weltgeschichte", wie Göthe sagt, d. i. den Kampf des Unglaubens gegen den Glauben fortsetzt. Alle Jahrhunderte sind
in der That Zeugen dieses Kampfes gewesen, und in ihnen allen
waren die Freunde der Wahrheit genötigt, gegen jenen Proteus
zu streiten, der immer besiegt und doch niemals vernichtet
wurde, weil er aus einem Geiste hervorgeht, der nicht stirbt.
In unsern Zeiten ist aber jener Kampf stärker und hartnäckiger
entbrannt, als jemals, ohne Zweifel deshalb, weil der Gegner,
welcher sich bis jetzt, wie ein zweiter Sisyphus, vergeblich an-
gestrengt hatte, den Stein, den er in seinen Händen trägt, auf
den Gipfel des heiligen Berges zu setzen, die Illusion gefafst
hat, dafs er dies jetzt erreichen werde, weil ihn dabei die
Macht der Wissenschaft, die heutzutage weiter und wirksamer
sei, unterstütze.[1]) Es entspricht deshalb dem Zwecke meiner
Arbeit, die Gründe zu prüfen, welche die moderne antichristliche
Wissenschaft gegen die Wahrheiten des Glaubens anführt. Denn
da diese Gründe virtuell oder explicite die eingebildeten Konflikte enthalten, so erscheint mit dem Beweise ihrer Falschheit
und Unhaltbarkeit das argumentum a posteriori, wovon ich zuvor
gesprochen habe, vor den Augen der Vernunft von einer unbesiegbaren Kraft, indem es vielleicht für immer den definitiven
Sieg der Wahrheit über den Irrtum bestätigt und verbürgt.
Hieran knüpft sich eine andere Erwägung von ganz besonderer
Wichtigkeit, die nämlich, dafs die kritische Prüfung der Fundamente, worauf die falsche Wissenschaft sich stützt, sicherlich
nicht blofs dazu dienen wird, die katholischen Glaubenslehren
gegen die Angriffe des Irrtums zu verteidigen, sondern auch
dazu, jene Wissenschaft des wissenschaftlichen Charakters gänzlich
zu entkleiden, und zwar durch den Beweis, dafs sie von der
wahren Wissenschaft blofs den Namen hat und in Wirklichkeit
nicht weniger der Feind der Wissenschaft, als der der Religion
ist. Und daraus darf man dann schliefsen, dafs die Widersprüche, welche gegen die übervernünftigen Mysterien des
Glaubens erhoben werden, zugleich auch Widersprüche gegen

---

[1]) So Abbé Moigno; vgl. Cornoldi: Prolegomeni sopra la Filosofia
italiana et Trattato de la esistencia di Dio. Bolonia. 1877. p. 8 u. 15.

die vernunftgemäfsen Wahrheiten der Wissenschaft sind, dafs
mit andern Worten die Sache der Religion und die der Wissenschaft eine und dieselbe ist, gegen die sich im Namen der
letzteren diejenigen verschwören, welche nichts Geringeres im
Schilde führen, als beiden den Todesstreich zu versetzen.
Fafst man die angeblichen Widersprüche zwischen der
Religion und der Wissenschaft ins Auge, so ist es unschwer
zu bemerken, dafs diesen Namen einige einfache Schwierigkeiten
nicht verdienen, welche dem Gelehrten auf dem Gange seiner
Untersuchungen zufällig begegnen, wenn er seine Resultate mit
den göttlichen Wahrheiten vergleicht und zwischen beiden eine
Art von scheinbarem Widerspruch entdeckt, der sich bei einem
bedächtigeren und tiefergehenden Studium sofort löst. Jene
Konflikte sind nichts anders, als die notwendige Konsequenz des
Systems, welches sich mit dem Namen der Wissenschaft schmückt
und dabei durchaus und absolut den katholischen Glaubenslehren
feindselig ist. Ja, der Konflikt ist hier das wesentliche und
konstante Gesetz, welches aus dem Schofse der andersgläubigen
oder falschen Wissenschaft seinen Ursprung herleitet und bei
ihrem Aufbau wie auch in allen Teilen ihres Organismus sich
bewährt. Aus diesem Grunde ist es nötig, vor allem auseinander
zu setzen, wie die Wissenschaft, welche sich in unsern Tagen
selbst als Feindin des Glaubens ankündigt, sich gebildet hat
und welche Principien sie in sich schliefst.

105. Als zu Ende des vergangenen Jahrhunderts der Materialismus in Frankreich seinen grauenhaften Triumph feierte,
entstand in Deutschland eine philosophische Schule, welche anscheinend auf dem entgegengesetzten Wege zu dem nämlichen
Resultate führen sollte. Schon in der Grundlage des kritischen
Systems Kants sowie auch in gewissen wissenschaftlichen Erklärungen dieses Philosophen konnte man Keime bemerken,
welche die neuen Lehren sattsam aussprachen. Was aber hauptsächlich die kritische Philosophie ausmachte, das waren die
Principien des Idealismus sowie auch des pantheistischen Realis-
mus, welche Fichte, Schelling, Hegel und Schopenhauer bis zu
ihren letzten Konsequenzen fortführten. Der Denker von Königsberg hatte, um so mich auszudrücken, eine Linie zwischen dem

Denken und dessen Objekte gezogen, indem er das letztere als
das Ding an sich betrachtete, welches dem intuitiven und auch
dem diskursiven Erkennen der Vernunft ganz und gar unzugänglich sei. Seine Schüler aber, ohne Zweifel logischer als
ihr Meister, trugen kein Bedenken, das Ding an sich zu beseitigen, indem sie den kantischen Dualismus in die absolute
Einheit von Sein und Denken aufgehen liefsen. Für Hegel, den
konsequentesten unter ihnen, war Denken und Sein das nämliche;
und so setzte der Urheber der neuen Logik an Stelle Gottes,
von dem die christliche Philosophie immer gelehrt hatte, dafs
er die Welt, das Werk seiner Hände, unendlich übersteige und
übertreffe, seine eigene Idee, welche zu gleicher Zeit das Sein
sei, aber ein unbestimmtes und leeres Sein, welches infolge des
Gesetzes des Werdens, das ihm von den Philosophen gegeben
wurde, die Reihe seiner Entwickelungen hervorbringe, anfangend
mit der Materie, dem ersten Glied dieses Processes, und endigend
mit dem Menschen, worin die Idee sich ihrer selbst bewufst
werde. Wir erhalten hier also gewissermafsen eine vergöttlichte
Welt; weil Hegel und seine Schule ihr den Namen und so zu
sagen einige Überbleibsel Gottes beilegen, eine Welt, aufserhalb
deren nach diesen Philosophen nichts existiert und nichts existieren kann, eine Welt, oder wenn man will, die einfache
Materie, welche, angetrieben durch das Gesetz des Werdens
und des Fortschritts, sich umwandelt und umbildet in die unzähligen Wesen des Universums.

Das ist aber zweifelsohne der Hauptgedanke des zeitgenössischen Materialismus, zu welchem der Pantheismus, wie
er auf virtuelle Weise in dem dualistischen System Kants enthalten ist, mit logischer Notwendigkeit hingeführt hat. Hören
wir hierüber die bemerkenswerten Worte A. Riehls, eines deutschen Professors. „Die Voraussetzung zur Beilegung des Streites
um jene Vernunftwesen (Gottheit, Freiheit, Unsterblichkeit), sagt
er,[1] ist bei Kant der Dualismus; der Beschränkung des Wissens

---

[1] Der philosophische Kriticismus und seine Bedeutung für die positive
Wissenschaft. Bd. 1, S. 230. — „Nach Riehl, so bemerkt T. Pesch S. J.
(Die moderne Wissenschaft betrachtet in ihrer Grundfeste. Freiburg. 1866.
S. 59), ist also das, was Kant Sinneserscheinung nennt, schlechthin

durch den Glauben entspricht die Begrenzung der sinnlichen
Welt durch ein intelligibeles Reich. Die Philosophie unserer
Wissenschaft dagegen ist der Monismus. Die naturwissenschaft-
lichen Entdeckungen dieses Jahrhunderts, namentlich die prin-
cipiellen Fortschritte des Naturerkennens, also das Erhaltungs-
gesetz der mechanischen Kraft, die Lehre von der Einheit und
Kontinuität des Lebens, zwingen uns, im Princip der Welt-
konception positiv abzuschliefsen; sie gestatten uns nicht mehr,
aus irgend welchen Rücksichten aufser der Wirklichkeit eine
Überwirklichkeit, sei es auch nur problematisch, anzunehmen.
Der Dualismus ist als wissenschaftlich überwunden zu betrachten."
Es ist nicht nötig, zu erklären, dafs diese über die sinnlich
wahrnehmbaren Thatsachen erhabene und für die moderne Wissenschaft unzulässige Wirklichkeit diejenige ist, welche zum Reiche
des Intelligibelen gehört. Es giebt in ihren Augen also keine
andere, als die positive Wirklichkeit, welche man mit den Sinnen
wahrnimmt, mit andern Worten keine andere, als die Materie
und die aus ihr entstandene Welt. Auf diese Weise ist die
genannte Wissenschaft, indem sie sich auf die Entdeckungen
und Fortschritte der Naturwissenschaften berief, an dem nämlichen Punkte angekommen, an welchem der deutsche Transcendentalismus schliefslich stillhalten mufste, an dem materialistischen
Positivismus. Bevor wir weiter gehen, sei uns eine Reflexion
gestattet, welche nicht unzweckmäfsig sein dürfte.

106. Die Überwirklichkeit, wovon Professor Riehl spricht,
freilich nur, um sie zu leugnen, ist wie gesagt nichts anders,
als das intelligibele Reich der Wahrheiten, welche über die
sinnliche Erfahrung hinausgehen und das Objekt der Vernunft-
wissenschaften bilden, und dazu gehören z. B. die Existenz und
die Eigenschaften Gottes, die Geistigkeit und Unsterblichkeit
der menschlichen Seele, die Freiheit des Willens. Dieser höhern
intelligibelen Realität sind übergeordnet die übervernünftigen
Wahrheiten der Offenbarung und des Glaubens, ähnlich wie die

‚Wirklichkeit'; alles andere ist ‚Überwirklichkeit', d. h. nichts." Damit ist
also die von Kant begonnene deutsche Philosophie in den reinen metaphysischen Nihilismus geraten, worin sie sich ganz gut mit der Physik der
Positivisten verschwistert.

rein intelligibelen Dinge über die Grenzen der Erfahrung hinausragen. Der positivistische Empirismus nun, welche heutzutage
sich anmaßt, die ganze Wissenschaft innerhalb so enger Grenzen
zu bilden, verfährt mit den intelligibelen Wahrheiten nicht
anders, als es der Rationalismus unserer Zeit mit den übernatürlichen Wahrheiten gethan hat, d. h. er unterdrückt sie.
In der That, sobald der theologische Rationalismus, welcher in
Frankreich von Cousin, einem Schüler Schellings und Hegels,
vertreten ist, dem menschlichen Geist die unmittelbare Anschauung des Absoluten zuschrieb, war es eine natürliche Folge,
daß er für ihn auch die Erkenntnis der Wahrheiten der übernatürlichen Ordnung d. i. die Wissenschaft der Glaubensgeheim-
nisse in Anspruch nahm, indem er die Linie, welche die übervernünftigen Dinge von denjenigen trennt, die wir hienieden nach
menschlicher Art erkennen können, austilgte und auf diese Weise
das heilige Dunkel des Glaubens in Vernunfteinsicht umwandelte.
Als es aber trotz alledem der rationalistischen Philosophie nicht
gelang, die christlichen Dogmen, welche wirkliche Geheimnisse
für den Menschen sind, zu begreifen, hielt sie sich für berechtigt, dieselben in rein philosophische Begriffe umzuwandeln,
nachdem sie dieselben „dem Lichte alles Lichtes und der Autorität aller Autoritäten", wie Cousin die Philosophie nannte,[1]
unterthänig gemacht hatte. „Nachdem sie das Symbolum ange-
betet haben (Cousin nennt das christliche Geheimnis Symbolum),
fühlen die Menschen die Notwendigkeit, sich von ihm Rechenschaft zu geben; der Ausdruck ‚sich Rechenschaft von dem
Symbolum geben' ist allerdings stark, aber ich wiederhole ihn.
Und auf welche Weise soll sich die Vernunft von dem Symbolum
Rechenschaft geben? Nur auf eine Art, nämlich durch Auflösung und Umwandlung desselben in reine Begriffe, welche die
Vernunft danach prüft und über welche sie ihr definitives Urteil
ausspricht."[2]

Auf diese Weise stellte sich die Philosophie, nachdem sie
alle jene Wahrheiten auf bloße Begriffe der reinen Vernunft

---

[1] „La philosophie est donc la lumière de toutes les lumières, l'au-
torité des autorités." Introduct. à l'histoire de la philos. leç. 1.

[2] Ebend.

reduziert hatte, als einzigen obersten Richter in Sachen der geoffenbarten Wahrheiten hin und verachtete dabei die Autorität
Gottes und der Kirche, was nichts anders, als ein kühner Angriff auf die übernatürliche Ordnung war, um die unbegreiflichen
Dogmen unter dem Vorwande zu unterdrücken, dafs sie in vernunftgemäfse Wahrheiten umgewandelt würden. Zu diesem
kühnen Vorgehen hatte schon der Vater des deutschen Rationalismus durch sein Wort und Beispiel in seinem Werke „die
Religion innerhalb der Grenzen der blofsen Vernunft" den Weg
gezeigt. So war z. B. der Sohn Gottes in den Augen Kants
nichts anders, als die Idee, welche Gott von der menschlichen
Vollkommenheit hat, das Geheimnis der Inkarnation die Idee,
welche der Mensch von der nämlichen Vollkommenheit besitzt,
die Erlösung und Heiligung der Menschen der Akt derjenigen,
welche das Joch der positiven Glaubenslehren abwerfen, um
sich zum Begriff der Vernunftmoral zu erheben; und ähnliches
gilt von den übrigen Geheimnissen des Glaubens. Es ist bekannt, dafs die deutsche Philosophie auf diesem Wege weiter
ging. Cousin, ihr treuer Vertreter in Frankreich, ein Schüler
Schellings und Hegels, wie er selbst eingesteht, trug kein Bedenken, von den übernatürlichen Wahrheiten des Christentums
„sich Rechenschaft zu geben", indem er sie dem Urteile dessen
unterwarf, was auch er „die absolute Intelligenz und die absolute
Erklärung aller Dinge" nannte.[1]) Eines von den Beispielen
dieser sonderbaren Erklärung, die man hier anführen könnte,
betrifft das Dogma von der allerheiligsten Dreifaltigkeit. Indem
Cousin den Hegel wiederholte oder parodierte, sagte er:[2]) „Gott
ist unendlich und endlich zugleich, schliefslich dreifach, nämlich
Gottheit, Natur und Menschheit. In der That, wenn Gott nicht
alles ist, ist er nichts. . . . Überall gegenwärtig kehrt er auf
irgend eine Weise zu sich selbst zurück in dem Bewufstsein
des Menschen, dessen Mechanismus und phänomenale Dreifachheit
indirekt von Gott gebildet wird, und zwar durch den Reflex
seiner eigenen Kraft und durch die substanzielle Dreifachheit,

[1]) „L'intelligence absolue, l'explication absolue de toutes les choses."
Ebend.
[2]) Fragments philosophiques. t. 1, p. 76.

welche mit Gott selbst absolut identisch ist." Merkwürdig!
Die Wissenschaft, welche die Ideeen der übernatürlichen Ordnung
unterdrückte, indem sie die Religion in die Grenzen der Vernunft einzwängte und auf diese Weise die Wahrheiten unter
den Menschen verminderte, brachte es nicht einmal dahin, die
erhabenen Begriffe der Metaphysik zu retten. Denn, wie man
aus den soeben angeführten Worten Cousins und aus vielen
ähnlichen Stellen dieses und anderer Parteigänger der deutschen
Philosophie ersehen kann, ist es der Pantheismus d. i. der ver-
steckte Atheismus, wie Bossuet ihn nennt, bei welchem die
Vernunft landen mußte, nachdem sie sich gegen das Dogma,
so wie es von der Kirche gelehrt wird, empört hatte.

107. Aber fürwahr, eine kleine Strafe genügte noch nicht;
es geziemte sich, daß der Hochmut des Rationalismus, welcher
die Wissenschaft korrumpiert hatte, eine Demütigung erlitt,
welche dem Verbrechen entsprach, wie es die Vernunft dadurch,
daß sie sich vermaß, sich für das Wort Gottes zu halten, begangen hatte. Und sieh da, der Materialismus des achtzehnten
Jahrhunderts, den die Vernunft für immer verurteilt zu haben
schien, zumal da sie das fluchwürdige Götzenbild, welches er
an die Stelle Gottes setzte, und das Blut gesehen hatte, womit
er dessen Altar benetzte, der Materialismus, sage ich, erwachte
trotz seines verhaßten Andenkens und seiner unermeßlichen
wissenschaftlichen Nichtigkeit von neuem mit ungewöhnlicher
Macht, sprach dem Menschen alle vernünftige Erkenntnis ab
und legte ihm, um ihn zu demütigen, die Worte in den Mund:

„Den Göttern gleich ich nicht! Zu tief ist es gefühlt;

Dem Wurme gleich' ich, der den Staub durchwühlt."[1]
Nichts war gerechter, zugleich auch vielleicht nichts heilsamer
für jedweden, welcher die Größe und Würde des Menschen
inmitten und trotz seiner Irrtümer nicht zu unterscheiden weiß.
Sehr gut bemerkt der gelehrte Apologet Hettinger:[2] „Die An-
maßung der subjektiven, individuellen, endlichen und beschränkten
Vernunft, alles zu begreifen, alles mit ihrem beschränkten Maße
messen zu wollen, selbst die Geheimnisse des göttlichen Lebens,

---

[1] Göthe: Faust. Teil 1 (Nacht).
[2] Apologie des Christentums. Bd. 1, Abt. 1, S. 93 f.

führt notwendig in die trostlose Öde des allgemeinen Zweifels, in den Sumpf des Materialismus zurück. In den unleugbar verwerflichen Resultaten ist demnach die Falschheit des Princips nur um so deutlicher an den Tag getreten." Diese letzten Worte enthalten die Lektion, welche jeder urteilsfähige Denker aus einer so grofsen Zurechtweisung ziehen soll.

108. Im Vorausgegangenen haben wir indessen den unmittelbaren Grund, woraus sich das Aufkommen der positiven Lehren nach dem pantheistischen Idealismus der deutschen Philosophie erklärt, noch nicht angegeben. Der nächste Grund dieses Ereignisses lag, wie ein deutscher Philosoph bemerkt, darin, dafs die von den verworrenen und leeren Spitzfindigkeiten der Hegelschen Logik ermüdeten Geister gründlich zu Werke gehen, dafs sie das unter der Hülle der Idee verborgene Blut und Fleisch sehen und betasten wollten.[1]) Dazu kam eine andere

---

[1]) „Nach Hegel, sagt Chr. Pesch (Stimmen aus Maria-Laach. Jahrg. 1879. Bd. 17, S. 258), stellt sich die Welt dar als eine Entwickelung des Absoluten; damit ist der ‚Gott der Theologie' abgesetzt und die Schöpfung beseitigt. Konsequent bleibt nichts mehr übrig, als die Wirklichkeit der Materie. Nicht ganz grundlos fragt darum L. Feuerbach: Wenn nach Hegel die Philosophie sich mit dem Wirklichen beschäftigen soll, was ist eigentlich das Wirkliche? Nicht das blofse Objekt des Denkens, denn das sind auch die platonischen Ideeen. Der Gegenstand ist wirklich, wenn er aufhört, purer Gedanke zu sein, wenn er Nichtdenken, wenn er sinnlich wird. ‚Das Wirkliche in seiner Wirklichkeit oder als Wirkliches ist das Wirkliche als Objekt des Sinnes, ist das Sinnliche. Wahrheit, Wirklichkeit, Sinnlichkeit sind identisch. Nur ein sinnliches Wesen ist ein wahres, wirkliches Wesen.' Folgt, dafs ‚der Leib in seiner Totalität mein Ich, mein Wesen selber ist.' Ferner mufs das Allerwirklichste, das, was wir Göttlich nennen, auch das Allersinnlichste sein, und so wird ‚das Sinnliche als das göttliche Wesen ausgesprochen und anerkannt." Das sind die Schlufsfolgerungen der Hegelschen Logik: reiner Materialismus. Man darf sich daher nicht verwundern, dafs der Positivismus das, was auf dem Grunde der deutschen Philosophie lag, als Erbschaft antrat und dabei sie doch lächerlich machte und über sie spottete, bis zu dem Grade, dafs Büchner über eine solche Philosophie sagte: „Die Zeiten sind vorüber, wo die gelehrte Wortmacherei, die philosophische Windbeutelei und die geistige Taschenspielerei im Schwunge waren." Vgl. P. Janet: Der Materialismus unserer Zeit in Deutschland. Aus dem Französischen übersetzt von Reichlin-Meldegg. Paris u. Leipzig. 1866. S. 2.

nicht minder wichtige Erwägung, die nämlich, dafs die Transcendentalwissenschaft vollständig die Hoffnung derjenigen getäuscht hatte, welche, auf deren Versprechungen vertrauend, glaubten, aus dem Munde der Philosophen die Offenbarung der Naturgeheimnisse zu hören. Nach dem Gaukelspiel der Transcendentalphilosophen kam sofort die Ernüchterung und zuletzt nicht blofs die Verachtung der Transcendentalwissenschaft, welche sie mit Recht verdiente,[1] sondern auch der wahren Metaphysik und überhaupt aller Wissenschaften, welche nicht in der Sinnenerkenntnis wurzeln, da man schliefslich keine andere Realität, als die sinnliche, mehr anerkannte. Und weil auf der andern Seite mit dieser Entwickelung der Dinge der stets wachsende Fortschritt der Naturwissenschaften zusammentraf, veranlafst und geleitet durch das Induktionsverfahren, das zum Ausgangspunkt die Erfahrung hat und der apriorischen Methode der sog. Wissenschaft des Absoluten, welche in sich selbst nicht

---

[1] „Wenn wir, sagte schon Cuvier, alle physikalischen Wissenschaften der Beobachtung und Induktion zuschreiben, so geschieht das nicht etwa deshalb, weil wir die neuen ausländischen metaphysischen Versuche nicht kännten, die darauf abzielen, die Naturphänomene mit den Principien der Vernunft in Verbindung zu bringen und sie a priori zu beweisen oder, wie sich jene Metaphysiker ausdrücken, sie von ihrer Bedingtheit zu befreien.... In der Anwendung dieser Principien auf die verschiedenen Arten von Phänomenen haben wir nichts anders gesehen, als ein falsches Spiel des Geistes, bei welchem es keinen andern Ausweg geben kann, als den mit Hülfe figürlicher Ausdrücke, die bald in diesem, bald in jenem Sinne genommen werden, und bei welchem man sehr bald die Unsicherheit seines Fortgangs entdeckt, weil diejenigen, welche sich für Leiter desselben ausgeben, das Ziel nicht kennen, wohin ihre seltsame Methode nach ihrem Wunsche sie führen soll. In der That, der gröfste Teil derjenigen, welche sich dieser Art von spekulativen Studien ergeben haben, sind, da sie die Thatsachen nicht kennen, nicht einmal jene, die sie zu beweisen hatten, bei solch wahrheitswidrigen Schlufsfolgerungen angekommen, dafs letztere für sich allein genügen dürften, die Methode derselben zu verdächtigen." Discours sur les sciences naturelles. Es ist also nicht zu verwundern, dafs die Naturphilosophie der Transcendentalphilosophen in dem gelehrten Deutschland zu Boden sank. „Die Geringschätzung, welche diesem System zuteil wird, sagt Büchner (vgl. Janet: A. a. O. S. 12), ist von der Art, dafs der Name Naturphilosophie nur noch ein Wort der Verachtung in der Wissenschaft ist."

weniger falsch ist, als unfruchtbar an positiven Resultaten,
schnurstracks entgegen steht, so gab schliefslich die empirische
Beobachtung der Vernunftspekulation schlechtweg den Scheide-
brief und verwies sie in das Reich der Chimären. Dem ist
noch hinzuzufügen, dafs die deutschen Systeme der transcenden-
talen Logik und Metaphysik, als sie sich verflüchtigten, in den
Kabinetten der Physik und Chemie, worin die Erfahrungswissenschaft betrieben wird, in Form eines Überbleibsels ihr Princip
des Werdens zurückliefsen, welches von der neuen monistischen
Wissenschaft unter dem Namen Kraft aufgenommen wurde, und
dafs dann, ähnlich wie Hegel seiner Idee jene dialektische Bewegung zuerkannt hatte, wodurch sie nach dem Gesetze des un-
begrenzten Fortschritts allmählich entfaltet und entwickelt wurde,
so die neuen Gönner der Evolution oder Entwickelung ihrer
ersten Materie die aufwärts schreitende Bewegung verliehen,
wodurch sie zu einer unerschöpflichen Quelle des Lebens und
selbst der Intelligenz werden sollte. Ist es noch nötig, hinzuzufügen, dafs der Darwinismus, welcher zuletzt auf die Bühne
trat, dazu gedient hat, jener neuen Art von Materialismus einen
Impuls zu geben und zwar durch seine bekannte Lehre von
der Transformation der Arten, welche angeblich von der be-
wufstlosen Natur blind bewirkt wird, nicht aber nach einem
vorgefafsten Plane von der Vernunft des Schöpfers?

109. Dies ist der Ursprung des Monismus, d. i. der All-
Einslehre oder Identitätphilosophie, worin der Geist des alten
Unglaubens sich verkörpert hat, um den Krieg fortzusetzen, den
er seit den Zeiten eines Celsus im Namen der Wissenschaft
geführt hat. Nunmehr wollen wir die Hauptgedanken der monistischen Schule in Deutschland kennen lernen. Zu ihr kann
man übrigens auch die französischen Positivisten Littré und
Taine sowie die übrigen mehr oder minder treuen Schüler des
August Comte rechnen; denn die letztern stimmen mit den Anhängern der erstgenannten Schule darin genau überein, dafs sie
für die Wissenschaft keinen andern Ursprung anerkennen, als
die Beobachtung der Thatsachen, die wir mittels der Sinne
wahrnehmen, dafs sie diese mit andern Worten als die einzige
Quelle der menschlichen Erkenntnis betrachten und infolge dessen

der Metaphysik die Würde einer eigentlich so zu nennenden Wissenschaft absprechen, um sie samt der Religion in blofse Begriffe des Verstandes, denen aufserhalb desselben keine Realität zukomme, aufgehen zu lassen. Welches sind denn nun die Dogmen dieser Wissenschaft, welche die Begriffe, die einfachen sowohl, als die zusammengesetzten Begriffe, die zu dem Gebiete der übersinnlichen Dinge gehören, und nicht minder die Artikel oder Wahrheiten der übernatürlichen Ordnung so herabwürdigt?

Im Namen der Wissenschaft lehren viele moderne Gelehrte: 1. die Ewigkeit der Materie, mit andern Worten, dafs die Welt nicht aus Nichts geschaffen worden sei; 2. die graduelle Umwandlung der anorganischen Wesen in organische, der Pflanzen in Tiere und der Tiere in Menschen; 3. dafs der Mensch ähnlich einer Dampfmaschine das Werk eines reinen Mechanismus ist, welcher einer vernünftigen und freien Seele entbehrt, weil der Gedanke eine Funktion des Gehirns ist und die Thätigkeiten seines animalischen Lebens einfache Äufserungen des Instinktes sind; 4. dafs im Universum alles nach den Gesetzen des Fatums geschieht und nicht nach irgend einem Plane, den eine von der Welt verschiedene und ihr übergeordnete Intelligenz vorausgefafst hätte, oder, was das nämliche ist, dafs weder die Welt noch irgend etwas in ihr auf einen Zweck hingeordnet ist noch auch von der Vorsehung regiert wird. Das ist das letzte Wort der modernen Wissenschaft, die sich von Gott und der Kirche losgetrennt hat.

Nun stehen aber diese betrübenden und falschen Schlufsfolgerungen nicht blofs in einem absoluten Widerspruch mit der katholischen Religion, sondern zugleich mit der Wissenschaft, sie auf ihrer obersten Stufe betrachtet, d. i. mit der Wissenschaft von den Wahrheiten, welche jede sinnliche Erkenntnis und Erfahrung übersteigen, mit der höchsten Wissenschaft, welche die Existenz Gottes und die der geistigen Seele des Menschen beweist, mit der Wissenschaft, welche, von dem Dogma von der Schöpfung erleuchtet, das Universum im Lichte dieser Wahrheit betrachtet und mit ihr den immensen Reichtum, die Harmonie, Schönheit und Einheit der Welt erklärt, kurz mit der Wissenschaft, welche sich gerühmt hat, die Freiheit des Menschen und

die Vorsehung Gottes zu beweisen und sie auch in der Reihenfolge der Ereignisse, welche das Drama der Geschichte bilden,
klar zu erkennen. Was ist aus der Wissenschaft in den Schulen
geworden, welche im Namen derselben solche Irrtümer lehren?
Es sei mir, bevor ich zu ihrer Prüfung übergehe, gestattet, kurz
den Gedanken auszudrücken, worin sich der Positivismus unserer
Zeit zusammenfassen läfst, er, der da jene Irrtümer erzeugt und
überallhin verbreitet zur Schmach der Vernunft und, wenn es
möglich wäre, zum Ruin des Glaubens.

110. Worauf reduziert sich der Positivismus? Littré, ein
Schüler des August Comte, des Begründers des Positivismus,
der seinerseits mit Enfantin ein Schüler des berüchtigten Kom-
munisten St.-Simon war, begann zur Entschuldigung für die Neuheit seiner Lehre damit, dafs er sagte, aufserhalb derselben gäbe
es nur Widersprüche. „Religionen gegen Religionen, sagte er,[1])
Philosophieen gegen Philosophieen, das ist der Stand der Dinge.“
„Die Philosophie, so fügt er an einem andern Orte bei,[2]) sieht
ab von dem Zufälligen, von dem Endlichen, von dem Relativen,
wie man in der Schule sich ausdrückt, d. h. von der Realität,
so wie sie sich kundgiebt, . . . und bemüht sich, ihr System in
der Betrachtung des Absoluten zu finden.“ Diese Richtung der
Wissenschaft scheint Littré ganz falsch zu sein. „Da der
menschliche Geist, sagt er,[3]) nicht absolut und unendlich ist, so
leuchtet ein, dafs es, um absolute und unendliche Lösungen zu
geben, nötig ist, von den unveränderlichen Eigenschaften der
menschlichen Natur auszugehen.“ Und indem er daraufhin die
eigentliche Philosophie d. i. die höchste von allen Wissenschaften
aus dem Kreise derselben ausschlofs, erklärt der Apostel der
positiven Philosophie sich über das Objekt derselben in diesen
Worten:[4]) „Im Gegensatze dazu entsagt die positive Philosophie,
indem sie die Untersuchungen über die Anfangs- und End-
Ursachen beiseite läfst, einem Ehrgeize, welcher zu der Fassungskraft des menschlichen Geistes nicht im Verhältnis steht, und
behandelt nur solche Fragen, welche sie zu lösen imstande ist.

[1]) Paroles de la philosophie positive. Paris. 1859. § 1, p. 2.
[2]) Ebend. S. 37.   [3]) Ebend. S. 39.   [4]) Ebend. S. 39.

Sie generalisiert die Methode, welche für die Specialwissenschaften
so günstig war, und erkennt gleich ihnen eine letzte Thatsache
als Grenze der Erfahrung und der Induktion an, über welche
ihre Untersuchungen nicht hinausgehen." Nachdem er dann
diese Specialwissenschaften aufgeführt, die einzigen, welche er
für positive erklärt, nämlich die Physik, Chemie, Mechanik,
Astronomie und Biologie, fügt er zum Schlufs hinzu:[1] „Es ist
nötig, dafs eine Philosophie sich erhebe, welche, indem sie sich
zugleich mit der Welt und dem Menschen beschäftigt, das Ganze
der subjektiven Ideeen dem der objektiven Ideeen unterordnet
und dabei die einen des absoluten Charakters, der sie umkleidet,
beraubt und die andern von der Incohärenz, welche eine Folge
ihrer Vereinzelung ist, befreit." Was für eine neue Philosophie
wird das sein? Ich will es in kurzen Worten sagen.

Doch zuvor scheint es mir gut, hier auf das Gesetz des
Verfalls aufmerksam zu machen, dem das Wissen und die Vernunft folgen, wenn sie sich vom Glauben lossagen. Die rationalistische Philosophie hatte erklärt: „Die Vernunft ist die einzige Quelle der Wahrheit, ist die Wahrheit selbst, welche sich
dem Menschen offenbart, ist das Wort, welches jeden Menschen,
der in die Welt kommt, erleuchtet, ist das Licht der Lichter
und die Autorität der Autoritäten. Es giebt keine andere
Realität, als diejenige, welche die Vernunft jenseits der sinnlichwahrnehmbaren Ordnung schaut; das Übernatürliche existiert
nicht." Danach kam die positive Philosophie und sagte: „Der
menschliche Geist entbehrt der Kraft, das Absolute, das Notwendige, das Unendliche zu erkennen; die Erfahrung der Thatsachen ist sein einziges Licht. Es giebt keine andere Realität,
als die der beobachteten Thatsachen, und alles Übrige gehört
zu einer rein subjektiven Welt; mit einem Worte, es existieren
keine übersinnlichen Wahrheiten." Und so kam die Wissenschaft, nachdem sie die übernatürliche Ordnung, d. i. das Objekt
des Glaubens geleugnet hatte, schliefslich dazu, sich selbst zu
leugnen; denn dies und nichts anders ist es, ihre Untersuchungen
auf die Grenzen des materiellen und sinnlichwahrnehmbaren

---

[1] Ebend. S. 42 f.

Gebietes zu beschränken, wie man aus dem Nachfolgenden ersehen kann.

111. Die Wissenschaft ist in ihrer wahren Bedeutung die
Erkenntnis der Dinge in ihren Ursachen oder Gründen (cognitio
rerum per causas), seien diese nun diejenigen, welche den Dingen
das Sein verleihen, seien es die Principien, welche deren Wesenheit konstituieren, seien es endlich diejenigen, welche die wirkende Ursache bewegen, die Dinge hervorzubringen und sie so
zu ordnen, daſs sie ihre letzte Vollkommenheit erreichen. Die
einfache Erkenntnis irgend eines Objektes, wenn sie sich etwa
darauf beschränkte, was es Individuelles, Veränderliches und
Zufälliges giebt, kann demnach auf den Titel Wissenschaft keinen
Anspruch machen, da sie jener stabilen Beziehungen, jener festen
und konstanten Norm entbehrt, welche den eigentümlichen
Charakter jeder wissenschaftlichen Wahrheit ausmachen. Fluxo-
rum nulla est scientia, sagt Plato ganz vortrefflich, indem er in
diesem Punkte wie in vielen andern die Sophisten seiner Zeit
korrigierte. Was vorübergeht und dem Wandel unterworfen
ist, davon giebt es keine Wissenschaft, sondern nur von demjenigen, was mit jener Festigkeit und Regelmäſsigkeit fortdauert
und existiert, wie wir sie in der Natur der Dinge und in den
konstanten und gleichförmigen Gesetzen, welche die Ordnung
des Universums begründen, vor Augen sehen. „Dann sind wir
der Ansicht, überhaupt etwas zu wissen, sagt Aristoteles,[1] wenn
wir von der Ursache, durch welche ein Ding ist, zu erkennen
glauben, daſs sie die Ursache davon ist und daſs das Ding unmöglich anders sein könnte.“ Dies war auch die Lehre des
gröſsten aller Philosophen, des h. Thomas von Aquin, von dem
folgende goldene Worte herrühren:[2] „Die Wissenschaft handelt

---

[1] Anal. post. l. 1, c. 2 p. 71. b. 9—12.

[2] „Scientia est de aliquo dupliciter: uno modo primo et principaliter,
et sic est scientia de universalibus rationibus, super quas fundatur: alio
modo est de aliquibus secundario et quasi per reflexionem quandam, et sic
de rebus illis est, quarum sunt illae rationes, inquantum rationes applicat
ad res etiam particulares, quarum sunt adminiculo inferiorum virium.
Ratione enim universali utitur sciens et ut re scita et ut medio sciendi.
Per universalem enim hominis rationem possum iudicare de hoc vel de illo.
Rationes autem universales rerum sunt omnes immobiles, et ideo quantum

über etwas in zweifacher Weise, das eine Mal an erster und hauptsächlicher Stelle, wie das die Wissenschaft thut mit den allgemeinen Begriffen, worauf sie sich stützt; das andere Mal an zweiter Stelle und gewissermafsen mit einer Art von Reflexion, wie das bei den Dingen der Fall ist, denen jene Begriffe zukommen, insofern nämlich die Wissenschaft jene Begriffe auch auf die Einzeldinge anwendet und von ihnen aussagt, denen sie durch Vermittelung niederer und untergeordneter Kräfte eignen. Der Wissende (sciens) gebraucht nämlich den allgemeinen Begriff sowohl als Erkenntnisobjekt (res scita), denn auch als Erkenntnismittel (medium sciendi), weil ich ja vermittels des allgemeinen Begriffs Mensch diesen oder jenen einzelnen Menschen als solchen erkennen kann. Nun sind aber die allgemeinen Begriffe der Dinge unveränderlich und handelt deshalb insofern jede Wissenschaft über Notwendiges. Freilich von den Dingen, denen jene Begriffe zukommen, sind einige notwendig und unveränderlich, andere zufällig und veränderlich, und insofern sagt man, dafs Wissenschaften über zufällige und veränderliche Dinge handeln." Von dieser allgemeinen Lehre über das Wesen der Wissenschaft entfernte sich auch Bacon nicht, der nämliche, den die positivistischen Philosophen mit Prahlen für einen ihrer Vorgänger ausgeben; er sagte, dafs die wahre Wissenschaft darin bestehe, die Ursachen oder Gründe der Dinge zu erkennen (recte ponitur, vere scire esse per causas scire),[1] und dafs die Formen oder die wesentlichen Principien der Dinge das wahre Objekt der Wissenschaft seien (formas esse verum scientiae obiectum).[2]

Das ist also der wahre Begriff von Wissenschaft, die Erkenntnis der allgemeinen und notwendigen Wesenheiten der Dinge, welche nicht vorübergehen und sich nicht ändern, den flüchtigen Thatsachen gleichend, welche von den Sinnen wahrgenommen werden, ohne auf eine unveränderliche Weise zu

---

ad hoc omnis scientia de necessariis est. Sed rerum, quarum sunt illae rationes, quaedam sunt necessariae et immobiles, quaedam contingentes et mobiles, et quantum ad hoc de rebus contingentibus et mobilibus dicuntur esse scientiae." Sup. Boëth. de trin. 5. 2 ad 4.

[1] Novum organum. l. 2, aph. 2.

[2] De dignitate et augmento scientiarum. l. 3, c. 4.

eiben, und welche in dem sie betrachtenden Geiste eine sichere,
leich der Wahrheit stabile Wissenschaft erzeugen, die sich da
lmählich vervollkommnen kann und mufs, so aber dafs sie die
it Gewifsheit erkannte Wahrheit nicht alteriert, sie vielmehr
rgfältig bewahrt. Diese Notwendigkeit und Unveränderlichkeit
er an und für sich betrachteten Realität und der Wissenschaft,
elche die erstere in dem menschlichen Geiste auf ideelle Weise
eflektiert, gründet sich auf ihre vollständige Gleichförmigkeit
it den göttlichen Ideeen, den vorbildlichen Ursachen aller ge-
chaffenen Dinge, unveränderlich und notwendig wie Gott selbst.
on der Unveränderlichkeit und Notwendigkeit der Wesenheiten,
elche wir in den Dingen betrachten, geht die Gleichförmigkeit
ad Beständigkeit der Naturgesetze aus, weil alle Dinge in
bereinstimmung mit ihrer Natur wirken, die nichts anders ist,
s ihre Wesenheit, insofern sie als das Princip der Thätigkeit
edacht wird. Und so kann ein Ding, so viel an ihm gelegen
t, nicht aufhören, das zu thun, was es nach der ihm natürlichen
Teise thut, entsprechend der Norm, welche ihm von der ewigen
Teisheit Gottes, der ersten Ursache und dem letzten Grunde
on allem, was ist und sein kann, gegeben worden.

Wenn man nun den allgemeinen und notwendigen Wesen-
eiten der Dinge und der sie regierenden obersten Gesetze, in-
ofern sie sich auf die Wesenheit Gottes stützen, den Namen
es Absoluten beilegt, der im strikten Sinne des Wortes Gott
lein zukommt, so unterliegt es keinem Zweifel, dafs die Phi-
sophie sich die Wissenschaft von dem Absoluten nennen darf
ad dafs es keine Wissenschaft giebt, welche daran nicht in
gend einer Weise teilnimmt, weil es keine giebt, welche es
aterliefse, in den individuellen, zufälligen und veränderlichen
ingen die von ihnen zum Ausdruck gebrachten allgemeinen,
otwendigen und unveränderlichen Wesenheiten zu betrachten,
dem sie die Wesenheit mitten durch die Eigentümlichkeiten,
ie Gesetze in den Thatsachen, die intimen Beziehungen in den
ynamischen wie teleologischen Verbindungen schaut, welch
tztere aus ihnen insgesamt das ungeheure System der Welt-
esen bilden. Das ist also die wahre Wissenschaft, deren letzte
ründe die spekulative Philosophie betrachtet, indem sie sich

dabei zur Vorstellung des Absoluten erhebt, welches Gott ist, der oberste Grund der Wirklichkeit und der Wissenschaft. Man sage nicht, dafs die menschliche Vernunft beschränkt und darum aufser stande sei, das Unendliche zu erkennen. Denn was anders ist die einfache Erkenntnis und was anders das Begreifen der absoluten und unbeschränkten Wirklichkeit. Wie viel Dinge giebt es, die wir erkennen, ohne sie zu begreifen! Gott mit der Vernunft zu umfassen, ist für eine jede Kreatur unmöglich, selbst dann, wenn sie ihn im Himmel von Angesicht zu Angesicht sieht; aber wer erkennt ihn etwa nicht? und was giebt es in der Welt, das da vermöchte, die unermefsliche Fassungskraft der menschlichen Vernunft auszufüllen?

112. Die Wissenschaft geht also notwendigerweise zugrunde, wenn sie, der Erkenntnis der ewigen und unveränderlichen Ideeen, welche in den Dingen kund werden, beraubt, sich zur Niedrigkeit der Sinne herabwürdigt, die blofs dasjenige erfassen, was seiner Natur nach veränderlich und zufällig ist, und die da nicht vermögen, in die Wesenheit der Dinge einzudringen oder sich zur Betrachtung der für ihre Thätigkeit geltenden Norm zu erheben. Merkwürdig! Die positivistische Philosophie sagt uns durch den Mund ihres Urhebers, dafs „der fundamentale Charakter, welcher sie unterscheidet, darin bestehe, alle Phänomene in ihrer Unterordnung unter die unveränderlichen Naturgesetze zu erkennen."[1]) Aber wie gelangt denn diese

---

[1]) Sieh das bewunderungswürdige Werk des Kardinals Zigliara Della luce intellettuale (Roma 1874) vol. 2 l. 4 c. 5 p. 229, wo dieser Ausspruch Comte's mitgeteilt wird. Nachdem der gelehrte Kardinal in dem genannten Kapitel die wissenschaftliche Nichtigkeit des Positivismus aus Licht gestellt hat, spricht er mit vollem Recht seine Verwunderung darüber aus, dafs ein solch grober Irrtum Proselyten gemacht und Bewunderer gefunden habe. „Io confesso, sagt er, schiettamente, che non so dire il perchè il positivismo abbia trovato seguaci e, quel che è peggio, ammiratori entusiasti, essendo un sistema pieno zeppa delle più evidenti contradizioni, senza neppure avere la benchè apparente veste scientifica, neppure quella indossata dall' antico materialismo e dal moderno sensismo, di cui i positivisti seguono le traccie, ma da pecore matte che no sanno neppur ragionare con qualche apparenza di vero. Il buon viso fatto al positivismo mosta il bassisimo livello a cui è discesa la filosofia nel secolo decimonono,

chule zur Erkenntnis jener Gesetze? Sicherlich kann sie die-
elben nicht a priori erkennen, weil sie keine andere Quelle
er Erkenntnis zuläfst, als die Erfahrung. Sie kann dieselben
ber auch nicht aus der Beobachtung der Thatsachen ableiten,
reil die Thatsachen die ihrer Natur nach individuell und zu-
illig sind, allgemeinen und notwendigen Gesetzen unterstehen
nd es offenbar ist, dafs die Allgemeinheit und Notwendigkeit
icht aus ihrem Gegenteil, der Einzelheit und Zufälligkeit hervor-
·ehen kann. Welches ist also der Grund für jene Gesetze?
Luf welchem Wege gelangt der Mensch zu ihrer Erkenntnis?

Die Naturgesetze gründen in der Wesenheit der Dinge
elbst, woraus die von ihnen entfalteten Kräfte hervorgehen;
nd weil die geschaffenen Wesenheiten innerlich notwendig
ind und mit den ewigen und unveränderlichen Ideeen des
·chöpfers übereinstimmen, so folgt klar, dafs die aus ihnen
ervorgehenden Thätigkeiten, worin sie sich offenbaren, in ihrer
Ianchfaltigkeit und Zufälligkeit immer die Gleichförmigkeit und
Jeständigkeit der Gesetze ausdrücken, denen sie gehorchen und
relche von Ewigkeit her in der Vernunft Gottes mit den ewigen
Jrbildern der Dinge vorausexistieren, die da in der Zeit ge-
chaffen worden und durch ihre eigene Natur die Bestimmung
aben, auf eine konstante und gleichförmige Weise die Ordnung
er Bewegungen auszuführen, worin ihr betreffendes Gesetz be-
teht. Der Positivismus leugnet also sich selbst, steht mit sich
elbst im Widerspruch, wenn er auf den Ruinen der Metaphysik
ine von Gott unabhängige Wissenschaft, eine absolute und
otwendige Wahrheit gründen will, woran jede wahre Wissen-
chaft teilnehme.

113. Wird man aber nicht sagen können, dafs wenigstens
uf dem Gebiete der empirischen Studien die Methode der
·ositivistischen Schule mit irgend einem Erfolge sich anwenden
asse? Bei dieser Frage vergifst man, dafs wiewohl einige von

---

1 cui si chiama scienza questo sragionamento, e scienza da sostituire alla
apienza degli antichi ed alle altissime e splendidissime dottrine della
eligione di Gesù Cristo. *C' è da arrossire per vergogna di esser uomo,
uando l'uomo abusa della ragione sino a porsi da se stesso sotto i piedi
'e' bruti.*"

jenen Wissenschaften in der That mit dem Studium der Thatsachen beginnen, sowie diese sich unsern Augen darbieten, dieselben doch dabei nicht stehen bleiben, sondern sich zu deren
nähern oder entfernteren Ursachen oder Gründen erheben. „Eine
Wissenschaft, sagt Rosmini,[1]) welche sich nicht von der Erkenntnis der beständig veränderlichen Accidenzien (Accidenzien
sind die Thatsachen der Beobachtung) losmacht, ermattet und
stirbt (è stenuata, è distrutta, è annulata), weil sie nur Thatsachen zu enthalten vermag und Thatsachen, die ihrer Principien
entbehren, keinen Wert haben.“ Aufserdem ist es für eine
Wissenschaft, auf dafs sie sich in ihrer ganzen (relativen) Vollkommenheit ausbilde, nicht genug, sich zu den nächsten Ursachen
der Thatsachen zu erheben und zu den innern Gründen der
Dinge, wodurch sie entstehen; ebenso nötig ist es, dafs sie
hinaufsteige zu den letzten Gründen, welche die Metaphysik
betrachtet, indem sie in jeder Thatsache einen Plan, in jedem
Werke eine wahrhafte Absicht erkennen läfst. Es giebt keine
Wissenschaft, sagte ein bedeutender Chemiker, die nicht ihre
Philosophie hätte, so wie auch keine Sonate ohne einen zuvor
ausgedachten Gedanken geschrieben wird. Fürwahr, es war
nicht die blofse Beobachtung das Licht, welches dem Kopernikus
die tägliche Bewegung der Erde offenbarte, sondern der Gedanke
an die Symmetrie, welche, wie am Himmel, so auch auf der
Erde herrschen mufs, die da das Werk der Hände Gottes sind,
an die Symmetrie, worin die gröfste Einfachheit der Mittel auf
wunderbare Weise mit der Herrlichkeit der durch sie bewirkten
Ordnung kontrastiert. Dies bekennt der berühmte Astronom
selbst in der Widmung zu seinem grofsen Werke (1517 angefangen und 30 Jahre später vollendet), die er an Papst Paul III.
richtete.

Fügen wir dem Gesagten hinzu, dafs das Genie es mit
Recht von sich abweist, in den sinnlichwahrnehmbaren Thatsachen gefangen genommen zu werden, gleichsam als ob sein
Instinkt ihm sagte, dafs es über die Welt erhaben und deshalb
kein materielles Element imstande sei, dasselbe in sich zurück-

---

[1]) Sieh Cornoldi: Lezioni de filosofia scolastica. Ferrara. 1855.

zuhalten. „Das Genie, sagt Graf de Maistre,[1]) schleppt sich
keineswegs auf den Krücken der Syllogismen einher. Sein
Gang ist frei, seine Art hat etwas von Eingebung; man sieht
es am Ziele ankommen und niemand hat es dahin wandeln
sehen. Giebt es z. B. in der Astronomie einen Menschen, den
man mit Kepler vergleichen könnte? Ist selbst Newton etwas
anders, als der erhabene Kommentator dieses Mannes, der es
allein vermochte, seinen Namen in die Himmel einzuzeichnen?
Denn die Gesetze der Welt sind die Gesetze Keplers. Besonders
in dem dritten dieser Gesetze ist etwas so Aufserordentliches,
dafs man nicht umhin kann, darin eine wahre Eingebung zu
erkennen; und zu dieser unsterblichen Entdeckung gelangte er
nur, indem er ich weifs nicht welchen mystischen Ideeen von
Zahlen und himmlischer Harmonie folgte." Mit Recht bemerkt
in Bezug auf diesen Punkt ein berühmter Apologet, dafs der
Positivismus noch nicht seinen Aristoteles, oder seinen Bacon,
oder seinen Leibniz, oder seinen Newton, oder seinen Kepler
hervorgebracht habe, und fragt dann: Wie kann auch eine
Wissenschaft solche Männer hervorbringen, welche dem Genie
seine Flügel versagt?

114. Bevor wir unsere Erwägungen über den Positivismus
endigen, wollen wir noch zwei Dinge anmerken. Das erste ist
dies, dafs der Positivismus bei all dem, was er sich auf das
Studium der Thatsachen einbildet, selbst die wichtigsten Thatsachen übersieht oder verachtet, wenn sie seinen Absichten entgegenstehen. Derartige Thatsachen sind z. B. der Glaube an
das Übernatürliche und die Idee des Unendlichen, welche sicherlich unsern Geist nicht erleuchten würden, wenn derselbe die
Fähigkeit entbehrte, die Dinge zu verstehen, welche über die
Erfahrung hinausgehen. Auf der andern Seite ist es falsch, dafs
die Ideeen, welche die übersinnliche Welt repräsentieren, rein
subjektive seien. Littré hat in diesem Punkte den Kriticismus
des Kant, der solche Ideeen als einfache apriorische Formen
des Denkens betrachtete, mit den herkömmlichen Lehren der
Metaphysik verwechselt, nach denen unsere intellektuellen

---

[1]) Abendstunden zu St. Petersburg. Aus dem Französischen übersetzt
von M. Lieber. Frankfurt. 1825. Teil 2, Gespräch 10, S. 219 f.

Begriffe sich auf reale Objekte beziehen und einer von ihnen dem wesenhaften Sein, dem unendlich Vollkommenen, der Quelle und dem Princip aller Wirklichkeit, dem ens realissimum, wie die Schule sagt, entspricht. Nicht weniger falsch ist es, dafs die Begriffe von den rein körperlichen Dingen die einzigen objektiven Begriffe seien; eher müfste man sagen, dafs sie die am wenigsten realen seien, weil das Sein dieser Dinge auf dem Gebiete der Wirklichkeit die unterste Stufe einnimmt und im Vergleich mit der unendlichen Wirklichkeit ein reines Nichts ist.

115. Was an zweiter Stelle noch zu bemerken ist, wäre dies, dafs dem Positivismus absolut jeder Grund mangelt, um, wie er es zu thun beliebt, die Wahrheit der Dinge zu leugnen, welche man mit den Sinnen weder sehen noch tasten kann. Was er von seinem falschen empirischen Gesichtspunkte aus mit richtiger Logik behaupten kann, ist höchstens dies, dafs die Wissenschaft mit Bezug auf die übersinnlichen Dinge keine Jurisdiktion und Kompetenz besitzt und dafs sie sich deshalb auf die Thatsachen der Erfahrung beschränken mufs. Wer kann sie aber zur Leugnung und Unterdrückung der intelligibelen Welt autorisieren, die zu erforschen diese Wissenschaft verschmäht, indem sie mit einer Bescheidenheit grofs thut, welche sicherlich nicht christlich, ja nicht einmal wissenschaftlich ist? Unerträglich ist demnach die positivistische Sprache derjenigen, welche etwa mit dem berühmten Astronomen Lalande sagen: „Seit vierzig Jahren habe ich Gott mit dem Teleskop gesucht und ihn nicht gesehen", womit er sagen wollte, dafs Gott nicht wahrhaft existiere, weil man ihn mit den körperlichen Augen, auch mit den durchs Teleskop unterstützten nicht sehen kann. O, wenn ihr Gott mit dem Teleskop der Vernunft, mit der Einsicht eines einfältigen und reinen Herzens suchtet, ihr würdet sicherlich dahin gelangen, ihn zu erkennen und ihn zu lieben! Doch es steht geschrieben:[1] „Der animalische Mensch fasset nicht, was des Geistes Gottes ist, da es für ihn Thorheit ist, und er kann es nicht erkennen, weil es geistiger Weise beurteilt werden mufs."

---

[1] 1. Kor. 2. 14.

116. Da es endlich dem Menschen unmöglich ist, auf den
Gebrauch seiner Vernunft zu verzichten, wenn er über die
wichtigsten Wahrheiten inbetreff seines Ursprungs und seiner
Bestimmung nachdenkt, so begreift es sich, dafs die Positivisten,
welche die metaphysischen und religiösen Wahrheiten für die
Vernunft als unzugängliche Dinge ausgeben und versichern, sich
ausschliefslich an die einfache Beobachtung der Thatsachen zu
halten, sofort ihre Worte vergessen und ohne alle Bedenken
über das Zeitliche und Ewige urteilen und sprechen. Und, was
noch das Schlimmste ist, ihre Urteile und Reden, welche mit
den Principien der Logik und Metaphysik total in Widerspruch
stehen und vom Geiste des Unglaubens eingegeben sind, sind
wahrhaftige Albernheiten, leere und trügerische Gebilde der
Einbildungskraft. „Die Domäne der Wissenschaft, sagt Tyndall,[1])
gelangt einzig nur dann zur Vollendung, wenn die Anfänge der
Beobachtung und Erfahrung bis zu einer für beide unzugänglichen Region vordringen, wo wir uns blofs auf den Flügeln
der Phantasie fortbewegen können.“ Das ist der Ursprung der
Wissenschaft, welche von den Gegnern der Metaphysik vervollkommnet wird: an Stelle der Vernunft die Phantasie. Kein
Wunder also, wenn Büchner leugnet, dafs diese Welt im Raume
begrenzt sei, weil er sich ihre Grenzen nicht vorstellen könne.
Aber seit wann ist die Einbildungskraft Quelle und Kriterium
der Wahrheit? Derselbe Büchner behauptet,[2]) es gebe, da die
Einbildungskraft in den Grenzen des Raumes und der Zeit sich
bewegen müsse, viele Dinge, von denen wir uns keine Vorstellung zu machen vermöchten, über die wir aber trotzdem
nachdenken könnten und auch wirklich nachdächten. Schon
vor ihm hatte der h. Thomas gesagt:[3]) „Imaginatio continuum
non transcendit.“ So sicher ist es, dafs die Thatsachen der
Erfahrung zu wenig sind, um das lebhafte Bedürfnis zu stillen,
welches der menschliche Geist nach der Wahrheit in den Regionen des ungeschaffenen Lichtes in sich verspürt.

[1]) Revue scientifique de la France et de l'étranger. 1875. No. 23.
[2]) Der Gottesbegriff und dessen Bedeutung in der Gegenwart. Leipzig.
1874. S. 65.
[3]) In 1. sent. d. 37, qu. 3 a. 1 ad 4.

117. Doch nunmehr ist es an der Zeit, diesen Punkt damit abzuschliefsen, dafs wir die Wissenschaft nennen, welche nach den Plänen des Positivismus die Bestimmung hat, „die objektiven Ideeen von ihrer natürlichen Vereinzelung zu befreien", nachdem „die subjektiven Ideeen von ihrem absoluten Charakter gereinigt worden". Nachdem die Positivisten von dem encyklopädischen Baume der Wissenschaften die kostbarsten Äste abgerissen haben, nämlich die Wissenschaft von Gott, die von der Seele und auch die von dem im Lichte der Vernunft betrachteten •
Universum, sehen sie · blofs mehr die Wissenschaften von der rein sinnlichen Ordnung, nur diese achten und kultivieren sie um der Früchte willen, die sie von denselben für das materielle Wohl der Gesellschaft hoffen. In ihr, sagen sie, vollendet der Mensch seine animalische und irdische Bestimmung, der Wissenschaft fürwahr würdig, welche ihm das Ziel, für welches er geschaffen worden, verbirgt. Und darum ist der Teil jener Wissenschaft, welcher die Weise lehrt und die Mittel an die Hand giebt, wie und womit die Gesellschaft dem Menschen die Glückseligkeit verschaffen soll, die er in dieser Welt aufserhalb der durch die göttlichen Gebote bezeichneten Wege erreichen kann, die Wissenschaft par excellence, diejenige, worin alle übrigen sich vereinigen, um ihr zu dienen und ihr in dem Werke, welches sie in den Händen hat, zu helfen. Ihr Name ist Sociologie und ihre Aufgabe besteht darin, die Fortschritte der Industrie als des einzigen Mittels der zeitlichen Wohlfahrt dadurch zu begünstigen, dafs sie die Wissenschaften, denen die Industrie ihre gröfsten Fortschritte verdankt, pflegt und fördert und sich ihres Lichtes und Rates in Bezug auf den Credit und das Kapital bedient. Im Namen dieser neuen Wissenschaft, welche der Vernunft und dem natürlichen wie dem positiv christlichen Rechte gänzlich fremd ist, verkündet jene Schule der Menschheit fälschlicherweise das Ende ihrer Arbeiten und die Ankunft einer glücklichen Ära!!

Kapitel II.

Die Leugnung des Dogmas von der Schöpfung ist im Widerspruch mit der wahren Wissenschaft.

118. „Es scheint mir, sagt ein zeitgenössischer Philosoph,[1] dafs Gott selbst mit seinem Finger auf die vollkommene Harmonie hingedeutet hat, welche zwischen der Geschichte, der Vernunft und dem Glauben existiert, und zwar durch die Worte der Schrift: In principio creavit Deus coelum et terram; weil die Idee von der Schöpfung uns in der That zu gleicher Zeit von der Geschichte, der Vernunft und dem Glauben gelehrt wird." Merkwürdig! In den ersten Zeilen des ältesten unter allen Büchern, in der von Gott eingegebenen Genesis, haben wir den ersten Ursprung der allgemeinen Geschichte, das Objekt der menschlichen Wissenschaften und zugleich das Wort, worauf unser Glaube sich stützt. Dank der Idee von der Schöpfung erschien die Wissenschaft der alten Philosophen bei den Vätern der Kirche vollständig erleuchtet, und nachdem die alten Irrtümer von der ewigen Materie und von ihren Atomen und Entwickelungen, zum grofsen Teile von der Einbildungskraft erzeugt, zerstreut waren, sah die Vernunft vor ihren Augen in kurzen und erhabenen Worten das ungeheure System der sichtbaren und unsichtbaren Dinge, geeint ohne sich zu vermengen und geordnet in verschiedene Arten und Reiche, von dem Mineral angefangen bis hinauf zum Menschen, und über allen geschaffenen Dingen den Schöpfer, welcher sie aus dem Nichts zog und dabei ihnen einige Ähnlichkeit mit seiner Schönheit mitteilte.

„. . . . . . Die Dinge samt und sonders stehen
In Ordnung unter sich, und eben sie ist
Die Form, durch die das Weltall Gott wird ähnlich."[2]

119. Mit etwas übertriebenem Rechte versicherte der berühmte Gioberti, indem er von der Schöpfung spricht, dafs um ihretwillen die wahre Restauration der Wissenschaft beginnen

---

[1] De Leo in der Zeitschrift Scienza e la Fede, No. 648.
[2] Dante: A. a. O. 3. Teil, Ges. 1, V. 103—105.

müsse, und daß die Idee von ihr allein imstande sei, die
Wissenschaft von dem Materialismus, Pantheismus und Fatalismus
zu befreien.[1]) Genauer gesprochen ist die Schöpfung das leuchtende Centrum, welches alle Wissenschaften bestrahlt. Und da
es sich um dieselbe also verhält, macht der zeitgenössische
Atheismus, worauf sich die genannten Irrtümer zurückführen
lassen, titanische Anstrengungen, um die Welt von neuem in
die Finsternis des alten Epikureismus zu versetzen, welcher
Jahrhunderte lang zur Vergessenheit und zum Dunkel des Grabes
verurteilt war. Die Apostel des Atheismus teilen sich in zwei
Fraktionen. Die einen sagen, daß nicht bloß die Materie mit
ihren Kräften, sondern auch die Welt in ihrem jetzigen Zustande
ewig sei. Die andern lehren, daß bloß der Materie die Ewigkeit
zukomme, nicht aber auch den jetzigen Wesen der Welt, und
leiten die letztern aus der Materie her, indem sie mit Bezug
darauf erklärend hinzufügen, daß sie sich in einem unbestimmten,
jede erdenkliche Zahl von Jahrhunderten überragenden Zeitraum
auf dem Wege einer progressiven Evolution und Entwickelung,
deren Endglied der Mensch sei, gebildet hätten. Jene erste
Hypothese, welche in der „Neuen Darstellung des Sensualismus"
von Czolbe enthalten ist, ist das letzte Kunststück, das von den
Materialisten versucht worden, um den Ursprung der Dinge so
zu erklären, daß sie die Vollkommenheiten, die wir am Himmel
und auf Erden bewundern, nicht von der Materie und dem
Chaos empfangen haben noch auch das berichten, was der Himmel
und die Erde zusammen verkünden, nämlich die Ehre ihres
Schöpfers. Diese seine Hypothese unterstellt zwei Dinge, beide
unannehmbar für die Wissenschaft. Das eine ist dies, daß die
von uns bewohnte Erde stets die notwendigen Bedingungen besessen habe, um lebende Wesen aufzunehmen und ihnen Unterhalt zu gewähren; das andere ist dies, daß von Ewigkeit her
eine unendliche Reihe von Wirkungen ohne eine erste Ursache
existiert habe. Der einzige Wert dieser Theorie, welche von
den Materialisten insgemein verworfen wird, besteht in der
Anerkenntnis Czolbes, daß man den Ursprung des Universums

---

[1]) Introduzione allo studio della filosofia. l. 1, c. 4, p. 126.

durch Zuhülfenahme der Evolution nicht zu erklären vermöge.[1])
Gehen wir daher zur zweiten Meinung der Atheisten über, nach
welcher alle Dinge aus der ewigen Materie abzuleiten sind.

120. Um mit Klarheit vorzugehen, scheint es mir gut, daran
zu erinnern, dafs das Wort Materie in zweifacher Bedeutung
gebraucht wird. Einige verstehen darunter die Totalsumme von
Atomen, worin schliefslich die Körper sich auflösen, und andere
eines von den konstitutiven Principien der körperlichen Substanzen, welches zu seiner Existenz einer substanziellen Form
bedarf, die es informiert und wesenhaft bestimmt. Letztere
Auffassung rührt von Aristoteles her, dessen Gedanke in der
Zeit des Mittelalters wunderbar entwickelt und in unsern Tagen
unter dem Namen Hylomorphismus von den gröfsten uns
bekannten Philosophen adoptiert worden ist, unter ihnen die
gelehrtesten Mitarbeiter der Zeitschrift, welche die philosophisch-
medizinische Akademie des h. Thomas von Aquin zu Bologna
herausgeben. Die erstere Auffassung, die atomistische genannt,
hat zu ihren Urhebern im Altertum den Leukipp, Demokrit und
Epikur und wurde in der neuern Zeit von Descartes und
Gassendi, in unsern Tagen von dem berühmten Jesuitenpater
Angelo Secchi in seinem bekannten Werke „Die Einheit der
physischen Kräfte" wieder aufgefrischt.

121. Zwischen der atomistischen Theorie des Altertums und
der der Philosophen und Physiker, welche das göttliche Licht
des Glaubens in ihren Geist aufgenommen und darin bewahrt
haben, walten aber folgende Unterschiede ob. Die ersteren,
gewissermafsen nur Kinder auf dem Gebiete der Wissenschaften
und dabei von fleischlicher und roher Gesinnung, kannten zunächst in der Welt keine andere Realität, als die der Atome;

---

[1]) Auch Gegner der gesunden Lehre über die Entstehung der Dinge
verwerfen die Hypothese Czolbes. „Man mufs den Thatsachen um einer
willkürlichen Konsequenz willen grofse Gewalt anthun, wenn man die trostlose Lehre von dem ewigen Kreislauf der Erscheinungen in einer von
Ewigkeit her bestehenden Begrenzung der Formen annehmen kann. Führt
der Sensualismus wirklich zu solchen Resultaten, so sagen wir ihm freudig
Lebewohl." R. Virchow: Archiv für patholog. Anatomie Bd. 9, S. 24;
sieh Hettinger: Apologie des Christentums. Bd. 1, Abt. 1, S. 195 N. 2.

hingegen halten die nichtmaterialistischen Physiker die Atome
nur für konstitutive Principien der anorganischen Wesen, Descartes und seine Schule freilich auch für Principien der lebenden
Wesen, welche unter dem Menschen stehen, im Menschen aber,
sowie auch in der organischen Welt nehmen sie ein der Materie
übergeordnetes Lebensprincip an, in uns die vernünftige und
freie Seele, wodurch wir das Ebenbild Gottes sind. Zweitens:
Die Atome waren für diejenigen, welche sie zuerst erdachten,
ewig, für die erwähnten Gelehrten der Neuzeit haben sie aber
ihr Sein von dem freien Willen Gottes. Während endlich
drittens nach der Lehre des Epikur die Bewegung der Materie
wesentlich ist, begreift und erklärt sie sich nach Descartes,
Newton, kurz nach allen, welche den Namen eines Gelehrten
verdienen, nicht ohne einen Impuls, den die körperlichen Dinge
von ihrem ersten unbeweglichen Beweger, dem Urheber und
Ordner des Universums, erhalten haben.

122. Nachdem das mechanische System auf diese Weise
befreit war von seinem ursprünglichen Fehler, der es sogar in
seinem Vaterlande und in dem alten Rom verhaßt machte, in
welch letzterer Stadt Lukrez es mit den Schönheiten der Poesie
ausstattete, konnte und kann es als eine von den verschiedenen
Hypothesen, den Ursprung und die Zusammensetzung der Körper
zu erklären, zugelassen und verteidigt werden. Die Kirche,
welche für die Freiheit der Wissenschaften eifert, verbietet denjenigen, welche dieselben mit Würde pflegen, fürwahr nicht,
die Atomenlehre zu adoptieren und zu verteidigen; und was
noch mehr ist, den Anhängern der entgegengesetzten Lehren
gebietet sie ausdrücklich, die Freiheit der Wissenschaft dadurch
nicht zu stören, daß sie dem genannten System irgend eine Art
von Widerspruch mit den katholischen Glaubenslehren zur Last
legen.[1]) Nachdem so die Rechtgläubigkeit des Systems sicher-
gestellt ist, welches die Thatsachen der anorganischen Natur

---

[1]) Bei allen ist jenes denkwürdige Schriftstück bekannt, das der
apostolische Stuhl durch den damaligen Sekretär der h. Kongregation für
außerordentliche kirchliche Angelegenheiten, Msgr. Wladimir Czacki, unterm
5. Juni 1877 an den Rektor der katholischen Universität zu Lille gerichtet
hat, und worin der Wunsch seiner Heiligkeit ausgedrückt wurde, es möchten

auf einfache, mit allgemeinen und konstanten Gesetzen überein-
stimmende Bewegungen zurückführt und der Mechanik den
ersten oder vielleicht gar den einzigen Platz in dem Studium
der Physik einräumt, ein System, welches auf der andern Seite
nicht den Anspruch macht, für das letzte Wort der Wissenschaft
gehalten zu werden,[1]) sondern nur für eine einfache wissenschaftliche Doktrin, die nach der Meinung ihrer Anhänger die

die katholischen Gelehrten ihre Kräfte nicht in innern Streitigkeiten über
freie Meinungen verzehren, sondern vielmehr, trotz der verschiedenen Systeme,
denen sie folgten, sich vereinigen, um mit vereinten Kräften den Materialismus und die übrigen Irrtümer der gegenwärtigen Zeit zu bekämpfen.
In jenem Schreiben heifst es unter anderm: „Quare haec, quae iussu sanctis-
simi Domini nostri sum dicturus, omnes quorum interest sibi commendata
habeant ac probe animis insita, graviter abuti litteris a Sanctitate sua die
23. Julii 1874 ad doctorem Travaglini datis, quibus opus ab eo susceptum
commendatur, eos omnes, qui exinde contenderunt, Sanctitatem suam voluisse
per eam commendationem improbare systemata quaedam philosophica illi
opposita, quod de materia prima et substantiali forma corporum idem
doctor eiusque socii adoptarunt; si quidem haec alia systemata, non secus
atque illud, non modo pluribus catholicis doctisque viris probantur, sed
etiam in hac ipsa urbe principe catholici orbis in praecipuis athenaeis
pontificiis usu recepta sunt." Da nun nach einem von den Systemen,
welche der scholastischen Lehre über die Zusammensetzung der Körper
widersprechen, die Körper einfache Zusammensetzungen gleichartiger Atome
sind, aus deren verschiedener Anordnung und Verbindung die verschiedenen
Arten der in der Welt existierenden Körper resultieren, freilich immer unbeschadet der substanziellen Einheit der menschlichen Natur, so unterliegt
es keinem Zweifel, dafs dieses von der modernen Physik begünstigte System
eines von so vielen ist, welche die Welt, von Gott den Disputationen der
Menschen übergeben (Pred. 3. 11), ungehindert erklären, wiewohl es freilich
feststeht, dafs es von den grofsen Meistern der Schule, welche den h. Thomas
von Aquin als den Fürsten der christlichen Philosophie verehrt, in Wahrheit nicht befolgt, sondern mit schlagenden Argumenten bekämpft wird.

[1]) Nachdem der berühmte französische Chemiker Dumas in seiner
„Lobeserhebung Faradays" die Ideeen der modernen Physik inbetreff der
Zusammensetzung der Körper in kurzen Worten zusammengestellt hat, macht
er folgende Reflexion: „Das schwerfällige Atom, der elastische Äther, die
durch das Atom erregten Schwingungen des Äthers, das ist es schliefslich, worin die heutigen Physiker den Schlüssel der Erklärung zu finden
glauben. Ohne allen Zweifel, sagte de la Rive, ist diese Erklärung sehr
einfach und vielleicht wahr, aber wissen wir, ob die Gelehrten über 100
oder 1000 Jahre sie noch zulassen werden? Ist es etwa glaublich, dafs die

auf konstante und allgemeine, aber nicht absolut notwendige
Gesetze sich gründende natürliche Ordnung besser erklärt, —
nachdem, sage ich, in Bezug auf den vorliegenden Fragepunkt
jedweder Furcht eines Konfliktes zwischen der Religion und
der modernen Physik vorgebeugt ist, einer Physik, welche dem
alten, in unserer Zeit von der monistischen und positivistischen
Schule wieder aufgewärmten Atomismus radikal entgegengesetzt
und deshalb mit dem Dogma von der Schöpfung der Welt aus
Nichts und mit der Möglichkeit der Wunder verwandt ist: wird
sich die ganze Beweiskraft der gegenwärtigen Erörterung gegen
den ersten Fundamentalartikel der irrgläubigen Wissenschaft
richten.

123. Die Sätze, in denen die Ideeen Demokrits von einem
ihrer berühmtesten Repräsentanten, einem in der That ausgezeichneten Physiker, von dem Engländer John Tyndall, formuliert worden, sind diese: „1. Aus nichts entsteht nichts.
Nichts, was besteht, kann zerstört werden. Alle Veränderungen
entstehen durch die Verbindung und Trennung der Moleküle. —
2. Nichts geschieht durch Zufall. Jedes Vorkommnis hat seine
Ursache, aus der es mit Notwendigkeit folgt. — 3. Die einzig
existierenden Dinge sind die Atome und der leere Raum; alles
andere ist nur Ansicht. — 4. Die Atome sind unendlich an
Zahl und unendlich verschieden an Gestalt; sie stofsen an einander, und die Seitenbewegungen und Schwingungen, welche
so entstehen, sind die Anfänge von Welten. — 5. Die Mannigfaltigkeit aller Dinge hängt von der Mannigfaltigkeit ihrer Atome
an Zahl, Gestalt und Mengung ab. — 6. Die Seele besteht aus
freien, glatten, runden Atomen, wie die des Feuers. Das sind
die beweglichsten aller Atome. Sie durchdringen den ganzen
Körper und in ihren Bewegungen entstehen die Erscheinungen

Menschen, nachdem sie in diesem Punkte von Anfang der Welt bis vor
weniger denn 100 Jahren geirrt haben, während dieses kurzen Zeitraums
sich gänzlich der Wahrheit der Dinge bemächtigt haben, dergestalt dafs ·
sie den zukünftigen Jahrhunderten nichts mehr zu erforschen oder zu entdecken übrig lassen? Würden dann unsere Enkel nicht über unser ver-
messenes Vertrauen lachen? Seien wir also bescheidener.“ Revue des
questions scientifiques. 1878. Januar-Heft S. 57.

des Lebens. — Die Atome des Demokrit sind einzeln ohne
Empfindung. Sie verbinden sich, indem sie mechanischen Gesetzen gehorchen, und nicht nur organische Formen, sondern
auch die Erscheinungen der Empfindung und des Denkens sind
das Ergebnis ihrer Verbindung."[1]

Nachdem er in diesen Worten die philosophische Lehre
Demokrits resumiert hat, erinnert Tyndall an die des Epikur,
welche im Grunde die nämliche ist, und bemerkt dabei, dafs
„ein Hauptzweck des Epikur gewesen sei, die Welt vom Aber-
glauben und der Todesfurcht zu befreien."[2] „Ungefähr zwei
Jahrhunderte nach dem Tode Epikurs, sagt Tyndall weiter,[3]
schrieb Lukrez sein grofses Gedicht ‚Über die Natur der Dinge‘,
in welchem er, ein Römer, mit aufserordentlichem Eifer die
Philosophie seines griechischen Vorgängers entwickelte. · · · ·
Sein Zweck ist, wie der seines grofsen Vorläufers, die Zerstörung des Aberglaubens."

Was nun die Lehre des Epikur selbst betrifft, wie sie von
Lukrez entwickelt und in unsern Tagen von Tyndall formuliert
worden, so ist es diese:[4] „Er widerlegt die Vorstellung, dafs
etwas aus nichts entstehen könne, oder dafs, was einmal entstanden sei, wieder in das nichts zurückgeführt werden könne.
Die ersten Anfänge, die Atome, sind unzerstörbar und in sie
können schliefslich alle Dinge wieder aufgelöst werden. Die
Körper sind teils Atome, teils Verbindungen von Atomen, aber
die Atome können durch nichts zerstört werden. Sie sind stark
in ihrer festen Vereinzelung und durch ihre dichtere Verbindung
können alle Dinge eng zusammengedrängt werden und dauernde
Kraft gewinnen. Er leugnet, dafs die Materie unendlich teilbar
sei. Wir stofsen schliefslich auf die Atome, ohne welche, als
ein unzerstörbares Substrat, alle Ordnung in der Erzeugung
und Entwickelung der Dinge vernichtet werden würde. Da der
mechanische Zusammenstofs nach seiner Auffassung die vollkommen ausreichende Ursache der Dinge ist, so bekämpft er
die Vorstellung, dafs die Bildung der Natur in irgend einer

---

[1] John Tyndall: Der Materialismus in England. Übersetzt von
Emil Lehmann. Berlin. 1875. S. 4 f.
[2] A. a. O. S. 7.   [3] A. a. O. S. 9.   [4] A. a. O. S. 9 f.

Weise nach einem intelligenten Plane vor sich gegangen sei. . . .
Von aller Ewigkeit her sind sie (die Atome) zusammengetrieben
und nachdem sie Bewegungen und Vereinigungen jeder Art versucht hatten, kamen sie zuletzt in die Lage, aus welcher sich
der gegenwärtige Zustand der Dinge herausgebildet hat."

Wie man sieht, reduziert sich diese Lehre in ihrem letzten
Ende darauf, dafs man sagt, die Materie dieser Welt, das einzige Sichere und Positive für die Schüler des Epikur, bestehe
aus ewigen, unendlich vielen und unendlich verschiedenen Atomen,
denen die Bewegung wesentlich sei, und aus der Bewegung
leiten sich alle Dinge des Universums ab mit den Gesetzen,
wodurch sie unabänderlichermafsen regiert werden. In all diesen
Punkten stimmen die Hauptvertreter der Wissenschaft mit einander überein, welche man modern nennt, obgleich sie schon
einige Jahrhunderte vor Ankunft des Christentums existiert hat.
Dem Christentum verdankt die wahre Wissenschaft das Licht,
welches alle Dinge erleuchtet, indem es sie ihr in dem Momente
vor Augen stellt, wo dieselben, der sie rufenden Stimme Gottes
gehorchend, aus dem Nichts hervorgingen. So kann man also
sagen, dafs das erste und einzige Fundament jener Wissenschaft
im Altertum darin bestanden hat, dieses Licht nicht gesehen
zu haben, und in der Gegenwart, ihm die Augen zu verschliefsen.

124. An dieser Stelle scheint mir die Bemerkung am Platze
zu sein, dafs die Gegner des katholischen Dogmas von der
Schöpfung, ohne es vielleicht zu merken, sich von der Richtung
entfernen, welche ihnen durch ihre rein experimentelle Methode
vorgezeichnet wird, indem sie kühn in die Domäne der Metaphysik eintreten. Dazu gehören ja die Ideeen von dem Unendlichen, dem Notwendigen, dem Ewigen, welche dieselben auf
die Materie anwenden mittels eines Schlusses, wozu die Prämissen von der Erfahrung nicht geliefert werden können. Diejenigen, welche kein anderes Erkenntnisprincip, als die Erfahrung,
anerkennen, sollten für ihren Teil die Worte des Franzosen
Dr. Broussais wiederholen, der da sagt:[1] „Ich kann die Idee
von einer intelligenten Macht, welche die Dinge aus dem Nichts

---

[1] Vgl. das Journal Droit vom 14. November 1841.

hervorgezogen haben soll, nicht fassen, weil die Erfahrung mir die Vorstellung von einer absoluten Schöpfung nicht giebt"; sie haben aber keinen Grund, das zu leugnen, was sie mit ihren Sinnen nicht zu sehen vermögen. Die physikalischen Wissenschaften sind als solche, das gilt als allgemeine Regel, nicht zuständig, um jene Probleme zu lösen. Handeln sie dennoch über übersinnliche Objekte, so dürfen sie davon weder etwas bejahen noch verneinen und müssen vor allem aufhören, das zu lästern, was sie nicht kennen.

„Es ist sicher, sagt Dr. Newman,[1]) heute ein Kardinal der römischen Kirche, dafs der Physiker, wenn er ein religiöser Mann ist, notwendigerweise eine genaue Idee von der Thätigkeit

---

[1]) In einem Vortrage über ‚Christianity and Physical Science‘, gehalten in der Schule für Medicin an der irländischen Universität und citiert von den Bischöfen Irlands in dem herrlichen Hirtenschreiben, das sie jüngsthin an ihre Diöcesanen erlassen haben, um sie vor den Irrtümern des heutigen Positivismus zu warnen. Die bemerkenswerte Stelle dieses Vortrags von Dr. Newman, deren Anfangszeilen ich oben dem Texte eingefügt habe, vollständig hier wiedergegeben zu sehen, wird jeder Leser mit Dank begrüfsen. Sie lautet also: „Es ist sicher, dafs der Physiker, wenn er ein religiöser Mann ist, notwendigerweise eine genaue Idee von der Thätigkeit haben mufs, welche das Universum erhält. Diese Idee hat er sich aber als ein Privatmann, nicht als Professor zu bilden, sie wird die Idee eines religiösen Menschen, nicht die eines Physikers sein; ja die Physik kann, nicht weil sie ihn etwas Gegenteiliges lehrt, sondern weil sie ihm absolut nichts über die Sache mitteilt, nicht einmal einen Grund dafür angeben, wenn sie ihrem Objekte treu bleiben will. Die Frage liegt einfach extra artem. Innerhalb der Grenzen der Erscheinungen der materiellen Welt ist es dem Physiker verstattet, das Feld der Spekulation und der Beweise zu durchlaufen. Sehr wohl kann er die Thätigkeit der Gesetze der Materie im Verlaufe der verschiedenen Zeitperioden beschreiben; er kann das Vergangene durchdringen und das Zukünftige verkünden; er kann die Veränderungen berichten, welche in der Materie durch den Anfang, das Zunehmen und das Verschwinden der Erscheinungen hervorgebracht wurden, und auf diese Weise bis zu einem gewissen Punkte die Geschichte der materiellen Welt schreiben: bei all diesem mufs er aber so verfahren, dafs er von den Erscheinungen, die sich ihm darbieten, seinen Ausgang nimmt und gemäfs der innern Evidenz, die sie ihm eingeben, seine Schlüsse zieht. Niemals wird es sich darum handeln, mittels der Principien seiner Wissenschaft zu entscheiden, was das letzte Element der Dinge sei, das wir Materie nennen, wie es geworden ist, ob es einmal zu existieren aufhören

haben muſs, welche das Universum erhält. Diese Idee hat er
sich aber als ein Privatmann, nicht als Professor zu bilden."
Diese tiefen Gedanken muſs man in ganz besonderer Weise auf
die Experimentalwissenschaften anwenden, wie sie von den positivistischen Philosophen kultiviert werden. Denn gesetzt, daſs
„der Naturkundige, wie Virchow sagt,[1]) nur Körper und Eigenschaften von Körpern kennt", und daſs wir nach Moleschott[2])
„auſser den Verhältnissen der Körperwelt zu unsern Sinnen
nichts aufzufassen vermögen", so ist alles etwaige Hinausgehen
des Gelehrten über die engen Grenzen seines Wissens, indem
er auf irgend eine Weise über dasjenige einen Schluſs macht,
was er nicht wahrzunehmen vermag, sei es auch nur, um
es zu leugnen, eine offenbare Verletzung der Schluſsgesetze,
eine petitio principii, die etwas offenbar Falsches als bewiesen
unterstellt, nämlich dies, daſs „mit der Grenze der sinnlichen
Erfahrung auch die Grenze des Denkens gegeben ist", wie
Karl Vogt sagt,[3]) oder daſs, wie Ludwig Feuerbach schreibt,[4])
„nur ein sinnliches Wesen ein wahres, wirkliches Wesen, nur
die Sinnlichkeit Wahrheit und Wirklichkeit ist", oder daſs, wie
Virchow sich ausdrückt,[5]) „was über die Körper und ihre Eigenschaften hinaus ist, der Naturkundige transcendent nennt und
die Transcendenz als eine Verirrung des menschlichen Geistes
betrachtet."

Indessen, wie beweisen denn diese Aftergelehrten, daſs die
Erfahrung der Ursprung, die Norm und das Maſs aller Erkenntnis und Wahrheit ist? Es käme ihnen nicht in den Sinn,
es zu beweisen, und sie können es auch nicht. Die Erfahrung
würde sich gegen ihr Vorhaben sträuben, das so unvernünftig
ist, wie das eines Blinden, welcher die Farben deshalb leugnet,

---

könne, ob es eine Zeit gegeben habe, in der es nicht war, ob es vielleicht
ins Nichts zurückkehren werde, worin thatsächlich seine Gesetze bestehen,
ob sie zu sein aufhören, ob sie suspendiert werden können, und hundert
andere Fragen derart."

[1]) Archiv für patholog. Studien. II. S. 9.
[2]) Der Kreislauf des Lebens. 2. Aufl. Mainz. 1855. S. 404.
[3]) Köhlerglaube und Wissenschaft. 3. Aufl. Gieſsen. 1855. S. 107.
[4]) Vgl. A. Stöckl: Der Materialismus u. s. w. S. 17.
[5]) Archiv für patholog. Studien. II. S. 9.

weil er sie nicht sieht. Demnach ist also das Princip, von welchem man ausgeht, um den wahren Ursprung der Dinge zu leugnen, nur eine als Princip aufgestellte Voraussetzung, ein Sophisma und ein Widerspruch. Wir wollen nun sehen, wie diese Schlufsfolge durch Aussprüche, welche dem Handbuche der Materialisten selbst entlehnt sind, vollauf bestätigt wird.

125. „Der Stoff ist unsterblich, unvernichtbar", sagt Büchner.[1]) Worauf läfst sich dieser unwissenschaftliche Machtspruch in letzter Instanz zurückführen. Büchner giebt vor, aus der unterstellten Unsterblichkeit der Materie ihre Ewigkeit zu beweisen. Aber woraus beweist er denn, dafs die Materie nicht vergehen kann? Weshalb vergeht sie in Wirklichkeit nicht? Da haben wir also die einfache Thatsache, eine nichtnotwendige Thatsache, welche von den Sinnen beobachtet wird, in ein Princip mit absoluter Bejahung umgewandelt. Freilich sind die physischen und chemischen Ursachen, welche in der Natur wirksam sind, nicht imstande, auch nur ein Atom von dieser oder jener Substanz zu vernichten, aber folgt daraus etwa, dafs auch eine höhere, eine allmächtige Ursache das Werk seiner Hände nicht zu zerstören vermag? „Non erit impossibile apud Deum omne verbum."[2]) Ein Philosoph, der seines Namens würdig ist, würde sagen: „Alles, was existiert, ist von Gott geschaffen worden; deshalb kann es von seinem göttlichen Urheber auch in Nichts aufgelöst werden." Die Erhaltung der Dinge ist eine fortgesetzte Schöpfung. Die Dinge würden daher in dem Momente, wo Gott seine Hand zurückzöge, womit er sie hält, dafs sie nicht in den Abgrund ihres Nichts heruntersinken, sich sofort in das Nichts verwandeln, woraus sie hervorgegangen sind. Giebt der Positivist diese Schlufsfolgerung, welche augenscheinlich die Grenze seines Kriteriums überschreitet, nicht zu? Meinetwegen! Aber aus der Erfahrungsthatsache, dafs die Materie nicht vergeht, möge er das absolute Princip nicht ableiten, dafs sie nicht vergehen kann; die Beständigkeit möge er nicht in Notwendigkeit umwandeln, er möge nicht sagen, dafs dasjenige, was nicht geschieht, auch nicht geschehen könne, er möge der

---

[1]) Kraft und Stoff. 14. Aufl. Leipzig. 1876. S. 12.   [2]) Luc. 1. 37.

ersten Ursache nicht die Grenzen setzen, welche die Thätigkeit der zweiten Ursachen umschreiben, kurz er möge die Irrtümer, welche der Haß gegen den Glauben eingiebt, nicht zur Kategorie der wissenschaftlichen Dogmen erheben.[1])

126. **Alle diese Anstrengungen, welche der Materialismus** machte, um aus empirischen Prämissen notwendige Konsequenzen zu ziehen, beweisen nichtsdestoweniger etwas, was unserer **Natur** zur Ehre gereicht, und dies besteht darin, daß der menschliche Geist, obgleich eingehüllt in die Materie, gleich dem Schmetterlinge, der seine Hülle zu zerbrechen strebt, die Flügel nach den erhabenen **Regionen der Metaphysik** auszubreiten sucht. Das ist eine Notwendigkeit, ein wesentliches Gesetz der Vernunft und des Herzens. Angesichts der accidentellen, veränderlichen und aufeinander folgenden Thatsachen, welche der Anschauung der Sinne unterworfen sind, schwingt sich die Vernunft hinauf zu dem Begriffe von Substanz, Ursache, **Dauer, Unveränderlichkeit, Übersinnlichkeit.** Und wenn sie infolge irgend eines anti-

---

[1]) Virchow, ein in unserer Frage ganz unverdächtiger Gewährsmann, sagt in dem Archiv für pathologische Studien (II. S. 9): „Es giebt einen materialistischen Dogmatismus so gut, wie einen kirchlichen und idealistischen. Sicher ist der materialistische der gefährlichere, weil er seine dogmatische Natur verleugnet und in dem Kleide der Wissenschaft auftritt; weil er sich als empirisch darstellt, wo er nur spekulativ ist, und weil er die Grenzen der Naturforschung an Orten aufrichten will, wo letztere offenbar noch nicht competent ist." Güttler citiert außerdem (Naturforschung und Bibel. Freiburg. 1877. S. 144) noch andere Autoren, welche es ebenfalls verurteilen, daß der Materialismus in die Region der Metaphysik eindringt, trotzdem daß die Feinde der übersinnlichen Wahrheiten damit prahlen, sich streng an die Methode der auf die sinnlichen Thatsachen angewandten Beobachtung zu halten. Hören wir mit Bezug hierauf nur noch Quatrefages; er sagt: „Man sieht, wie sehr diese Leute, die sich der freien Wissenschaft rühmen und sich das Monopol zuschreiben, bloß im Namen der Philosophie und der Vernunft ihre Aussprüche zu thun, sich hüten sollten vor ihrer instinktiven Abneigung gegen die geoffenbarte Wahrheit, welche sie antreibt, jede Thatsache, jedes Zeugnis, jede Lehre zu verwerfen, welche mit dem Glauben in einiger Beziehung steht. Sie gerade sind die ärgsten, intolerantesten Absolutisten, und ihre dem Glauben widerstreitenden Hypothesen, seien diese auch noch so gewagt, stellen sie ohne weiteres als Dogmen auf." Revue des deux mondes. 1860. tom 30, pag. 809.

theistischen Systems alle diese Begriffe nach ihrem absoluten
Werte nicht auf Gott beziehen will, bezieht sie dieselben z. B.
auf die Materie und bereichert so diese mit der an der Gottheit
gemachten Beute. Wenn nun in besagter Weise diejenigen
vorgehen, welche dem menschlichen Geiste die Fähigkeit absprechen, das zu schauen, was sich der Jurisdiktion des Mikro-
skops entzieht, auf welchen Titel hin werden sie dann dem
Philosophen das Recht verweigern können, mit metaphysischen
Argumenten darzuthun, dafs die Materie erschaffen worden sei
und dafs sie infolge dessen durch den freien Willen Gottes in
Nichts aufgelöst werden könne?

127. Ganz unwiderlegbar sind fürwahr die Argumente, mit
welchen der h. Thomas von Aquin in seiner Summa contra gentes
diese Grundwahrheit der Wissenschaft, welche mit der Religion
verschwistert ist, beweist. „Alles, sagt der englische Lehrer,[1])
was einem Dinge nicht als solchem d. i. nicht seiner Natur und
Wesenheit nach zukommt, kommt ihm durch irgend eine Ursache
zu, wie z. B. das Weifse dem Menschen; denn was keine Ursache hat, ist ein Erstes und Unmittelbares und mufs deshalb
durch sich und als solches sein, was es ist. Nun ist es aber
unmöglich, dafs irgend etwas zweien Dingen so zukomme, dafs
es jedem als solchem eignet; denn was von einem Dinge als
solchem ausgesagt wird, geht über dasselbe nicht hinaus, wie
z. B. dies, drei Winkel besitzen, welche zweien Rechten gleich
sind, über das Dreieck, wovon es ausgesagt wird, nicht hinausgeht, wohl aber mit ihm konvertibel ist, so dafs man sagen
kann: In jedem Dreieck betragen die Winkel zwei Rechte, und
ebensogut umgekehrt: Alles, worin die Winkel zwei Rechte
betragen, ist ein Dreieck. Wenn also irgend etwas zweien
Dingen zukommt, so kommt es nicht jedem von ihnen als solchem
zu. Und demnach ist es unmöglich, dafs etwas von zwei Dingen
so ausgesagt werde, dafs es von keinem der beiden im Sinne
der Ursache ausgesagt wird; vielmehr ist es nötig, dafs entweder das eine die Ursache des andern ist, wie das Feuer dem
zusammengesetzten Körper die Ursache der Wärme ist, obgleich

---

[1]) S. c. g. l. 2, c. 15.

beide warm genannt werden, oder dafs irgend ein drittes für
beides die Ursache ist, wie z. B. das Feuer für jede von zwei
brennenden Kerzen die Ursache des Leuchtens ist. Das Sein
wird nun von allem ausgesagt, was ist. Darum kann es unmöglich zwei Dinge geben, von denen keines eine Ursache
seines Seins hat, sondern es müssen entweder beide angenommenen Dinge durch eine Ursache sein, oder eines mufs die
Ursache für das andere sein. Demgemäfs ist es nötig, dafs von
demjenigen, was keine Ursache des Seins hat, all dasjenige sei,
was auf irgend eine Weise ist. Nun haben wir aber gezeigt,
dafs Gott ein derartiges Seiende ist, welches keine Ursache des
Seins hat. Von ihm ist also alles, was auf irgend eine Weise
ein Sein besitzt."

Reden wir deutlicher. Ein Prädikat kann einem Dinge
zukommen entweder deshalb, weil es das Ding selbst ist, dem
es zukommt, d. h. deshalb, weil es zu dessen Wesenheit gehört,
oder aber zufolge eines andern Dinges, welches die Ursache
oder der Grund dafür ist, dafs es jenem Dinge zukommt. Dem
Dreieck z. B. kömmt es nach der ersten Weise zu, eine von
drei Linien umschlossene Fläche zu sein; denn man kann nicht
sagen, dafs es neben dem Dreieck irgend eine äufsere Ursache
oder einen äufsern Grund gebe, wodurch ihm jenes Prädikat
zukommt, vielmehr kommt es ihm deshalb zu, weil es mit ihm
ein und das nämliche Ding ist, secundum quod ipsum est. Dahingegen kommt dem Sokrates die Weisheit zu nicht deshalb, weil
sie etwa mit ihm ein und das nämliche Ding wäre, so dafs sie
seine Wesenheit konstituierte, sondern darum, weil sie sich aus
irgend einem Princip ableitet, welches sicher nicht die menschliche Wesenheit des Sokrates ist. Im ersteren Falle ist dasjenige, was irgend einem Subjekte zukommt, von der Art, dafs
es mit ihm blofs ein Ding ausmacht, und deshalb ist es von
dem Subjekte verschlungen und kann es kein Ding geben, dem
es aufserdem noch zukäme. So ist z. B., wenn man von dem
Dreieck erklärt, dafs der Wert seiner Winkel zwei Rechte be-
trägt, dieses Attribut von dem Dreieck so zu sagen mit Beschlag
belegt, so dafs man es von keinem andern Dinge mehr aussagen
kann. Wenn aber das Prädikat dem Subjekte in der zweiten

Weise zukommt, trifft nicht das nämliche zu; im Gegenteil, dasjenige, was das Prädikat ausdrückt, wird von dem Subjekte
nicht nach seinem vollen und absoluten Sinne ausgesagt, non
secundum quod ipsum, sondern in seinem teilweisen und ein-
geschränkten Sinne. Wenn wir z. B. sagen, Sokrates war weise,
schreiben wir ihm die Weisheit nicht secundum se totam zu,
noch geht sie gänzlich in ihm auf, sondern es bleibt noch Weisheit übrig, die unter viele verteilt werden kann. Was folgt
daraus? Dafs ein Prädikat, wenn es einem Subjekte so zukommt,
dafs es mit ihm und zwar mit ihm allein vollständig identisch
ist, ihm absolut zukommt, den übrigen Dingen aber nur nach
Weise der Teilnahme, der Ähnlichkeit oder Annäherung; dafs
aber ein Prädikat, wenn es vielen in der zweiten Weise zukommt, ebendeswegen, weil es ihnen nicht wesentlich, nicht
secundum se totum zukommt, notwendigermafsen neben denselben
irgend eine Ursache dafür haben mufs, dafs es ihnen zukommt.
Wenn wir nun, dies unterstellt, von allen Dingen, die wir sehen,
sagen, dafs sie sind, so ist klar, dafs keines von ihnen das Sein
dergestalt absorbiert, dafs dasselbe den übrigen nicht zugesprochen
werden kann; alle besitzen es nach Weise der Teilnahme, allen
kommt es zu, aber nicht so, dafs sie das Sein ihrer Wesenheit
nach wären. Demnach mufs neben ihnen eine Ursache ihres
Seins sein, und diese Ursache ist nichts anders, als Gott, das
absolute und wesenhafte Sein, als derjenige, worin das Sein
ohne die Grenzen ist, welche allen Dingen anhaften, deren Sein
ein teilgenommenes oder ein teilweises ist, denn das will es
heifsen, wenn man sagt: partem capere.

Dem Gesagten fügt der heilige Lehrer hinzu:[1] dafs „dasjenige, was irgend einem Dinge zufolge seiner Natur und nicht
durch irgend eine äufsere Ursache zukomme, in ihm nicht vermindert und mangelhaft sein könne. Denn wenn der Natur eines
Dinges irgend etwas Wesenhaftes weggenommen oder hinzugefügt wird, entsteht sofort eine andere Natur, wie das auch
bei den Zahlen der Fall ist, bei denen eine hinzugefügte oder
weggenommene Einheit die Art verändert. Wenn aber bei

---

[1] S. c. g.: L. c.

unversehrt bleibender Natur und Wesenheit eines Dinges irgend
etwas Vermindertes in ihm gefunden werden sollte, so ist klar,
dafs dies nicht schlechtweg und einfachhin von jener Natur
abhängt, sondern von irgend einer andern Ursache, durch deren
Entfernung die Verminderung eintritt. Was also irgend einem
Dinge in geringerem Mafse zukommt, als einem andern, das
kommt ihm nicht infolge seiner blofsen Natur zu, sondern durch
irgend eine andere, äufsere Ursache. Das also wird die Ursache
aller Dinge von irgend einer Gattung sein, welchem das jener
Gattung beigelegte Prädikat am meisten zukommt. So sehen
wir z. B. auch ja, dafs dasjenige, was am meisten warm ist, die
Ursache der Wärme in allen warmen Dingen ist, und dafs das-
jenige, was am meisten leuchtet, die Ursache aller leuchtenden
Dinge ist. Nun ist Gott, wie gezeigt worden, das am meisten
Seiende; er ist also auch die Ursache aller Dinge, wovon das
Sein ausgesagt wird." „Aufserdem, so fährt der Aquinate fort,
mufs sich nach der Ordnung der Wirkungen die Ordnung der
Ursachen richten, und zwar deshalb, weil die Wirkungen zu
ihren Ursachen im Verhältnis stehen. Wie daher die besondern
Wirkungen auf besondere Ursachen zurückgeführt werden, so
hat man dasjenige, was den besondern Wirkungen gemeinsam
ist, auch auf eine gemeinsame Ursache zurückzuführen. So ist
z. B. über den besondern Ursachen dieser oder jener Entstehung
die Sonne die gemeinsame Ursache des Entstehens und der
König über den Vorgesetzten des Reiches wie auch der einzelnen Städte die allgemeine Ursache der Regierung im Reiche.
Da nun allen Dingen das Sein gemeinsam ist, so mufs es über
allen Ursachen irgend eine geben, der es zukommt, das Sein zu
verleihen. Die erste Ursache ist aber Gott, wie früher gezeigt
worden. Alles was ist, mufs darum von Gott sein." „Ferner,
so heifst es bei ihm in der citierten Stelle weiter, dasjenige,
was im Sinne der Wesenheit ausgesagt wird, ist die Ursache
von allem, was man im Sinne der Teilnahme aussagt. So ist
z. B. das Feuer die Ursache von allem Feuerigen als solchem.
Gott ist nun ein Seiendes durch seine Wesenheit, weil er das
Sein selbst ist, während jedes andere Seiende ein Seiendes
durch Teilnahme (am Sein) ist, weil das Seiende, welches sein

Selbst ist, nur ein einziges sein kann. Daraus folgt, dafs Gott
für alles andere die Ursache des Seins ist."

Ich übergehe die übrigen Argumente, welche der h. Thomas
herbeizieht, und auch viele andere, wovon die Bücher voll sind,
weil die vorstehenden genügen, um zu beweisen, dafs kein endliches Ding kraft seiner eigenen Natur das Sein besitzt oder
besitzen kann, sondern durch irgend eine Ursache, welche es
ihm mitgeteilt hat, und in welcher das Sein wesenhaft wohnt
mit absoluter Unabhängigkeit und mit einem Mafs ohne Schätzung,
— mensura sine mensura a quo est omnis mensura, nach dem
vortrefflichen Ausdruck des h. Augustin.[1]) Das Absolute, Notwendige und Ewige ist also unendlich; denn wer vermag in
dem Sein Grenzen zu setzen, wenn es zur Wesenheit des Dinges
gehört, welches ist? Keiner Wesenheit kann man etwas Wesenhaftes zufügen oder wegnehmen, weil in demselben Momente,
wo z. B. einem Fünfeck eine einzige Seite weggenommen wird,
das Fünfeck aufhört, Fünfeck zu sein, und eine andere Figur
wird. So verhält es sich also auch, wenn das Sein die Wesenheit selbst ist? Wenn man von einem Dinge sagen kann, dafs
das Sein, welches es besitzt, sein eigenes sei (esse suum), weil
es dasselbe aus sich selbst (ex propria natura) besitzt, so ist
es unmöglich, ihm das Sein zu vermindern, ohne das Ding selbst
zu zerstören; das Sein ist in ihm ohne Schranke und Mafs,
eines, höchst vollkommen und nicht mitteilbar, wiewohl es in
gewisser Weise sich ausbreiten kann, insofern nämlich, als es
den Dingen, welche nicht aus sich selbst sind, irgend eine Ähnlichkeit mit ihm mitteilt. Die Atome nun, woraus die Welt nach
der heute wieder aufgelebten Lehre Demokrits und Epikurs
besteht, und die Welt selbst, die aus ihnen gebildet wird, sind
sie vielleicht das Sein? besitzen sie es in seiner ganzen Fülle?
kann man sich neben ihnen kein Ding denken, das nicht aus
Atomen besteht? betrachtet sie unser Geist als so existierend,
dafs die Existenz zu ihnen mit Notwendigkeit gehört, wie zum
Kreis die Rundung? Wahnsinn wäre es, so etwas auch nur
zu denken. Schliefsen wir also, indem wir sagen, dafs die Welt

---

[1]) Dialogus quaest. 65 ad Orosium qu. 39 resp.

mit allen ihren Elementen von einem absoluten Sein, von einer allgemeinen und höchsten Ursache, d. i. von Gott die Existenz empfangen hat.

128. Der Zusammenhang, welcher zwischen der Idee des Absoluten und Ungeschaffenen und der Idee des Unendlichen besteht, ist so evident, dafs diejenigen, welchen die Materie ewig ist, die Welt für unendlich erklären. „Die Zahl der Uratome ist unendlich", sagt Tyndall dort, wo er das System Demokrits auseinandersetzt.[1]) „Jede gedachte Begrenzung, bemerkt Büchner,[2]) vernichtet die Möglichkeit der Welt." Daraus erkennt man klar die Wahrheit der Beobachtung, dafs man Gott das Sein nicht ableugnen kann, ohne in gewisser Weise die Kreaturen zu vergöttlichen, indem man ihrer unendlich viele sein läfst, obgleich es nicht möglich ist, auch nur bei jeder einzelnen von ihnen, sie für sich genommen, die Unendlichkeit sich vorzustellen. Indessen die Notwendigkeit, die Welt für unendlich zu halten, nachdem man sie sich als ewig vorgestellt hat, beweist deutlich, dafs sie mit der Zeit geschaffen worden, weil die Welt nicht unendlich ist und auch nicht unendlich sein kann. Ist denn die Zahl der Atome, um mich speciell an sie zu halten, vielleicht unendlich grofs?

129. Die Unmöglichkeit einer jeden unendlichen Reihe von Wesen ist eine klar bewiesene Wahrheit. Hören wir einen von den Gründen, welche ihre Evidenz darthut. Jede Zahl, wie grofs sie auch sein mag, ist wie jede kontinuierliche Gröfse der Vergröfserung fähig und zwar durch unbestimmte Addition von Einheiten. Daher definiert man ja auch die Quantität damit, dafs man sagt, sie habe die Fähigkeit, vergröfsert oder vermindert zu werden. In jeder Zahl hat die Quantität einen bestimmten Ausdruck und deshalb eine genaue Grenze. Man kann sie durch neue Additionen ins Unbestimmte vergröfsern, wenn man aber die begrenzten Quantitäten summiert, erhält man keine unendliche Zahl, der keine neue Einheiten hinzugefügt werden können. Wir vermögen uns in der That eine Zahl zu denken, die gröfser ist, als jede bestimmte Gröfse, und diese Zahl kann

---

[1]) A. a. O.   [2]) Kraft und Stoff. S. 40.

man unendlich nennen; allein eine derartige Vorstellung gilt nur
für das Gebiet des Möglichen, nicht für das des Wirklichen,
oder wie die Alten zu sagen pflegten, sie ist ein der Möglichkeit,
nicht aber ein der Wirklichkeit nach Unendliches, ein infinitum
in potentia, kein infinitum actu, weil wir sie in dem Momente,
worin wir sie als wirklich annehmen, sie auch vermehren können,
indem wir sie etwa um sich selbst vergröfsern. Mit andern
Worten, das der Möglichkeit nach Unendliche, weit entfernt,
die Grenzen von sich auszuschliefsen, trägt in sich die Möglichkeit, solche ins Unbestimmte hin anzunehmen. Schliefslich sei
bemerkt, dafs die Zahl, welche wir, was unmöglich ist, als
eine aktuell unendliche Zahl uns denken würden, in diesem
Falle aufhörte, eine Zahl zu sein, weil man sie nicht nur nicht
zu vergröfsern, sondern auch nicht zu teilen vermöchte, wofern
man bei der seltsamen und absurden Teilung des Unendlichen
z. B. nicht zwei Teile herausbringen will, von denen jeder die
Hälfte davon repräsentierte.

Das Merwürdigste aber in diesem Falle ist, dafs die Mathematik, eine wesentlich spiritualistische Wissenschaft, nicht blofs
dazu beigetragen hat, die philosophischen Gründe gegen die
Möglichkeit der unendlich grofsen Zahl zu bestätigen, sondern
auch die Beobachtung gemacht hat, dafs die Vernunft in demselben Verhältnis, wie sie sich zu höhern Ziffern erhebt, sich
von dem Unendlichen entfernt. „Je gröfser die Zahlen sind,
die wir durchgehen, sagt der berühmte Galilei,[1] desto gröfser
ist ihr Abstand von der unendlichen Zahl; denn die gröfsten
Zahlen sind gerade diejenigen, welche weniger Quadratzahlen
enthalten. Da aber in der unendlich grofsen Zahl die Quadrat-

---

[1] Dialoghi delle scienze nuove. Giornata 1a. — Nach Galilei ist
diese Materie durch den mathematischen Beweis für die Unmöglichkeit der
unendlichen Zahl beleuchtet worden: von dem berühmten Kardinal Gerdil,
von dem gelehrten und frommen Mathematiker Cauchy (in seinen Sept leçons
de phys. gén. p. 77), von dem nicht weniger ausgezeichneten Abbé Moigno
(in der Zeitschrift Les mondes, 1863) und in unsern Tagen von dem gelehrten Jesuiten Carbonell (in der Brüsseler Revue de questions scientifiques,
Aprilheft 1878). Den streng metaphysischen Beweis für die besagte Unmöglichkeit findet man in der Philosophia naturalis des Jesuiten T. Pesch,
l. 2 disp. 4 sect. 1.

zahlen nicht weniger sein können, als alle übrigen Zahlen, so folgt, daſs das Hinausgehen über die gröſsten Zahlen ein Sich-entfernen von der unendlichen Zahl ist."

Diese Gründe widerlegen den Fundamentalsatz der irrgläubigen Wissenschaft, daſs die Zahl der Atome oder Urelemente unendlich groſs sei. Und aus der Falschheit desselben folgt, daſs das Weltganze endlich ist, nicht bloſs in der Zahl seiner Elemente, sondern auch in seiner Ausdehnung, weil die reale Ausdehnung der Dinge in ihnen allen eine bestimmte Gröſse ist,[1]) und die **Summe** endlicher Gröſsen das Unendliche nicht zu konstituieren vermag.

130. Gegen diese Schluſsfolgerung bringt Büchner einen anscheinend wichtigen Einwand vor. Der berüchtigte **Verfasser** des Buches „Kraft und Stoff" sagt:[2]) „Alle Weltkörper folgen dem Gravitationsgesetze und ziehen sich einander an. Sobald nun eine Endlichkeit der Weltkörper angenommen wird, so findet die Anziehung nach dem imaginären Schwerpunkt dieser Welt, also nach der Mitte hin statt, und das Resultat dieser Anziehung müſste die Vereinigung aller Materie zu einem einzigen Weltkörper sein. Nehmen wir die Entfernungen der äuſsersten Enden auch noch so groſs an, endlich müſste die Vereinigung doch stattfinden. Da nun aber dieses nicht geschieht oder geschehen ist, obgleich die Welt seit unendlicher Zeit besteht, so kann ein solcher Zug nach der Mitte hin nicht existieren. Und dieser Zug nach der Mitte **kann** nur dadurch aufgehoben werden, daſs jenseits der uns sichtbaren Weltkörper wieder andere Weltkörper befindlich sind, welche eine Anziehung nach auſsen ausüben — **und so fort bis in das Unendliche. Jede gedachte Begrenzung vernichtet** demnach die Möglichkeit der **Welt!"** Dieser Einwand unterstellt, daſs die Centrifugalkraft, welche die Gestirne in der Richtung der Tangente bewegt, sich allmählich verzehrt und vermindert und auf diese Weise dem

---

[1]) „Terminus quantitatis est sicut forma ipsius, cuius signum est, quod figura, quae consistit in terminatione quantitatis, est quaedam forma circa quantitatem." S. Tho m as: S. th. I. 7. 1 ad 2.

[2]) A. a. O. S. 40.

Vorwiegen der Centripetalkraft Platz macht, welche, indem sie
die Sternmassen dem Centrum, das man in dem Universum annehmen muſs, immer mehr nähert, schlieſslich sie alle in diesem
einen Centrum durcheinandermengt, unterstellt freilich, daſs das
Universum begrenzt ist.

Vorstehenden Einwand hat neuerdings der berühmte Dr. Liberani widerlegt. Derselbe bemerkt[1]) dagegen: Erstens ist die
unendliche Dauer der Welt bis zu dem gegenwärtigen Momente
eine unbegründete und vernunftwidrige Sache. Zweitens ist
nichts Ungereimtes in der Annahme gelegen, daſs in einem gegebenen Momente sich thatsächlich alle himmlischen Gestirne
zu einer einzigen Masse vereinigen, weil jener Moment ganz
gut das Ende sein kann, das von der göttlichen Providenz für
die gegenwärtige Ordnung der Welt bestimmt worden ist, und
in diesem Falle würde dann der Termin, wie er in der h. Schrift
angekündigt ist, durch die Naturgesetze selbst bestätigt werden,
da ja nach jener groſsen Katastrophe die Rechte des Allerhöchsten
ihre allmächtige Kraft durch die Erschaffung des neuen Himmels
und der neuen Erde, wovon die Schrift redet,[2]) sehr gut be-
währen kann. Drittens kennen wir nicht alle Weisen der Kom-
pensation, welche das Gleichgewicht unter jenen Kräften aufrecht
halten. Vielleicht genügt dafür der Äther, von dem man sagt,
daſs er die Verluste, welche durch die Centrifugalkraft der
Planeten, Kometen und aller Sterne stattfinden, kompensiere,
und dies könnte um so mehr richtig sein, wenn von dem Äther,
wie Pater Secchi meint, die Anziehungskraft ausgeht. Anderseits
giebt es freilich Astronomen, welche die Existenz des Äthers
leugnen. Nach ihnen ist es dann sehr leicht, die entgegengesetzten Bewegungen der Gestirne zu erklären; denn während
diese sich im leeren Raum bewegen, erleidet die von Büchner
vergessene, durch die Elementarbegriffe der Mechanik aber anerkannte Trägheit der Materie in den Centrifugal- und Centri-
petalkräften, wie sie von den Gestirnen bei dem anfänglichen

---

[1]) Dei principii supremi da applicarsi alle scienze naturali c. 12;
v. La Scienza Italiana, vol. 1, fasc. 6, p. 492.

[2]) 2. Petr. 3. 13.

Anstofs angenommen wurden, weder eine Vergröfserung noch eine Verminderung. Viertens schliefst die Einheit des Centrums für das ganze Himmelssystem, abgesehen davon, dafs die Annahme derselben eine reine Hypothese ist, andere reale und wirkliche Einheiten des sichtbaren Universums nicht aus. Freilich sind solche der Wissenschaft bis heute nicht bekannt, ihr Nichtbekanntsein rechtfertigt aber keineswegs die Kühnheit, mit welcher Büchner die Grenzen der materiellen Ausdehnung der Welt leugnet. Schliefslich verträgt sich die Unendlichkeit, welche der genannte Autor der Welt zuschreibt, in der That gar nicht mit der Existenz eines allgemeinen Gravitationscentrums. Dahingegen steht letzteres nicht im Wege, dafs jedes Sternensystem sein eigenes Gravitationscentrum habe, und würde darum auch die Concentration der kosmischen Materie nicht verhindern, weil nach den Gesetzen der Mechanik die Kompensationen, welche eine Folge der Attraktion der aufsergewöhnlichen Himmelskugeln sind, die äufsersten Massen jeder Sterngruppe stören, zurückhalten und sogar in der Richtung nach andern Centren antreiben, die beständigen Verluste ihrer Centrifugalkräfte aber nicht genau und unaufhörlich kompensieren können. „Die Astronomie, so schliefst der sehr gelehrte Liberani, hat kein einziges Faktum entdeckt, das sich mit den bestimmten und abgesteckten Grenzen der Welt im wirklichen Raume, wie sie von der Metaphysik anerkannt und bewiesen werden, nicht sehr wohl vereinigen liefse; und selbst die Natur der von den Astronomen beobachteten Bewegungen, die niemals gradlinig, sondern krummlinig und kreisförmig sind, stellt jene Wahrheit ins helle Licht, weil der bewegte Körper mit seinen konstanten Umdrehungen auf der eigenen Bahn den Raum umschreibt und ihn nicht zu einem unendlichen macht."

Halten wir also fest, dafs das Sein des Universums, mag man es in jedem einzelnen seiner Elemente, mag man es in deren Gesamtzahl betrachten, ein endliches Sein ist, und darum ein teilgenommenes oder mitgeteiltes, das nicht von der Natur oder Wesenheit der Dinge, welche existieren, ausgeht, sondern von einer souveränen Ursache, in der das Sein der Wesenheit nach, mit unbeschränkter Fülle wohnt, und wie in seiner Quelle

und Ursache, aus der es den Dingen dieser Welt zufliefst zufolge jener liebreichen Güte, die

„Nach sich hin zieht kein erschaffenes Gut;
Sie ist's vielmehr, die ausstrahlend es hervorruft.[1])

131. Die Atome sind sonach nicht der letzte Grund der
Wirklichkeit und der Wissenschaft, und können es nicht sein,
weil sie etwas Absolutes unterstellen, ein Princip, das alle Dinge
erklärt und in sich selbst seinen Grund hat, ein notwendiges,
unendliches, unabhängiges Sein, eine allgemeine Ursache der zufälligen, bedingten und endlichen Dinge in der von ihnen bevöl-
kerten Welt. Kann man sich vielleicht, ohne einen Unsinn zu
begehen, solch erhabene Vollkommenheiten in den Atomen denken?
Betrachtet man sie in ihrem Sein, so kann man sich nichts Geringeres vorstellen, als sie, weil sie die Grenze berühren, die
sie von dem Nichts trennt. Betrachtet man sie in ihrer Thätigkeit, so sieht man, dafs sie voneinander abhangen, weil keines
von ihnen auch nur die kleinste Wirkung hervorzubringen vermag ohne die Mitwirkung der übrigen. Aus sich selbst indifferent
für die Bewegung und Ruhe können sie, nachdem sie bewegt
worden, auch nicht einen einzigen Augenblick ihre Bewegung
einstellen, und wenn sie in Ruhe sind, sich nicht aus sich selbst
in Bewegung setzen. Da sie vollständig blind sind, vermag ihre
Verbindung nicht einmal eine von den körperlichen Formen
hervorzubringen, die wir vor uns sehen, geschweige denn die
Mannigfaltigkeit der Gattungen und Arten, welche einen vorher-
gefafsten Plan dokumentieren. Träge endlich und leblos, wie
sie sind, bieten sie sich unserm Geiste, wenn wir sie uns etwa
als unbeweglich vorstellen, als ungeheuere Sandbänke dar, welche
beständig trocken und ewig unfruchtbar sind, und stellen wir
sie uns als bewegt vor, so bieten sie sich unsern Augen als
die Elemente jenes Chaos dar, welches der Schöpfung des Lichtes
vorausging.

132. Die Materialisten unserer Zeit lassen allerdings neben
der aus Atomen zusammengesetzten Materie noch ein anderes
Princip zu, aus dessen Dazwischenkunft sie alle Dinge zu erklären

---

[1]) Dante: A. a. O. 3. Teil, Ges. 19, V. 89 f.

sich herausnehmen. „Giebt es, hat Virchow gesagt,[1]) in der Materie nicht vielleicht noch eine andere Eigenschaft, als die Trägheit? Die Antwort muſs notwendigerweise verneinend sein. Eine Materie ohne Kräfte .... ist nichts." „Kein Stoff ohne Kraft, aber auch keine Kraft ohne Stoff", „die Kraft ist vom Stoff unzertrennlich", schreibt Moleschott.[2]) Und was sagt Büchner? „Keine Kraft ohne Stoff — kein Stoff ohne Kraft! Eines für sich ist so wenig möglich oder denkbar, als das andere für sich; auseinander genommen zerfallen beide in leere Begriffe oder Abstraktionen. Man denke sich eine Materie ohne Kraft, die kleinsten Teilchen, aus denen ein Körper besteht, ohne jenes System gegenseitiger Anziehung und Abstoſsung, welches sie zusammenhält und dem Körper Form und Gestaltung verleiht, man denke die sogenannten Molekular-Kräfte der Kohäsion und Affinität hinweggenommen, was würde und müſste die Folge sein? Die Materie müſste augenblicklich in ein formloses Nichts zerfallen."[3]) Kurz, die Materie und die Kraft, die Materie, welche „der Urheber alles Seins" ist,[4]) und die Kraft, welche unter der Form der Affinität die schöpferische Allmacht in sich schlieſst — das ist in letzter Instanz der Stützpunkt und der Hebel, womit die neuen Archimedes die Wirklichkeit und Wissenschaft zu schaffen sich brüsten.

133. Was die Materie ist, haben wir schon gesehen. Sie ist das Sein in seinem untersten Grade, das Sein, welches an das Nichts streift und nach dem entschiedenen Ausdruck des h. Augustin mit ihm fast zusammenfällt — ens prope nihil. Und welchen Wert hat dieses Sein, wenn selbst Büchner versichert, daſs es, wenn es für sich allein und von der Kraft verlassen wäre, sich sofort in Nichts verwandeln würde? Aber was ist denn nun die Kraft? Besteht sie vielleicht in der Bewegung? Nein; denn die Bewegung ist eine Wirkung, welche wie jede andere Wirkung eine Ursache unterstellt, und die Materie als solche kann die Wirkung nicht hervorbringen, weil sie, wie wir

---

[1]) Sieh die Annalen der Medicin von Mailand. 1860. Januar-Heft.
[2]) Der Kreislauf des Lebens. S. 373 u. 375.
[3]) Kraft und Stoff. S. 2.
[4]) Büchner: Ebend. S. 47.

soeben gehört haben, ohne die Kraft nicht einmal zu existieren, geschweige denn zu wirken vermag; prius est esse quam agere. Ist die Kraft denn eine accidentelle Entität der Materie, welche von ihr als einem substratum d. i. als einem Inhäsionssubjekt getragen wird? Wiederum nein; denn die Accidenzien resultieren aus der Natur der Substanzen, worin sie wurzeln, und es ist unmöglich, dafs die Materie, welche aus sich selbst träge, ausgedehnt und teilbar ist, irgend etwas hervorbringt, was mit entgegengesetzten Eigenschaften ausgestattet wäre. Ist die Kraft eine Substanz? Abermals nein, weil die Substanzen ihr Sein in sich selbst besitzen und die Kraft ohne die Materie undenkbar ist, wie die Materialisten sagen. Was ist denn nun also diese verborgene und geheimnisvolle Entität, womit die in Rede stehenden Gelehrten die Leerheit der Materie ergänzen und alle Dinge erklären wollen?

134. Ich habe gesagt,[1] dafs es zwei Arten des Atomismus giebt, einen irrgläubigen, welcher den materiellen Atomen die Gott allein zukommende Ewigkeit und Notwendigkeit beilegt, und einen rechtgläubigen, welcher an dem Dogma von der Schöpfung festhält und deshalb in den Grundstoffen dieser Welt das Werk der göttlichen Macht erblickt.[2] Da den Anhängern

---

[1] In n. 121.

[2] Weder mit dem einen noch mit dem andern Atomismus darf die Atomenlehre verwechselt werden, welche die Chemiker gewöhnlich verteidigen. Diese Lehre reduciert sich darauf, dafs sie in den einfachen Körpern kleinste Elemente oder Atome ansetzt, in welche die Körper aufgelöst werden können und aus deren Verbindung nach bestimmten Gesetzen (Gesetz der multiplen Proportion und der chemischen Äquivalente) aufs neue die betreffenden Zusammensetzungen resultieren. Diese Lehre widerspricht in keiner Hinsicht dem alten Hylomorphismus, da es nämlich nicht nötig ist, dafs die Atome, welche die Chemie ansetzt, dergestalt in ihren Elementen existieren, dafs sie sich aktuell von einander unterscheiden, vielmehr es genügt, dafs sie auf diese Weise unterschieden und geschieden werden können. Der Atomismus unterstellt hingegen, dafs alle Körper aus aktuell unterschiedenen und auch von einander geschiedenen Atomen bestehen und dafs die mannigfaltige Anordnung derselben die verschiedenen Arten der Körper zur Folge habe. Vgl. Cornoldi: Institutiones philosophiae speculativae. Bononia. 1878. pag. 181; T. Pesch: Philosophia naturalis pag. 123 sqq.

von dem **Atomismus** der ersteren **Art die** erste Ursache, welche
den Atomen das Dasein gab, unbekannt ist, so erlaubt die Logik
ihnen nicht, einen ersten unbeweglichen Beweger anzuerkennen,
der 'die Ursache von den Bewegungen der Atome ist, und so
sind sie zu der Unterstellung gezwungen, dafs dieselben, weil
sie sich doch thatsächlich bewegen, **die Bewegung von sich
selbst haben,** dafs mit andern Worten die Bewegung der Materie
wesenhaft zukomme, so dafs die Materie sich ohne Bewegung
gar nicht **denken lasse.** Und **weil die** Schüler des Epikur die
physischen **Kräfte der natürlichen Wesen** auf reine Bewegungen
zurückführen, so leuchtet **klar** ein, dafs der berühmte Ausspruch
Büchners: „**Es** giebt keinen Stoff ohne **Kraft**", den alle seine
Anhänger wiederholt haben, diesem andern gleichwertig ist: „Die
Bewegung ist der Materie wesentlich."

Wie absurd diese Sentenz sei, beweist einmütig die Vernunft und die Erfahrung, oder sagen **wir, die** Metaphysik und
die Physik. Die Vernunft lehrt uns, **dafs** die Bewegung etwas
Wirkliches und Thatsächliches ist, dafs sie dem aktuellen Sein
der Dinge, welche sich bewegen, folgt und dafs diese Dinge,
weil sie als endliche nicht das Sein selbst sind, sondern nur
daran teilnehmen, **indem sie es von** „**dem** der ist" empfangen
haben, und infolge dessen nicht **durch sich selbst** d. i. durch
ihre Wesenheit existieren, auch die Bewegung nicht aus sich
selbst haben; müfsten sie sich ja sonst in Wirklichkeit bewegen
unabhängig **von** ihrem wirklichen Sein d. i. von ihrer Wesenheit,
was einen Widerspruch in sich schliefst. Mit andern Worten:
die Bewegung so **gut,** wie die endliche Existenz ist von sich
aus zufällig und unterstellt deshalb aufser und neben sich **ein**
notwendiges Princip. **Die** Erfahrung bestätigt ihrerseits diese
Wahrheit vollständig, indem sie erklärt, dafs die Materie ihrer
Natur gemäfs für Bewegung und Ruhe und für die Bewegung
nach dieser oder jener Richtung indifferent sei, dafs sie sich
nicht durch sich selbst, sondern in Kraft irgend eines äufsern
Princips bewege, welches für seinen Teil hinwieder, falls es etwa
körperlicher Natur sei, von einem andern bewegt werde, und
dafs es damit **so fortgehe,** bis man zu irgend einem unbeweglichen **Beweger** gelange, da der processus in infinitum absurd

sei. Mit Recht hat also Abbé Moigno, der berühmte Physiker
und Direktor der wissenschaftlichen Zeitschrift „Les mondes",
im Hinblick auf die Bewegungen, welche die modernen Anhänger Epikurs ihren Atomen vindizieren, gesagt,[1]) daſs „der
gottlose Atomismus Tyndalls (des berühmtesten von allen Ato-
misten) allen Gesetzen der Mechanik Hohn spreche."

Dieser Ausspruch des ausgezeichneten Verfassers des Werkes
„Les splendeurs de la foi" läſst sich ganz speciell auf die Mechanik
des Himmels anwenden. In der That, mag man den Himmel
nach seiner gegenwärtigen Gestalt, mag man ihn mit Bezug auf
den Ursprung der Dinge betrachten, so ist es, wenn die Gestirne
sich gemäſs der Hypothese des Laplace gebildet haben, ganz
unzweifelhaft, daſs die Bewegung der Himmelskörper und die
sie hervorbringenden Kräfte, die Centrifugal- und die Centripetalkraft nämlich, einen anfänglichen Stoſs unterstellen, den sie sich
nicht selbst geben konnten. Hören wir hierüber den groſsen
Newton. In einem Antwortschreiben, welches er unterm 26. Januar 1692 an Dr. Bentley richtete, sagte er: „Auf den letzten
Teil Ihres Briefes habe ich mehreres zu erwidern. Erstens,
wenn die Erde ohne den Mond sich an irgend einem Punkte
ihrer Bahn befände und jedweden Impulses einer Gravitation
oder Projektion entbehrte, und wenn sie dann im selben Momente
eine Kraft erhielte, welche sie gen die Sonne hintriebe, und einen
transversalen Stoſs, der imstande wäre, sie genau in der Richtung der Tangente zu ihrer Bahn zu bewegen, so würde die
aus dieser Attraktion und Projektion zusammengesetzte Kraft das
hervorbringen, was ich meine, nämlich eine Kreisbewegung um
die Sonne. Dieser transversale Stoſs müſste aber genau die
entsprechende Stärke haben; denn wäre er zu stark oder zu
schwach, so würde die Erde eine von der transversalen ab-
weichende Linie beschreiben. Zweitens kenne ich in der Natur
keine Kraft, welche imstande wäre, diesen transversalen Stoſs
auszuführen, auſser der Allmacht Gottes. Blondel sagt uns an
irgend einer Stelle seines Buches über die Bomben, Plato be-
haupte, daſs die Bewegung der Planeten dieselbe sei, welche

---

[1]) La foi et la science. p. 53.

sie sein würde, wenn sie, nachdem sie von Gott in einer von
unserm Sonnensystem weit entfernten Region erschaffen worden,
von diesem aus gegen die Sonne gefallen wären, dies freilich
auf die Art, dafs die Bewegung ihres Falls in dem Augenblicke,
wo sich die betreffenden Bahnen berührten, sich in eine transversale umgewandelt hätte. Das ist richtig, unterstellt freilich,
dafs die Gravitationskraft der Sonne in dem Momente doppelt
so stark würde, wo alle Planeten zu ihren besonderen Bahnen
gelangten. Allein bei dieser Hypothese mufs die Allmacht
Gottes in zweifacher Hinsicht dazwischentreten, einmal, um die
abwärtsgehende Bewegung der Planeten in eine seitliche zu verwandeln, und das andere Mal, um zu gleicher Zeit die Anziehungskraft der Sonne zu verdoppeln. Die Gravitation kann
die Planeten in Bewegung setzen, aber ohne die Intervention
der göttlichen Allmacht ist diese Kraft nicht imstande, ihnen
die Umdrehungsbewegung mitzuteilen, welche sie um die Sonne
ausführen. Und so sehe ich mich aus diesem wie aus andern
Gründen genötigt, die Bildung unsers Sonnensystems einem
aktiven und intelligenten Wesen zuzuschreiben." In einem andern an den nämlichen Doktor gerichteten Schreiben vom 25. Fe-
bruar 1693, worin er nicht über die Centrifugal-, sondern über
die Gravitationskraft handelt, drückt sich Newton also aus: „Die
Hypothese von einer Gravitation, welche der Materie angeboren,
inhärent und wesentlich wäre, oder die Hypothese, dafs ein
Körper auf einen andern aus der Ferne und durch den leeren
Raum hindurch wirken könne, ohne dafs ein Medium ihre gegenseitige Kraft und Thätigkeit von einem zum andern überleitete,
ist in meinen Augen so ungereimt, dafs ich glaube, sie könne
von einem Menschen, der eine gewöhnliche und hinreichende
Fähigkeit besitzt, um über die Natur zu meditieren, platterdings
nicht angenommen werden. Die Schwere mufs von einem Agens
hervorgebracht werden, welches in einer beständigen und bestimmten Gesetzen entsprechenden Weise wirkt, wiewohl ich es
dem Urteil meiner Leser überlasse, ob jenes Agens materiell oder
immateriell ist." Noch in einem andern Schreiben an Bentley, am
11. desselben Monats und Jahres abgefafst, stellte Newton die
Notwendigkeit fest, zur göttlichen Allmacht seine Zuflucht nehmen

zu müssen, wenn man die Bildung des Himmels erklären wolle.
Es sei mir verstattet, die Worte zu citieren, worin der ausgezeichnete Astronom seinen religiösen Gedanken ausdrückte.
„Als ich, sagte er,[1]) meinen Traktat über unser Planetensystem
schrieb, hielt ich meine Augen auf Principien geheftet, welche
imstande wären, in dem Gemüte die Überzeugung von der
Existenz Gottes hervorzubringen; und jetzt kann mir nichts eine
gröfsere Freude machen, als zu wissen, dafs dies mein Werk
zu einem solchen Zwecke hat beitragen können."

Wenn wir nun in Gedanken zu jenen entfernten Zeiten
zurückgehen wollen, in welchen unser ganzes System, „unsere
Sonne und ihre Planeten in der Form eines untastbaren Nebels
im Weltenraum zerstreut waren", wie sich Tyndall ausdrückt,
indem er die Hypothese des Laplace acceptiert, so erhebt sich
vor uns die Frage: Welche Ursache bestimmte jene Art von
ungeheuerm Nebelfleck, seine Elemente um ein gemeinsames
Centrum zu gruppieren und dadurch einen Kern zu bilden?
Denn wohlgemerkt, bevor die Bewegung der Konzentration begann, war die ganze kosmische Masse, so mufs man sich es
denken, im Zustande der Ruhe. Welche Ursache hat also, so
frage ich noch einmal, die potentielle Energie, welche in allen
Elementen jener ungeformten kosmischen Masse verteilt ist, in
den Akt d. i. in den Zustand der Wirklichkeit übergeführt?
Und nachdem in der Masse die Konzentrationsbewegung einmal
begonnen, nachdem die chemischen Kräfte durch die Annäherung
der Moleküle an einander sich entwickelt und mit ihnen eine
sehr hohe Temperatur, woher ward ihnen die rotierende Bewegung und die Centrifugalkraft zuteil, zufolge deren einige
Gürtel sich von andern trennten, um Ringe zu bilden, welche
alsbald auseinander gehen und sich in die entsprechenden Globen
verwandeln sollten? Woher stammte speciell das Gesetz, welches
die Thätigkeit der den grofsen Nebel bildenden Atome reguliert?
Man mufs gestehen, wenn diese Hypothese nicht vollständig
absurd ist, so ist es nötig, auf die Intervention des aktiven und
intelligenten Wesens zu rekurrieren, welches von Newton in
der geordneten Bewegung des Himmels geschaut wurde.

---

[1]) Vgl. seinen Brief an Bentley vom 10. Dezember 1692.

135. Wenn also der Materie die Bewegung nicht wesentlich ist, mufs sie die Wirkung sein, welche von der ersten Ursache der bewegten Dinge mittelbar oder unmittelbar hervorgebracht worden. Für die Philosophen, welche gegen den Geist und den Strom der modernen Physik festhalten an dem Princip der potentiellen Energieen, die da aus der Wesenheit der geschaffenen Dinge hervorgehen, ist die Bewegung die Wirklichkeit oder Vollkommenheit der betreffenden Kraft, welche in jedem Falle ein in seiner Art wirkliches oder vollkommenes Ding unterstellt, ebenso wie auch die Wirklichkeit oder Vollkommenheit dieses Dinges für seinen Teil wieder ein anderes unterstellt, und so unaufhörlich weiter, bis man anlangt bei einem absolut vollkommenen Wesen, bei der reinen Wirklichkeit, dem primum movens immobile von allem, was sich bewegt. In den Augen der modernen Physiker dagegen ist die Energie reine Bewegung. Da nun jede Bewegung aus einer andern hervorgeht und ein unendlich grofser Kreis von Bewegungen, welche auseinander hervorgehen, einen Widerspruch enthält, so ist es nötig, bei einer ersten Bewegung schliefslich stehen zu bleiben, welche der Materie von ihrem göttlichen Schöpfer mitgeteilt worden ist. Das ist die letzte Schlufsfolgerung der modernen Physik, wie sie von dem Jesuiten-Pater Secchi rühmlichst vertreten wird.[1]

Ich für meinen Teil gebe der ersten von beiden Lösungen den Vorzug. Dabei scheint es mir aber, da unter den Physikern die herrschende Meinung die ist, welche die Erscheinungen der anorganischen Welt auf mechanische Bewegungen zurückführt, sehr zweckdienlich, darauf aufmerksam zu machen, dafs aus dieser zweiten Theorie sich Schlufsfolgerungen ergeben, welche den Absichten des irrgläubigen Atomismus geradezu entgegen gesetzt sind. Werden nämlich alle physischen Kräfte auf die Bewegung der Atome reduziert, die unter sich einen bestimmten Abstand halten, so unterliegt es keinem Zweifel, dafs die Differenz der gröfseren oder geringeren Schnelligkeit bezw. Langsamkeit der Bewegung, und deren verschiedener Form und Richtung — die ja eine Rotations-, oder eine fortrückende oder eine schwingende

---

[1] Die Einheit der physischen Kräfte. B. 4. K. 5.

Bewegung u. s. w. sein kann, — und endlich auch der Masse oder Sammlung der bewegten Teile der Materie entspricht. Da nun die Materie mit Bezug auf den Ort, den sie im Raume einnehmen kann, von sich aus indifferent ist, da infolge dessen auch die Atome derselben eine Indifferenz besitzen für den Abstand, den sie unter sich einnehmen können, sowie für Ruhe und Bewegung und mit Bezug auf letztere für diese oder jene Schnelligkeit bezw. Langsamkeit, für die schwingende oder fortrückende Bewegung u. s. w., und da es schließlich für die Atome ebenfalls gleichgültig ist, ob sie zu mehr oder minder großen bezw. kleinen Massen gruppiert sind, so ist es klar, daß es eine äußere oder transcendente Ursache geben muß, welche der Materie ihre betreffende Stelle angewiesen, ihr diese oder jene Bewegung mitgeteilt und ihre Masse bestimmt hat, alles zu dem Zweck, daß die Kräfte mit Regelmäßigkeit wirken und ordnungsgemäß den Lauf der Natur beeinflussen. Diese äußere Ursache kann nicht die Materie selbst sein, da sie, wie wir ja schon gesehen haben, aus sich weder den Ort und Abstand ihrer Teile, noch die Weise, Richtung und Form der Bewegung, noch die Quantität ihrer Teile bestimmen kann, sintemal sie mit Bezug auf alle diese Dinge indifferent ist. So muß es also eine aktive, freie und intelligente Ursache sein, welche den Gang des Universums veranlaßt und leitet, ein Wesen, was in sich selbst subsistiert, eine Kraft, vollständig geistig und deshalb von der Materie frei und rein, eine Kraft, welche über die Materie mit der Superiorität erhaben ist, wie sie das realste Sein dem Sein gegenüber besitzt, welches dem Nichts am nächsten kommt.

136. Aus dem Gesagten ergiebt sich, daß, je größer die Genauigkeit ist, womit die Dinge in dem Universum ähnlich, wie die verschiedenen Teile einer sehr komplizierten Maschine, zu einander passen, um so exakter die Verhältnisse und um so konstanter und gleichförmiger die Gesetze des Universums sind. Je klarer also die Wissenschaft das System der Welt als einen ungeheuern Mechanismus erfaßt, dem man nichts hinzufügen und nichts hinwegnehmen kann, weder etwas von der Materie, woraus er besteht, noch auch etwas von der Kraft oder Größe

seiner Bewegung, so dafs sie nach dem Gesetz von der Erhaltung
der Energie **immer** dieselbe bleibt; mit um so gröfserer Klarheit
ergiebt sich die mathematisch bewiesene Existenz der intelligenten
Ursache, welche die Dinge nicht blofs einfachhin **geordnet**, son-
dern so geordnet hat, dafs sie unter allen möglichen Kombinationen, in welchen dieselben **zu einander** stehen **konnten**, diejenige frei gewählt **hat, worin die Harmonie allgemein und**
beständig ist, niemals **gestört durch ein unvorhergesehenes Er-**
eignis oder irgend **einen Zufall.**

137. **Weiterhin ergiebt sich aus dem** Gesagten Folgendes.
Wenn **alle Thatsachen der sichtbaren Welt** entsprechend dem
Gesetz von der Erhaltung der Energie sich vollziehen, — einem
Gesetze, welches die **träge** Materie und die von einem geistigen
Wesen ursprünglich verursachte Bewegung unterstellt und welches
in der Umsetzung einer Bewegung in eine andere, nämlich der
von den Mechanikern sogen. potentialen in die wirkliche Energie
(lebendige Kraft) oder in dem umgekehrten Processe besteht —
dann ist es evident, dafs die Wesen, **welche sich** selbst bestimmen,
wie es in höherm Grade, als **bei den** übrigen Lebewesen des
Universums, bei dem menschlichen Geiste zutrifft, einem derartigen
Gesetze nicht unterworfen **sind, und** dafs derjenige, welcher der
Materie den ersten **Anstofs** gab, auf sie auch aufserhalb der
natürlichen Ordnung einwirken kann.[1]) **Der Geist und** die Freiheit des Menschen und die Existenz **der übernatürlichen** Ordnung
haben also **von dem** genannten Gesetze **nichts zu fürchten.** Denn
selbst unterstellt, dafs die Gröfse der Bewegung in der körperlichen **Welt immer** dieselbe bleibe, hängt doch ihre Richtung
auf der **einen Seite von der** göttlichen Allmacht **ab**, welche die
Welt nach Gesetzen, **die** sie auch abändern **kann**, im Anfange

---

[1]) „Was für eine seltsame Logik ist, welche da sagt: Da habet **ihr**
ein schönes **aus** fünfundzwanzig Dreiecken gefertigtes Mosaikbild. Vermehret
die Stücke **in** beliebigem Verhältnis, ist dann eine geordnete und schöne
Figur nicht mehr möglich? Erinnert **sich** der physiologische Schriftsteller
nicht daran, dafs sich für jedes System von Kräften, welche ein Gleichgewicht zustande bringen, ein anderes einführen läfst, ohne die Kräfte in
ihrem Gleichgewicht zu stören?" Contestacion á la Historia de los con-
flictos entre la Religion y la Ciencia de J. G Draper por el Padre Fr.
Tomas Cámara, 2. edicion. Valladolid. 1880. c. 5, p. 169.

ordnete, und auf der andern Seite, freilich in beschränktem Umfang und niemals mit Aufhebung, sondern unter Anwendung
der Naturgesetze, von unserm freien Willen, dessen Existenz
und dessen Macht über die Kreaturen, welche dem Menschen
untergeordnet sind, nicht weniger positive Thatsachen der innern
und äußern Erfahrung sind, als die Thatsachen auf dem rein
körperlichen oder materiellen Gebiete.

138. Wenn übrigens jemand in diesem Gesetze noch irgend
eine Art von Widerspruch mit der geistigen und menschlichen,
oder mit der übernatürlichen und göttlichen Ordnung finden
sollte, der möge sich merken, daß die Erhaltung der Kräfte,
wovon die moderne Physik so viel aufhebens macht, keine
wissenschaftliche These, sondern eine bloße Hypothese ist, welche
die Bestimmung hat, zu verschwinden, gleich so vielen andern
Dingen, welche, nachdem sie eine bestimmte Zeit im Schwange
waren, der ewigen Vergessenheit oder Mißachtung anheimfielen.
Viele und gewichtige Gründe streiten wider das Gesetz, welches
z. B. unterstellt, daß in einer kleinen Menge von Dynamit alle
Bewegungen aufgespeichert seien, die ihre Explosion in den sie
umgebenden Substanzen hervorbringt, — Gründe, welche man
in Specialschriften finden kann, worin die mechanische Natur-
erklärung mit Argumenten bekämpft wird, die ihre Falschheit
bis zur Evidenz darthun. Alle Philosophen und andere hervorragende Gelehrte, welche die höchsten Principien der wahren
Philosophie auf die physikalischen und Naturwissenschaften anwenden, ein Liberatore, Zigliara, Schneid, Cornoldi, Liberani,
Venturoli, Rubini und viele andere, verwerfen jene Hypothese,
indem sie sich dabei nicht minder auf die Beobachtung der Thatsachen, als auf die ersten Fundamente der Wissenschaft stützen,
und behaupten, daß „nicht alle materiellen Erscheinungen sich
auf mechanische Bewegungen zurückführen lassen und daß in
dem System des Universums nicht die nämliche mechanische
Energie erhalten werde."[1]) Was namentlich Rubini betrifft, so
hat er mit Ausführlichkeit und seltener Meisterschaft in den
bemerkenswerten Artikeln über die dynamische Wärmetheorie,

---

[1]) Cornoldi: Della pluralità delle forme. Bolonia. 1876. p. 253.

welche in der Bologneser Zeitschrift ‚Scienza Italiana' veröffentlicht worden, die Hauptsätze dieser Theorie behandelt und gezeigt, **wie aus** keinem von ihnen folge, daſs die Wärme reine Bewegung **sei und** daſs zwischen der Bewegung, **von welcher die** Wärme begleitet sei, und der durch **letztere geleisteten** mechanischen Arbeit keine Gleichheit bestehe.

Mit dieser **Lehre** stimmen die **Erklärungen des gelehrten** französischen Physikers und Mathematikers **Hir** überein, dem die Lehre der Physik über die Wärme soviel zu **verdanken** hat. Hören wir **seine eigenen Worte.** „Aus der Hypothese, sagt er,[1]) worin unterstellt wird, daſs die Wärme, die Elektrizität und das Licht verschiedene Bewegungen des materiellen Atoms seien, haben einige schlieſsen wollen, daſs die **Bewegung** im allgemeinen nur aus der Bewegung hervorgehe, und daſs die eigentlich sogenannte Kraft in dem **Universum** keine Existenz besitze, daſs die Schwere nur die Folge **einer** unsichtbaren Bewegung der im Weltenraume befindlichen Atome sei, und **daſs** alle **Körper** nichts anders darstellten, **als** das Resultat **einer** Vielheit von Teilchen, welche successiv aufeinander stoſsen. **Aber** das Werk, das **ich** im J. 1868 publizierte, wird immer einen energischen **Protest gegen einen** solch gemeinen Materialismus bilden. Diese Doktrin, ich **fürchte mich** nicht, es mit lauter Stimme zu sagen, ist ein unerhörter Widerspruch, dessen sich Epikur und Lukrez geschämt haben würden, **wenn sie das** Glück gehabt hätten, auch nur den zehnten Teil **von den unanfecht**baren Thatsachen kennen zu lernen, welche der Wissenschaft des neunzehnten **Jahrhunderts** bekannt sind. Eine solche Doktrin wird immerdar als **ein Flecken** in der Geschichte der Philosophie aus der groſsen wissenschaftlichen Epoche **erscheinen, in der** wir leben."

139. **Der Kapitalirrtum der Anhänger des mechanischen** Systems **besteht** in der Verwechselung **der** aktiven Potenz oder Qualität, Bewegungen hervorzubringen, mit der Bewegung selbst, die sie aufgespeichert wähnen in den Körpern, welche jene Kraft besitzen, oder was dasselbe ist, in der Verwechselung der

---

[1]) Théorie mécanique de la chalcur. Paris. 1875. tome 1, préface.

Gleichwertigkeit zwischen dieser und jener Kraft oder Potenz, welche die Bewegung erzeugt, mit der erzeugten Bewegung, wobei jene Gleichwertigkeit Umsetzung einer Bewegung in eine andere genannt wird, gleich als ob jedesmal die erstere Bewegung aktuell existierte, und nicht blofs virtuell, wie es doch in Wirklichkeit der Fall ist. Der gelehrte Professor Hir hat diese Verwechselung mit folgenden Worten gezeichnet:[1] „Die klassische Formel, deren man sich heutzutage bei der Erklärung der Erscheinungen von derselben Art bedient, besteht darin, dafs man sagt, die Arbeit verwandle sich in Wärme und Elektrizität, und ebenso finde das Umgekehrte statt. Indessen diese Formel, welche in der total materialistischen Doktrin, woher sie kommt, nicht einmal genau ist, erklärt nichts. Die Phänomene, welche von allen elektrischen Maschinen uns dargeboten werden, führen uns, wie auch alle übrigen Erscheinungen, so verschieden und mannigfaltig sie auch sein mögen, auf ein neues und fruchtbares grofses Princip; sie beweisen uns handgreiflicherweise, dafs es eine Gleichwertigkeit der Thätigkeit unter allen Naturkräften giebt und dafs die einen den andern nach einem Gesetze des allgemeinen Gleichgewichtes substituiert werden können. Hieraus aber die Transformation oder Umwandlung ableiten, und vor allem daraus schliefsen, dafs die Kraft eine Bewegung der Materie sei, das heifst, wie ich ohne Umschweife versichere, die Grenzen der vernünftigen Wissenschaft überschreiten und eine willkürliche Hypothese aufstellen.“ Nun kann aber eine Hypothese, wie feindlich sie auch der religiösen Wahrheit sein mag, unmöglich einen Konflikt zwischen der Religion und der Wissenschaft heraufbeschwören; um so weniger vermag sie dies, wenn sie mit den metaphysischen und theologischen Doktrinen in Harmonie gebracht werden kann, und noch viel weniger, wenn sie innerlich falsch ist.

140. Fassen wir das Gesagte kurz zusammen. Die Wissenschaft eines Tyndall, Büchner, du Bois-Reymond, Moleschott und anderer Anhänger des modernen Epikureismus verfällt dadurch, dafs sie das katholische Dogma von der Schöpfung leugnet, in

---

[1] A. a. O. l. 1, c. 1, § 1.

all die Albernheiten, zu welchen die Annahme der Ewigkeit der
Materie in ihrer Anwendung auf das System der anorganischen
Wesen führt; sie kann weder den specifischen Unterschied der
Körper erklären, noch den Ursprung der Bewegung, noch die
Eigenschaften oder Kräfte der zweiten Ursachen, noch schließlich
die Gesetze, auf denen die Ordnung des Universums beruht.
Um also vor jenen Albernheiten sich zu bewahren und diese
Dinge rechtmäfsig zu erklären, mufs man auf Gott, den Urheber
und Erhalter des Universums, rekurrieren. Der Mensch kann
nicht umhin, wie der vorhin citierte Mathematiker, Astronom
und Physiker Hir gesagt hat,[1] die Notwendigkeit der Schöpfung
anzuerkennen — il ne peut qu'en constater la nécessité première."

Kapitel III.

Die modernen Hypothesen über den Ursprung und die Entwickelungen der lebenden Wesen.

141. Nachdem der in unsern Tagen erneuerte Materialismus
des Altertums und der deutsche Pantheismus, sowie ihn Hegel
ausgebildet hat, zusammengeschmolzen waren, hat die monistische
Wissenschaft als Fundamentalbasis ihrer Lehren die Hypothese
von einer immanenten Kraft aufgestellt, welche die Substanz, in
der sie wurzelt, dazu antreibt, sich allmählich in ein lebendes
Wesen umzuwandeln, indem sie mittels einer Reihe von Entwickelungen, die in einer jede vorstellbare Ziffer übersteigenden
Zeit stattfinden, alle Grade des Lebens durchläuft bis hinauf
zum Menschen, worin das Sein seine höchste Vollkommenheit
erreicht. „In dem Universum, hat Renan gesagt,[2] mufs man das
Nämliche zulassen, was man bei der Pflanze und bei dem Tiere
beobachtet: eine innere Kraft, welche den Keim dahinbringt,
einen vorausgefafsten Plan zu verwirklichen, eine Art von ver-
borgener Elasticität, welche die Möglichkeit in Existenz und
Leben und in jedesmal mehr entwickeltes Leben umwandelt;

---

[1] Vgl. Les sciences de la nature in der Revue des deux mondes,
Oktoberheft 1863.
[2] Vgl. Philosophie anglaise in derselben Zeitschrift, Märzheft 1862.

das ist die Hypothese, die wir zuzulassen uns genötigt sehen."
In ähnlichen Worten hat Taine denselben Gedanken ausgesprochen,
indem er als ein ewiges Axiom und als ein höchstes und schöpfe-
risches Gesetz „eine innere und zwingende Kraft hinstellte,
welche die Ursache aller Bewegung, das Band aller in jedwedem
Ganzen geeinigten Teile, das Princip des Entstehens für alle
Erscheinungen sei." Sehen wir nun, wie diese Wissenschaft
ihre schöpferische Formel auf das Leben anwendet, welches in
dem Universum in so verschiedenen Stufen auftritt.

142. „Die Thätigkeit heifst Leben, sagt Moleschott,[1]) wenn
ein Körper seine Form und seinen allgemeinen Mischungszustand
erhält trotz fortwährender Veränderung der kleinsten stofflichen
Teilchen, die ihn zusammensetzen. . . . Stoffwechsel und Ver-
witterung sind bezeichnende Unterschiede zwischen lebenden
und toten Gebilden." Das ist auch die Lehre Büchners, Vogts,
Tyndalls und im allgemeinen derjenigen Schule, worin der
deutsche Transcendentalismus und der englisch-französische Positivismus unter dem Namen Monismus[2]) oder System der Immanenz zusammengeflossen sind und sich vereinigt haben. Tyndall,
immer für Epikur eingenommen, resumiert in wenigen Zeilen
die von einem römischen Dichter besungene Doktrin des griechischen Philosophen also:[3]) „Liegt nicht die Versuchung nahe,
uns auf die Seite des Lukrez zu stellen, wenn er behauptet,
dafs die Natur alles selbständig aus eigenem Antrieb ohne die
Einmischung der Götter thue? . . . Mit geistiger Notwendigkeit
überschreite ich die Grenze des Experimentalbeweises und unterscheide in jenem Stoffe, den wir in unserer Unkenntnis seiner
verborgenen Kräfte und unerachtet unserer zur Schau getragenen
Ehrfurcht für seinen Schöpfer bisher gelästert haben, die Verheifsung und Potenz alles irdischen Lebens."

Gestützt auf diese Hypothese adoptiert die falsche Wissenschaft ohne Bedenken auf der einen Seite die Urzeugung (generatio spontanea s. aequivoca) bei den lebenden Wesen, bei den
Pflanzen sowohl wie bei den Tieren, und auf der andern die

---

[1]) Der Kreislauf des Lebens. S. 42.
[2]) Vgl. n. 109.
[3]) A. a. O. S. 65 f.

Doktrin von dem Transformismus oder die Umwandlungstheorie, welche in ihrer Anwendung auf die verschiedenen Arten des Pflanzen- und Tierreichs die einen von den andern ableitet, indem **sie** dieselben von dem Unvollkommenen zu dem Vollkommenen fortschreiten läfst, bis sie, wie gesagt, bei dem Menschen ankommen. Weiterhin setzt das monistische System, da es in dem Menschen nichts anders, als eine blofse organisch gegliederte Materie zu erblicken vermag, an Stelle seines Geistes eine Eigenschaft der Materie und an Stelle seines Gedankens eine einfache materielle Bewegung, oder wie K. Vogt sich bekanntlich ausdrückt, **eine Sekretion des** Gehirns, ähnlich der Galle und **dem Urin, welche von der** Leber bezw. von den Nieren abgesondert werden.[1] Indem wir für jetzt eine solch schreckliche Blasphemie stillschweigend hinnehmen, wollen wir die Principien, welche ich soeben inbetreff des Lebens angeführt habe, im Lichte der Wissenschaft betrachten.

Da es sich in der That um blofse Hypothesen handelt, die von ihren eigenen Urhebern als solche anerkannt sind, um rein imaginäre und der Erfahrung gegenüber fremd dastehende Formeln, so kann die Wissenschaft mit Fug und Recht sagen: Ich kenne euch nicht. Indessen, da es meine Absicht ist, nachzuweisen, dafs die Lehren, welche den Dogmen des Glaubens widersprechen, zugleich auch im Widerspruche stehen mit der eigentlich so zu nennenden Wissenschaft, so halte ich mich für verpflichtet, diesen Punkt mit nachfolgenden Gründen evident darzuthun.

143. Unter den Principien der ewigen Wahrheit, wie sie immerdar von der Wissenschaft sowohl als auch von dem sensus communis anerkannt wurden, lehrte die alte Schule zwei, welche für sich allein ausreichen, um die modernen Hypothesen **über** den Ursprung und die Entwickelung der lebenden Wesen über **den Haufen** zu stofsen. Das eine von ihnen ist dies, dafs die wirkende Ursache immer etwas ihr Ähnliches bewirkt, oder, wie der h. Thomas sagt, „omne agens agit sibi simile"; das andere lautet, dafs das Vollkommene früher ist, als das Unvollkommene, —

[1] Vgl. Köhlerglaube und **Wissenschaft.** S. 32.

perfectum est prius imperfecto. Die Wahrheit des ersteren
leuchtet ein, wenn man erwägt, dafs in jeder wirkenden Ursache
ihre Wirkungen auf irgend eine Weise eingeschlossen sind, dafs
mit andern Worten nihil dat, quod non habet. Von diesem
Princip war der Geist des Laktantius erleuchtet, als er sagte:[1])
„Si natura caret sensu et figura, quomodo potest ab ea fieri, quod
habet sensum et figuram? — Wenn die Natur der Sinne und
der Gestalt entbehrt, wie können aus ihr die Dinge hervorgehen,
die solche Vorzüge besitzen?" Der Grund des zweiten Princips
liegt nach dem h. Thomas darin, dafs dasjenige, was die Vollkommenheit irgend eines andern verursacht, selbst vollkommen
sein mufs — „oportet enim, quod perfectum sit, quod alia ad
perfectionem adducit."[2])

Hiebei ist aber zu bemerken, dafs beide Principien nicht
von der materialen Ursache, woraus die Wirkung hervorgebracht
wird, und auch nicht von der werkzeuglichen Ursache zu verstehen sind, sondern vielmehr von der wirkenden Ursache, welche
die Wirkung hervorbringt. So ist z. B., obgleich der Same
früher, als das lebende Wesen ist, in dem Samen die Keimkraft
und die plastische Materie, woraus sich das neue Wesen bildet,
zu unterscheiden, aber keines von diesen beiden Principien ist
die wahre erzeugende Ursache, das erste nicht, weil es blofs
nach Art eines Instrumentes wirkt, und das zweite nicht, weil
es von dem ersten zur Bildung des lebenden Wesens ausgestaltet
wird, und beide zudem aus einem andern lebenden Wesen hervorgehen — omne vivum ex ovo. Aus den Keimen gehen in
der That die Pflanzen und Tiere hervor, wie das Vollkommene
aus dem Unvollkommenen, aber diese Keime selbst stammen
wieder für ihren Teil von den Tieren bezw. von den Pflanzen
her, wie das Unvollkommene von dem Vollkommenen. Die alte
Philosophie drückte diese Wahrheit in der einfachen Formel
aus: „Actus est prior potentia."

Unglücklicherweise haben die modernen Erneuerer der
Wissenschaft die Dinge anders geordnet; in ihren Augen ist die
Möglichkeit der Wirklichkeit vorausgegangen. Nach der Meinung

---

[1]) De ira Dei. c. 10.   [2]) S. th. III. 1. 5 ad 3.

Renans ist die Materie, unbestimmt und potentiell wie sie ist, eher
als die körperlichen Substanzen; letztere haben sich in beseelte
Organismen umgewandelt, unter denen die sensitiven Wesen von
solchen erzeugt worden sind, welche nicht sinnlich empfinden
können; die vernünftigen und freien Wesen stammen direkt von
den Tieren ab, und nach Hegel ist sogar Gott dem Gesetze eines
solch wunderlichen Fortschritts unterworfen, indem er nach dem
berühmten Worte des preußsischen Sophisten sich selbst schafft
— „Gott ist im Werden". Auf diese Weise verleiht das Unvollkommene das Sein dem Vollkommenen, das Sichtbare dem
Unsichtbaren, die Welt Gott. Die Urheber solch großer Albernheiten haben mehr wie Recht, wenn sie die Metaphysik per-
horrescieren.

144. Wir wollen aber diese Meinungen und Ansichten der
modernen Wissenschaft in etwas konkreteren Formen betrachten,
indem wir von den Thatsachen der Erfahrung Gebrauch machen.
Ist es vielleicht sicher, daß das Leben auf meinetwegen der
untersten Stufe aus der unorganischen Materie hervorgesproßt
ist, wie die monistische Philosophie unterstellt? Vor allem wollen
wir sehen, was das Leben ist.

„Jene Dinge, sagt der englische Lehrer,[1] sind im eigentlichen Sinne lebendig, welche sich nach irgend einer Art der
Bewegung selbst bewegen, mag man sie als die Bewegung im
eigentlichen und engern Sinne des Wortes verstehen, in welchem
die Bewegung auch die Wirklichkeit des Unvollkommenen d. i.
des im Zustand der Möglichkeit Existierenden genannt wird,
mag man sie nach der weitern und allgemeinen Bedeutung des
Wortes auffassen, wonach die Bewegung die Wirklichkeit des
Vollkommenen heißt, wie z. B. das Einsehen und Empfinden
ein Bewegtwerden genannt wird. Hienach würden also lebendig
diejenigen Dinge heißen, welche sich zu irgend einer Bewegung
oder Thätigkeit antreiben, während diejenigen, in deren Natur
es nicht liegt, sich zu irgend einer Bewegung oder Thätigkeit
anzutreiben, nur in übertragenem Sinne als lebendig bezeichnet
werden könnten." Gemäß dieser einfachen und bewunderungs-

---

[1] S. th. I. 17. 1 c.

würdigen Definition unterstellt das Leben bei den Wesen, die
es besitzen, ein inneres Princip ihrer Akte. Dies ist aber nicht
das einzige charakteristische Merkmal einer solch ausgezeichneten
Vollkommenheit; aufserdem mufs man bei jedem lebenden Wesen
die Immanenz der Thätigkeit beachten, d. h. den Umstand, dafs
die Akte der Kräfte, welche aus dem Lebensprincip hervorgehen, in dem Subjekte endigen, das sie vollzieht, und es auf
irgend eine Art vervollkommnen. Hierin unterscheidet sich die
Lebensthätigkeit von der rein körperlichen, gemäfs folgenden
Worten des h. Thomas:[1] „Es giebt eine Thätigkeit von zweifacher Art, eine, welche auf die äufsere Materie übergeht, insofern sie sich daran vollzieht, und eine, welche in dem sie Voll-
ziehenden bleibt, z. B. einsehen, empfinden und wollen. Der
Unterschied beider besteht darin, dafs die erstere nicht eine
Vervollkommnung des wirkenden Princips ist, welches bewegt,
sondern des Bewegten selbst, die zweite aber eine Vervollkommnung des wirkenden Princips ist."

Nun kommt aber von den genannten Wesensmomenten des
Lebens kein einziges der körperlichen Welt zu, weil 1. die
Materie, wie wir schon gehört haben, von sich aus träge ist, so
dafs sie sich nicht bewegt, sich auch nicht bewegen kann, weil
nämlich alle ihre Teile gleichartig sind und es deshalb keinen
Grund giebt, dafs einige von ihnen die Bewegung verleihen
und die andern sie empfangen, und weil anderseits es nicht
möglich ist, dafs ein und derselbe Körper Subjekt und Ziel der
Bewegung zugleich sei, dafs er mit andern Worten zu gleicher
Zeit und unter demselben Gesichtspunkt sich aktiv und passiv
verhalte, was ja einen Widerspruch in sich schliefst; weil es
2. bekannt ist, dafs jede körperliche Thätigkeit eine transitive
d. i. eine auf etwas anders übergehende ist, und dafs sie nicht
das Princip, wovon sie ausgeht, sondern die Materie, woran sie
sich vollzieht, vervollkommnet, wie dies z. B. bei den Instrumenten zutrifft, deren sich der Steinmetz bedient, denn durch
den Gebrauch werden sie nicht vervollkommnet, sondern vielmehr
abgenützt und verzehrt. Da es sich nun also verhält, wie ist

[1] L. c. I. 18. 3 ad 1.

es dann möglich, dafs die Thätigkeit, worin das Leben besteht,
d. i. eine aus einem innerlich aktiven Princip hervorgehende
und immanente oder im Innern verbleibende Thätigkeit aus der
trägen Materie herstamme? Müfsten ja dann auch die rohen
Kräfte der Mechanik in Lebensthätigkeiten sich umwandeln, und
die natürlichen Bewegungen der Körper, welche, da sie durch
die Attraktion anderer Körper hervorgebracht werden, gleichfalls
ein passives Princip unterstellen, in die Phänomene, welche wir
an den Pflanzen und Tieren beobachten.

145. Auf der andern Seite sind die bemerkenswerten Unterschiede bekannt, welche die anorganische Welt von den Reichen
der lebendigen Wesen trennen: Unterschiede in der beziehungs-
weisen Zusammensetzung der Minerale und der Organismen der
lebenden Wesen, Unterschiede auch in der Gestalt, dem Wachstum, der Gröfse und der Dauer, welche die sie von einander
trennende Kluft erkennen lassen. Man wird vielleicht sagen,
dafs die chemische Analyse dahin gelangt sei, die organischen
Körper in rein anorganische Elemente aufzulösen, und daher die
Verbindung dieser Elemente nach entsprechenden Verhältnissen
hinreichend den Ursprung des Lebens erkläre, dafs mit andern
Worten die physischen und chemischen Kräfte der Materie,
welche sich in letzter Instanz auf die Bewegung zurückführen
lassen, genügen, um wenigstens in ihren untersten Arten die
organischen Wesen hervorzubringen, bei denen der graduelle
Prozefs der Transformation von dem Unvollkommenen zum Vollkommenen beginnt, einer Transformation, welche bei den ausgezeichnetsten Typen der die Welt zierenden Flora und Fauna
endigt. So faseln die Anhänger der generatio spontanea sive
aequivoca, Heterogenisten genannt, weil sie unter den Wesen der
Welt die einen von andern abstammen lassen, mit denen sie
weder eine specifische, noch auch eine generische Ähnlichkeit
besitzen. Mit Zuhülfenahme der transformistischen Theorieen
Darwins haben die Heterogenisten ihre Lehre in der Weise kom-
pletiert, wie wir es zuvor angegeben. In dieser Lehre sind zwei
sehr schwere Irrtümer enthalten, wovon der eine den ersten Ursprung der lebenden Wesen und der andere den Fortschritt oder
die Umwandlung der Arten betrifft.

146. Vor allem muſs hier bemerkt werden, daſs, wiewohl die Zersetzung der organischen Substanzen uns mineralische Elemente (Sauerstoff, Kohlenstoff u. s. w.) liefert, die physikalischen und chemischen Kräfte nicht dazu bestimmt sind, diese oder jene Art eines zusammengesetzten organischen Wesens hervorzubringen. Deutlicher gesprochen, in jedem Keime existiert eine specifische Kraft, welche die Materie des betreffenden Keimes ausgestaltet, indem sie ihr eine bestimmte Form giebt, welche die Verwirklichung eines vorausgefaſsten Plans ist[1]) und der Aufbau eines Organismus, der in allen Individuen von derselben Natur und Wesenheit der Art nach der nämliche ist. Von wem hat die Kraft, welche auf diese Weise die Organe des lebenden Wesens aufbaut, uranfänglich jene specielle Richtung auf eine bestimmte und beständige Form hin erhalten? Es unterliegt keinem Zweifel, daſs die Intelligenz in solchen Formen sich offenbart und daſs deshalb die in Rede stehende Kraft,

---

[1]) „Wenn man die vollständige Entwickelung irgend eines lebendigen Wesens betrachtet, sagt Claude Bernard in seinem Rapport sur le progrès de la Physiologie en France (pag. 125), so sieht man deutlich, daſs seine Organisation die Konsequenz eines organogenischen Gesetzes ist, welches in Übereinstimmung mit einer vorausgefaſsten Idee präexistiert und von einem Wesen auf das andere mittels der organischen Tradition übertragen wird. Die einfache Skizze des Wesens geht seiner Ausbildung voran. . . . Kein Gewebe ist dann unterschieden: die ganze Masse ist einzig aus plasmatischen und embryonarischen Zellen gebildet. Aber in dieser Art von lebendigen Kanevas ist das ideeelle Gemälde einer für uns noch unsichtbaren Organisation gezeichnet, in welchem für jeden Teil und für jedes Element der Ort, die Struktur und die Eigenschaften, welche sie haben sollen, zum voraus bestimmt sind. Damit stimmt es überein, daſs es Blutgefäſse, Nerven, Muskeln u. s. w. gebe, und zu dem Ende verwandeln sich die embryonarischen Zellen in Blutkörperchen, in Gewebe für Arterien, Nerven und Knochen. . . . Diese organisatorische Kraft existiert nicht bloſs im Anfang des Lebens, in dem Ei, oder in dem Embryo, oder in dem Fötus, sie setzt ihre Thätigkeit auch bei dem Erwachsenen fort, indem sie den Kundgebungen der Lebenserscheinungen vorsteht." An einer andern Stelle des nämlichen Werkes (pag. 110) sagt er: „Die Materie erzeugt nicht die Lebenserscheinungen, dies thut bloſs das Substrat; sie liefert die Bedingungen, welche nötig sind für die Verwirklichung einer schöpferischen Idee, welche mittels der Vererbung und organischen Tradition übertragen wird."

da sie der Intelligenz entbehrt, jene Richtung von einem intelligenten Wesen empfangen haben mufs. Doch lassen wir diese Betrachtung beiseite. Worauf es jetzt ankommt, ist die Erinnerung daran, dafs jeder lebendige Organismus aufgebaut und konstruiert ist durch irgend ein specifisches Princip, welches thätig ist, um irgend ein Vorbild oder eine vorausgefasste Idee zu verwirklichen, und welches keine andere davon verschiedene Idee verwirklichen kann, weil seine Determination und Anpassung auf die Ausführung eines bestimmten Planes hinausläuft. So sind also die physikalischen und chemischen Kräfte dieser oder jener Art von Organismus und selbst von Teilen der Organismen fremd und dafür indifferent, weil sie sich in ihnen allen förmlich erst dann einfinden, wenn das Leben die Organismen verläfst. Von der Materie geht daher die Organisation **und das Leben** nicht aus, kann auch nicht daraus ausgehen.

147. Sodann ist hier zu bemerken, **dafs** der Procefs des Lebens dem rein anorganischen Procefs ganz und gar entgegengesetzt ist. Bekanntlich verbindet und eint sich in letzterem der Sauerstoff mit dem Kohlenstoff ganz energisch, **bei den** Pflanzen aber wird er von ihm getrennt und durch deren Blätter ausgeatmet. Ist der Sauerstoff mit dem Kohlenstoff verbunden, so besitzt er aufserhalb des Organismus **eine** auflösende Kraft, während er mit bestimmten Teilen **des animalischen Organismus** verbunden konservierend wirkt. Der berühmte Chemiker J. **Liebig** hat daher gesagt:[1] „Nur die mangelhafte Kenntnis **der an**organischen Kräfte ist der Grund, warum von manchen Männern die Existenz **einer** besonderen in den organischen **Wesen** wirkenden **Kraft geleugnet, warum den** unorganischen Kräften Wirkungen zugeschrieben werden, die ihrer Natur entgegen gesetzt sind, ihren Gesetzen widersprechen." Der nämliche Autor bemerkt,[2] es gebe organische **Substanzen,** welche **aus** der Kombination derselben Elemente resultieren, diese sogar in denselben Verhältnissen genommen, und trotzdem ganz verschiedene Kräfte besitzen, so **dafs von** ihnen die einen zum Nutzen des Menschen

---

[1] Chemische Briefe. 4. Aufl. Leipzig u. Heidelberg. 1859. Bd. 1, S. 361.

[2] Augsburger **Allgem.** Zeitung. 1856. No. 24.

gebraucht werden können, wie das Kaffein, während andere,
z. B. das Strichnin, ihm den Tod geben, und wieder andere
ihm Rettung bringen, wie z. B. das Chinin. Ohne Bedenken
nennt Liebig Dilettanten[1]) all die vielen, welche sich für gelehrt
halten, wiewohl sie diese Dinge nicht kennen und aus ihren
eigenen Irrtümern folgern, dafs das Leben durch anorganische
Kräfte hervorgebracht worden sei. Weit entfernt, dafs das Leben
das Resultat der Thätigkeit dieser Kräfte ist, ist es im Gegenteil ein Zustand des Kampfes und der Verteidigung gegen sie,
so dafs es, wenn dieselben etwa vorwiegen und ihre Freiheit
und Unabhängigkeit wieder erlangen, ein Zeichen, nicht des
Lebens, sondern des Todes und der Auflösung ist. Endlich ist
es gewifs, dafs die Chemie, obgleich sie die verschiedenen Elemente verbinden kann, worein die lebendigen Organismen unter
gegebenen Verhältnissen und Umständen sich auflösen, niemals
dahin gelangt, ein Tier oder eine Pflanze, doch was sage ich?
nicht einmal einen Muskel, oder einen Nerv oder eine höchst einfache Zelle zu bilden.[2]) Einige prahlen damit, es eines Tags
erreichen zu können, und berufen sich dafür auf die unbekannten
Fortschritte der Wissenschaft, da es ihr in Wirklichkeit gelungen
ist, einige wenige organische Gebilde herzustellen. Aber selbst
wenn in beiden Fällen Gleichheit herrschte, was nicht der Fall
ist, da die Organisation in der Ausführung eines architektonischen
Planes besteht, den die anorganischen Kräfte nicht auszuführen
imstande sind, und wenn die Chemie dahin gelangte, die ganze
Struktur eines vegetabilischen oder animalischen Wesens zu bilden,
in der Weise, wie Gott den menschlichen Körper aus dem Lehm
der Erde gebildet hat, was hätte sie dann erreicht? Nichts;

---

[1]) Chemische Briefe. S. 362.
[2]) „Und so wird es ihm (dem Chemiker) gelingen, Chinin, Kaffein, die
Farbstoffe der Gewächse und alle Verbindungen zu erzeugen, welche keine
vitale, sondern nur chemische Eigenschaften besitzen, deren kleinste Teile
sich zu Krystallen ordnen, deren Form und Gestalt eine nicht organische
Kraft bestimmt. Aber nie wird es der Chemie gelingen, eine Zelle, eine
Muskelfaser, einen Nerv, mit einem Wort einen der wirklich organischen,
mit vitalen Eigenschaften begabten Teile des Organismus oder gar diesen
selbst in ihrem Laboratorium darzustellen." Liebig: Chemische Briefe.
S. 367.

ohne das spiraculum vitae d. i. ohne den Hauch des Lebens
wird der Chemiker höchstens den Mechanismus eines Automaten
herstellen können, aber nicht den beseelten Körper eines lebenden
Wesens.[1]

148. Wenn also der Mensch bei all der Macht, welche die
Intelligenz und die Wissenschaft ihm verleiht, in der Natur zu
intervenieren und sie zu modifizieren und sogar zusammengesetzte
Substanzen zu schaffen, welche die Natur nicht bilden kann,
dennoch keine organische Struktur hervorzubringen, und noch
viel weniger irgend einem seiner Werke die Seele oder den
Hauch des Lebens einzuatmen vermag, um wie viel mehr wird
es den anorganischen, blinden und von jedem Lebensprincip ent-
blöfsten Kräften unmöglich sein, lebende Wesen zu erzeugen!
Wenn man aber trotzdem an dieser Wahrheit zweifeln sollte,
so möge zu ihrer Bestätigung die Erfahrung mit der unbestreit-
baren Kraft der Thatsachen eintreten. Die unzähligen Experimente eines Redi, Schwann, Ehrenberg, Spallanzani, Pasteur
und anderer Naturforscher haben bewiesen, dafs in dem unwahrnehmbaren Staub der Luft eine unsichtbare Menge von Keimen
oder Sporen enthalten ist, welche jeden Augenblick dorthin wan-
dern, wo sie günstige Bedingungen für ihre Entwickelung finden,
und dafs die Urzeugung, welche von der alten Physik unbeschadet des Glaubens angenommen, danach aber als Angriffswaffe
gegen ihn angewendet worden, eine reine Fiktion der Phantasie
sei, welche jedes Fundaments in der Wirklichkeit **der Dinge**
entrate.[2] Die Waffe ist dem Unglauben aus den Händen gefallen,

---

[1] Vgl. L. **Dressel**: **Der belebte und der unbelebte Stoff.** Freiburg.
1883. S. 103 ff. u. 121 ff.

[2] Diesen Punkt hat P. **Janet** in seinem Werkchen über den „Materialismus unserer Zeit in Deutschland" ausführlich und geschickt behandelt,
und zwar im 6. Kapitel desselben, worin er **die** vielen und entscheidenden
Erwägungen der Wissenschaft gegen die vorgeblichen Urzeugungen anführt.
Dort sind insbesondere mit aller Klarheit verwertet die Experimente des
berühmten französischen Chemikers Pasteur an den Aufgufstierchen und
Binnenwürmern, zu denen als in letzter Instanz die Heterogenisten aus Mangel
eines andern Rekurses ihre Zuflucht nahmen, — Experimente, welche die
Sentenz bestätigen, die ihre Lehre verurteilt hat. Inbetreff dieser Experi-
mente ist zu bemerken, dafs die Akademie der Naturwissenschaften zu Paris

und zwar in dem Mafse, dafs Huxley erklärte, die Wissenschaft habe der Lehre von der Urzeugung den Gnadenstofs gegeben. Selbst Häckel erkannte an,[1]) dafs bis dahin (1873) keine Erzeugung der Autogonie (ursprüngliche Zeugung) noch die der Plasmagonie (Plasmenzeugung) direkt und unbestreitbar beobachtet worden sei.

Freilich behauptet man, ohne es aber bis zur Gewifsheit darthun zu wollen, dafs der erste Ursprung des Lebens entdeckt worden sei und zwar in den sog. Moneren, welche aus einer geronnenen Flüssigkeit oder aus einem kleinen Klumpen kohlensaurer albuminartiger Substanz ohne irgend welche Struktur bestehen. Häckel nimmt an, dafs die anorganische Natur solche lebende Wesen, welche der Organe entbehren und deshalb in ihren Bildnern keinerlei Kunst voraussetzen, bilden könne. Dagegen ist zu bemerken, dafs die Unmöglichkeit derartiger Erzeugungen von seiten der Kräfte, welche die Chemie studiert und anwendet, nicht blofs darin besteht, die Organe geschickt zu konstruieren, wie sie die Lebenskraft, die von den betreffenden Lebewesen in die Keime niedergelegt worden, herstellt, sondern vorzugsweise darin, der Substanz das innere Princip der Bewegung zu geben und die mehr oder minder vollkommene Immanenz, worin das Leben besteht. Die Wahrheit ist, dafs man die Moneren nicht auf dem Wege der Heterogenie (ungleichartigen Zeugung) entstehen gesehen hat; denn, obgleich Häckel vorgiebt, dafs auf dem Grunde des Meeres Moneren seien, welche auf diesem Wege erzeugt worden, hat man bis jetzt noch kein Faktum zu Gunsten seiner

---

ihnen das Siegel der Autorität aufgedrückt hat, indem sie versichert: „Les faits observés par Mr. Pasteur et contestés par MM. Pouchet, Joly et Musset sont de la plus parfaite exactitude" (Sieh Pasteur: Les corpuscules organisés repandus dans l'atmosphère. Paris. 1862.). In demselben Sinne hat zwei Jahre vorher G. Balliani seine ‚Recherches sur les infusoires‘ (Paris. 1860) publiciert. Mit ihm stimmen vollends überein A. de Quatrefages, C. Mateucci, A. Langel und selbst Huxley. Über die Binnenwürmer sagt R. Leuckart: „Die Urzeugung, die noch Rudolphi und Bremser vertraten, ist ein überwundener Irrtum, denn die Entozoen entstehen immer nur infolge einer gleichartigen Fortpflanzung, ganz wie sie bei den übrigen Tieren vorkommt." Die menschlichen Parasiten. Leipzig. 1863.

[1]) In seiner ‚Natürlichen Schöpfungsgeschichte‘. Berlin. 1873.

willkürlichen Behauptung anführen können. Zudem ist es nicht einmal sicher ermittelt, daſs die Moneren in Wahrheit lebende Wesen sind, wiewohl in ihnen die Bewegung beobachtet worden, da es ja bekannt ist, daſs es Bewegungen giebt, welche Lebensthätigkeiten zu sein scheinen und es nicht sind, die nichts anders, als natürliche oder mechanische Bewegungen sind, wie z. B. die Brownsche Bewegung sowie die gewisser Körperchen, welche sich in einer durch die Wärme erregten Flüssigkeit bewegen. Häckel hat gleichfalls gesagt, daſs der Bathybius, eine Moneren-Art, welche sich auf dem Grunde des Meeres vorfinde,[2]) das erste Produkt der Urzeugung gewesen sei. Dagegen bemerkt Huxley, daſs der Bathybius nichts anders sei, als ein Sulfat von Kalkhydrat. Danach haben denn auch neue und entscheidende Beobachtungen jene Entdeckung all ihres Anscheins von

---

[1]) Vgl. das ausgezeichnete Werk von Venturoli: Il materialismo e il panteismo nelle scienze naturali, seg. edic. p. 206 sqq.

[2]) „Dieser wunderbare Organismus lebt in den ungeheuren Abgründen des Meeres, welche uns im letzten Jahrzehnte durch die mühevollen Untersuchungen der Engländer bekannt geworden sind. . . . Der ganze Körper des merkwürdigen Bathybius besteht, gleich den andern Moneren, einzig und allein aus strukturlosem Plasma oder Protoplasma.“ Natürliche Schöpfungsgeschichte. 2. Aufl. Berlin. 1870. S. 165. Wie merkwürdig! Von 1868—1875 hat die Wissenschaft geglaubt, daſs diese Monere, von Huxley Bathybius Haeckelii genannt, in Wirklichkeit existiere, und der Naturforscher Zittel hat nicht verfehlt, sie in die erste Familie der Protozoen zu setzen; aber der Irrtum hat nicht lange gedauert. Murray und Buchanam, die Forscher am Bord des Challenger während der langen wissenschaftlichen Expeditionen auf dem Ocean, haben die anorganische Natur der eingebildeten Monere erkannt und nachgewiesen. Und dabei hat die Entnüchterung nicht angehalten. Denn als auf dem letzten wissenschaftlichen Kongreſs zu Sheffield in England, dessen Präsident Allmann sich darüber wunderte, daſs einige Gelehrte in dem Schleime, dem Huxley den Namen Bathybius gegeben hatte, das Leben nicht anerkennen wollten, erhob sich Huxley und sagte, er sei in der That derjenige gewesen, welcher dem angeblichen Tiere den Namen beigelegt habe, er halte sich aber auch für verpflichtet, zu bekennen, daſs das von ihm Bathybius Haeckelii benannte Moner wohl nichts anders sei, als in gallertartigem Zustande niedergeschlagener Gyps. Vgl.: C. Semper: Der Häckelismus in der Zoologie. 2. Aufl. 1876. S. 30; Études religieuses de Lyon. 1880. Januar-Heft; Revue des questions scientifiques de Bruxelles 1878 u. 1880.

Wahrheit beraubt und die Heterogenisten aus ihrer letzten,
wenngleich schwachen Verschanzung vertrieben, wohin sie sich
zur Bekämpfung des Dogmas von der Schöpfung zurückgezogen
hatten. Hingegen ist die alte Maxime Harvey's, des Entdeckers
des Blutumlaufs: Omne vivum ex ovo, welche die Lehren der
h. Schrift über die Hervorbringung und Verbreitung der lebenden
Wesen auf so wundersame Weise bestätigt, eine von den wissenschaftlichen Wahrheiten, welche in höherem Grade sicher gestellt
worden sind gegen die Zweifel und Trugschlüsse der dilettanten-
haften Naturforscher, welche fürwahr in unsern Tagen nicht
fehlen.[1]) Ich gehe noch weiter und frage: Wenn die Wissenschaft, was unmöglich ist, dahin gelangte, den Abgrund zu überbrücken, welcher die Mineralien von den lebenden Wesen trennt,
würde es ihr dann auch gelingen, die Abgründe zu überbrücken,
die es zwischen den verschiedenen Arten eines jeden Reiches
der lebendigen Schöpfung und zwischen diesen Reichen selbst
giebt, von dem niedrigsten Moose angefangen bis hinauf zur
vernünftigen Kreatur? Ganz gewifs nicht.

149. Nachdem wir an diesem Punkte angelangt sind, wird
es sonder Zweifel nötig sein, den Leser an den Namen und die
Transformationstheorie des Engländers Darwin zu erinnern, von
dem die Wissenschaft in unsern Tagen so viel wesens gemacht

---

[1]) Obgleich man auf dem Gebiete des Tierreiches seit langem die Entdeckung gemacht hat, dafs die Fortpflanzung auch vermittelst Knospung
und Teilung stattfindet, so hat doch ein anhaltendes Studium bewiesen,
dafs diese Art, die Species zu erhalten, die Existenz der Geschlechter unterstellt und infolge dessen auch die eierbildende Fortpflanzung. „Die Knospen,
sagt Quatrefages, die Zwiebelchen, in welcher Weise sie auch immer erscheinen mögen, sind das mehr oder weniger entfernte Produkt eines vorher-
existierenden Eies; in diesem Ei und nur in ihm ist die wesentliche Art,
der primitive Keim der nachfolgenden Generationen enthalten. Die Knospen
sind also nichts anders, als sekundäre Keime, und die Wesen, welche daraus
hervorgehen, haben ihren mittelbaren Ursprung in dem primitiven Ei. ...
Mittelbar oder unmittelbar stammt jedes Tier von einem Vater und einer
Mutter (einem männlichen und weiblichen Apparat) ab, und das kann man
auch bei den Pflanzen beobachten. Die Existenz der Geschlechter, wovon
bei der anorganischen Natur keine Spur zu finden ist, bildet das charakteristische Merkmal der organischen Wesen." Métamorphose de l'homme
et des animaux. c. 13.

und dessen ganzes Verdienst sich darauf beschränkt, in dem
Universum keine einzige Spur von der Weisheit und Allmacht
seines Schöpfers gesehen zu haben. Die Gerechtigkeit verlangt
es trotzdem, daſs man diesem gelehrten Naturforscher weder
die Theorie von der Urzeugung zuschreibt, noch auch die Lehre,
welche das Tierreich als die Fortsetzung des Pflanzenreiches
betrachtet und auf dem Wege der Entwickelung oder des Fortschritts einiger Arten des ersten Reiches andere Arten hervorgehen läſst, welche zu dem zweiten gehören. Darwin beschränkte
sich darauf, zu sagen,[1] „daſs die Tiere von höchstens vier oder
fünf und die Pflanzen von ebensovielen oder noch weniger Stamm-
formen herrühren"; und er fügte sogleich vorsorglich hinzu: „Die
Analogie würde mich noch einen Schritt weiterführen, nämlich
zu glauben, daſs alle Pflanzen und Tiere nur von einer einzigen
Urform herrühren; doch könnte die Analogie eine trügerische
Führerin sein." In der ersten Auflage seines Werkes,[2] woraus
die eben angeführten Stellen genommen sind, sprach Darwin
von Gott als dem Schöpfer der ersten Arten, der diesen ich
weiſs nicht welche progressive Kraft verlieh, um zu höhern
Arten hinaufzusteigen.[3] Es konnte daher die moderne Wissen-

---

[1] Über die Entstehung der Arten u. s. w. Übersetzt von H. G.
Bronn. 5. Aufl. 1872. S. 563.

[2] Erschienen zu London i. J. 1859.

[3] „Es ist wahrlich eine groſsartige Ansicht, daſs der Schöpfer den
Keim des Lebens, das uns umgiebt, nur wenigen oder nur einer einzigen
Form eingehaucht hat, und daſs, während unser Planet, den strengen Gesetzen der Schwerkraft folgend, sich im Kreise schwingt, aus so einfachem
Anfange sich eine endlose Reihe der schönsten und wundervollsten Formen
entwickelt hat und noch immer entwickelt." A. a. O. S. 569. Selbst
Tyndall hat anerkannt, daſs es unmöglich sei, das Leben aus der Materie
zu erklären; trotz seiner Flucht vor der Wahrheit, die er zu fürchten
scheint, muſste er an das Geheimnis appellieren, ein Wort, welches den
Stolz der Ungläubigen so sehr verletzt. „Betrachtet man das Leben in
seinen ersten Gründen, sagt der englische Physiker, so entwickelt es sich
unter dem Einfluſs eines unauflöslichen Geheimnisses (by the operation of
an insoluble mystery) und die Arten differenzieren sich unter einander und
der Geist entfaltet sich in den Abgründen der Vergangenheit ebenfalls inkraft des Geheimnisses, welches in der Thätigkeit seiner wichtigsten Elemente verborgen ist." Hieraus ersieht man, daſs man inbetreff des Ursprungs

schaft den Namen Darwins nicht anrufen, um mit dessen Autorität,
falls ihm eine solche zukäme, das katholische Dogma von der
Schöpfung derjenigen Wesen zu bekämpfen, welche unter dem
Menschen stehen, nämlich der anorganischen sowie des Pflanzen-
und Tierreiches. Was die beiden ersten betrifft, so haben wir
bereits die wissenschaftliche Verblendung derjenigen kennen
gelernt, welche die Ewigkeit der Materie behaupten und aus
rein anorganischen Kräften den Ursprung des Lebens erklären.

150. Wäre es nun aber nicht möglich, daß die Tiere von
den Vegetabilien herstammten? Unmöglich. Der Grund dafür
ist dieser, daß die Pflanzen wachsen und leben, die Tiere aber
wachsen, leben und empfinden (vegetabilia crescunt et vivunt;
animalia crescunt, vivunt et sentiunt), und daß die Sensibilität,
worin das sensitive Begehren oder der Instinkt einbegriffen ist,
eine Vollkommenheit bildet, welche die Tiere sicherlich nicht
besitzen würden, wenn sie von Wesen abstammten, die ihrer
entbehren. Allerdings hat es an Naturforschern nicht gemangelt,
welche den Pflanzen Sensibilität und willkürliche Bewegung zu-
schrieben und die gerade umgekehrt in den Tieren Züge oder
Merkmale sahen, welche dem Anscheine nach den Pflanzen
eigentümlich sind; und das genügt ja in unsern Tagen, um nach
dem eingebildeten Gesetze des Fortschritts die Wesen von einander abstammen zu lassen und die Ordnung ihrer Vervollkommnung umzukehren, indem man den höhern Wesen die
eigentümlichen Qualitäten der niedern zuteilt und letztere mit
den Vorzügen der ersteren ausschmückt. Um ihren Zweck zu
erreichen, beginnen die in Rede stehenden Naturforscher damit,
jeden Unterschied in der Zusammensetzung, Form und Struktur
zwischen Pflanzen und Tieren zu verwischen, und schließen
damit, daß sie sagen, die ersteren hätten gleichfalls Empfindung
und Selbstbewegung, seien also von den letzteren nicht in der
Wesenheit, sondern bloß in dem Grade des Seins und der Vollkommenheit verschieden. Bei der Gelegenheit pflegen sie zu
reden von der Mimosa pudica sensitiva; von den Pflanzen, die

der Dinge entweder die einfache Erklärung der christlichen Philosophie
acceptieren, oder aber diese Erklärung in den eingebildeten Geheimnissen
der falschen Wissenschaft suchen muß.

man Muscipulae nennt, weil sie durch ihren leichenartigen Geruch die Fliegen anlocken und, sobald solche sich auf ihre mit Haaren bewaffneten Blätter setzen, dieselben fangen, indem sie die Blätter krümmen und schliefsen; von dem Desmodium girans, dessen seitliche Blättchen von unten nach oben sich bewegen, während das in der Mitte befindliche von rechts nach links oscilliert, und bei dem diese Bewegungen fortdauern mehr oder minder gemäfs der Intensität des Lichtes und gemäfs dem thermometrischen und hydrometrischen Zustand der Atmosphäre; von der Robinia pseudoacacia, welche im Tage ihre Blätter horizontal trägt, sie hebt, wenn die Sonne in den Meridian tritt, und am Abende sie sofort senkt und sie in dieser niederhängenden Lage läfst bis zum Aufgang der Sonne.[1]) Andere Pflanzen giebt es, bei denen es scheint, als ob sie einen Kitzel verspürten und sich bewegten, um sich dem Lichte zu nähern. Ebenso hat man bei einigen Pflanzen die Bewegung im Momente der Befruchtung beobachtet, z. B. bei der sog. Berberis vulgaris, deren sechs Staubfäden unter den Enden der Blumenblätter solange verdeckt bleiben, bis ein kleiner Körper, gewöhnlich ein kleines Insekt, ihre Basis berührt und infolge dessen eine Bewegung der Staubbeutel gegen die Narbe hin entsteht, wodurch die Befruchtung stattfindet. Bei andern Pflanzen, so z. B. bei der Vahsneria spiralis, der Oxalis sensitiva, der roten und gelben Saracenia, der Parnassia palustris, der Ruta calapensis, erheben sich die Staubfäden, welche in horizontaler Lage sich befinden, allmählich und wenn sie dem Stempel nahe kommen, geben sie den Samenstaub ab. Kurz, die Pflanzen bewegen sich, um die Luft und das Licht zu suchen, einige auch, um sich aufzurichten und emporzuklettern, indem sie sich um Bäume ranken oder an den Mauern in die Höhe steigen; und selbst die Wurzeln der Pflanzen bewegen sich, indem sie dorthin ihren Weg nehmen, wohin die Erde durch etwas Feuchtigkeit oder sonst einen Reiz sie einladet.[2]) Im Gegensatz dazu giebt es Tiere, z. B. die Muscheln, deren ganze Bewegung in dem Öffnen und Schliefsen

---

[1]) Zu den Pflanzen der letzten Art gehört z. B. die Acacia triacanthos, deren Blätter des Nachts und beim Anzug einer Gefahr sich nähern.

[2]) Vgl. Stimmen aus „Maria-Laach" Jahrg. 1882. Heft 1, S. 52 ff.

ihres kleinen Hauses besteht. Die Polypen sind gleichfalls fest
und unbeweglich, abgesehen von der Thätigkeit ihrer Muskeln,
die ihnen als Arme dienen. Diese Tiere pflanzen sich fort durch
Teilung und Knospung, wie die Pflanzen. Endlich sind einige
Lebewesen, die Algen z. B., für Pflanzen gehalten worden, obgleich die Naturforscher Vaucher und de Candolle sie für An-
häufungen von mangelhaften Tieren angesehen haben. Aus diesen
und andern Beobachtungen hat man folgern wollen, dafs es
zwischen dem Pflanzen- und Tierreich keinen wesentlichen Unterschied gebe, und dafs man in Gedanken keinen Sprung zu machen
brauche, um das angenommene Gesetz eines beständigen Fortschritts zu erblicken, welches alle lebenden Wesen verbindet,
aus ihnen allen eine ununterbrochene Skale oder Kette macht.¹)

---

¹) Inbetreff dieser eingebildeten Skale ist es gut, zu unterscheiden:
1. zwischen dem sogenannten Kontinuitätsgesetz und dem von der Evolutio-
nisten-Schule den lebenden Wesen auferlegten Gesetz des Fortschritts, nach
welchem die lebenden Wesen von den niedrigsten Arten auf Zwischenstufen
bis zum Menschen, dem Endglied der Skale, hinaufsteigen; 2. zwischen jenem
Kontinuitätsgesetz, das sich Leibniz ausgedacht hat, und dem einfachen Zusammenhang der Wesen der sichtbaren Welt, wie er von der christlichen
Philosophie anerkannt und ausgesprochen wird. Leibniz hat in der That das
Kontinuitätsgesetz ausgedacht und so formuliert: Natura non facit saltum,
und verlangt danach, dafs es zwischen den verschiedenen Arten der Kreaturen
in der Natur der Dinge ähnliche oder Zwischen-Arten gebe. Diese Formel
ist sicherlich unrichtig und sogar absurd, weil die Existenz von Arten, welche
zu gleicher Zeit entgegengesetzte Unterschiede enthalten oder nicht enthalten
sollen, auf Grund derer die Gattung in Arten sich zerteilt, einen Widerspruch
in sich schliefst. Noch absurder ist aber der von den Evolutionisten geträumte
Fortschritt, welcher sogar den Begriff der Art zerstört, weil sie nämlich
die Dinge nicht als in esse-factum (d. i. im Zustande des fertigen Geworden-
seins), sondern immer als in fieri (d. i. im Zustande des unaufhörlichen
Werdens) befindlich ansehen, ohne in irgend einem von ihnen die relative
Vollkommenheit anzuerkennen, die ihnen durch das, was sie in Wirklichkeit
sind, d. i. durch ihre Natur zukommt. Wenn sie diese Vollkommenheit
aufmerksam betrachteten, frei von Vorurteilen, die der Wahrheit feindselig
sind, so würden sie sofort einsehen, dafs kein Ding jener Vollkommenheit
entbehrt, welche seine Wesenheit ausmacht, der man nichts hinzufügen
und auch nichts hinwegnehmen kann, ohne sie zu zerstören. Wenn wir
also sagen, dafs einige Arten vollkommener sind, als andere, so haben wir
nicht den absoluten Begriff von Vollkommenheit im Auge, nicht diejenige,
welche jedes Ding zufolge seiner betreffenden Natur in sich schliefst; im

151. Lassen wir indessen die Erwägungen, welche die
Naturphilosophie gegen diese Schlufsfolgerung erhebt, beiseite,
und richten wir unsere Aufmerksamkeit blofs auf die mitgeteilten
Beobachtungen. Sofort wird man bemerken, dafs der pantheistische Naturalismus, welcher sie anruft, die einfache Lebensthätigkeit der Pflanzen mit der instinktiven Bewegung der Tiere
verwechselt. Freilich die eine wie die andere stammt von einem
innern Princip her und unterscheiden sich dadurch beide von
der Bewegung, welche sich in dem Mineralreich vollzieht. Aber
während bei den Tieren die Bewegung aus der sinnlichen Vorstellung des Objektes, worauf sie hinzielt, erfolgt, bewegen sich
die Pflanzen nicht infolge einer ähnlichen sinnlichen Vorstellung,
sondern einzig und allein zufolge eines absolut blinden Triebes
ihrer Natur. Auf dafs das Tier nach irgend einer Sache sich
hinbewege, ist schlechterdings notwendig, dafs es vorher dieselbe wahrnehme und irgend etwas in ihr erfasse, was sein
natürliches Streben anreizt, in welchem Falle es sie mit entsprechenden Bewegungen zu erlangen strebt. Damit aber z. B.
die Sinnpflanze ihre Blätter zusammenziehe, genügt es, dafs man
sie mit seinen Fingern berührt, ohne dafs sie die Finger wahrnimmt oder den Eindruck, den diese machen, empfindet; sie
bewegt sich freilich, aber zwischen ihrer Bewegung und der

Gegenteil, wenn wir zwei Dinge von verschiedenen Arten betrachten, ein
jedes in Beziehung auf die ihm eigentümliche Wesenheit, so können wir
nicht sagen, dafs eines vollkommener ist, als das andere, weil beide die
ihnen gebührende Vollkommenheit besitzen und eine andere, davon verschiedene nicht beanspruchen, sie aber auch nicht erlangen können, ohne
zugrunde zu gehen, oder wenigstens nicht, ohne eine grofse Einbufse an
ihrer Zusammensetzung und Schönheit zu erleiden, ähnlich wie die Fabel
von dem Pferde berichtet, welches den Jupiter um den Hals des Kamels
bat. Von dem einen wie von dem andern Gesetz, welche beide imaginär
und widersinnig sind, unterscheidet sich der reale Zusammenhang der
Wesen, den der h. Thomas von Aquin in folgender Stelle (S. c. g. l. 2, c. 68)
für immer vermerkt hat: „Semper invenitur infimum supremi generis contingere supremum inferioris generis, sicut quaedam infima in genere animalium parum excedunt vitam plantarum, sicut ostrea, quae sunt immobilia et solum tactum habent et terrae in modum plantarum affiguntur;
unde et beatus Dionysius dicit, quod divina sapientia coniungit fines
superiorum principiis inferiorum."

äufsern Ursache, die auf sie einwirkt, giebt es keine Form oder
Vorstellung in der Mitte, sie entbehrt der eigentlich so zu nennenden Sensibilität und deshalb auch der sinnlichen Strebungen oder
Instinkte. Die Ursache der vitalen Bewegungen der Pflanzen,
so haben einige Naturforscher gesagt, sind gewisse erregbare
Eigentümlichkeiten ihrer Organe. Der Name thut nichts zur
Sache; für die Wissenschaft genügt es, einzusehen, dafs solche
Erscheinungen vorkommen, unmittelbar nachdem irgend ein
äufseres Agens das betreffende Organ der Pflanze berührt hat,
während die Bewegung der Tiere einen vorausgegangenen Akt
der sinnlichen Wahrnehmung unterstellt.[1]

Indem der berühmte Isidor Geoffroy Saint-Hilaire über die
den Tieren eigentümlichen charakteristischen Merkmale handelt,
richtet er seine besondere Aufmerksamkeit auf die Fähigkeit,
sich von einem Ort zum andern zu bewegen (die potentia s. vis
motrix der Alten). Die Pflanzen entbehren diese Fähigkeit aus
einem teleologischen Grunde, den man bei dem h. Thomas von
Aquin lesen kann, fürwahr einem sehr schönen Grunde. Derselbe besteht einfach darin, dafs die Pflanzen eine örtliche Bewegung haben, um das Mineral, was ihnen die Erde liefert,
sowie die Luft und das Wasser zu finden, während die (vollkommenen) Tiere sich an diejenigen Orte hinbegeben müssen,
wo sie die ihnen konvenierenden Gegenstände wahrnehmen, die
für gewöhnlich an keinen bestimmten und festen Ort gebunden
sind.[2] Dieses Vermögen der örtlichen Bewegung betrachtet

---

[1] Die natürlichen Grenzen dieser Schrift erlauben es mir nicht, von
dem Gesagten auf die oben angeführten, von der Mimosa pudica und andern
Pflanzen hergenommenen Beispiele Anwendung zu machen, noch auch die
Erfahrungen der Naturforscher mitzuteilen, welche die betreffenden Erscheinungen bald der Reizbarkeit, bald der elastischen Krümmung der
Gewebe, keineswegs aber sinnlichen Eindrücken zuschreiben. Über all diese
Punkte hat der bereits citierte Venturoli in seinem Werke ,I movimenti
nelle piante sono di natura organici' interessante Einzelheiten zusammengestellt.

[2] „Modi vero vivendi distinguuntur secundum gradus viventium.
Quaedam enim viventia sunt, in quibus est tantum vegetativum, sicut in
plantis; quaedam vero, in quibus cum vegetativo est etiam sensitivum, non
tamen motivum secundum locum, sicut sunt immobilia animalia, sicut

jener gelehrte Naturforscher als eine Eigentümlichkeit, die allen
Tieren, die Polypen,[1]) Muscheln und Schwämme miteingeschlossen,
gemeinsam zukomme, aber auch nur den Tieren, deren Bewegungen ein Beweis für die ihnen verliehene Sensibilität sei, weil
sie aus Impulsen hervorgehen, die in innern Wahrnehmungen
ihren Ursprung haben. Zur bessern Beleuchtung der Sache
unterscheidet der französische Gelehrte bei den Bewegungen
der Pflanzen die accidentellen, welche durch eine äufsere Erregung hervorgebracht werden, von den normalen, und indem
er die letzteren in kontinuierliche oder habituelle und periodische
einteilt, bemerkt er, dafs die Kontinuität der Thätigkeit oder
die habituelle und einem strengen Mafse unterworfene Wieder-
holung derselben par excellence die charakteristischen Merkmale
der organischen und automatischen Bewegungen seien, die sich
wesentlich von denen der Tiere unterschieden, da man in diesen
die Spontaneität und eine gewisse Art von Wahl oder Autonomie
beobachten könne. Bemerkungen der Art finden sich noch mehr
in dem Werke jenes ausgezeichneten Naturforschers,[2]) die ich
aber, um nicht zu weitläufig zu werden, hier nicht wiedergeben
will, zumal da ich die fundamentalen Unterschiede der beiden
Reiche des Lebens mit der nötigen Klarheit behandelt habe.

Der gelehrte Dr. Venturoli hat sich das Licht, welches
Geoffroy und andere fleifsige **Naturforscher** angezündet haben,
zunutze gemacht und es mit bezaubernder Klarheit und Über-
redung verbreitet in seinem sehr schönen Buche über den
„Materialismus und Pantheismus in den Naturwissenschaften“,
worauf ich mich mit absolutem Vertrauen beziehe. Es sei mir

---

conchilia; quaedam **vero sunt**, quae supra hoc habent motivum secundum
locum, ut perfecta animalia, quae multis indigent ad suam vitam et ideo
indigent motu, ut vitae necessaria procul posita quaerere possint.“ S. Tho-
mas: S. th. I. 78. 1 c.

  [1]) Geoffroy Saint-Hilaire giebt augenscheinlich dem Vermögen der
örtlichen Bewegung eine gröfsere Ausdehnung, als es nach der gewöhnlichen
Bedeutung seines Namens besitzt, und darum darf es nicht befremden,
wenn er es auch dem Polypen und der Auster zuschreibt, die es in Wahrheit zu ihrer Erhaltung nicht nötig haben.

  [2]) Histoire **naturelle** générale des règnes organiques, principalement
étudiés chez l'homme **et les animaux.**

indessen gestattet, die vorausgegangenen Auseinandersetzungen
mit den Worten Geoffroys, welche die Debatte über den vorliegenden Punkt definitiv schliefsen, kurz zu resumieren. „Vor
der Reihe der Thatsachen, welche ich angeführt und geprüft
habe, sagt er,[1]) stürzt die Hypothese des Palas zu Boden, der
die Vegetabilien für die letzte Klasse der Lebewesen hielt, und
es wird von neuem die Lehre bestätigt, welche von den Zeiten
des Aristoteles bis zu unsern Tagen in der Wissenschaft immer
geherrscht hat. . . . Die Thatsachen zeugen gegen die Kette
oder Skale der Wesen, in deren Annahme sich die Naturforscher
und Philosophen des 18. Jahrhunderts so sehr gefielen. Nicht
blofs in dem Polypen, sondern auch in andern Wesen von noch
einfacherer Organisation, als die seinige ist, z. B. in den Pro-
toiden und selbst in den Schwämmen, welche lange Zeit hindurch
bald zu den Pflanzen-, bald zu dem Tierreich gerechnet wurden,
bieten sich unsern Augen alle wesentlichen Merkmale des Tieres
dar. Hat man die Thatsachen mit all ihren Umständen genau
studiert, so resultiert der Beweis, dafs die Fähigkeit, sich total
oder partiell auf autonomische Weise zu bewegen, im Tierreiche
nirgendwo untergeht, nicht einmal bei dem unbeweglichen
Schwamme, und dafs deshalb auch bei keinem Tiere, das niedrigste d. i. der Schwamm nicht ausgenommen, das Licht der
Sensibilität erlischt, wenngleich es zuweilen nur in seinem
schwächsten Grade vorhanden ist. . . . Das animalische und
vegetabilische Sein präsentieren sich also am Schlusse der vorliegenden Untersuchung als wesentlich verschiedene Formen der
Organisation und des Lebens. Anders denken hiefse so viel,
als ein Mittleres zulassen zwischen dem Automatismus[2]) und der
Autonomie, zwischen Empfinden und Nichtempfinden, zwischen
der Bejahung und Verneinung, was einen Widerspruch in sich
schliefst." Und an einer andern Stelle sagt er:[3]) „Es giebt

---

[1]) A. a. O. S. 160.

[2]) Das Wort Automatismus ist hier übertrieben; zwischen dem Automatismus und der natürlichen Bewegung der leblosen Wesen einerseits und
der autonomischen Bewegung der zum Tierreich gehörenden Wesen giebt
es ein Mittleres, die Bewegung nämlich, welche zu gleicher Zeit natürlich
und lebendig ist, und das ist die der Pflanzen.

[3]) A. a. O. S. 168.

also auf dem Gebiete des Organischen zum wenigsten zwei
Reiche, welche fundamental verschieden sind. Vom Tiere ist
es nicht möglich graduell in unmerklichen Abstufungen zur
Pflanze hinabzusteigen, und darum ist es unzweifelhaft, dafs
überall dort, wo die Thatsachen hinreichend geprüft sind, entweder durch die einfache Beobachtung oder in den schwierigsten
Fällen mit Hülfe der Beobachtung, Erfahrung und Überlegung
sich sehr wohl die Grenze bezeichnen läfst, welche jene zwei
Reiche scheidet."

152. Zwei Reiche erkannte also nach den soeben citierten
Worten der gelehrte französische Naturforscher ohne Bedenken
zum wenigsten an. Zugleich deutete er in jenen Worten, was
wir hervorheben müssen, einen Gedanken an, den er in andern
Stellen deutlich ausgesprochen hat, den Gedanken, dafs es drei
Reiche des Lebendigen giebt. „Schon seit seiner Jugend, sagt
Dumas, der ausgezeichnete Biograph dieses und anderer zeitgenössischer Gelehrten, hatte sich Geoffroy von denjenigen getrennt, welche den Menschen dem Tierreich eingliedern, ohne
dabei dessen Vernunft und Freiheit und mit ihnen die Ideeen
und moralischen Gefühle in Betracht zu ziehen. In seinen
letzten Schriften verlangte unser berühmter Akademiker, dafs
man den Menschen für sich allein betrachte als ein Reich, dem
man den Namen Menschenreich geben könne, und dafs man ihn
nicht, als ob er ein Tier sei, studiere, wie es diejenigen thun,
welche in dem Menschen nur das ins Auge fassen, wodurch er
nicht Mensch ist, nämlich sein vergängliches und sterbliches
Fleisch, und deshalb ihn auch nicht von den unvernünftigen
Tieren zu unterscheiden wissen." Dumas fügt hinzu, dafs ein
anderer, nicht weniger ausgezeichneter Gelehrter, der berühmte
Julius Schaller, der erste gewesen sei, welcher auf den unwill-
kürlichen Fehler aufmerksam machte, den Linné beging, als er
den Menschen unter die Tiere einreihte, wiewohl er ihn an die
Spitze derselben stellte. Und indem er an die Entrüstung
Schallers über einen derartigen Fehlgriff der Klassifikation er-
innert, schreibt er diese herrlichen Worte: „Unser erleuchteter
Gefährte stellte sich ohne Bedenken auf Seite Schallers .[. . . und
niemals hätte er für den Menschen den tierischen Ursprung

acceptiert; den Ruhm und Vorteil, ihn anzunehmen, mufs den deutschen Schulen überlassen bleiben, welche sich durch eine solche Herkunft ehren wollen."

153. Jetzt begreift man klar die grofsen Zerstörungen, welche die transformistische Theorie Darwins in diesen Reichen angerichtet hat. Denn an erster Stelle hat der Verfasser des Werkes „Über die Entstehung der Arten" sich Mühe gegeben, von jenen drei Reichen dasjenige, welches an der Spitze der übrigen steht und worauf diese in dem Plan der ungeschaffenen Weisheit hingeordnet wurden, zu unterdrücken, und in zweiter Linie wollte er innerhalb eines jeden Reiches die Grenzen verwischen, welche die Arten von einander trennen. Betrachtet man diese Theorie unter dem Gesichtspunkte, von welchem die katholischen Gelehrten in ihrer Bekämpfung derselben ausgehen, so kann man wohl behaupten, dafs sich in den Annalen der Wissenschaft schwerlich ein besser ausgedachtes System auffinden läfst, um, wenn es möglich wäre, sie zu zerrütten und zu zerstören. Glücklicherweise ist der Wissenschaft der Beweis gelungen, dafs der Darwinismus nicht blofs mit der Vernunft, sondern auch mit den Angaben der Geschichte und der Paläontologie in Widerspruch steht. Ich sage: mit der Vernunft. Denn erstens können die Wesen einer Art, welche sich ändert oder ihren Typus wechselt, absolut nicht weiter leben, wie das der gelehrte Italiener G. Bianconi in seiner klassischen Widerlegung des Darwinismus[1]) mit Gründen der Mechanik bewiesen hat. Zweitens würde die Umwandlung der Arten, wenn sie ein Naturgesetz wäre, auch auf dem Gebiete des Anorganischen sich vollziehen, indem sich die Metalle ineinander verwandelten, und so würde auf diesem Gebiete wie in den übrigen Reichen, die jenem Gesetze unterworfen sind, keine Art aufhören, sich zu dem Zweck zu verändern oder zu zerstören, um nie wieder zu erscheinen. Drittens sind die Arten durch wesentliche charakteristische Merkmale gebildet, welche sich von einander unterscheiden, so zwar, dafs sie sich nicht ineinander verwandeln

---

[1]) La teoria darwiniana e la creazione detta independente in der Bologneser Zeitschrift La Scienza e la Fede Jahrg. 1875 vol. 97.

können, ähnlich wie sich auch, wenn es sich um die Quantität
handelt, keine Zahl und keine Figur in eine andere verwandeln
kann und wie es nach der scharfsinnigen Bemerkung des berühmten Jesuiten-Paters Secchi[1]) einer Uhr unmöglich ist, sich
in eine Lokomotive umzuwandeln. Eins von beiden Dingen:
entweder bezeichnen die Arten dasjenige, was in jedem Dinge
wesentlich ist, und dann sind sie notwendig und unveränderlich,
oder sie drücken einfache accidentelle und vorübergehende Verschiedenheiten aus, und in diesem Falle hört sofort die Wissenschaft auf, deren Objekt ja etwas Festes und Bleibendes sein
muſs. Jenes war die Lehre der alten Philosophie, welche in
der Art die Verwirklichung einer unveränderlichen Form, eines
göttlichen Gedankens oder Urbildes erblickte, dieses die Lehre
des Sensualismus und Pantheismus, wovon der erstere unserm
Geiste die Fähigkeit, das Wesen der Dinge zu erkennen, ab-
spricht,[2]) und der zweite die Dinge betrachtet als accidentelle
Bestimmungen oder Formen einer einzigen Art oder eines gemeinsamen Typus, welcher in jedem Individuum auf verschiedene
Weise determiniert werde.

Merkwürdig! Die Idee einer Vielheit von Typen oder Arten,
wie sie von Plato als eine Notwendigkeit der Wissenschaft proklamiert und aufrecht erhalten wurde von Aristoteles und der
thomistischen Philosophie, welche die Absurdität nicht begreifen
konnte, daſs die Arten der Dinge sich ändern sollen, da sie ja
doch durch wesentliche Unterschiede konstituiert und deshalb
nicht weniger unveränderlich seien, als es die Wesenheiten sind,[3])

---

[1]) „La transformazione delle specie, per cui possa un organismo fondersi
in un altro, non è meno assurdo che il mutarsi di un orologio in una
machina à vapore." L'unità delle forze fisiche. Roma. 1864. c. 4. p. 426.

[2]) „Nous ne connaissons rien que des phénomènes, et la connaissance
que nous avons des phénomènes est rélative et non absolue." Stuart
Mill: Auguste Comte et le positivisme traduit par le Dr. Clemenceau pag. 6.

[3]) In seiner S. th. (I. 25. 6) fragt der h. Thomas „Utrum Deus possit
meliora facere ea, quae facit" und antwortet darauf also: „Respondeo
dicendum, quod bonitas alicuius rei est duplex. Una quidem, quae est de
essentia rei, sicut esse rationale est de essentia hominis, et quantum ad
hoc bonum Deus non potest facere aliquam rem meliorem, quam ipsa sit
(licet possit facere aliquam aliam ea meliorem), sicut etiam non potest

— diese Idee, sage ich, welche in heutiger Zeit die ausgezeichnetsten Naturforscher mit experimentellen Thatsachen bestätigt haben,. unter ihnen der grofse Cuvier, welcher die entgegengesetzte Meinung für etwas Lächerliches hielt,[1]) sie erwacht, nachdem sie neuerdings die Angriffe des Darwinismus ausgehalten hat, mit neuer Kraft auf dem Felde der wissenschaftlichen Forschung und erleuchtet es mit gröfserer Klarheit, als jemals. Ein ganzes Buch hat Agassiz geschrieben, um die Realität der Arten, worin er in seiner Bescheidenheit den Gedanken des Schöpfers erkannte, gegen das System des Transformismus zu verteidigen. „In meinen Augen, sagt dieser berühmte nordamerikanische Gelehrte,[2]) ist es unzweifelhaft, dafs die Ordnung, in welcher die Wissenschaft uns die zum Tierreich gehörigen Wesen klassificiert vorführt, auf die natürlichen und ursprünglichen Beziehungen des animalischen Lebens sich gründet und dafs die Systeme, welche wir mit dem Namen der grofsen Meister bezeichnen, nichts anders sind, als die Übersetzung des Gedankens

facere quaternarium maiorem, quia si esset maior, iam non esset quaternarius, sed alius numerus; sic enim se habet additio differentiae substantialis in definitionibus, sicut additio unitatis in numeris. (Corpus articuli)... Si autem (ly melius) importet modum ex parte facti, sic potest facere melius, quia potest dare rebus a se factis meliorem modum essendi quantum ad accidentalia, licet non quantum ad essentialia." (Ibid. ad 1.) Diese **Lehre ist** schnurstracks das Gegenteil von dem Transformismus, dessen Anhänger behaupten, dafs die Arten jedesmal vollkommener werden, nicht in Bezug auf die Accidenzien, welche dieselben in ihren Individuen begleiten, sondern in Beziehung auf ihre wesentlichen oder konstitutiven Merkmale, was **so viel besagen will, als dafs** jede bestimmte Zahl (1, 2, 3, 4 u. s. w.) gröfser werden könnte, ohne aufzuhören, die betreffende Zahl zu bleiben. Denn es ist zu beachten, dafs die Darwinische und allgemein jede Transformation ein Subjekt unterstellt, welches bei seiner Umwandlung aus einem Ding in ein anderes das nämliche bleibt. Dies würde, wenn eine Art sich in eine andere umwandelte, absolut aufhören zu sein, weil jede Art **eine** Zahl ist, der man nichts hinzufügen kann, **ohne** sie zu zerstören. Die Transformation der Arten ist also unmöglich; sie können zerstört, andere an ihre Stelle erschaffen werden, dafs **aber die** einen in die andern sich umwandeln, ist nicht möglich.

[1]) „C'est du ridicule et non de la science." Leçons d'anatomie comparée. **Paris.** 1801—1805. Leç. 1.
[2]) De l'espèce et de la classification en zoologie.

Gottes in die Sprache der Menschen." Welch ein Unterschied
zwischen dieser schönen Sprache, welche der Wissenschaft einzig
würdig ist, und derjenigen, deren sich die atheistischen Naturforscher bedienen, welche da in den accidentellen Veränderungen,
die sich ihren Sinnen darbieten, nichts anders erblicken wollen,
als den unbestimmten Begriff eines unbekannten Typus, als eine
Art von x, welches sich nur durch Formen offenbart, die auf dem
Gebiete der Realität und vor den Augen der Wissenschaft nicht
mehr Sein und Bedeutung besitzen, als die flüchtige Bewegung
des Lebens in den vergänglichen Wesen, welche ganz für den
Tod bestimmt sind.

154. Es ist aber nicht bloſs die Vernunft, welche, auf allgemein anerkannte wissenschaftliche Principien gestützt,[1]) das

---

[1]) Z. B. auf das sogenannte Princip der Kausalität. Indem der ausgezeichnete Jesuitenpater J. M. Cornoldi von der Entwickelung der Arten
spricht, führt er folgenden sehr schönen Grund an: „E degli altri viventi,
prescindendo dai fatti e ragionando solo con principii filosofici, diremmo,
che la prole non sarà giammai nelle essenza più perfetta dei suoi genitori;
e perciò se questi saranno tra loro di differente perfezione essenziale e
specifica, quella sarà mediana. Ciò segue dal principio di causalità sopra
accennato, e ciò inoltre è manifesto dalla sperienza di tutti i secoli. Quindi
lo stesso progresso delle moltiplicazione delle specie, inferiori all' umana,
il quale, presupposto gratuitamente, alla ignoranza superba ha dato occasione di spropositare intorno all' uomo, quello stesso progresso, dico, è
impossibile secondo che s'inferisce a rigor di logica dal principio di causalità." La filosofia scolastica speculativa. Bologna. 1881. pag. 480. Der gelehrte P Liberatore hält dem Transformismus ein anderes, streng philosophisches Argument entgegen, welches so klar und schlagend ist, daſs
die Vernunft seiner Evidenz nicht zu widerstehen vermag. „Die Transformation, sagt der ausgezeichnete Philosoph, unterstellt drei Dinge: einen
Terminus, wovon sie ausgeht, einen andern, bei welchem sie anlangt, und
ein Subjekt, welches von dem ersten zum zweiten Terminus wandert. Aus
diesem Grunde muſs das Sein, welches sich angeblich verwandelt und umbildet, notwendigerweise aus dem besagten Subjekte und den beiden Termini
bestehen, innerhalb deren der vorgebliche Übergang stattfindet. Vor der
Transformation hatten wir das Subjekt und die Wirklichkeit, welche (um mit
der Scholastik zu reden) den terminus a quo bildet, nach der Transformation
haben wir das Subjekt und die Wirklichkeit, wobei es angekommen ist und
die von den Alten terminus ad quem genannt wurde. Dem Gesagten
widerstrebt es nicht, wenn man es auf den bloſsen Organismus bezieht.
Denn bei der Umbildung des Organismus eines Reptils in den eines Vogels

Verwerfungsurteil über das System des Transformismus ausgesprochen hat, die Erfahrung, die Geschichte, ja selbst die paläontologischen Forschungen haben ein gleiches gethan. „Wenn alle Arten, sagte Cuvier,[1]) indem er sich gegen Lamarck, den Vorgänger Darwins, wandte, von andern vorausgegangenen Arten auf dem Wege fast unmerklicher gradueller Übergänge abstammen, woher kommt es denn, dafs wir nicht überall unzählige vorübergehende Formen sehen?" „Ich habe mit der gröfsten Genauigkeit, sagt der nämliche Gelehrte in seiner berühmten Abhandlung über die Revolutionen der Erdoberfläche,[2]) die Figuren der Tiere und der Vögel untersucht, welche auf den vielen aus Ägypten nach dem alten Rom gebrachten Obelisken eingemeifselt waren. Alle diese Figuren, ihrem Ganzen nach genommen, sind den Arten, welche wir heutzutage sehen, vollkommen ähnlich. ... Geoffroy Saint-Hilaire hat sich die Mühe gegeben, aus den Gräbern und Tempeln Ober- und Unter-Ägyptens alle möglichen Mumien von Tieren zu sammeln. Und da hat er denn einbalsamierte Katzen, Ibisse, Raubvögel, Hunde, Affen, Krokodile und einen Ochsenschädel zusammengebracht. Aber man war nicht imstande, zwischen jenen Tieren und denen, welche wir heutzutage vor uns sehen, einen gröfseren Unterschied zu entdecken, als er zwischen den menschlichen Mumien und den Skeletten der Menschen unserer Zeit besteht." Das sind die Beweisstücke der Geschichte, der monumentalen, um so zu sagen. Die geschriebenen Zeugnisse sind nicht weniger beredt. Es ist bekannt, dafs das Tierreich des Aristoteles noch das Tierreich unserer Zeit ist; seine Klassifikation ist die nämliche, wie die des Cuvier, selbst die Einzelheiten, welche jener Naturphilosoph notierte, sind auch

---

z. B. ist der eine wie der andere Terminus ein Kompositum aus der Materie und deren Organisation, und darum versteht es sich von selbst, dafs die Materie unter dem Einflufs gewisser Ursachen der ersten Organisation beraubt und an deren Stelle mit einer zweiten bekleidet werden kann. Aber in der Seele des Reptils, welche, da sie einfach (?) ist, der Teile entbehrt, welche Art von Zusammensetzung kann man sich darin vorstellen, derzufolge sie aufhört, das zu sein, was sie war, um das zu werden, was sie nicht war?" Dell' anima umana. Roma. 1875. cap. 8, art. 7, pag. 306 sq.

[1]) Journal des savants. 1863. p. 700.
[2]) Discours sur les revolutions de la surface du globe. Paris. 1850. p. 83.

heute noch an den Individuen der nämlichen Arten bemerkt worden. „Seit den Tagen des Aristoteles, sagt Kardinal Wiseman mit seiner gewohnten Feinheit,[1]) ist die Biene geschäftig, ihren süfsen Honig zu bereiten, die Ameise hat ihr Labyrinth gebaut, seit Salomon sie zum Vorbilde empfahl; aber seit der Zeit, da sie von dem Philosophen und dem Weisen beschrieben wurden, haben sie weder ein neues Organ, noch einen neuen Sinn zu diesem Zwecke bekommen."

Wenn wir nun schliefslich die Paläontologie befragen, so hören wir sie sagen, dafs alle Arten, welche sich im Schofse der geologischen Formationen befinden, bestimmte specifische Merkmale tragen, die den jetzt existierenden Typen ganz ähnlich sind,[2]) und dafs die Übergangsformen, welche von der Darwinistischen Theorie gefordert werden, vollständig fehlen. Dieser

---

[1]) A. a. O. 3. Vortrag S. 164.

[2]) „Unsere Waldbäume und andere Gewächse, sagt Fr. **Pfaff**, Raubtiere (wie Bären, Füchse, Wölfe), die Rehe, Renntiere und andere finden sich gerade so, wie sie jetzt leben, in den ältesten Ablagerungen, die vor der Eiszeit sich bildeten. Ob diese letzteren 20 000, oder 100 000, oder, wie andere gar annehmen, selbst 200 000 Jahre vor unsern Tagen sich bildeten, bleibt sich ziemlich gleich; jedenfalls geht daraus so viel hervor, dafs von einer unaufhörlichen, stetigen Veränderung jeder Art durchaus keine Rede sein kann." Schöpfungsgeschichte. 2. Aufl. Frankfurt. 1877. S. 670. — Der gelehrte Jesuit **T. Pesch**, welcher noch andere Zeugnisse für die Unveränderlichkeit der Arten anführt, sagt: „Cuius rei testes habemus exuvias atque sceletos in Aegyptiorum sepulchris inventa, quae ante annos saltem 5000 ibi fuerant recondita, sceletos dico canum, felium, boum, simiarum, crocodilorum, avium, quos Cuvier probavit cum organismis nostrorum temporum plane esse eosdem; testes habemus plantas, quarum reliquiae exstant in lateribus tegulisque in eadem Aegypto inventis; testes reliquias polyporum in coralliis Floridae inclusas, quarum aetatem Agassiz 30 000 annorum esse contendit; testes ossa caprarum ex periodo, quam lapideam vocant, in Helvetiae montibus inventa; testes partem eorum animalium, quae ante periodum glacialem (a qua, ut Lyell opinatus est, 224 000 annis seiungimur) exstiterunt; testes denique habemus cupressos ex alluvie Missisipi fluminis relictas, conchylia, gasteropoda, acephala ex tempore plioceno et eoceno residua. Quae omnia cum organismis horum temporum omnino videntur congrua. At vero si continua fieret transmutatio, ut volunt adversarii, certe in aliqua saltem transmutationum vestigia deberemus aliquando incidere." Philosophia naturalis pag. 631 sq. Vgl. **Güttler:** A. a. O. S. 157 ff.

beweiskräftigen Beobachtung hält Darwin die Unzulänglichkeit
unserer heutigen archäologischen Kenntnisse entgegen. Aber
seine Gegner, welche die ausgezeichnetsten und kompetentsten
Richter in dieser Sache sind, z. B. d'Archiac, Bronn, Barrande,
Oskar Heer, de Könninck, van Beneden, Williamson, Pfaff u. a.,
gestatten ihm nicht diese Ausflucht. Vor allem läfst uns Pfaff
in seinem neuesten Werke „Grundrifs der Geologie" die Schwierigkeiten erkennen, welche gewisse Thatsachen der Paläontologie
dem System von dem Ursprung der Arten entgegensetzen. [1])
Unterstellen wir mit diesem Gelehrten, [2]) dafs jede wahre Art
neun Übergangsarten den Ursprung giebt, — und das heifst nicht
viel unterstellen, da die Darwinische Theorie tausende, nicht
weniger verlangt — unterstellen wir aufserdem, dafs jede Über-
gangsart durch eine gleiche Zahl von Individuen vertreten ist;
unter diesen Bedingungen ist die Wahrscheinlichkeit, aus der
grofsen Urne der Sedimentärschichten eine bestimmte Art herauszuziehen, gleich dem Bruche $1/_{10}$, und die Wahrscheinlichkeit,
hundertmal nach einander dieselbe Art herauszuziehen, gleich
dem genannten Bruche in der hundertsten Potenz, das heifst, gemäfs dem Erkenntniskriterium, welches Unmöglichkeit des sensus
communis genannt wird, soviel, als gleich Null. Unvergleichlich
leichter wäre es jemanden, der mit verbundenen Augen rund
um die ganze Welt lief, glücklich an einem Orte, den er vorher
bezeichnete, stillzuhalten. Und doch ist dasjenige, was gemäfs
der Theorie Darwins eine Unmöglichkeit des sensus communis darstellt, in Wirklichkeit eine Thatsache, welche alle Tage vorkommt.

---

[1]) Aufser der Thatsache, dafs viele Arten im Laufe der Jahrhunderte
dieselben geblieben sind, stellt die Paläontologie gegen den Darwinismus
auch noch diese Thatsachen fest: 1. dafs neue Arten ohne nachweisbare
Übergänge zu allen Zeiten entstanden und vergangen sind (Vgl. A. Wigand:
Der Darwinismus und die Naturforschung Newtons und Cuviers. Braunschweig. 1874—1877. Bd. 1, S. 289; J. Barrande: Trilobites. 1871. pag. 267);
2. dafs niemals eine Zwischenart entdeckt worden ist, welche den Übergang
von einer Art zur andern anzeigt (Vgl. Pfaff: Schöpfungsgeschichte. S. 684);
3. dafs die Zunahme, welche man in den Arten beobachtet hat, nicht notwendig diejenige ist, welche hätte stattfinden müssen, wenn die beständige
Umwandlung stattgefunden hätte (Vgl. Pesch: Philosophia naturalis. p. 636).

[2]) Grundrifs der Geologie. Leipzig. 1876. S. 397.

155. Diese Beobachtungen und viele andere, die ich der
Kürze halber übergehe, genügen, um das über Darwin gefällte
Urteil zu rechtfertigen.[1]) Die wahre Wissenschaft wird ihm
niemals die Anwendung einer wesentlich verkehrten Methode
verzeihen, welche darin besteht, Thatsachen zu suchen und zu
registrieren, um ihnen **Gewalt** anzuthun und die Wahrheit
zu Ehren einer Theorie, welche a priori[2]) im Gegensatze zu
den Principien der Naturphilosophie erdacht worden, zum Opfer
zu bringen. „Die **Theorie Darwins** über den Ursprung der
Arten, hat der ausgezeichnete Agassiz gesagt,[3]) ist nicht das
Resultat schwieriger Untersuchungen über einige besondere
Punkte, um danach die Vernunft zur Erkenntnis irgend einer
allgemeinen und umfassenden Wahrheit zu erheben, sie ist im
Gegenteil der Übergang einer idealen Conception **zum Gebiete**
der Thatsachen, die nur mit der Absicht, eine Idee zu stützen,
untersucht werden. . . . Die Grundidee des Darwinismus besteht
darin, dafs **man** sagt, die organischen Wesen, welche sich folgen,

---

[1]) Indem T. Pesch die Gründe der verschiedenen Gelehrten resumiert,
sagt er: 1. „Si organismi continua transmutatione alii ex aliis orti fuissent,
etiam hodie in rebus organicis fore ut ingentem quidem conspiceremus
specierum varietatem, quarum perfectissimae ex minus perfectis paullatim
ascenderent, sed ita non est" (L. c. pag. 627); 2. „diversitas, quae multas
organismorum classes inter se secernit, **ab influxibus externis nulla ratione**
pendet" (Ibid. pag. 628); 3. „classes organismorum omnes, quae hodie in
natura deprehenduntur, perfectae omnes sunt, neque ullo modo videntur
esse ‚in via' ad aliam speciem" (Ibid. pag. 630). Von den Darwinianern
sagt er. „Non igitur explicant adversarii, cur mutationes potius in pro-
prietatibus physiologicis, **quam** morphologicis contingant; cur sit in natura
animalium continuus **nisus** conservandi se ipsa in eadem specie, **ita ut illa**
natura duce abhorreant a commistione cum animalibus alterius speciei; cur
hybridae **in** indefinitum nequeant propagari; cur formae inferiores, quippe
quae sint omnes ‚imperfectae', non iam diu plane evanuerint" (Ibid. pag. 637).
Zur Bestätigung dieser Thatsachen und Gründe führt er die Zeugnisse der
ausgezeichnetsten Gelehrten an. (Ibid.)

[2]) „Mais c'est là un système a priori **qui** manque d'épreuves, ne
découle pas de l'expérience, et avec lequel on s'efforce, comme le font les
disciples outrés de Mr. Darwin, de faire violemment cadrer les faits."
Bechamp: **Sur l'état présent des** rapports de la science et de la religion
au sujet de l'orgine des êtres organisés. pag. 69.

[3]) De l'espèce et de la classification en zoologie. pag. 375—377.

dadurch dafs sie von einander abstammen, seien weit entfernt
davon, mit Notwendigkeit die Merkmale derjenigen hervorzubringen, welche ihnen vorangingen, sie hätten vielmehr das
Streben, dieselben zu verändern — das nämliche bringt niemals
das nämliche hervor, sagt Nütimeyer.[1]) Bis auf unsere Tage
haben alle Physiologen es für ein auf die Erfahrung aller Jahrhunderte gestütztes Axiom gehalten, dafs die Abkömmlinge der
lebenden Wesen das lebendige Bild ihrer Erzeuger seien und
dafs ihre eigene Fruchtbarkeit die Erhaltung der betreffenden
Typen verbürge. Diese Wahrheit wird durch eine andere Thatsache bestätigt, durch die nämlich, dafs, wenn zwei Arten sich
verbinden, in dem Resultate ihrer Vereinigung der Teil zu sehen
ist, welcher zu jeden von den beiden Urhebern der neuen Existenz gehört. Aus der Erwägung dieser beiden Gesetze, deren
Gewifsheit durch keinerlei Schwierigkeit hat umgestofsen werden
können, ist die Überzeugung hervorgegangen, welche in der
Wissenschaft bis auf den gegenwärtigen Moment geherrscht hat."

Mit diesem Urteil des gelehrten anglo-amerikanischen Naturforschers trifft das aller Gelehrten zusammen, welche in Europa
die Wissenschaft pflegen und dabei die Vorschriften der wahren
Methode befolgen, die Vorschriften, welche, wie gesagt, den
Verfasser des Buches „Über den Ursprung der Arten", weil er
sie offenbar verletzt hat, strenge verurteilen. „Der Darwinismus,
sagt Dr. Albert Wigand,[2]) ist in jeder Beziehung ein Produkt
philosophischer Thätigkeit, und zwar jener falschen Philosophie,
welche ihre eigene Aufgabe verkennend in das fremde Gebiet
der Naturforschung schaffend eingreift, indem sie, anstatt auf-
steigend aus den Naturgesetzen nach immer allgemeineren Gesichtspunkten zu suchen, umgekehrt aus allgemeinen Formeln
ein Gebiet specieller Thatsachen deducieren will." Nicht zu-
frieden damit, den Darwinismus unter dem wissenschaftlichen

---

[1]) Genau das Gegenteil von dem, was die alte Metaphysik in Übereinstimmung mit der Erfahrung und dem sensus communis hominum lehrte:
Simile producit sibi simile. Seitdem aber Hegel seine neue Logik erfunden
hat, haben die modernen Pseudo-Gelehrten es auf ganz andere Weise geordnet.

[2]) Der Darwinismus und die Naturforschung Newtons und Cuviers.
Braunschweig. 1876. Bd. 2, S. 85.

Gesichtspunkte beurteilt und verurteilt zu haben, beurteilt er ihn auch unter dem Gesichtspunkte der Methode und erklärt schliefslich, dafs derselbe, weit davon entfernt, den billigsten Ansprüchen an eine wissenschaftliche Hypothese in irgend einer Beziehung zu entsprechen, als ein Machwerk der Naturphilosophie die absolute Verletzung der Logik sei und sich auf ein Gewebe von Widersprüchen reduciere. In der Analyse des ausgezeichneten Werkes von Wigand, welche Dr. Karl Scheidemacher neulich gemacht hat, sagt letzterer,[1] „dafs der Darwinismus eine bedauernswerte, der Naturforschung fremdartige, rein spekulative Doktrin, eine elende Ausartung der falschen modernen Naturphilosophie sei."

156. Es sei mir, um diese kurzen Reflexionen über den Darwinismus zu beendigen, noch die Bemerkung verstattet, dafs seine gröfste Sünde gegen die Wissenschaft zweifelsohne in dem Irrtum besteht, der Mensch stamme vom **Affen** ab, ein Irrtum, wodurch der Darwinismus zugleich gegen die katholische Religion verstöfst. In der That, wenn der einfache Übergang einer Pflanzen- oder Tierart in eine andere aus dem nämlichen Reiche in den Augen der Vernunft eine Unmöglichkeit ist und eine Hypothese, welche durch die Thatsachen dementiert wird, wie grofs ist dann die Absurdität, anzunehmen, dafs das Tier mit den seiner unvernünftigen **Natur** eigentümlichen Kräften sich zu der erhabenen Würde der edlen Kreatur erhebe, welche in ihrer vernünftigen Natur das **Bild** ihres Schöpfers trägt? Der Verschiedenheiten giebt es viele, welche die vergleichende Anatomie und Physiologie zwischen der Organisation des Menschen und der des Tieres, das nach den Darwinisten der Erzeuger des ersteren sein soll, aufstellt, wie man dies in den Werken der zeitgenössischen Naturforscher, z. B. eines Bianconi, Quatrefages und anderer nicht minder ausgezeichneter Männer ersehen kann. Aber keine davon läfst sich mit derjenigen vergleichen, welche die christliche Philosophie, die rechtmäfsige Erbin der Weisheit des Altertums und der lebendige Spiegel der göttlichen Offenbarung, vor vielen Jahrhunderten, indem sie sich der goldenen

---

[1] Literarischer Handweiser. Jahrg. 1876, S. 318.

Feder des h. Augustin bediente, mit den Worten angab: „Illud,
quo homo irrationalibus antecellit, est ratio vel mens vel intelligentia." Ja, die Intelligenz ist der Vorzug, welcher am be-
zeichnendsten uns von den Tieren unterscheidet, und von ihr
geht der Wille aus, von welchem Dante singt:[1])

> „Die gröfste Gabe, die uns, schaffend, Gottes
>   Freigebigkeit gab, und die seiner Güte
>   Zumeist entspricht, und die er schätzt am höchsten,
> Ist unsres Willens Freiheit doch, mit welcher
>   Die sämtlichen vernünftigen Geschöpfe,
>   Und sie allein, begabet sind und waren."

Zum Unglück verkennen viele Naturforscher, darunter auch
sogar solche, welche den Ruhm und den Vorteil, den Menschen
mit dem Tiere zu konfundieren, einer gewissen Klasse von Gelehrten überlassen, den Wert dieser erhabenen Aussteuer unsers
Seins, d. i. der Intelligenz, und darum darf man sich nicht so
sehr darüber verwundern, dafs jene Gelehrte sie auch dem
Tiere zuschreiben und dafs von daher die traurige Ideeenver-
wirrung derjenigen Wissenschaft stammt, welche den Menschen
zum Tiere und das Tier zum Menschen sich umwandeln läfst.
Demnach ist es höchst zweckentsprechend, den Sinn des Wortes
Intelligenz zu fixieren, weil es dadurch klar wird, dafs das Tier
derselben entbehrt, und dafs aus der Finsternis, worin es lebt,
unmöglich der schöne Funke entstehen kann, den die göttliche
Weisheit in uns angezündet hat.

Kapitel IV.

**Die Ungläubigen, welche aus dem Gedanken eine Funktion
des Gehirns machen, fehlen auch gegen die Wissenschaft.**

157. Zwei Klassen von Objekten erkennt der Mensch mit
seiner Vernunft: die sichtbare Welt, welche uns umgiebt, und
die unsichtbaren Dinge, welche der Sinn nicht erreicht. Die
erstere erkennen wir mit den Sinnen, aber wie unvollkommen!
Denn die sinnliche Erkenntnis betrifft ganz allein die individuellen

---

[1]) A. a. O. 3. Teil, Ges. 5, V. 19—24.

und bestimmten Dinge und an ihnen wieder blofs dasjenige, was
Kant das Phänomenon nannte, was gewissermafsen die Rinde
der materiellen Dinge ist, oder besser gesagt die sinnlichen
Eigentümlichkeiten und Thatsachen, welche dem gegenwärtigen
Augenblick angehören und für gewöhnlich in keiner grofsen
Entfernung von uns sich befinden. Aber die Intelligenz dringt
ein (das will soviel sagen, als sie liest innerlich — intelligentia,
intus legere) in die Substanz der Dinge und die sinnlichen
Eigenschaften derselben erkennt sie mit Hülfe abstrakter Begriffe, von denen einer, der der Quantität nämlich, ein fruchtbares Samenkorn bewunderungswürdiger Wissenschaften ist; sie
erfafst dasjenige, was in den Wesen des sichtbaren Universums
von allgemeiner Natur ist, die Verbindungen, wodurch die verschiedenen Teile desselben geeint werden, die Ordnung ihrer
relativen Vollkommenheit, die Harmonie ihrer Bewegungen, all
das, was die Wissenschaft in der äufsern Natur studiert und
betrachtet, die Principien und Gesetze derselben, welche sie für
das praktische Leben verwertet, so dafs sie auf diese Weise die
Welt ihrer Herrschaft unterwirft, kurz die ungeheure Vielheit
von Wesen und von Beziehungen, welche aus dem Universum
ein vollkommen geordnetes Ganze machen.

Indes die ganze Gröfse der sichtbaren Welt ist nichts im
Vergleich zu dem System von unsichtbaren Dingen, welche die
menschliche Vernunft gleichfalls erkennt. Denn sie hat die Kraft,
erstens sich selbst zu erkennen und vermittelst der psychologischen Reflexion auch das Princip, woraus sie hervorgeht,
die Seele, sodann Gott d. i. ein notwendiges, unendliches und
ewiges Wesen zu erkennen und die Beziehungen, welche uns
mit Gott als dem Urheber, Gesetzgeber und letzten Ziele unsers
Lebens verbinden, sowie die daraus hervorgehenden moralischen
Begriffe von Gesetz, Verpflichtung, Vollkommenheit, Glückseligkeit und im allgemeinen die Lehren der moralischen und religiösen Ordnung, zu denen der Mensch sich auf den Flügeln
der Erkenntnis der übersinnlichen Dinge und der Liebe zu ihnen
hinaufschwingt. Dieses intellektuelle und gleichzeitig moralische
Leben ist eigentlich ein Weg, oder, wie man heute sagt, ein
Procefs, welcher von dem Unvollkommenen zum Vollkommenen

fortschreitet, indem die Kräfte des Geistes allmählich erzogen und entwickelt werden, deren der geistige Mensch oft genug benötigt ist, um die Bewegungen des Fleisches und des Blutes zu bekämpfen und zu besiegen und über den animalischen Menschen, welchen es gegen die Vernunft gelüstet, sich zu erheben. Auf diesem Wege gehen geeint, oder können und sollen wenigstens geeint gehen, die vernünftigen und freien Wesen und bilden gewissermafsen eine Pilgerschaft, welche dem definitiven und wahren Vaterlande entgegenwallt. Dabei unterstützen sie sich gegenseitig in den Dingen, welche das gegenwärtige Leben betreffen, durch Mitteilung der geistlichen und zeitlichen Güter, und zwar gemäfs der Ordnung der Liebe und der Gerechtigkeit und unter der Leitung derjenigen, welche Gott selbst als seine Minister zur Erreichung und Beförderung des Guten aufgestellt hat, d. h. derjenigen, welche die Autorität nach ihren verschiedenen Stufen ausüben. Jener Weg ist verschönert durch die Erzeugnisse der Industrie und der Kunst, der die Idee der übersinnlichen Schönheit eingehaucht ist, deren Ausdruck das Herz zwingt, der Tugend und der Liebe zu allem Edlen zu huldigen.

158. Irre ich mich nicht, so habe ich im Vorausgegangenen die hauptsächlichsten Züge unsers Lebens entworfen, d. i. des Lebens von geistigen Wesen, von Intelligenzen, welche an körperliche Organe gebunden sind. Sind das nun auch vielleicht die charakteristischen Merkmale des animalischen Lebens? Erstreckt sich die Erkenntnis der Tiere über die sinnlichwahrnehmbaren Qualitäten hinaus? Durchdringt sie die Natur der Dinge, welche dieselben umgeben? erhebt sie sich zu dem rein intelligibelen Gebiete der notwendigen Wahrheiten? Ist ihr Instinkt oder Begehren auf geistige, unsichtbare und ewige Güter hingerichtet? bewegt sich das Tier vielleicht frei und inkraft eigener Wahl? ist es der moralischen Verantwortlichkeit unterworfen, so dafs die Gerechtigkeit auch ihm, wenn es gut gekämpft, Freude, und wenn schlecht, Strafe schuldete, wie der Dichter sagt?[1]) Doch nein; suchen wir bei den Tieren weder Wortsprache, noch Erziehung, noch moralische, künstlerische und religiöse

---

[1]) Dante: A. a. O. Teil 2, Ges. 16, V. 72.

Begriffe, noch wissenschaftliche und litterärische Überlieferungen, noch irgend eine Art von Erfindung oder Fortschritt; denn sie haben keine Vernunft, — „quibus non est intellectus."[1]) Sie erkennen, aber verstehen nicht; sie begehren, aber sie wählen und wünschen nicht im eigentlichen Sinne dieser Wörter. Ihre Seele lebt in dem Organismus an die Materie angekettet und stirbt, wenn der Organismus zu Grunde geht, weil sie für sich nicht zu subsistieren vermag, wie das bei der geistigen und unsterblichen Seele des Menschen der Fall ist, wiewohl diese freilich für kurze Zeit in dem Lehm festgehalten wird, der sie aufnimmt, ohne sie einzuschließen, ohne ihre mächtige Wirksamkeit zu absorbieren, und um so mehr ohne sie den Gesetzen des Organismus zu unterwerfen. Diese Verschiedenheiten zwischen dem Menschen und dem Tiere betreffen also nicht die Materie, woraus sie bestehen, sondern die Form, welche die Materie belebt und die bei der vernünftigen Kreatur eine subsistente, bei den unvernünftigen Tieren aber eine von dem Sein der Materie abhängige Form ist. Die Verschiedenheit ist hier ein Abgrund, den keine geschaffene Kraft, den Gedanken mit eingeschlossen, schlechtweg zu überbrücken vermag, dessen Überbrückung der Gedanke auch nicht einmal intendieren kann, ohne seine eigenen Gesetze, die notwendig und ewig, auf die Natur der Dinge selbst gegründet sind, schwer zu verletzen.[2])

---

[1]) Psalm 31. 9.

[2]) In seiner wertvollen Schrift ‚Der sogenannte Verstand der Tiere' (1880) erklärt L. Schütz in bewunderungswürdiger Weise aus dem animalischen Instinkt der Tiere fünf Thatsachen, welche gegen die Annahme einer Vernunft bei den Tieren sprechen. Die fünf Thatsachen sind: 1. das Tier überlegt nicht; 2. viele Tiere übertreffen den Menschen durch die Vorsicht und Klugheit ihres Wirkens; 3. das Tier bedarf keines Unterrichtes, auf dafs es zur vollen Entwickelung der ihm eigentümlichen Fähigkeiten und Naturanlagen gelange; 4. das Leben des Tieres ist stabil; 5. das Tier hat keine Sprache. (S. 140 ff.) Nachdem Dr. Schütz mit diesen fünf Thatsachen seine These inbetreff des animalischen Instinkts bewiesen, schreibt er (S. 144 f.) folgende schönen Worte: „Wenn man mit Liebe zur Wahrheit und ohne vorgefafste Meinung die eigentliche und zuständige Ursache für die Zweckmäfsigkeit im Umkreise des Tierlebens aufsucht, wird man unvermerkt auf ein höchst intelligentes Wesen hingeführt, welches den Organismus der verschiedenen Tiere zu Anfang gebildet und eingerichtet,

159. Die angeführten Gründe streiten nicht blofs gegen die Entwickelungslehre, welche jenen Abgrund nicht kennt und fälschlich annimmt, dafs es zwischen dem Menschen und dem Tiere nur accidentelle Verschiedenheiten oder nur verschiedene Grade der Vollkommenheit, aber keinen einzigen Wesensunterschied gebe, der noch gröfser sei, als derjenige, welcher die Arten in den niedern Reichen des Universums von einander trenne, sie streiten ebenso sehr auch gegen den materialistischen Positivismus, welcher den menschlichen Gedanken und überhaupt alle Erscheinungen unserer Seele als einfache Bewegungen oder Modifikationen des Gehirns oder nach dem bekannten Ausspruch K. Vogts, welcher in Deutschland ein ähnliches Diktum von Cabanis[1]) wiederholte, als eine Sekretion des Gehirns betrachtet. Diese und andere ähnliche Kraftsprüche, wie z. B. der, dafs der Gedanke aus dem elektrischen oder magnetischen Fluidum hervorgehe, welches aus einer Art von Phosphorescenz des genannten Organs bestehe u. s. w., sind Schatten, welche vor dem Lichte jener Gründe ebenfalls verschwinden. Damit es aber nicht scheine, als ob ich den Materialismus blofs auf dem Felde der Psychologie bekämpfe, will ich noch einige Gründe anführen, um darzuthun, dafs er auch auf dem Gebiete der rein empirischen Thatsachen falsch ist und mit der wahren Wissenschaft im Widerspruch steht.

ihm zugleich auch die Fähigkeit und Kraft verliehen hat, sich mit der ihm eigentümlichen Natur, mit den in ihr liegenden Trieben und Instinkten durch die Zeugung fortzupflanzen; man erkennt mit andern Worten auf unzweideutige Weise das Walten der Weisheit Gottes, welcher da, um mit Aristoteles, dem Altmeister der Philosophie wie auch der Naturwissenschaft, zu reden, in jedes Wesen die ihm eigentümliche Natur mit all ihren Trieben und Instinkten als den stereotypen Ausdruck seines Willens hineingelegt hat, so dafs dasselbe, wenn es seinen Trieben und Instinkten folgt, den auf es selbst hinzielenden Willen Gottes manifestiert und zur Kenntnisnahme der Menschen bringt. Überschauen wir nun noch einmal den langgestreckten Weg unserer ganzen bisherigen Untersuchung, von seinem Eingang an, wo uns die Weltanschauung des Materialismus begegnete, bis hieher zu seinem letzten Ausgang, wo Gott, der Schöpfer aller Dinge, in der Höhe erscheint, so können wir nicht umhin, über jenen Weg gleichsam als leuchtendes Transparent den Ausspruch des grofsen Leibniz auszuspannen: Philosophia obiter libata a Deo abducit, profundius hausta reddit Creatori."

[1]) Rapports du physique et du moral dans l'homme. Mém. 3, § 7.

160. Was der Physiologe in Bezug auf den vorliegenden
Punkt erforschen kann, reduciert sich im allgemeinen darauf,
dafs er die Modifikationen des Gehirns in den verschiedenen
psychologischen Zuständen kennt, wovon das Bewufstsein Rechenschaft giebt, dafs er mit andern Worten die Erscheinungen kennt,
welche in jenem Organ vorkommen, sobald wir empfinden oder
denken oder irgend einen Akt des Bewufstseins vollziehen.
Denn es ist über allen Zweifel erhaben, dafs es hier zwei Ordnungen von Thatsachen giebt: solche nämlich, welche stattfinden,
ohne dafs wir eine Apperception davon haben, und andere,
welche in dem Bewufstsein uns präsent sind; die ersteren sind
rein physiologischer Natur, während die letzteren das Objekt
der Psychologie ausmachen. Zwischen beiden besteht kein
Parallelismus, sondern ein inniger Zusammenhang. Hören wir
hierüber einen von den Hauptvertretern des Materialismus unserer
Zeit. „Wir erkennen, sagt Tyndall, dafs zu ein und derselben
Zeit ein bestimmter Gedanke und auch eine bestimmte Molekular-
thätigkeit des Gehirns stattfindet, wir besitzen aber kein intellektuelles Organ, noch nicht einmal irgend ein Rudiment
eines solchen, was uns nötig wäre, um von dem Gedanken zu
jener Thätigkeit mit Hülfe der Reflexion überzugehen. Die
Phänomene werden zugleich offenbar, aber aus welchem Grunde,
wissen wir nicht. Wenn auch die Vernunft und die Sinne die
Kraft und das nötige Licht erlangten, um uns die Moleküle des
Gehirns sehen und empfinden zu lassen, wenn wir auch all
ihre Bewegungen, Kombinationen und elektrischen Entladungen,
falls solche vorkämen, beobachtend zu verfolgen vermöchten und
zur selben Zeit eine genaue Kenntnis von den Zuständen, welche
dem Gedanken und der Empfindung entsprechen, besäfsen, wäre
es uns jetzt noch geradeso, wie früherhin, unmöglich, die Frage
über die Art und Weise zu lösen, wie die physischen Thätigkeiten mit den Thatsachen des Bewufstseins in Verbindung
stehen. Die Vernunft wird niemals die Kluft überbrücken, welche
diese beiden Klassen von Phänomenen trennt.“ Leider hatte
Tyndall als konsequenter Positivist, nachdem er die Thatsache
bezeichnet hatte, nicht den Mut, um daraus folgende Konsequenz
zu ziehen: Also ist das Subjekt des Gedankens von der

Gehirnsubstanz verschieden, worin die Bewegungen, Kombinationen und elektrischen Entladungen, falls es deren giebt,
stattfinden.   Da nun aber die Materialisten sich nicht dazu ent-
schließen, von dem Ratiocinium Gebrauch zu machen, sintemal
ihre Wissenschaft sich auf die einfache Kenntnis von Thatsachen
beschränkt, so haben wir Grund, sie zu fragen, warum sie denn
ihr eigentliches Vorhaben nicht sofort aufgeben und warum sie
nicht aufhören, zum Schimpf der Logik zu sagen, daß die psychischen und physiologischen Phänomene, da man ihren gegenseitigen Zusammenhang nicht kenne, nichts anders seien, als
bloße Modifikationen des Gehirns.

161. Die angeführten psychologischen Thatsachen sind nicht
die einzigen, welche zum rein geistigen Gebiete gehören und
woraus es klar wird, daß die Kraft, welche sie hervorbringt,
von jedem körperlichen Organe nicht bloß verschieden, sondern
auch innerlich unabhängig ist; sogar die Akte der äußern Wahrnehmung, welche zweifelsohne zufolge ihrer Natur an körperliche
Organe gebunden sind, unterstellen ein vom Organismus verschiedenes Princip.   In der That, wenn irgend eine körperliche
Substanz auf uns einwirkt, wird ihre Einwirkung in irgend einem
Organe unserer Sinne aufgenommen und von diesem wird der
Eindruck dem Gehirn mitgeteilt.   Bei diesem ganzen Prozeß
kann der Physiologe die Bewegungen und Veränderungen erforschen, welche in dem affizierten Organe, in den den Eindruck
weiter leitenden Nerven, in den Nervenzellen und den übrigen
Geweben, der Gehirnmasse stattfinden; ebenso kann er die
Materie untersuchen, welche in diesen Operationen verbraucht
wird, und die Art und Weise, wie ihre Ersetzung geschieht
und welches die Substanzen sind, die mit jenen Operationen
entweder zu gleicher Zeit, oder nachdem sie stattgefunden haben,
von dem Gehirne abgesondert werden.   Nachdem aber derartige
Bewegungen vorüber sind, stellt sich vor dem Bewußtsein die
Wahrnehmung eines Tones ein, beispielsweise des Tones einer
läutenden Glocke, deren zitternde Schwingungen die nächsten
Luftwellen in Bewegung setzen, welche für ihren Teil die unmittelbar folgenden und so weiter bewegen, bis daß endlich
die Vibrationen zum äußern Gehörapparat gelangen, von dem

sie mittels der ihm entsprechenden Nerven zum Gehirn hinüber geleitet werden.

Die beiden Klassen von Phänomenen, nämlich auf der einen Seite diejenigen, welche der Bewegung der Gehirnatome vorausgehen, um in gewöhnlicher Sprache zu reden, sowie diese Bewegung selbst, und auf der andern Seite die Wahrnehmung des Glockentons sind unter sich sehr verschiedene Dinge. Die Phänomene der ersteren Klasse sind rein physisch und subjektiv und finden statt, ohne von dem Subjekte, worin sie vorkommen, wahrgenommen zu werden; die der zweiten Klasse aber haben nichts mit den Erscheinungen gemeinsam, welche das Objekt der Physik bilden, weil sie weder in einer Bewegung bestehen, noch auch eine solche in irgend einer Weise ausdrücken, weil sie ferner, weit davon entfernt, subjektiver Natur zu sein, sich auf äufserliche Objekte beziehen, welche durch die Sensation vorgestellt werden, und weil sie endlich in Gegenwart des innern Lichtes statthaben, das sie erkennt und unterscheidet. Beweist das nicht klar, dafs das Princip der Sensation von dem Organ der sinnlichen Wahrnehmung verschieden ist? dafs sowohl die Augen, als die Hände, als die Nerven, als das Gehirn, als irgend ein materieller Teil meines Körpers, deren Bewegungen für das Zustandekommen der sinnlichen Empfindung nötig sind, nur als einfache Bedingungen desselben betrachtet werden können, nicht aber als Principien der Sensation?[1])

¹) In der wertvollen Abhandlung, welche der ausgezeichnete Doktor und Professor C. Gutberlet in der Zeitschrift ‚Natur und Offenbarung‘ (Münster. Jahrg. 1880) unter dem Titel „Die Psychophysik" veröffentlicht hat, lesen wir (Seite 725 ff.) folgenden Beweis für die Immaterialität des empfindenden Princips: „Nachdem wir so mit den bedeutendsten Fachmännern die psychophysische Thätigkeit bis zu ihren elementarsten Verhältnissen verfolgt haben, sind wir zugleich an dem Punkte angelangt, an welchem sich die Forderung der Mitwirkung eines unstofflichen Elementes an der Empfindung unabweisbar aufdrängt. Denn alle fassen und müssen den der psychischen Thätigkeit zu Grunde liegenden Nervenprocefs als Bewegung von irgend welcher Form fassen. Selbst wenn man denselben als Spannungszustand ansehen will, so ist auch ein solcher ohne Bewegung nicht denkbar. Im Zustande der Spannung sind die Bewegungen, wie auch Wundt hervorhebt, auf die kleinsten Teilchen beschränkt, welche, vorübergehend aus ihrer Gleichgewichtslage gebracht, sofort ohne Neuschaffung

162. Vergebens zieht man zur Erklärung dieses psychologischen Phänomens die Elektricität heran, weil sie, wenn sie wirklich ein Fluidum ist, mag ihre Feinheit und Dünnheit auch

von Kraft wieder äufsere, wirkliche Arbeit leisten, wenn sie losgelassen werden. Was von der Erregung der peripherischen Nerven feststeht, das gilt aus gleichem Grunde auch von der centralen Nervensubstanz, dem Gehirn. Seine stoffliche Thätigkeit kann nur in Bewegungsvorgängen bestehen. Nun ist einleuchtend, dafs die Bewegung eines einzelnen Atoms, sei sie nun geradlinig oder elliptisch oder pendelförmig oder wie immer auch gerichtet, kein Empfinden und kein Denken, sondern eben nur Bewegung ist. Thatsächlich erklären die Materialisten die physischen Thätigkeiten auch nur durch Zusammenwirken sehr vieler Atome und Moleküle. Aber

I. die Leistung von noch so vielen einzelnen Kräften läfst sich nach mechanischen Gesetzen zu einer einzigen Resultante vereinigen, die wieder genau von derselben Beschaffenheit ist, wie die Komponenten, also die Bewegung der Masse. Hat man die Atome a, a′, a″, a‴..., welche bezüglich die Kräfte P, P′, P″, P‴... entwickeln und ihre Thätigkeit auf ein gemeinsames Ziel A richten, und ist P, P′, P″, P‴ gegen die Axe AX eines orthogonalen Axensystems mit dem Anfangspunkte A um $\sphericalangle$ α, α' α'', α''', gegen AY um $\sphericalangle$ β, β' β'', β''' und gegen AZ um $\sphericalangle$ γ, γ', γ'', γ''' geneigt, so kann man zunächst alle Kräfte zu einer Resultante (X) in der Richtung von AX, sodann alle zu Y in der Richtung AY und zu Z in der Richtung von AZ komponieren durch die Formeln

$$X = P.\cos\alpha + P′.\cos\alpha′ + P″.\cos\alpha″ + P‴.\cos\alpha‴ + \ldots$$
$$Y = P.\cos\beta + P′.\cos\beta′ + P″.\cos\beta″ + P‴.\cos\beta‴ + \ldots$$
$$Z = P.\cos\gamma + P′.\cos\gamma′ + P″.\cos\gamma″ + P‴.\cos\gamma‴ + \ldots$$

Diese 3 Resultanten lassen sich nun durch die Diagonale eines rechtwinkeligen Parallelepipedums zu einer einzigen R zusammensetzen durch die Formel $R = \sqrt{X^2 + Y^2 + Z^2}$.
Und so ist evident, dafs auch R als mathematisches Resultat von Bewegungskräften diesen gleichartig und auch nur wieder eine Bewegung, aber nie und nimmer eine psychische Thätigkeit sein kann.

II. Nur unter der Voraussetzung also, dafs die Thätigkeiten der zusammenwirkenden Elemente bereits psychischer Natur sind, kann aus ihnen ein totaler psychischer Akt resultieren. Nun aber können

1° psychische, real unterschiedenen Elementen inhärierende Thätigkeiten nicht zu einer Resultante sich vereinigen. Denn dieselben sind wesentlich immanent, verbleiben in ihrem Subjekte. Solange also die thätigen Elemente nicht real Eins werden oder durch ein reales Princip informiert werden, bleibt jede Thätigkeit geschieden von der andern in ihrem Subjekte. Wenn z. B. zwei Bewufstsein zweier Menschen auch noch so nahe aneinander gebracht würden, nie und nimmer könnte daraus ein

äufserst grofs sein, nicht imstande ist, Phänomene hervorzubringen
noch auch in sich als in deren substratum aufzunehmen, welche
wie gesagt die physischen Kräfte übersteigen, die von den
Neueren in ihrer letzten Instanz auf reine Bewegungen der
Atome zurückgeführt werden. Und sollte jenes Phänomen wirklich
auch auf eine besondere Art von Bewegung zurückzuführen sein,
so ist die besagte Unmöglichkeit um so mehr klar, weil wir bereits gesehen haben, dafs dieses physische Accidenz höchstens
die Bedingung, aber nicht die Wesenheit der Sensation ausmacht. Aufserdem, wenn ein Nerv in Teile zerlegt worden und
die Teile **sich** wieder vereinigen, hält der elektrische Strom an
den Punkten nicht stille, wo die Teilung stattgefunden, **und seine**
Richtung **wird nicht unterbrochen; wenn** aber eine derartige
Teilung bei den Nerven vollzogen wird, welche der sinnlichen
Wahrnehmung dienen, so mögen danach die Enden immerhin
vereinigt werden, die sensitive Kraft ist verschwunden und der
Sinn verloren.

Gesamtbewufstsein, etwa von doppelter Stärke entstehen. Nur bei Thätigkeiten, die nach aufsen gerichtet sind, kann eine gemeinsame Richtung
derselben auf einen gemeinsamen Angriffspunkt, oder eine Einwirkung des
einen Agens auf das andere und damit eine **Zusammensetzung der** Kräfte
stattfinden. Bei den immanenten Thätigkeiten sind aber die verschiedenen
Thätigen selbst die verschiedenen Zielpunkte; denn sich stellt der Wahr-
nehmende etwas vor, sich begehrt der Wille ein Gut.

2° Die angenommenen partialen psychischen Thätigkeiten haften **entweder** wieder an zusammengesetzten Elementen oder haben einfache Träger,
etwa einzelne Atome. **In ersterem Falle** haben wir wieder dieselbe Ungereimtheit **in der** Zusammensetzung immanenter Thätigkeiten **aus partialen**
Komponenten, wie unter 1°. In letzterm Falle werden die Atome entweder
materiell gefafst oder immateriell. Sind sie immateriell, so können sie
wohl Träger psychischer Thätigkeiten sein; aber a) ohne gemeinsames, sie
alle umfassendes, immaterielles **Princip** ist eine Einigung ihrer Thätigkeiten
unmöglich, b) die Annahme **von** percipierenden **Elementen** der Körper ist
eine ungereimte Dichtung. Sind **aber die** Elemente materiell, so sind sie
wie aller Stoff nur nach aufsen gehender Thätigkeit fähig, und wie wir
bereits bemerkten, schreiben auch die Materialisten die Wahrnehmung nicht
einzelnen Atomen, **sondern den** sehr komplexen Molekülen oder Molekular-
verbindungen der Nervensubstanz zu.

Also mufs das empfindende Princip unstofflich sein.

163. Was die Hypothese von der Phosphorescenz des Gehirns betrifft, womit andere das sensitive Leben erklären wollten, so muſs ich vor allem mit Liebig[1]) bemerken, daſs wir keine sichere Kenntnis von dem Zustande besitzen, in welchem sich der Phosphor innerhalb des Gehirns befindet. Wenn dieses Organ an Stelle des Phosphors Phosphorsäure enthielte, wäre das genannte Phänomen nach den Gesetzen der Chemie ganz unmöglich. Und wenn der Phosphor in der That das sensitive Princip wäre, so begriffe man nicht, warum das Laboratorium oder die Werkstätte des Gedankens nicht eher in den Knochen, als in dem Gehirn sich befindet. Ich werde mich nicht damit aufhalten, den bekannten plumpen Machtspruch K. Vogts zu widerlegen, pudet me ista refellere; der berühmte Philosoph und Erzbischof von Sevilla, P. Zeferino Gonzalez, hat ihn schon mit groſsem Scharfsinn widerlegt. Als es sich ihm um den Beweis handelte,[2]) daſs zwischen dem substanziellen und materiellen Produkte der Leber- und Nieren-Sekretionen einerseits und dem Gedanken anderseits ein wesentlicher Unterschied bestehe, schrieb er mit feiner Ironie, wie sie der wahren Wissenschaft wohl ansteht: „Das ist so viel, als wenn man sagte, gleichwie man in einer Flasche die Galle und den Urin auffangen könne, so gehe es auch an, einige Flaschen mit Intelligenz und Gedanken zu füllen. Im Königreiche Tonkin und bei einigen andern halbwilden Völkern pflegt man bald die Leber, bald das Herz der Menschen, welche beim Sterben Beweise von Mut ablegen, roh zu essen, und zwar mit der Absicht und in der Überzeugung, durch dieses Mittel, welches ebenso unvernünftig als naturwidrig ist, sich selbst mutig und tapfer zu machen. Es ist zu bedauern, daſs die Materialisten sich nicht daran geben, einige Flaschen Intelligenz zu sammeln und zu deren Verkauf eine Bude zu errichten, welche ohne Zweifel sehr besucht sein würde, wenn es sicher ist, daſs stultorum infinitus est numerus. Und jener Extrakt wie jene Zusammensetzung oder chemische Verbindung

---

[1]) Die Tierchemie oder die organische Chemie in ihrer Anwendung auf Physiologie und Pathologie. S. 173 f.

[2]) In seinen wertvollen Artikeln über den materialistischen Positivismus.

wird nicht schwer sein, wenn es sicher ist, was Moleschott behauptet, dafs nämlich der Phosphor Gedanken erzeugt."

164. Wenn nun aber die unterste Stufe unserer Gedanken nicht als eine einfache Funktion des Gehirns betrachtet werden kann, welch eine grofse Albernheit ist es dann, die erhabensten Gedanken des Geistes für Bewegungen der Gehirnmoleküle zu erklären, oder für elektrische Entladungen oder für die leuchtende Form des Gehirns! Doch mit Bezug auf diesen Punkt habe ich bereits früher beweisende Gründe angegeben, welche ich bei dem schnellen Lauf der Ideeen in dieser Schrift nicht ausführen kann. Ich bemerke nur dieses, dafs sie alle auf die Erscheinungen der Expansivkraft anwendbar sind, welche man besonders in dem Vermögen des Willens erkennt und in der Eigentümlichkeit dieses Vermögens, inkraft eigener Wahl sich selbst zur Thätigkeit zu bestimmen, worin die Willensfreiheit d. i. die Herrschaft über unsere eigenen Akte besteht. Denn es ist evident, dafs zwischen den mechanischen Bewegungen, den direkten wie den reflexen, die in unserm Körper stattfinden können, und den vitalen Antrieben des sinnlichen Begehrungsvermögens sowie des Herzens, welches auf die Güter der übernatürlichen Ordnung hingeordnet ist, der Unterschied besteht, welcher den Mechanismus von dem Leben, die Notwendigkeit von der Freiheit, die materielle und irdische Ordnung von der geistigen und noch mehr von der himmlischen und göttlichen trennt, wonach derjenige Mensch sich sehnt, dessen Intelligenz durch die Leidenschaften des Fleisches oder durch den Rausch des Stolzes, welcher sich mit Sophismen nährt, nicht verdunkelt worden ist. Es sei mir indessen, bevor ich diesen Punkt abschliefse, gestattet, noch einen Grund anzuführen, der alles Licht in sich aufsammelt und kondensiert, womit die Naturphilosophie jenen Punkt glücklich aufgeklärt hat.

165. Eine von den Thatsachen, welche die Psychologie am besten beobachtet hat, ist die Einheit und Kontinuität des Bewufstseins. Wer erkennt inmitten der Mannigfaltigkeit der Phänomene, die wir in uns gewahren, nicht sich selbst als das eine, identische und unteilbare Subjekt von ihnen allen, welches bleibt und fortdauert ohne Teilung und ohne Veränderung, wenn

auch alle Dinge, die an ihm rundum vorüber ziehen, sich allmählich verändern? Wer hält jenes Ich, worüber das Bewußtsein ihm Gewißheit giebt, nicht für das feste und unveränderliche
Centrum aller übrigen psychologischen Thatsachen? Wenn etwa
dieses unser Ich nicht existierte, würde weder das Gedächtnis,
noch das Urteil und der Schluß, und viel weniger noch das
Gefühl, das wir von unserer beständigen Einheit und Identität
besitzen, sich auch nur vorstellen lassen. Und warum? Weil
außer dem Geiste, welcher unserm Körper als Form dient, alles
in ihm vorübergeht, alles sich ändert, und ganz besonders die
Substanz des Gehirns.

Hören wir hierüber einen der ausgezeichnetsten Vertreter
der zeitgenössischen Physiologie, welcher jüngsthin (1878) ins
Grab gestiegen, aber nicht, ohne vorher noch ein Zeugnis für
den Glauben seiner Kindheit abzulegen. Claude Bernard, denn
dieser ist es, sagt:[1] „Wenn der Wille und die Sensibilität sich
kund machen, verbrauchen sich die Nerven, wenn man denkt,
verbraucht sich auch das Gehirn. . . . Man kann sagen, daß
ein und die nämliche Materie nicht zweimal dem Leben dient.
Ist irgend eine Lebensthätigkeit zu Ende, hört auch das lebendige
Stoffteilchen, welches dabei mitgewirkt hat, zu sein auf; und
wenn die Thätigkeit wiederholt wird, muß neuer Stoff intervenieren. Die Moleküle verzehren sich im Verhältnis zur Intensität der Lebenskundgebungen. . . . Wir können daher die
folgende Proportion als physiologisches Axiom ansehen: Jedes
Auftreten einer Erscheinung bei den lebenden Wesen ist notwendigerweise verbunden mit der organischen Zerstörung der
Organe." Ein anderer Physiologe unserer Zeit, Dr. Louys mit
Namen, bemerkt,[2] daß die nervösen Zellen des Gehirns „sich
in ihrer integralen Zusammensetzung beständig nähren und er-
setzen auf Kosten der von den Kapillargefäßen ausgeschwitzten
Feuchtigkeit und daß sie aus dem Medium, welches sie umspült,
die Elemente ihrer Erneuerung geradeso herausziehen, wie die
in die irdische Atmosphäre eingehüllten lebenden Wesen das
pabulum vitae, welches sie erhält, aus der Luft nehmen. Auf diese

---

[1] Défense de la vie. p. 346.
[2] In seiner Schrift: Le cerveau et ses fonctions.

Weise können sie dem Verbrauch des phosphorischen Elementes
vorbeugen und das Gleichgewicht zwischen Einnahme und Ausgabe in sich aufrecht halten."

Dem Gesagten fügen wir noch hinzu, dafs die Gehirnzellen
nach Millionen und Millionen zählen und die Stoffmoleküle, welche
sich successiv erneuern, unzählige sind, und dann fragen wir,
ob man aus ihren konstanten Veränderungen und ihrer unbe-
stimmbaren Anzahl die unteilbare Einheit des Ichs und die
Identität und Kontinuität des Bewufstseins zu erklären vermöge.
Wir fragen gleichfalls, ob wir bei Beendigung dieses Punktes
uns nicht mit Recht die Worte aneignen dürfen, womit ein gelehrter deutscher Jesuit, J. B. Wenig mit Namen, seine glänzende Widerlegung des anthropologischen Monismus schliefst.
Derselbe sagt:[1] „Wir halten daher den oft nur allzusehr wissenschaftlich sich gebärdenden Materialismus für unwissenschaftlich,
weil er sich oft für berechtigt hält, aus blofsen Vermutungen
unumstöfsliche Konsequenzen zu ziehen, wir halten ihn für un-
genügend, den konkreten Wesensbestand des Menschen zu erklären, weil er Leben und Bewufstsein ihrer thatsächlichen
Wirklichkeit beraubt, wir halten ihn für naturwidrig, weil er mit
dem unabweisbaren Selbstzeugnisse des Menschen, der in sich
mehr als Materie und Materielles erblickt, im Widerspruche
steht; dagegen halten wir fest an der Wahrheit, welche im
Ausspruche des Herrn liegt: Quia spiritus carnem et ossa non
habet (Luc. 24. 39)"".

Kapitel V.

**Die Erkenntnis der Zweckursachen, welche von der falschen
Wissenschaft unterdrückt werden, ist ein Hauptbestandteil
von dem Schatze der wahren Wissenschaft.**

166. Die wissenschaftliche Erkenntnis der Dinge kommt
logisch dann zustande, wenn die Vernunft von einem jeden derselben sich darüber Gewifsheit verschafft hat: an sit, quid sit,
qualis sit, cur et unde sit. Wenn sie blofs auf die erste und
dritte dieser Fragen antworten kann (auf die Fragen: an sit et

[1]) Über den Wesensbestand des Menschen. Innsbruck. 1863. S. 19 f.

qualis sit), indem sie sagt, dafs das Ding existiert, und seine
Eigenschaften angiebt, so erkennt sie ohne Zweifel das Ding
wirklich, aber ihre Erkenntnis ist nur eine volkstümliche, keine
wissenschaftliche. Damit sie den Charakter der letztern gewinne,
ist es nötig, dafs sie auch noch die Wesenheit des Dinges (quid
sit), sowie die Zweck- und die bewirkende Ursache seines Seins
(cur et unde sit) erkenne. Nun sind aber die Schriftsteller,
welche in unsern Tagen im Namen der Wissenschaft die Religion
bekämpfen, gerade die gröfsten Feinde der Wissenschaft, die
sie nur dem Namen nach kennen, weil sie die Wissenschaft
ihrer konstitutiven Principien berauben, indem sie dieselbe auf
die einfache experimentelle Erkenntnis der Dinge beschränken,
ohne sie im mindesten auf das achten zu lassen, was die Dinge
in sich sind, noch auf die Ursachen und Gründe ihres Seins.

Wir haben schon gesehen, in welcher Weise jene Gelehrte
bei ihrem Studium des Universums die Idee der höchsten Ursache ausschliefsen, wie sie die Natur der Dinge, die der rein
geistigen Ordnung miteingeschlossen, aus rein mechanischen
Bewegungen erklären, und wie auf diese Art ihre Wissenschaft
auf das Niveau nicht etwa der einfachen vulgären Erkenntnis,
sondern derjenigen herabsteigt, welche man sich kaum in dem
Geiste des unglücklichen Wilden vorstellen kann. Jetzt werden
wir sehen, dafs die Wissenschaft, deren sie sich so sehr rühmen,
auch damit prahlt, das cur sit der Wirklichkeit, d. i. die Zweckursachen der Welt und die ihnen aufglänzende Vorsehung Gottes
nicht zu kennen.

167. Die Philosophen verstehen unter Zweckursache dasjenige, was ein Ding bewegt, das zu thun, was es thut (id, quod
actione intenditur, vel id, cuius gratia aliquid sit).[1] Die Zweckursache der schönen Künste z. B., wenngleich auch nicht ihre
letzte, ist die, in demjenigen, was den Gegenstand ihrer Arbeiten
bildet, das Wohlgefallen zu erzeugen, welches mit dem Betrachten

---

[1] „In his enim, quae manifeste propter finem agunt, hoc dicimus
esse finem, in quod tendit impetus agentis; hoc enim adipiscens dicitur
adipisci finem. ... Omnis autem agentis impetus ad aliquid certum tendit,
non enim ex quacumque virtute quaevis actio procedit." S. Thomas:
S. c. g. l. 3, c. 2.

der Schönheit verbunden ist. Da es nun sicher und ausgemacht
ist, dafs jedes Ding um eines Zweckes willen thätig ist (omne
agens agit propter finem), um nämlich das Gute oder die Vollkommenheit zu erreichen, wonach es von Natur aus strebt, und
da der Zweck alle Dinge zum Wirken bewegt oder veranlafst,
so folgt mit Notwendigkeit, dafs er unter diesem Gesichtspunkte
eine wahrhafte Ursache ist, ja die erste von allen Ursachen,
weil ohne ihn kein Agens thätig sein würde, und zwar aus dem
einfachen Grunde, weil es des Motivs entbehrte, das es zum
Wirken antriebe.

Wenn wir aber sagen, dafs der Zweck der Thätigkeit und
den übrigen Ursachen vorausgehe, so darf man den Zweck nicht
nach seinem realen Sein verstehen, denn unter diesem Gesichtspunkte ist er später, als die Thätigkeit, sondern nach seinem
intentionalen oder gedachten Sein d. h. insofern, als er, ideell
in der Vernunft vorgestellt, den Willen bewegt, nach ihm zu
begehren. Daraus erkennt man sonnenklar, dafs er etwas ausdrückt, was erreicht werden soll und dessen blofse Idee genügt, um das Agens zu veranlassen, dafs es nach ihm sich hin-
bewegt, indem es die Akte verrichtet, welche dem Vorhaben
entsprechen und zu ihm in Verhältnis stehen. Ebenso sieht man
leicht ein, dafs der Begriff der Zweckursache den einer Intelligenz einschliefst, welche irgend ein zukünftiges oder mögliches
Gut ausdenkt, und den eines Willens, der sofort nach dem Gute
hinstrebt, welches ihm dargeboten wird.

168. Die beiden letzteren Requisite treffen auch wunderbarer Weise bei den geistigen Wesen zu, z. B. bei der vernünftigen Seele des Menschen, und in eminenter Weise bei Gott,
der höchsten Intelligenz, von der ebenso schön als tief gedacht
der italienische Dichter sagt:[1]

„Das, was nicht sterben kann, und das, was sterblich,
Ist nur gleichwie der Widerglanz von jener
Idee, die liebend unser Herrscher zeugt.“

Fürwahr, alles, was aufserhalb Gottes ist oder sein kann, geht
hervor aus seinem souveränen Willen, aus der Liebe, die ihn

---

[1] A. a. O. Teil 3, Ges. 13, V. 52—54.

bewogen hat, frei die Welt zu seiner Verherrlichung zu erschaffen, d. h. zu einem Zwecke, welcher Gottes würdig ist. Bei uns kann man selbst von diesem Gesichtspunkte aus eine lebhafte Ähnlichkeit mit dem wahrnehmen, was wir mit Rücksicht auf die Zweckursache bei Gott erkennen. Immer nämlich, wenn wir als vernünftige Wesen thätig sind, richtet sich unser Geist zuerst auf den Zweck oder auf das Gut, wonach wir verlangen, und erst dann setzt unser Wille, sei es dafs er von dem Gute angezogen, sei es dafs er von dem niedern Begehrungsvermögen angetrieben wird, dasjenige ins Werk, was vorher im Geiste blofs vorgestellt war. Ich wüfste nicht, was diejenigen, welche die Wirklichkeit der Finalursachen leugnen, diesen Gründen entgegen setzen könnten und was zumal — da sie einzig auf die Thatsachen Wert legen — dem Zeugnis unsers Bewufstseins über diesen Procefs unsers Lebens, gemäfs welchem wir keine Thätigkeit verrichten, es sei denn um irgend eines wirklichen oder scheinbaren Gutes willen, das wir uns als ein solches mittelst der Vernunft vorstellen.

169. Bei den wirkenden Wesen, welche die Vernunft entbehren, bemerkt man gleichfalls die Richtung ihrer Thätigkeiten auf einen Zweck hin, welche bestimmten und konstanten Gesetzen entspricht. Und da der Zweck nicht imstande ist, irgend ein Ding zu bewegen, dafs es in Thätigkeit übergehe, um ihn zu erreichen, wenn er nicht vorher erkannt ist, so folgt klar, dafs derselbe, weil sie ihn nicht selbst erkennen, notwendigerweise von irgend einer Intelligenz erkannt werden mufs, welche jene Wesen so eingerichtet hat, dafs sie ihre Thätigkeiten auf den Zweck vollziehen können und wirklich vollziehen. Deutlicher leuchtet das Gesagte ein bei den Werken und Instrumenten der Kunst, z. B. bei einer Uhr, dem Stichel eines Steinmetzen u. s. w., welche auf bewunderungswürdige Weise ihren Dienst verrichten, ohne das Ziel zu kennen, worauf sie hingeordnet sind; denn diese Erkenntnis gehört dem Künstler an, der jene Werke und Instrumente nach einem vorgefafsten Plan gebraucht.

170. Nach diesen vorausgeschickten einfachen Gedanken ist es leicht einzusehen, dafs die menschliche Vernunft, weil die Wesen des Universums sämtlich auf die Erreichung ihrer besondern

Zwecke hinarbeiten und diese unter sich so geordnet sind, dafs
das Gut der einen dem Gute und der Vervollkommnung der
andern dient und dafs alle miteinander zur Verwirklichung des
allgemeinen Schöpfungszweckes beitragen, dafs, sage ich, die
menschliche Vernunft nicht umhin kann, zu einer obersten und
intelligenten Ursache hinaufzusteigen, welche jene bewunderungswürdige Ordnung von Ewigkeit her ausgedacht und in der Zeit
hervorgebracht hat, indem sie jedem Dinge, gemäfs dem besondern Zwecke, wofür es bestimmt worden, seine ihm eigentümliche
Natur gab, aus der die Eigenschaften und Kräfte hervorgehen,
mit denen es auf die Erreichung seines Zweckes hinarbeitet.
Mögen wir jedes Ding in sich selbst, oder in seiner Beziehung
zu den übrigen Dingen betrachten, in jedem Falle entdeckt man
bei ihm das Verhältnis der Zweckmäfsigkeit. Denn wenn wir
die Dinge in sich selbst betrachten, so sehen wir, dafs sie, um
ihr Gut zu erreichen, Kräfte oder Vermögen besitzen, welche
sich entsprechend diesem Zwecke bethätigen, indem sie unter
sich geordnet und zu ihrer gegenseitigen Hülfeleistung und Vervollkommnung mit einer entsprechenden Einrichtung versehen
sind. Im Menschen dienen z. B. die Sinne der Vernunft, die
Vernunft ist das Licht des Willens und der Wille sorgt für
das Gut des ganzen Menschen. Und wenn wir die Dinge betrachten, insofern sie Teile des Universums ausmachen, tritt jenes
Verhältnis der Zweckmäfsigkeit hervor in der Übereinstimmung
und Harmonie, womit sie sich gegenseitig dienen und unterstützen.[1]

Machen wir schliefslich noch den Weg a priori, indem wir
von dem metaphysischen Axiom ausgehen: omne agens agit sibi
simile. Mögen wir da die eigene Erfahrung befragen, welche
uns die Anwendung des Princips in all unsern Akten erkennen
läfst, mögen wir unsere Aufmerksamkeit richten auf das Verhältnis und die Übereinstimmung zwischen dem Gute einer
jeden Sache und den Mitteln, mit denen sie es erreicht, und
anderseits zwischen diesen Mitteln und der Natur des thätigen

---

[1] „Tout a sa correspondence dans les créatures: l'aile avec l'air, la
nageoire avec l'eau, le pied avec la terre. On ne peut considérer un être
aparté." Virey: Histoire naturelle du genre humain. 1801. t. 3, p. 50.

Wesens, welches sie gebraucht, so können wir nicht daran
zweifeln, daß der vorher erkannte Zweck die Ursache ist,
welche alle Dinge bewegt und determiniert sowohl in Bezug
auf das jedem einzelnen eigentümliche Gut, als in Bezug auf
das allgemeine Gut des Universums, welches in der Verherrlichung seines göttlichen Schöpfers besteht.

Um die Kraft dieser Konklusion noch besser zu begreifen,
beachte man wohl, daß es den vernünftigen Wesen und nur
ihnen zukommt, den Zweck vor seiner Verwirklichung sich vor
Augen zu stellen und die passenden Mittel zu seiner Erreichung
zu wählen. Um daher die Zweckursachen zu bekämpfen, ist es
nötig, entweder zu leugnen, daß es eine Ordnung in dem Universum giebt, mit andern Worten, daß irgend eine Art von
Übereinstimmung und Verhältnis besteht zwischen den Thätigkeiten der betreffenden wirkenden Wesen und dem Gute derselben sowie dem der übrigen Dinge, mit denen sie in Verbindung
stehen, oder zu sagen, daß diese Ordnung keine Vernunft unterstelle, daß sie vielmehr mit blinder Notwendigkeit von der
Materie und deren angeblicher Kraft hervorgebracht worden.
In diese beiden Absurditäten muß die dem Glauben feindliche
Wissenschaft hineingeraten und gerät faktisch hinein. Denn da
sie sich weigert, das Dogma von der Schöpfung anzunehmen,
sowie auch die Existenz einer Kraft ohne Materie und eines
absoluten schöpferischen Princips des Himmels und der Erde,
so führt sie die unerbittliche Logik zu der traurigen Notwendigkeit, den blinden Fatalismus zu proklamieren und in dem Universum, welches uns durch seine Schönheit in so große Bewunderung versetzt, das Werk der Materie zu erblicken, die sich
zufällig bewegt. „Abyssus abyssum invocat," könnte man mit
dem Psalmisten[1]) sagen. Zum Glück ist das Enorme in dem
Irrtum derjenigen, welche in der wunderbaren Maschine der
Welt nicht die Spuren von Intelligenz erblicken, die sie beim
Anblick der einfachsten Uhr sicherlich nicht zu leugnen wagen
würden, zu gleicher Zeit ein evidenter Beweis ad absurdum für
die Unrichtigkeit des Princips und der Wissenschaft, welche es
proklamiert.

[1]) Ps. 41. 8.

171. Wird es vielleicht noch nötig sein, die wahre Wissenschaft dadurch zu verteidigen, dafs man die beiden Wahrheiten beweist, welche von der falschen Wissenschaft verkannt werden, einmal nämlich die Wahrheit, dafs bei allen Wesen des Universums sich uns ein Verhältnis zwischen dem von ihnen angestrebten Zweck und den dazu gebrauchten Mitteln zu erkennen giebt, und sodann die Wahrheit, dafs dieses Verhältnis eine ordnende Intelligenz, ein Princip und einen Zweck aller Dinge offenbart und unterstellt? Wahrlich, nein. Einige Gründe aber mufs ich inbetreff dieser so wichtigen Materie doch wenigstens andeuten. Zuvor sei es mir erlaubt, den Einwürfen zu begegnen, welche der Positivismus gegen die Finalursachen erhebt, indem er sagt, dafs ihr Studium der Wissenschaft fern liege, dafs es gänzlich unnütz sei und leicht zu Irrtümern und Täuschungen führe. „Man bezeichnet den Standpunkt, auf welchem die Natur nach Zwecken erklärt wird, sagt Moleschott mit spöttischem Tone,[1]) mit dem griechischen Worte Teleologie, das an Theologie erinnert. Die Erinnerung liegt nicht blofs im Wortlaut. Teleologie und Theologie nähern sich durch eine Wurzel." Damit will Moleschott sagen, dafs die eigentlich sogenannten Wissenschaften sich mit den Ursachen nicht zu befassen brauchen, mit Rücksicht auf welche die natürlichen Wesen der Natur entsprechend ihren Gesetzen thätig sind. So dachte nicht der grofse Leibniz, als er sagte,[2]) dafs die Betrachtung des Zweckes dem Naturforscher die Erkenntnis des betreffenden Gesetzes eingeben könne; und so viele berühmte Gelehrte, bei denen dieser Ausspruch in Erfüllung gegangen, können ebenfalls die Verachtung nicht approbieren, welche der Empirismus gegen die Zweckursachen hegt.

Ich gestehe, dafs die Furcht vor der Erforschung der Absichten Gottes in besondern Fällen die Betrachtung des Beobachters von den Thatsachen entfernt und anstatt wirklicher Wissenschaft wahrhafte Illusionen erzeugt, in denen man dem Schöpfer die Gedanken der Kreatur zuschreibt. Zu irgend einer

---

[1]) Der Kreislauf des Lebens. S. 326.
[2]) **Extrait d'une lettre à M. Bayle**; sieh die Erdmannsche Ausgabe der opera philos. von Leibniz p. 106.

Zeit hat diese Art der Teleologie, die sicherlich alles wissenschaftlichen Geistes bar und ledig ist, vielleicht das Übergewicht
gehabt. „Wenn man aber, sagt ein gelehrter Italiener der
Neuzeit,[1]) die Bedingungen erkennen will, welche diese oder
jene organische Existenz möglich machen, wenn man die Gesetze und Regeln erforscht, welche zur Erreichung irgend eines
Zweckes gehört haben, der wohlgemerkt nur auf einem einzigen
Wege zu erreichen war: dann schafft die Teleologie nichts Ein-
gebildetes, dann behauptet sie nichts, was ihre eigene Erfindung
ist. Ihr Verfahren ist rein wissenschaftlich, weil sie die bekannten
Dinge und die allgemeinen Principien der Wissenschaft für die
Konklusionen verwertet, welche aus den letzteren sich ableiten."
Bei der nämlichen Gelegenheit führt derselbe Autor einige sehr
schöne Beispiele an, darunter Leo Foucault. Dieser gelehrte
französische Physiker sagt, daſs bei dem Tiere das Fortrollen
eines seiner Teile über einen andern unmöglich sei, weil zwischen
beiden die Kontinuität bewahrt bleiben müsse, auf Grund deren
sie alle mit einander zusammenhingen und eine Gewebeverbindung
zwischen zwei beliebigen Punkten des Körpers bestehe.[2]) In
den „Dialogen" Galileis haben wir ein anderes bemerkenswertes
Beispiel. Nachdem dieser berühmte Gelehrte dargethan hatte,
daſs ein leerer Cylinder viel stärker ist, als ein massiver, unterstellt, daſs die bei beiden angewandte Materie der Quantität
nach die nämliche bleibt, ging er zu dem Beweise über, daſs
die leeren Knochen der Vögel diesen eine gröſsere Leichtigkeit
und Flugkraft verleihen und daſs die Ähren, wenn sie reifen,
durch ihre hohlen Halme aufrecht gehalten würden, was nicht
möglich wäre, wenn der Halm bei unvermehrter Quantität ge-
füllt wäre.[3]) Der groſse Newton gelangte zu der Erkenntnis,
daſs der harte Diamant verbrennbar sei durch die zerbrechliche
Macht der entzündbaren Substanzen. Jahrhunderte vorher hatte
der h. Thomas von Aquin eine andere sehr schöne wissenschaftliche

---

[1]) G. Bianconi: La teoria darwiniana e la creazione detta independente in der Bologneser Zeitschrift La Scienza e la Fede. Jahrg. 1875.
vol. 97, p. 142.
[2]) Journal des savants. 1871. März-Heft. S. 136.
[3]) Galilei Opere. Firenze. 1842. vol. 2, pag. 570.

Anwendung des Zweckmäfsigkeitprincips gemacht, indem er
nachwies, dafs die Pflanzen der Sinne entbehrten, weil sie nicht
nötig hätten, sich zu bewegen, um sich ihren Unterhalt zu beschaffen, da sie ihn aus der Erde, der Luft und dem Wasser
ihrer Umgebung bezögen, und darum auch kein Ding zu erkennen brauchten.[1]

Obgleich aber die Erkenntnis der Zwecke nicht immer zu
der Erkenntnis der Wesenheit und der Eigentümlichkeiten der
Dinge führt, was sie in vielen Fällen wohl thut, so hört sie
darum keineswegs auf, wahrhaft wissenschaftlich und über die
Mafsen interessant zu sein. Welche Art von Notwendigkeit
giebt es dafür, dafs die Erkenntnis einer Sache zur Erkenntnis
einer andern führen müsse, um eine wahrhafte Erkenntnis **zu**
sein und einen Teil der Wissenschaft auszumachen, wozu sie
gehört? Nach allgemeiner Regel sind in einem logisch gebildeten
System die letzten Schlufsfolgerungen das Ende und nicht der
Anfang der Vernunftthätigkeiten, das dem Geiste um so ange-
nehmere und für die Wissenschaft um so ehrenvollere Ende, je
länger die Kette ihrer Schlufsfolgerungen war. Wenn wir also
den Zweck oder die Bestimmung irgend eines Dinges erkennen,
ohne dafs wir daraus irgend eine Folgerung ableiten, hört diese
Erkenntnis dann auf, ein Licht und eine Vervollkommnung unsers
Geistes zu sein und gewissermafsen eine Vervollständigung des
Begriffs, den wir uns von jenem Dinge machen? Denn es ist
wohl zu beachten, dafs der Zweck der Dinge die letzte ihrer
Vollkommenheiten ist, dasjenige, was in gewisser Weise ihr
Sein vollendet und abschliefst; und da der Gedanke die wirkliche Ordnung getreu ausdrücken soll, so wird unsere Wissenschaft blofs in dem Falle vollkommen sein, wenn sie dahin gelangt, die erhabene Vollkommenheit ihrer Objekte zu erkennen.
Ich sage weiter, dafs dieses höchst vortreffliche Studium auch
über die Mafsen interessant ist, weil in demselben Mafse, wie
es seine Objekte allseitiger und tiefer durchdringt und erforscht,
auch die Klarheit gröfser wird, mit welcher sich auf dem bewunderungswürdigen Gebiete der Schöpfung die Weisheit dessen

---

[1] S. th. I. 78. 1 c.

zeigt, von welchem der Fürst der Naturforscher in seiner Entzückung sagte:[1] „Expergefactus a tergo transeuntem vidi et
obstupui." Man begreift sehr gut, daß der atheistische Naturforscher die Finalursachen nicht erforschen will; denn die Erkenntnis derselben führt zu Gott. Aber die wahre Wissenschaft
wird sie immer in höchsten Ehren halten und sie betrachten
als eines der schönsten Argumente ihrer Existenz und als einen
von den Antrieben, welche zur Bewunderung der unendlichen
Weisheit hinführen. Kann man nun etwa sagen, auch von dem
wissenschaftlichen Standpunkte aus, daß das Studium unnütz
sei, welches den Geist zur Erkenntnis Gottes und seiner Vollkommenheiten erhebt?

172. Wir kommen nunmehr zu der ersten jener beiden
Wahrheiten, von denen ich oben[2] sagte, daß die Feinde des
Glaubens sie nicht anerkennen wollen. Wenn die Zeit und der
Ort es erlaubte, würde ich auf dem Wege der Bestätigung und
des Beispiels die teleologischen Ideeen, die ich kaum aufzuzählen
vermag, in ganz ausführlicher, wiewohl in allgemeiner Weise
auseinandersetzen. Schon bei einer andern Gelegenheit, als ich
von der Bewegung der Gestirne sprach,[3] habe ich mit den
Worten Newtons daran erinnert, wie notwendig die wunderbare
Übereinstimmung der beiden sie treibenden Kräfte sei, auf daß
sie sich nicht alle zu einer ungeheuern Masse vereinigen und
sich auch nicht in der Unermeßlichkeit des Raumes unaufhörlich
von einander entfernen. Bei der Erde ist die Neigung der Achse
zu bemerken, die da angeordnet ist, damit die Jahreszeiten hervorgebracht werden und regelmäßig aufeinander folgen, und
mit ihnen zu ihrer Zeit die Wärme und Kälte, der Regen und
all die Witterungswechsel, welche für die Pflanzen und Tiere
notwendig sind. Die Sonne hat unserem Planeten gegenüber
den passenden Abstand, um ihm die gebührende Wärme zu
liefern, ohne ihn mit übermäßiger Hitze zu überziehen. Die
Stellung und Bewegung des Mondes entspricht gleichfalls dem
Dienste, der ihm übertragen worden. Groß ist der Einfluß der

---

[1] Linné im Eingang seines systema naturae; vgl. S. 142.
[2] S. 299.
[3] S. 238 f. .

Wasser des Meeres auf die Erde und auf alle lebenden Wesen, die über sie verteilt sind; aber die Wasser sind nach Quantität und Ausdehnung so wunderbar gemessen, daſs, wenn in ihnen die geringste Veränderung vorkäme, die ganze Flora und Fauna der Erde vollständig verschwinden würde.

Vergleicht man die Reiche der Wesen mit einander, so erkennt man, daſs vom Mineralreich die Pflanzen leben und' diese hinwiederum als nächster oder entfernter Unterhalt allen Tieren dienen.[1]) Das hat uns Gott selbst schon durch die Worte des Moses gelehrt, der da sagt:[2]) „Sieh! ich habe euch gegeben alles **Kraut**, das Samen trägt auf Erden, und alle Bäume, so in sich selber **Samen** haben in ihrer Art, daſs sie euch zur Speise seien, und allen **Tieren** der Erde und allen Vögeln des Himmels und allem, was sich regt auf Erden und worin eine lebendige Seele ist, auf daſs sie zu essen haben.“ Merkwürdig! 4000 Jahre sind nötig gewesen, damit diese Worte des Moses **von den Gelehrten** begriffen würden. Hören wir einen von denjenigen, welche in unsern Tagen ihren Namen am meisten berühmt gemacht haben, den Chemiker Dumas. „Die Pflanzen, sagt er,[3]) sind den Tieren nötig nicht so sehr dazu, um die Luft, welche sie einatmen, zu reinigen, als vielmehr zu dem Zwecke, um sie unaufhörlich mit assimilierbarer organischer Materie zu versehen. . . . Ohne Zweifel ist der Dienst, den sie uns leisten, indem sie die Luft, die wir verzehren, reinigen, für uns notwendig, aber in so entfernter Weise, daſs er uns nicht viel zum **Dank verpflichtet.** Einen andern Dienst erweisen sie uns, der uns **so** nahe berührt, daſs, wenn wir ihn bloſs auf die Dauer eines Jahres entbehrten, die Erde vollständig entvölkert würde. Und in **der That,** die Pflanzen bereiten uns und dem ganzen Tierreich die Nahrung; darin besteht hauptsächlich die Verkettung beider Reiche.“ **Ein** herrliches Beispiel fürwahr! nicht bloſs für den teleologischen Nexus, welcher alle Wesen der

---

[1]) „Les animaux se nourrissent ou de végétaux ou d'autres animaux, qui ont été eux-mêmes nourris de végétaux.“ Lavoisier; vgl. Bechamp: Sur l'état présent des rapports de la science etc. pag. 51.

[2]) 1. Mos. 1. 29 f.

[3]) Statique chimique des êtres organisés 1841. pag. 20.

Schöpfung eint, sondern auch für die vollkommene Harmonie, welche sich überall zwischen der Wissenschaft und der geoffenbarten Religion kundgiebt.

Wenn wir nun unsere Augen auf das Tierreich und auf seine zahllosen Arten richteten, wie viele leuchtende Beispiele würden sich dann uns darbieten von der Weisheit desjenigen, welcher die Instinkte der Tiere und die Wunder ihrer Organisation eingerichtet hat! Insbesondere enthält die Struktur des menschlichen Körpers und jeder seiner Teile so viele und so glänzende Beweise von Verhältnis und Harmonie, daſs die Untersuchung eines jeden einzelnen derselben, der Hand z. B. oder der Augen, zu allen Zeiten den christlichen Philosophen Beweisgründe für die Existenz eines unendlichen Geistes lieferte, welcher alle Dinge bis in ihre kleinsten Details mit einer bewunderungswürdigen Kunst eingerichtet hat, und zwar zu Zwecken, welche der in ihnen sich offenbarenden göttlichen Güte immer würdig sind, indem sie die Dinge mit Mitteln, mit innern wie äuſsern, ausrüstete, für ihre Erhaltung und Vervollkommnung sowie auch für den Fortbestand ihrer Arten zu sorgen. Das Studium der vergleichenden Anatomie und Physiologie hat den Reichtum und die Mannigfaltigkeit derartiger Argumente vergröſsert und dadurch einen Beweis mehr dafür geliefert, daſs in dem nämlichen Maſse, wie die Wissenschaften in der Erkenntnis der geschaffenen Dinge voranschreiten, die Gröſse der Absichten und der unendlichen Macht des Schöpfers klarer hervorleuchtet. Nicht immer ist es der Wissenschaft gegeben, den innern Grund der Thatsachen zu entdecken, welche den Gedanken des höchsten Künstlers offenbaren. So muſs Lioy, nachdem er ex professo ein ganzes Werk geschrieben, um das Gesetz zu entdecken, welches die Erzeugung der Geschlechter bestimmt, schlieſslich eingestehen, daſs er es nicht gefunden habe, daſs es vielmehr noch immer im Dunkel der Verborgenheit ruhe, läſst sich aber dadurch nicht abhalten, zu erklären, daſs die Verschiedenheit der Geschlechter kein Werk des Zufalls sei, und proklamiert so die Lehre von der göttlichen Vorsehung. Glücklicher war der berühmte Arzt West, als er nach dem Grunde forschte, weshalb die Periode der Abhängigkeit, in welcher die Kinder zu ihren

Eltern vom Anfang ihres Lebens an stehen, bei den Tieren kürzer ist, als bei dem Menschen. „Das Tier, sagt der englische Doktor,[1] braucht nichts anders zu lernen, als die Art und Weise, den Instinkt anzuwenden, mit dem der Allmächtige es ausgerüstet hat, auf dafs es für seine Erhaltung und Fortpflanzung sorgen könne. Das Kind aber bedarf, um zum Menschen zu werden, der Erziehung; sowohl seine moralische, als seine physische **Natur** mufs entwickelt werden, und das passendste Mittel dazu ist ohne Zweifel der Einflufs seiner Eltern. So hat also die Vorsehung es eingerichtet, dafs das Kind während einiger Monate von der Sorge der Mutter abhängt, damit die instinktiven Wahrnehmungen derselben gewissermafsen das feste Fundament jener Liebe werden, welche sie dazu hintreibt, ihre Kinder mit einer Neigung zu umfangen, die alle andern übertrifft, einer Liebe, woraus jene Geduld, jene Milde und unbesiegbare Energie entspringen, welche aus der Mutter die beste Beschützerin, die beste Freundin und Lehrerin ihrer Kinder während der ersten Lebensjahre derselben machen." Leider kann ich diese Erwägungen nicht weiter ausspinnen; aber wahr ist es, wer aus der Natur die einzelnen Wege, auf denen die göttliche Vorsehung selbst die kleinsten Dinge der Welt mit teleologischen Banden verflochten hat, sämtlich herausfinden wollte, würde demjenigen gleichen, welcher mit einer kleinen Muschel das **Wasser des Meeres auszuschöpfen** versucht.

173. Ein wahrhaft trauriges Schauspiel bieten die **Schrift-**steller **dar,** welche die Augen verschliefsen, um die Finalursachen und Zweckbeziehungen **nicht** zu sehen, welche das ganze Menschengeschlecht, **die gröfsten** Gelehrten vornan, in dem Universum immer gesehen hat **und sehen** wird. P. Gleisberg z. B. fragt **mit einem** ausgesprochenen Anstrich **von** Unglauben, wozu so **viele** Blumen dienten, welche bis jetzt den Strahlen der Sonne ihren Kelch geöffnet haben, ohne dafs ein Menschenauge sie sah; wozu die herrlichen Farben der Meerflora, und wozu die so schönen Arten der Tiere, welche in den Tiefen des Meeres

---

[1] Vorlesungen über die Krankheiten der Kinder. Vorlesung 33.

verborgen sind. Darwin, Huxley, Häckel und viele andere
Naturforscher ihrer Art sprechen uns ebenfalls von Dingen, welche
zu nichts dienen, und dazu sollen z. B. gehören: der Wurm-
fortsatz des Blinddarms im Menschen, die kleinen Brustwarzen
bei den Individuen des männlichen Geschlechtes, das Schlüssel-
bein der Katzen, die Thränendrüse beim Menschen u. s. w. Gleisberg hat bei Venturoli seine Antwort gefunden. Mit seinem
Genie und seiner gewohnten Anmut antwortete ihm dieser also:
„Hören die Blumen, Pflanzen und Tiere, welche dem Menschen
ganze Jahrhunderte hindurch unbekannt geblieben sind, auf,
jenem Zwecke zu dienen, wenn sie heute wenigstens oder erst
in Zukunft gesehen und betrachtet werden? Ist der glänzende
Apparat der Meerflora vielleicht unnütz, wenn er von dem gelehrten Naturforscher betrachtet und beleuchtet wird? Und davon
abgesehen, waren jemals diese Blumen und Pflanzen unnütz,
wenn sie den Dienst verrichteten, der ihrer Natur in dem allgemeinen Plan der Schöpfung angewiesen ist? Sind jene Wasser-
pflanzen und jene Infusorien, die nur durch starke Mikroskope
sichtbar werden, unnütz, wenn sie dazu dienen, die stagnierenden
Wasser rein und klar zu halten? . . . Auf der andern Seite
wissen diejenigen, welche sich zu der katholischen Lehre bekennen, auch noch dies, dafs die vielen Dinge, welche dem
Menschen in diesem Leben verborgen bleiben, von ihm in jenem
andern glückseligen Leben erkannt werden, das er geniefsen
wird, wenn er von Angesicht zu Angesicht die Glorie seines
Schöpfers schaut.“ Diese letztern Gründe gelten auch mit Bezug auf diejenigen Dinge, welche Darwin und seine Genossen
für unnütz halten, obgleich mit Bezug auf sie die Wissenschaft
der Anhaltspunkte und Erwägungen nicht entbehrt, woraus die
Zweckmäfsigkeit ihrer Existenz mit gröfserer oder geringerer
Klarheit ersichtlich wird.

174. Die andere unglückselige Sentenz der Ungläubigen
unserer Tage[1]) hat schon vor vielen Jahrhunderten Lukrez ausgesprochen in den Worten:

---

[1]) Vgl. S. 298.

„Nam certe neque consilio primordia rerum
Ordine se suo quaeque sagaci mente locarunt."[1])

Hienach unterstellt die Ordnung des Universums keine Intelligenz, sie ist vielmehr mit blinder Notwendigkeit durch den Stoff und dessen Kraft hervorgebracht worden. „Wer in allen Bewegungen der Naturkörper nur Mittel sieht, sagt Moleschott,[2]) um gewisse Zwecke zu erreichen, der kommt ganz folgerecht zu dem Begriffe einer Persönlichkeit, welche zu diesem Ziele dem Stoff seine Eigenschaften verleiht. Diese Persönlichkeit wird auch das Ziel bestimmen. Und mit der Zweckbestimmung, die von einer Persönlichkeit ausgeht, welche die Mittel wählt, ist das Gesetz der Notwendigkeit aus der Natur verschwunden. Die einzelne Erscheinung fällt dem Spiele des Zufalls und regelloser Willkür anheim." Mit andern Worten, die absolute Notwendigkeit der Naturgesetze, dieser „rohen, unbeugsamen Gewalten, welche weder Moral noch Gemütlichkeit kennen", wie K. Vogt sagt,[3]) schliefst aus dem allgemeinen System der Wesen die äufsere Thätigkeit der Providenz aus und verträgt sich nicht mit der Idee eines Planes, nach welchem jedes Ding von Ewigkeit her auf einen vorherbestimmten Zweck hinarbeitet.[4]) So denkt die falsche Weisheit des Jahrhunderts, ohne zu beachten, dafs gerade diejenigen die Erscheinungen aus dem Zufall erklären, welche nicht anerkennen wollen, dafs eine vernünftige und freie Ursache existiert, welche die Erscheinungen geordnet hat in Übereinstimmung mit den bewunderungswürdigen Gesetzen, aus denen die Ordnung der Natur glänzend hervorstrahlt.

Und in der That, wenn wir in Gedanken diese Ursache beiseite lassen, welch andern Grund kann es geben für die erhabene Eintracht und Harmonie, mit welcher alle Dinge sich auf ihr Ziel hinrichten, als dafs die mechanischen Kräfte der

---

[1]) „Denn in der That, mit Bedacht und wohl überlegeter Weise
Haben die Stoffe sich nicht in gehörige Ordnung begeben."
Vgl. Lucretius Carus: Von der Natur der Dinge, übersetzt von Knebel.
S. 219.

[2]) A. a. O. S. 326.

[3]) Sieh Büchner: Kraft und Stoff S. 51.

[4]) Vgl. Büchner: A. a. O. S. 55 f.

Materie, welche mit blinder Zufälligkeit wirken, die einzigen
von dem alten wie von dem modernen Epikureismus anerkannten
Kräfte, die allgemeine und konstante Ordnung, die wir sehen
und bewundern, hervorgebracht haben? Aber was ist denn der
Zufall anders, als ein leeres Wort? Wenn ich Dinge unter sich
also geordnet sehe, dafs sie ein natürliches oder künstliches
Ganze bilden, so kann ich nicht umhin, die Ursache zu suchen
für diese Ordnung, welche wahrlich nicht in der blofsen Neben-
einanderstellung der Teile besteht, sondern vielmehr in einer
bestimmten Wechselbeziehung und Übereinstimmung, die sie geeignet macht, das Ganze zu bilden und zu seiner Erhaltung
beizutragen. Und ich suche die Ursache nicht in der Ordnung
selbst, welche eine Wirkung ist, noch auch in irgend einem
Teile, sofern er an und für sich, nach seiner physischen Wirklichkeit betrachtet wird, weil es für ihn an sich genommen
ganz indifferent ist, ob er sich auf diese oder jene Weise verbindet und ob er mit diesem oder jenem Teile, mit welchem
wir ihn geeint sehen, der Materie nach zugleich existiert. So
bin ich also gezwungen, den Grund der Ordnung in irgend
einem äufsern Dinge, in einer ordnenden Intelligenz zu suchen.
Das Gleiche ist der Fall, wenn viele Kräfte zusammenwirken,
um irgend eine Wirkung hervorzubringen; denn obgleich die
Teilerscheinung, wie sie durch jede einzelne Kraft hervorgebracht
wird, aus dieser erklärt werden kann, unterstellt doch der Total-
effekt die Mitwirkung und Teilnahme aller gemäfs einer Richtung, die keine von den Kräften enthält und die dem bestimmten
Plane eines Wesens entspricht, welches sie mit Freiheit leitet.

   Man sieht hier das nämliche zutreffen, was in der Kunst
geschieht, welche die Natur nachahmt.[1]) Oder haben vielleicht
die Buchstaben, woraus die göttliche Komödie des Dante besteht, sich selbst unter einander verbinden können, um das
heilge Gedicht zu bilden? Und unterstellt, dafs es zufälligerweise
doch so geschähe, was ja unmöglich ist, so müfste man immer

---

[1]) „L'art a son modèle dans les oeuvres de la nature; toutes les
inventions des hommes ne sont qu'une grossière imitation de ce que la
nature crée dans la perfection." Buffon: Histoire naturelle générale et
particulière. t. 9, p. 12.

noch fragen, **wer denn** die Buchstaben verfertigt und wer ihnen
die Bewegung mitgeteilt habe, welche mit dem geordneten Zusammentreffen derselben endigte. Wenn aber die Werke der
Kunst nicht anders gedacht werden können, denn als Wirkungen
eines **in gewisser Weise** schöpferischen **Geistes**, mit welch
gröfserem Rechte darf man dann das nämliche von dem herrlichen Gedichte des Universums sagen, worin es der Schönheits-
typen so viele und so bewunderungswürdige giebt, die wir von
dem göttlichen Künstler verwirklicht sehen! „Wenn die Welt,
sagt Cicero,[1]) aus **Atomen** entstanden ist, welche sich zufällig
geeinigt und geordnet haben, aus welchem Grunde haben sie
dann nicht auch einen Tempel, oder einen Portikus, oder eine
Stadt, oder auch nur eine bescheidene Hütte bilden **können,**
was alles viel geringer und leichter auszuführen ist?"

175. Um mit der Beleuchtung dieses Punktes abzuschliefsen,
scheint es mir gut, darauf aufmerksam zu machen, dafs in allen
Werken der Natur und auch in vielen Werken der Kunst
zweierlei zu unterscheiden ist: erstens das nach seiner Natur
oder Wesenheit hervorgebrachte Objekt, z. B. ein Mineral, eine
Blume, kurz irgend ein Individuum von dieser oder jener Art,
und zweitens die Thätigkeit, welche ein Ding verrichten mufs,
um sein Ziel **zu erreichen, und** die zunächst aus seinen darauf
bezüglichen Eigenschaften oder Vermögen, zuletzt aber aus seiner

---

[1]) De natura deorum, l. 2, c. 37. An einer andern Stelle des nämlichen Kapitels sagt Cicero mit Aristoteles sehr schön: „Si essent, qui sub
terra semper habitavissent bonis et illustribus domiciliis, quae essent ornata
signis atque picturis instructaque rebus iis omnibus, quibus abundant ii,
qui beati putantur, nec tamen exissent umquam supra terram, accepissent
autem fama et auditione, **esse** quoddam numen et vim deorum, deinde
aliquo tempore patefactis terrae faucibus ex illis abditis sedibus evadere
in haec loca, quae nos incolimus, atque exire potuissent: cum repente terram
et maria coelumque **vidissent,** nubium magnitudinem ventorumque vim
cognovissent, adspexissentque **solem** eiusque cum magnitudinem pulchri-
tudinemque, tum etiam efficientiam cognovissent, quod is diem efficeret
toto coelo luce diffusa, cum autem terras nox opacasset, tum coelum totum
cernerent astris distinctum et ornatum, lunaeque luminum varietatem tum
crescentis tum senescentis, eorumque omnium ortus et occasus atque in
omni aeternitate ratos immutabilesque cursus, — haec cum viderent, pro-
fecto et **esse deos et haec tanta opera deorum** esse arbitrarentur."

Natur oder Wesenheit selbst hervorgeht. Nun unterstellt die
Hervorbringung der Dinge mit Notwendigkeit die Präexistenz
der entsprechenden Typen oder Vorbilder; so haben wir z. B.,
bevor wir ein Dreieck zeichnen, in unserm Geiste schon die
Begriffe, welche zu seiner Definition gehören. Die Ordnung,
welche wir in den Dingen gewahren, geht also aus ihrer Natur
hervor, d. i. aus den Principien ihrer Wesenheit. Da nun aber
allen natürlichen Dingen das entsprechende Urbild oder Modell
vorausgeht, nach dem sie gemacht worden sind und ohne welches
sie sich nicht erklären lassen, so folgt sonnenklar, daſs jene
souveräne Intelligenz, worin alle Dinge auf ideale Weise vorgestellt sind, auch das Princip ihrer Existenz und ihrer Ordnung
ist. Mit andern Worten, Gott ist der Schöpfer und nicht der
bloſse Baumeister des Universums, wie Plato sagte.[1]

176. Was die Thätigkeit der Dinge selbst betrifft, so ist sie
die Fortsetzung und Vervollständigung ihres Seins, ähnlich wie
die Blüten und Früchte das Sein eines jeden Baumes vervoll-
ständigen,[2] und darum unterliegt es keinem Zweifel, daſs die
Thätigkeit der Dinge aus deren Natur selbst hervorgeht und
die Richtung nach dem Zwecke hin annimmt, auf welchen sie
hingeordnet sind, und daſs infolge dessen ihre Richtung so konstant und gleichförmig ist, wie ihr Princip und ihr Ziel. In
dieser geordneten Richtung der Dinge besteht das Gesetz, welches
sie regiert, ein in der Wesenheit der Kreaturen gründendes
Gesetz, welche für ihren Teil wieder in der Wesenheit Gottes
begründet ist, dem allgemeinen und notwendigen Urbild von
allem, was neben ihr ist und sein kann. Wie also die innere
und wesenhafte Ordnung der Wesen göttliche Modelle oder
Ideeen unterstellt, denen sich jede Natur anpaſst und ohne welche
das Universum nicht begreiflich ist, ähnlich wie z. B. die Statue

---

[1] Vgl. Hettinger: A. a. O. Bd. 1, Abteilg. 1, S. 135.

[2] „Das Sein eines jeden Dinges strebt von selbst nach seiner Thätigkeit, welche gleichsam das complementum naturale d. i. die natürliche Vervollständigung des Seins ist, da sie gewissermaſsen eine von selbst vor sich
gehende Ausgieſsung oder Ausbreitung desselben bildet. . . . Die Aktivität
oder die Kraft zu wirken ist eine Konsequenz und eine Art natürlicher
Effloreszenz des Seins." Z. Gonzalez: Filosofia elemental. tom. 2. c. 3 art. 2.

des Moses von Michel Angelo es nicht ist ohne die Idee von
dem grofsen Gesetzgeber in dem Geiste des grofsen römischen
Bildhauers: so offenbart auch die Ordnung, mit welcher die
Natur ihre Kräfte nach aufsen entfaltet und worin die sie re-
gierenden Gesetze bestehen, einen allgemeinen Plan, eine oberste
Regel, die den Kreaturen unauslöschlich aufgeprägte ratio divinae
sapientiae, welche sie alle auf verschiedenen und wunderbaren
Wegen zu ihren besonderen Zielen und zu dem allgemeinen
Ziele der Verherrlichung Gottes hinführt.

177. Hieraus ersieht man klar, wie sehr Moleschott irrte
und faselte, als er sagte,[1] dafs mit der Annahme „der Zweckbestimmung, die von einer Persönlichkeit ausgeht, welche die
Mittel wählt, das Gesetz der Notwendigkeit aus der Natur verschwunden sei und dafs die einzelne Erscheinung dem Spiele
des Zufalls und regelloser Willkür anheimfalle." Traurige Verwirrung der Begriffe, um nicht zu sagen: unbegreifliche Unwissenheit! Denn die Naturgesetze, welche in der Wesenheit
der Dinge begründet sind, nehmen an der Notwendigkeit dieser
Wesenheiten teil, und diese können, an und für sich betrachtet,
nicht umhin, das zu sein, was sie sind, und sind keinem Wechsel
und keiner Veränderung unterworfen, obgleich sie freilich, in
dem aktuellen und konkreten Sein betrachtet, das sie vom
Schöpfer empfangen haben, von seinem oberherrlichen Willen
abhängig sind. Auf der andern Seite wirkte Gott, als er sie
aus dem Nichts hervorzog, ohne allen Zweifel mit Freiheit; aber
die göttliche Freiheit ist nicht, wie es die menschliche zu sein
pflegt, eine reine Laune und Grille, sondern ein Akt des Wollens
gemäfs seiner Vernunft und Weisheit, zu der es gehört, die
Dinge zu schaffen und sie mit angemessenen Kräften zu versehen, sie gemäfs ihrer Natur und Beschaffenheit zu lenken und
sie auf das einzige oberste Ziel hinzuordnen, das Gott sich setzen
konnte, als er sie schuf, weil es das einzige ist, was seiner
würdig ist, und das ist die Offenbarung seiner anbetungswürdigen
Vollkommenheiten.

Hieraus ersieht man, dafs die Naturgesetze, oder, besser
gesagt, die Ordnung, welche aus diesen Gesetzen besteht, obgleich

---

[1] A. a. O. S. 326.

allgemein, konstant und in einem gewissen Sinne notwendig,
auf die Art notwendig ist, dafs sie ganz in der Hand Gottes
liegt, welcher sich gewürdigt hat, sie durch einen freien Akt
seiner Güte und zur Verherrlichung seines Namens ins Dasein
zu rufen, indem er die Dinge unter sich auf eine nichtnotwendige,
d. h. auf eine von der Wesenheit der Dinge unabhängige Weise
einrichtete. Dahin gehört z. B. der gegenseitige Abstand der
Gestirne, die Bewegung der Erde um die Sonne und die des
Mondes um die Erde, die Gröfse des dem Meere zugewiesenen
Raumes, die Zahl der Arten, welche die verschiedenen Reiche
der Wesen bilden. Alles dieses ist zufällig und durch sich
selbst von dem freien Willen Gottes abhängig. Demnach giebt
es in den physischen Gesetzen des Universums nicht die eiserne
Notwendigkeit, die von einigen ihnen zugeschrieben wird, weil
die physischen und chemischen Kräfte, und selbst die Lebens-
principien der organischen Wesen bei ihrer Anwendung von
Umständen abhängen, welche ihrer Natur nach accidentell und
veränderlich sind. Es irren also diejenigen, welche den Ge-
beten der Menschen eine Art von geometrischer Unbeugsamkeit
entgegensetzen, als ob die natürliche Ordnung der Dinge absolut notwendig wäre und als ob Gott ihnen nicht die angemessene Disposition gegeben hätte, den Absichten seiner Vorsehung zu Gunsten der Menschen zu dienen. Sogar die Menschen
vermögen teilweise die Naturkräfte frei zu dirigieren, indem sie
dieselben unter selbstgewählten Umständen anwenden und ihre
Resultate merklich abändern. Und Gott sollte diese Ordnung
nicht abändern und abschaffen können, dadurch dafs er mit
seiner persönlichen Thätigkeit in das Regiment der von seinem
Willen abhängigen Dinge frei eingreift!

178. Einige argumentieren gegen das Dogma von den Finalursachen oder von der göttlichen Providenz, indem sie auf die
unregelmäfsigen und ungeheuerlichen Wesen hindeuten, die sich
unsern Blicken darzubieten pflegen, und besonders auf die Existenz des Übels, welches zumal in alle Sphären des menschlichen
Lebens eindringt und aus der Erde ein Thränenthal macht. Ich
werde mich nicht damit aufhalten, auf derartige Schwierigkeiten
zu erwidern, da sie schon im Altertume bekannt waren und

von christlichen Schriftstellern gelöst worden sind. Was Wunder,
dafs in der Natur Mifsgeburten vorkommen, die durch blind-
wirkende Kräfte hervorgebracht werden, wenn es solche auch
auf dem Gebiete der Kunst giebt, welche ausgezeichnete Genies
zum Urheber haben! Gleichwie aber die Fehler der Kunst beweisen, dafs diese auf ein ihr konvenierendes Ziel hingeordnet
ist, von welchem die Fehler die sie enthaltenden Erzeugnisse
gänzlich oder teilweise ablenken, so bekunden auch die Fehler
der Natur, selbst wenn es Mifsgeburten sind, dafs die Natur
immer auf irgend ein Ziel hinarbeitet, obgleich sie freilich zuweilen, wenn ihre Thätigkeit durchkreuzt oder gehindert wird,
ihre Werke gemäfs der Norm, die sie gewöhnlich befolgt, nicht
hervorzubringen vermag.[1]) Ich werde blofs von dem Übel reden,
welches kein Werk Gottes ist. Die Philosophen des Altertums,
Sokrates, Plato, Cicero, begriffen sehr wohl, dafs aus der wesenhaften Güte das Übel nicht entspringen kann, dafs mit andern
Worten die göttliche Vorsehung keinem geschaffenen Dinge die
Mittel versagt, welche dazu angethan sind, es zu seiner Vollkommenheit hinzuführen. Da sie aber das Licht des Glaubens
entbehrten, so erkannten sie den Ursprung des Übels nicht und
konnten sich auch nicht zu jenem grofsen Gedanken der christlichen Weisheit aufschwingen, wie ihn der h. Augustinus ausgesprochen hat. Hienach ist Gott der Urheber des Guten und
der Ordner des Übels, und würde letzteres sicherlich nicht die
Macht haben, die Welt zu betrüben und zu beunruhigen und
sie mit Verbrechen und Trauer zu überschwemmen, wenn Gott
sie ihm nicht gegeben hätte, um aus ihm neue und glänzende
Beweise seiner Gütigkeit und Barmherzigkeit herzuleiten.[2]) Und

---

[1]) „Nam et quae naturalem ortus sui causam habent, ex certis qui-
busdam numeris statoque ac definito ordine singularem ad finem perveniunt,
quem ubi assecuta sunt, tum demum fieri desinunt, nisi quidvis occurrat,
quod naturalem ipsorum ad id, quod sibi propositum est, cursum impediat.‟
Eusebius: Praeparatio evang. l. 6, c. 9.

[2]) „Neque enim Deus omnipotens, quod etiam infideles fatentur, rerum
cui summa potestas, cum summe bonus sit, ullo modo sineret mali aliquid
esse in operibus suis, nisi usque adeo esset omnipotens et bonus, ut bene
faceret et de malo.‟ Enchiridion de fide, spe et caritate. c. 11.

damit berühre ich gerade einen von den Punkten, wobei die
Schätze des Lichtes und der Wahrheit, welche die Wissenschaft
der göttlichen und übernatürlichen Offenbarung verdankt, am
meisten offenbar werden.

179. Ich kann diese Reflexionen nicht abschliefsen, ohne
die Bemerkung zu machen, dafs das Dogma von den Finalursachen, welches auf dem Gebiete der Wissenschaft so sehr
bekämpft wird, in der intellektuellen Welt sich mit einer solch
imponierenden Macht präsentiert, dafs selbst seine Gegner sich
in gewisser Weise genötigt sehen, es anzurufen. Darwin z. B.
spricht uns bei jedem Schritt von dem Princip der natürlichen
Selektion, kraft dessen die Veränderungen, falls sie etwa nützlich
sind, erhalten bleiben, und er hat ihm, wie er sagt, den soeben
gebrauchten Namen gegeben, um dadurch auf die Analogie jenes
Princips mit der auswählenden Macht des Menschen aufmerksam
zu machen. Späterhin fügt er dem hinzu, dafs die natürliche
Selektion oder Zuchtwahl jeden Tag und sogar jede Stunde
überall eine jede der vorgenommenen Veränderungen untersuche,
um, was schlecht sei, zu vernichten und, was gut, zu erhalten
und zu vermehren, und dafs sie überall und immerdar, wo die
Gelegenheit sich darbiete, unmerklich auf die Vervollkommnung
der organischen Wesen hinarbeite. Freilich spricht Darwin hier
von der Natur in metaphorischem Sinne und personificiert sie.
Aber eins von beiden: entweder besitzt die Natur diese Macht
wirklich, oder nicht. Wenn sie dieselbe nicht besitzt, was ist
dann die natürliche Zuchtwahl, das Princip des Darwinismus,
anders, als ein Name, eine rhetorische Figur? Und wenn die
Natur diese Kraft der Selektion, wodurch sie für die Vervollkommnung der organischen Wesen sorgt, in Wirklichkeit besitzt,
was ist dann dieses wissenschaftliche Manöver anders, als die
unbewufste Anerkennung der Finalursachen und der Vorsehung,
welche von dem englischen Naturforscher von den Höhen des
Himmels, wo sie der christliche Philosoph sieht, bis zur Gemeinheit von ich weifs nicht was für verächtlichen und unbekannten
Kräften, welche auf der Erde die lebendigen Arten umformen
sollen, erniedrigt worden ist?

Mit der Selektionstheorie hat grofse Ähnlichkeit die neue Philosophie, welche man Philosophie des Unbewufsten nennt, ohne Zweifel deshalb, weil sie dem Princip der Dinge, die das Universum bilden, eine ordnende Kraft zuschreibt, welche blind, ohne Bewufstsein und Erkenntnis ihrer eigenen Akte thätig ist. Der Repräsentant dieser seltsamen **Philosophie**, Eduard von Hartmann, ein Schüler Schopenhauers, hat alle Erfindungen und Hypothesen Darwins acceptiert: **Das Gesetz der Vererbung**, den Kampf ums Dasein, die natürliche und geschlechtliche Zuchtwahl, das **Gesetz** von der Anpassung der Organe, aber so, dafs er dies alles aus einem obersten Princip ableitete, nämlich aus der Evolution, welche von einer absoluten und unbewufsten Intelligenz und Willensmacht veranlafst und geleitet werde. Aus seiner Philosophie kann man wieder einmal erkennen, in welch finstern Abgrund die Wissenschaft hinabsinkt, wenn sie sich von dem Glauben und der christlichen Philosophie trennt. Denn so ungefähr lehrt er:[1] „Die Natur hat Ziele, sie hat einen Zweck; sie findet ihn in die Wesenheit der Dinge eingedrückt; sie erfafst ihn, ohne es zu wissen, durch eine unbewufste Vorstellung; sie verfolgt denselben, ohne ihn zu kennen, mittelst eines unbewufsten Willens, **und sie erreicht** denselben, ohne ihn zu zu ahnen, zufolge einer immanenten und blinden Zweckmäfsigkeit. Und die Geschichte der Natur ist nichts anders, als die allmählich aufwärts steigende Verobjektivierung oder Entwickelung des Unbewufsten. Als Wille verleiht es den Dingen die **Existenz**, als Vernunft schenkt es ihnen die Wesenheit und Natur. **Die höchste Offenbarung** dieses proteusartigen Unbewufsten ist der Mensch, welcher die Welt hervorbringt, indem er sie will, alsdann unglücklich wird, wenn er sie sieht, **und das Glück** nicht anders wiederfinden kann, als dadurch, dafs er das Bewufstsein um dieselbe verliert." Der vorstehende Passus enthält zugleich die Hauptgedanken des zeitgenössischen Rationalismus und Positivismus, welche sich, um so zu sagen, auf die Materie stützen, worin sich zuerst die Idee Hegels offenbart, und auf

---

[1] Vgl. Revue des questions scientifiques. Bruxelles. 1877. p. 303; Revue catholique. Louvain. 1877. tome 17, p. 273.

eine ich weifs nicht welche innere Kraft, die den in der Materie
liegenden Keim veranlafst, eine vorausgefafste Absicht zu ver-
körpern, welche nach dem Ausdruck Renans in irgend einem
Dinge der Natur auf geheimnisvolle Weise verborgen ist und
woraus sich alle Gesetze und Formen der Natur herleiten, mit
einem Worte auf einen zur Materie gemachten Gott, welcher
die Materie auf eine unmerkliche Weise umformt, so dafs sie
von einer Stufe zur andern bis zur Höhe und Würde des Menschen hinaufsteigt.

Diese Philosophie ist gerichtet. Denn mag man sie auf
dem Gebiet der Principien oder auf dem der Thatsachen prüfen,
in beiden Fällen haben wir gesehen, dafs das Vollkommene
dem Unvollkommenen vorausgeht, dafs die Ursachen nicht hinter
ihren Wirkungen zurückstehen können, und dafs daher weder
die Idee von einem seienden Nichts des Hegel, noch die Atome
Epikurs das Princip der Dinge sein können, dafs sie nicht sein
können der unbewegliche Beweger, welcher die Dinge in Bewegung setzt, nicht der Grund von den specifischen Verschiedenheiten derselben, nicht die Ursache des Lebens in irgend einer
seiner Sphären und zumal derjenigen, welche die vernünftigen
und freien Wesen umfafst, endlich nicht das Fundament des
teleologischen Zusammenhangs, welcher das herrliche System
des Universums eint. Trotzdem legt Hartmann dem Princip,
welchem sein System den Ursprung verdankt, absolute Intelligenz
und Willensmacht bei und findet in diesen Vermögen Absichten
und Tendenzen, welche auf vollständig bestimmte Zwecke hingeordnet sind. Verzeichnen wir dieses Bekenntnis als ein Zeugnis
der menschlichen Vernunft, das sie selbst mitten in ihren Thorheiten für die in unserm Jahrhundert von der ungläubigen
Wissenschaft so unversöhnlich bekämpfte Lehre von den Finalursachen ablegt. Zugleich aber sei es uns gestattet, in diesen
Albernheiten den Beweis ad absurdum für die Wahrheit meiner
These zu erblicken, dafs es nicht möglich sei, mit den katholischen Dogmen zu brechen, ohne dafs die Wissenschaft selbst
vom Schwindel ergriffen wird und in den Abgrund stürzt. Welch
gröfsere Albernheit kann man sich einbilden, als die, dafs eine
Vernunft ihre eigenen Akte, die ihr innerlich gegenwärtig sind,

nicht erfasse, und daſs ein Wille dasjenige begehre, was die
Vernunft nicht erkenne? Nihil volitum, quin fuerit praecognitum,
hat die immer alte und immer neue Philosophie gesagt, welche
von der Vernunft geschaffen und durch den Glauben erleuchtet
ist. Den modernen Dilettanten war es vorbehalten, die Welt
auf eine andere Weise zu ordnen.

Schlufswort.

„Mit der Gnade Gottes habe ich in meinem
Geiste die Wissenschaft mit der Religion in
Einklang gebracht. Ich habe sicherlich mehr
studiert, als irgend einer von den Vorkämpfern
des freien Gedankens, aber mein Glaube ist
lebendig und rein geblieben."

Abbé Moigno.

180. Bei Beendigung dieser Schrift kann ich freilich nicht
sagen, wie der römische Dichter: Exegi monumentum; dafür glaube
ich aber, dafs man es mir nicht als Anmafsung auslegen wird,
wenn ich sage, dafs ich den Hauptlinien nach den mir vorgenommenen Plan des Werkes ausgeführt habe, und dafs andere
mit gröfserer Wissenschaft und Gelehrsamkeit und mit einem
reicheren Schatze empirischer Kenntnisse, als hier geboten werden,
den Beweis, dafs es zwischen der katholischen Religion und der
Wissenschaft keine eigentlichen Widersprüche gebe, gegen allen
Zweifel sicher stellen werden. Doch da ich mich nicht rühmen
kann, dieses wichtige Problem gelöst zu haben, so ist es ein
Glück, dafs es, schon ehe dasselbe in den mitgeteilten Worten
formuliert wurde, gelöst worden ist und zwar mit den nämlichen
Hauptgründen und nach derselben Beweismethode, welche ich
angeführt bezw. befolgt habe. Schon in vergangenen Zeiten
haben die alten Schulen sie angewandt, der h. Thomas an ihrer
Spitze, er, dessen Aussprüche Säulen des Lichtes für all die-
jenigen sind, welche es im Ernste lieben und ihm in ihren
Schriften folgen.[1] Ebenso glänzen dieselben in gegenwärtiger
Zeit in nicht wenigen, freilich hie und da zerstreut liegenden
Monumenten wahrer Wissenschaft.

---

[1] Vgl. die Encyklika Leo's XIII. ‚Aeterni Patris'.

Dem großen Papst Pius IX. und dem von ihm einberufenen Kirchenrate war es aber vorbehalten, mit vollkommener Genauigkeit und Klarheit die Grundlagen des vorliegenden Beweises zu liefern. „Die beständige Übereinstimmung der katholischen Kirche, sagt das h. Konzil,[1]) hat festgehalten und hält fest daran, daß es zwei Erkenntnisgebiete giebt, welche nicht bloß dem Princip, sondern auch dem Objekte nach verschieden sind; dem Princip nach, weil wir auf dem einen der beiden Gebiete mittels unserer natürlichen Vernunft und auf dem andern vermittelst des göttlichen Glaubens erkennen, und dem Objekte nach, weil außer denjenigen Dingen, woran die natürliche Vernunft reichen kann, auch die in Gott verborgenen Geheimnisse uns zu glauben vorgestellt werden, welche ohne die göttliche Offenbarung nicht bekannt werden können." Indem ich also den Weg, wie ihn die auf dem Konzil versammelte lehrende Kirche in diesen einfachen und lichtvollen Worten vorgezeichnet hat, befolgte, richtete ich meine Aufmerksamkeit zuerst auf den Ursprung jener beiden Erkenntnisordnungen und sodann auf die Hauptverschiedenheit derselben, welche von dem Objekte beider herrührt, um den Beweis zu versuchen, daß es sowohl unter dem einem wie unter dem andern Gesichtspunkte zwischen ihnen keine Art von Widerspruch geben kann — nulla dissensio esse potest.

181. Und fürwahr, die Sache von dem ersten Gesichtspunkte aus angesehen, können die katholische Religion und die Wissenschaft sich absolut nicht widersprechen, „weil derselbe Gott, welcher die Geheimnisse offenbart und den Glauben eingießt, auch das Licht der Vernunft der Seele des Menschen einsetzt und einprägt, und es evident ist, daß Gott mit sich selbst nicht in Widerspruch treten, noch auch eine Wahrheit einer andern Wahrheit widersprechen kann."[2]) Ein hoher Ruhm des Katholicismus besteht darin, die menschliche Vernunft gegenüber dem Rationalismus verherrlicht zu haben, der sie bloß deshalb erhöht, um sie schließlich zu erniedrigen, und gegenüber dem Traditionalismus, der damit anfängt, sie zu erniedrigen, indem er

---

[1]) Concil. Vatic. Const. dogm. de fide cath. cap. 4.

[2]) Concil. Vatic. L. c.

thörichterweise meint, dem Glauben zu dienen, und nicht merkt,
dafs er ihm durch seine Lehre das Licht und die Mitwirkung
der Vernunft raubt; denn nach der Erklärung des Vatikanischen
Konzils[1]) leisten Glaube und Vernunft sich gegenseitige Hülfe,
insofern die rechtbeschaffene Vernunft die Grundlagen des Glaubens beweist und von seinem Lichte erleuchtet die Wissenschaft
von den göttlichen Dingen ausbildet, während der Glaube die
Vernunft von Irrtümern befreit und davor bewahrt und sie mit
vielfacher Erkenntnis versieht."

182. Danach richteten wir unser Augenmerk auf jedes der
beiden Principien unserer Erkenntnis, auf die Vernunft nämlich
und den Glauben. Und indem wir mit der Vernunft den Anfang machten, war es sehr leicht, zu beweisen, dafs die aus ihr
erzeugten Begriffe in letzter Instanz aus Gott hervorgehen, weil
die Vernunft ein Licht ist, welches an der göttlichen Wesenheit
teilnimmt, ein geschaffenes Licht, angezündet von dem Worte,
welches jeden Menschen erleuchtet, der in diese Welt kommt.
Daher jene glänzenden Zeugnisse der Väter und Lehrer der
Kirche zu Gunsten der menschlichen Vernunft, welche sie ohne
Bedenken für ein göttliches Licht hielten, und zu Gunsten der
Erkenntnisse, welche die Vernunft durch Erleuchtung und Offenbarung des göttlichen Wortes erlangt. Der h. Thomas sagt:[2])
„Durch das Wort Gottes, welches die Vernunft des göttlichen
Intellektes ist, wird alle intellektuelle Erkenntnis verursacht";
und an einer andern Stelle:[3]) „Alle unsere Erkenntnis leitet sich
von dem Worte ab." In seiner theologischen Summe heifst es:[4])
„Jede Erkenntnis der Wahrheit ist eine Einstrahlung und Teil-
nahme des göttlichen Gesetzes, welches die unveränderliche
Wahrheit ist, wie Augustinus sagt." Und in seinem Kommentar

[1]) Ibid.
[2]) „Per Verbum Dei, quod est ratio intellectus divini, causatur omnis
intellectualis cognitio." S. c. g. l. 4, c. 13.
[3]) „Omnis nostra cognitio a Verbo derivatur." Expos. in Evang. s. Joh.
c. 8, lect. 8,f.
[4]) „Omnis cognitio veritatis est quaedam irradiatio et participatio
legis aeternae, quae est veritas incommutabilis, ut Augustinus dicit."
S. th. I. II. 93. 2 c.

zum Römerbrief liest man:[1] „Gott offenbart etwas dem **Menschen** auf zweifache Weise, das eine Mal so, dafs er dem Menschen ein Licht eingiefst, wodurch er erkennt (entsende dein Licht und deine Wahrheit, Ps. 42. 3), und das andere Mal so, dafs er ihm äufsere Zeichen **seiner** Weisheit, die sinnlich-wahrnehmbaren Kreaturen nämlich, vorhält (ausgegossen hat er sie, nämlich die Weisheit, über alle seine Werke, Sir. 1. 10). So offenbart sich Gott also dem Menschen entweder dadurch, dafs er ihnen ein Licht innerlich eingiefst, oder dadurch, dafs er äufserlich ihnen die sichtbaren Kreaturen vorlegt, auf dafs in ihnen wie in einem Buch die Erkenntnis Gottes gelesen werde."

Diesen Lehren entsprechend wird die Vernunft für eine Art von Offenbarung gehalten, weil in ihr Gott zu uns spricht[2] und mit dem Lichte seiner Weisheit uns nährt, und die Wissenschaft gilt für ein Geschenk, welches die Gottheit den Menschen vermittelst der Vernunft gemacht hat. „Was jemals die Philosophen und Gesetzgeber Bewundernswertes gesagt und ausgedacht haben, das alles stammt von dem göttlichen Worte, das sie gefunden und zum Teil betrachtet haben", sagt der h. Justin;[3] Origenes schreibt:[4] „All das Schöne, was die Alten ausgesprochen haben, hat Gott selbst ihnen offenbart"; und der h. Augustin[5] sagt: „Die Heiden haben solch schöne Dinge nicht ohne die göttliche Beihülfe geschrieben." Endlich erklärt der h. Bonaventura, um mit ihm die Zahl der Zeugen zu schliefsen, ganz

---

[1] „Deus autem dupliciter aliquid homini manifestat, uno modo infundendo lumen interius, per quod homo cognoscit (emitte lucem tuam et **veritatem tuam**, Ps. 42. 3), alio modo proponendo suae **sapientiae signa exteriora**, scilicet sensibiles creaturas (effudit illam sc. sapientiam super omnia opera sua, Eccli. 1. 10). Sic ergo Deus illis manifestavit vel interius infundendo lumen, vel exterius proponendo visibiles creaturas, in quibus sicut in quodam libro Dei cognitio legeretur." Expos. in epist. s. Pauli ad Rom. c. 1, lect. 6.

[2] „(Divina veritas) in nobis loquitur per suae similitudinis impressionem, **qua de omnibus possumus iudicare**." S. Thomas: De verit. 11. 1 ad 1. „Quod aliquid per certitudinem sciatur, est ex lumine rationis divinitus interius indito, quo in nobis loquitur Deus." Ibid. ad 13.

[3] Apologia secunda. n. 10; cf. **n. 13**.

[4] Contra Celsum. l. 6, c. 3.

[5] De civitate Dei. l. 2, c. 8.

ohne Bedenken:[1] „Has scientias dederunt philosophi et illustrati
sunt; Deus enim illis revelavit." Was läfst sich mehr sagen zu
Ehren der Vernunft? Doch ich will noch einen Ausspruch des
Origenes hinzufügen, der meinem Zwecke aufserordentlich zu
statten kommt. Indem er dem Celsus antwortet, welcher von
der christlichen Moral sagt, dafs sie nicht neu sei und keinen
Wert besitze, weil sie in den Systemen der Philosophen vor-
komme, bemerkt Origenes,[2] dafs „alle Menschen zufolge ihrer
Natur sich zu den allgemeinen Principien und zur Erkenntnis
der natürlichen Lehre über die Pflicht erheben, weil Gott in
das Herz aller Menschen die Samenkörner jener Wahrheiten
gelegt habe, welche er durch den Mund seiner Propheten und
seines eingeborenen Sohnes zu offenbaren sich gewürdigt hat."
Und Tertullian forderte all diejenigen, welche die Wahrheit
suchen, vor das beste aller Tribunale, das sie bilden könnten,
und berief sich mit vollem Vertrauen auf das Zeugnis der Seele,
welche zufolge ihrer Natur christlich denke: „O testimonium
animae naturaliter christianae!"[3]

183. Wenn nun aber die menschliche Vernunft gewissermafsen ein göttliches Licht ist, weil es uns nach den Worten
des königlichen Propheten von Gott selbst aufgeprägt worden
(signatum est super nos lumen vultus tui),[4] so strahlt die Wahrheit unserer These schliefslich im förmlichen Glanze des Beweises.
„Derselbe Gott, sagt das Vatikanische Konzil,[5] welcher die Geheimnisse offenbart und den Glauben eingiefst, hat auch das
Licht der Vernunft der Seele des Menschen eingesetzt und aufgeprägt, und es ist evident, dafs Gott mit sich selbst nicht in
Widerspruch treten und dafs keine Wahrheit einer andern widersprechen kann — Deus autem negare seipsum non possit nec
verum vero umquam contradicere." Freilich hat die Vernunft
ihre eigenen, fast könnte man sagen, ihre heiligen Rechte, sie

---

[1] Vgl. Landriot: Le Christ de la tradition, vol. 2 pag. 457, wo
noch mehr derartiger Aussprüche der Väter zu finden sind.
[2] Contra Celsum. l. 1, n. 4.
[3] Apologeticum. c. 17.
[4] Ps. 7. 4.
[5] Const. dogm. de fide cath. cap. 4.

besitzt die Fähigkeit, nach dem Maße ihrer Kraft die zu ihrer Jurisdiktion gehörenden Wahrheiten zu untersuchen und zu prüfen, — wie sehr sie auch innerhalb ihres Ressorts Mysterien, die ihre Kraft übersteigen, demütig anerkennt und eingesteht,[1]) — und das Recht, ohne hinreichenden Grund nichts als gewiß gelten zu lassen und jedem als solchen erkannten Irrtum ihre Zustimmung absolut zu versagen. Aber opponiert der Glaube gegen eines von diesen Rechten? Ist es etwa nicht der Glaube, welcher mit dem lebhaftesten Interesse und der angelegentlichsten Sorge die Vernunft einladet, die Fundamente zu untersuchen, worauf er ruht, die Lehren nämlich, daß Gott die höchste Wahrheit ist, daß er weder sich noch andere täuschen kann und daß diese höchste Wahrheit sich gewürdigt hat, zu den Menschen zu reden? Ist etwa der Glaube nicht die Huldigung, welche die Vernunft der geoffenbarten Wahrheit zollt? Steht diese Wahrheit nicht fest durch Zeugnisse, welche über die Maßen glaublich sind? Und wäre es nicht eine Injurie gegen Gott und eine Beschimpfung der menschlichen Vernunft, einen Glauben nicht anzunehmen, welcher auf der einen Seite in der höchsten Autorität des göttlichen Wortes seine Stütze hat und auf der andern in Beweisen, welche darthun, daß Gott sich gewürdigt hat, den Menschen die Wahrheiten mitzuteilen, welche den Schatz der Offenbarung ausmachen?

184. Welche Beweise sind das denn nun? Der große Papst Pius IX. hat sie wie in einem Strahlenbündel in einer herrlichen Stelle seiner ersten und bewunderungswürdigen Encyklika

---

[1]) „Die wissenschaftlichen Entdeckungen, welche in diesem Jahrhundert gemacht wurden, beweisen, daß es nur der Unwissenheit in den Sinn kommen kann, zu behaupten, das Buch der Wissenschaft sei uns schon geoffenbart worden. ... Es giebt Sterne, deren Licht ganze Jahrhunderte braucht, um zu uns zu gelangen, und andere, deren Licht auf dem Wege zu uns erlischt. Und jenseits von ihnen in immer größeren Entfernungen glänzen an unbekannten Firmamenten Sonnen, welche unsern Blicken verborgen sind, giebt es unzählige Welten, welche wir (in dem gegenwärtigen Leben) niemals erkennen werden. ... ‚Wenig genug ist es, was wir wissen‘, sagte Laplace einige Augenblicke vor seinem Tode; das waren die letzten Worte eines Rivalen des berühmten Newton." J. B. Dumas in einer Rede, die er am 15. Januar 1880 in der französischen Akademie gehalten hat.

vom 9. November 1846 zusammenfafst. Dieselbe lautet: „Wie
zahlreich, wie wunderbar, wie glänzend sind die Argumente,
durch welche die menschliche Vernunft sich davon überzeugen
kann, dafs die Religion Christi göttlich ist, dafs jedes Princip
unserer Dogmen seine tiefste Wurzel von dem Herrn des Himmels erhalten hat[1]) und dafs es infolge dessen nichts Gewisseres
giebt, als unsern Glauben, nichts Heiligeres, nichts Besseres,
nichts, was auf solidere Fundamente gestützt wäre, als ihn.
Dieser Glaube, der Lehrmeister des Lebens, das Zeichen der
Erlösung, der Austilger aller Laster, die fruchtbare Mutter und
Amme aller Tugenden, bestätigt durch die Geburt, das Leben,
den Tod, die Auferstehung, die Weisheit, die Wunder und Prophezeiungen Jesu Christi, seines göttlichen Urhebers und Voll-
enders; dieser Glaube, welcher so wunderbar erglänzt in dem
Lichte der Lehre aus der Höhe; dieser Glaube, verherrlicht
durch die Schätze des Himmels, durch so viele Weissagungen
der Propheten, durch den Glanz so vieler Wunder, durch die
Standhaftigkeit so vieler Martyrer, durch den leuchtenden und
strahlenden Ruhm so vieler Heiligen; dieser Glaube, welcher
die heilsamen Gesetze Christi verkündet und durch die Verfolgungen jeden Tag an Kraft gewinnt: dieser Glaube trug die
Standarte des Kreuzes durch die ganze Welt über die Länder
und Meere des Orients und des Occidents, und nachdem er die
Nichtigkeit der Götzenbilder gezeigt, das Chaos der alten Irrtümer
zerstreut und über alle Klassen seiner Feinde triumphiert hatte,
erleuchtete er mit dem Lichte der himmlischen Lehre alle heidnischen Völker und Nationen, wie grofs auch ihre Grausamkeit
und wie verschieden auch ihr Charakter, ihre Sitten, Gesetze
und Einrichtungen sein mochten, indem er sie dem süfsesten
Joche Christi unterwarf und allen den Frieden und das Glück
verkündete. In allen diesen Dingen strahlt ein solcher Glanz
der göttlichen Weisheit und Macht, dafs jedwede Vernunft daran
sehr leicht erkennt, dafs der christliche Glaube ein Werk Gottes
ist. Und indem die menschliche Vernunft, dank solch klaren

---

[1]) „Omne dogmatum nostrorum principium radicem desuper ex coelorum
Domino accepisse." S. Chrysostomus: Homil. in 1. Isai.

und unwiderleglichen Argumenten, erkennt, dafs Gott der Urheber des Glaubens ist, kann sie nicht weiter gehen, ohne vorher
alle Unschlüssigkeit und Unbestimmtheit abzulegen und dem
Glauben die Huldigung darzubringen, die er verlangt." Fügen
wir dem Gesagten hinzu, dafs wir den Glauben durch die Vermittelung des Lehramtes und der Autorität empfangen haben,
welche Gott in den Aposteln und deren Nachfolgern auf dem
apostolischen Stuhle einzusetzen sich würdigte. Ihnen hat er
alle Heilswahrheiten mitgeteilt und ihnen aufserdem das Amt
des Lehrens übertragen, sowie die Macht, den Sinn seiner göttlichen Offenbarung zu erklären und festzusetzen und durch einen
unfehlbaren Richterspruch die Streitigkeiten inbetreff der Glaubens-
und Sittenlehren zu entscheiden, damit die Gläubigen nicht von
jedem Winde der Lehre fortgetragen werden. Und so sieht
man wie in einen kurzen und lichtvollen Abrifs zusammengedrängt den Beweis der vollkommenen Übereinstimmung zwischen der Religion und der Wissenschaft auf Grund des Princips,
woraus sie hervorgehen, d. i. der Quelle jenes Lichtes, „das
nie sich trübt", wie der Dichter[1]) singt.

185. Diese Wahrheit ist nicht weniger evident, wenn man
nachweist, dafs sie sich gründet auf den Unterschied zwischen
dem Objekt der Religion und dem der Wissenschaft, wie ihn
die Väter des letzten Konzils bezeichnet haben. Denn während
das Objekt der Wissenschaft die Ordnung der Natur in sich
befafst, umschliefst das der Religion die Ordnung der Gnade.
Princip und Fundament der natürlichen Ordnung ist der Schöpfungsakt, in welchem Gott die Dinge, die noch nicht wirklich, sondern
nur im göttlichen Geiste vorgestellt waren, ins Dasein rief, mit
dem Sein ihnen die zum Wirken hintreibenden Kräfte und
Eigenschaften verlieh und ihnen Gesetze gab, welche die Thätigkeit derselben regulieren und sie zu ihrem natürlichen Ziele
hindirigieren sollen, auf dafs sich in ihnen die Weisheit, Güte
und Macht ihres Urhebers offenbare. Da aber Gott den Menschen zu einem viel höhern Ziel erheben wollte, als das Gut
ist, welches seine Natur verlangen und fassen kann, indem er

---

[1]) Dante: A. a. O. Teil 3, Ges. 19, V. 65.

ihn seiner göttlichen Natur teilhaftig machte und ihn zur Anschauung seiner göttlichen Wesenheit und zum vollen Genufs
der daraus fliefsenden unaussprechlichen Glückseligkeit berief,
so lehrte er ihn Wahrheiten und verlieh ihm Hülfsmittel, welche
ebenfalls über die geschaffene Natur erhaben sind und aus denen
die übernatürliche Ordnung der Offenbarung und der Gnade
besteht. Beide Ordnungen, die natürliche und die übernatürliche,
enthalten also die Wahrheiten, welche den Schatz der Religion
und der Wissenschaft ausmachen und zwischen denen es deshalb
keinen Widerspruch geben kann, weil sie sich in verschiedenen
Bahnen bewegen, obgleich sie freilich dasselbe Centrum haben,
nämlich Gott, den Urheber der Natur und der Gnade, der Vernunft und des Glaubens, den Stifter der Religion und den Herrn
der Wissenschaften.

186. Nicht allein aber, dafs die Religion und die Wissenschaft weder sich widersprechen noch sich hindern, weil sie ge-
schiedene Objekte und auch verschiedene Methoden haben, die
letztere nämlich die Erfahrung und Schlufsfolgerung[1]) und die

---

[1]) Lange Zeit hindurch machten die Gegner der christlichen Philosophie ihr fast allgemein den Vorwurf, dafs sie dem „Meister der Wissenden"
blind folge. Einer von ihnen, der berühmte französische Publicist L a b o u-
l a y e, sagt also: „C'est ainsi que la Bible et Aristote devinrent la loi
suprême des esprits. Tout était fixé, et fixé à jamais: le dogme et la
science. ... La vérité donnée par la Bible ou par Aristote est une majeure
infaillible; il ne reste plus, que les conséquences à tirer. ... Le docteur
ou, pour lui laisser son titre, l'ange de cette école, c'est Saint Thomas.
Il est impossible étudier cet vigoureux logicien sans admirer sa patience,
sa force et son labeur; mais il est trop visible que le dernier mot de la
science c'est immobilité." (La liberté antique et la liberté moderne en
L'état et ses limites. 5. édit. pag. 120.) Ist es aber wahr, dafs die Autorität des Aristoteles für unfehlbar gehalten wurde? Wie konnte sie das
sein, wenn gerade bei den Lehrern, welche des Servilismus angeklagt werden,
das auf die Autorität sich gründende Argument in wissenschaftlichen Dingen
als das letzte von allen (locus infirmissimus, S. Thomas: S. th. I. 1. 8 ad 2)
galt! „Scientia humana, sagt A e g i d i u s von Rom, principalius innititur
rationi et ex consequente auctoritati. Unde consuevimus dicere, quod locus
ab auctoritate est valde debilis et infirmus. ... In scientia igitur humanitus inventa ad nostrum propositum ostendendum prius debemus rationem
tamquam quid principalius adducere et postea debemus nostrum dictum per
auctoritatem philosophicam confirmare." (In 2. sent. d. 1 qu. 1 ad 2.)

erstere die Autorität, unzweifelhaft ist auch die Harmonie, **die**
zwischen ihnen herrscht, und die Hülfe, welche sie sich zur
Verherrlichung ihres göttlichen Urhebers und zur Beseligung

Wenn nun jene Lehrer, auf diese Grundsätze gestützt, dem Aristoteles
folgten, so geschah es aus dem Grunde, quia rationabilius locutus est, wie
Alexander von Hales sich ausdrückte. Dabei ist zu beachten, dafs sie ihm
nicht in allen Dingen folgten, in vielen widersprachen sie ihm und ver-
besserten ihn. „Quamquam in multis, sagt W i l h e l m von Auvergne (De
anima, c. 2 pars 12), contradicendum sit Aristoteli, sicut revera dignum
et iustum est, et hoc in omnibus sermonibus, quibus dicit contraria veritati.“ Viele andere Stellen über diesen Punkt findet man in dem klassischen
Werke von Dr. S c h n e i d: Aristoteles in der Scholastik. Eichstätt. 1875;
vgl. auch das nicht minder klassische Werk des Professors S. T a l a m o:
L'Aristotelismo della Scolastica nella storia della filosofia. Napoli. 1873.
Was die Naturphilosophie betrifft, so erklärten die Scholastiker des Mittelalters, dafs darin das einzige wissenschaftliche Fundament die Erfahrung
sei: „Omnis notitia nostra in scientia naturali fundatur super experientiam“,
sagt Duns Scotus (Phys. l. 1 qu. 6). Der selige Albert der Grofse lehrt,
dafs in Dingen der physischen Ordnung experientia multo plus confert,
quam doctrina per demonstrationem (Metaph. l. 1 tr. 1 c. 1). Im übrigen
braucht man die Traktate, welche der ausgezeichnete Lehrer des h. Thomas
von Aquin, mit Recht doctor universalis genannt, der Naturwissenschaft
widmete, nur zu durchblättern, um zu sehen, dafs seine Grundsätze und
sein Verfahren mit der wahren wissenschaftlichen Methode vollständig
übereinstimmen. So heifst es z. B. in seinem Traktate De vegetabilibus et
plantis (l. 6 tr. 1 c. 1): „Das, was ich hier lehre, habe ich zum Teil selbst
beobachtet, zum Teil habe ich es von andern erfahren, bei denen ich sicher
bin, dafs die Erfahrung sie es gelehrt hat; denn in dieser Klasse von
Untersuchungen kann blofs die Erfahrung uns sichere Erkenntnisse liefern.“
An einer andern Stelle (Phys. l. 8 tr. 2 c. 2) sagt er: „Keine logische Schlufsfolgerung hat Wert, wenn sie mit der Erfahrung im Widerspruch steht.
Ein Princip, welches mit der erfahrungsmäfsigen Wahrnehmung der Sinne
nicht übereinstimmt, ist kein Princip, sondern ein Irrtum gegen ein Princip.“
In seiner Ethik (l. 6 tr. 2 c. 25) schreibt er: „Auf dafs die Beobachtung
alle Täuschung ausschliefse, ist viele Zeit nötig; denn es genügt nicht, die
Thatsachen von blofs einer Art zu beobachten, man mufs vielmehr die
Beobachtung unter verschiedenen Umständen wiederholen, wenn die wahre
Ursache, die man sucht, mit Sicherheit bekannt werden soll.“ Und in
seiner Schrift De mineralibus (l. 2 tr. 4 c. 11) liest man dies: „Die Art
und Weise, die Natur zu erforschen, besteht nicht darin, sich auf das zu
verlassen, was andere gesagt haben, indem man es leichthin glaubt, sondern
darin, die Kräfte zu erforschen, welche in den Thatsachen oder Natur-
erscheinungen zu Tage treten.“ Freilich legte Albert der Grofse hohen

der Menschen gegenseitig leisten. Denn, so sagt das Vatikanische
Konzil,[1] „der göttlichen Offenbarung ist es zuzuschreiben, dafs
dasjenige, was in den göttlichen Dingen der menschlichen Vernunft an und für sich nicht unzugänglich ist, auch in dem gegenwärtigen Zustande des Menschengeschlechtes von allen leicht,

Wert auf Aristoteles; er sagte auch, in Sachen des Gläubens oder der
Sitten gelte St. Augustin mehr, als alle Philosophen, wenn es sich um die
Medicin handele, verdiene Hippokrates und Galenus mehr Glauben, gleichwie
er den Aristoteles in dem historischen Studium der Natur über alle andern
stelle, weil er mit ihr vertraut gewesen sei: trotzdem glaubte er aber
seinen eigenen gesunden Sinnen mehr, als dem Stagiriten, weshalb er auch
die Behauptungen desselben unbedenklich nach seinen eigenen Beobachtungen
verbesserte. (Vgl. die „Stimmen aus Maria-Laach." Freiburg. 1880.
19. Bd. S. 397 f.) Ist es noch nötig, hinzuzufügen, dafs sein Schüler, der
ihn ohne Zweifel in den spekulativen Wissenschaften übertraf, auf dem
Gebiete der Naturforschung sich zu denselben Principien bekannte? Beobachten und induktiv beweisen, das ist die Methode, welcher die Naturwissenschaften in heutiger Zeit so glänzende Resultate verdanken; aber
gerade diese Methode ist auch von dem Engel der Schule gelehrt worden.
„Impossibile est, sagt er (Expos. in 1. anal. post. Arist. lect. 30 b), spe-
culari absque inductione. Et hoc quidem in rebus sensibilibus est magis
manifestum, quia in eis per experientiam, quam habemus circa singularia
sensibilia, accipimus notitiam universalem." — Was die Autorität des
h. Thomas in den Schulen betrifft, so möchte ich mir folgende Bemerkungen
erlauben: 1. dafs diese Autorität auf Titeln ruht, welche die Vernunft anerkennen mufs, wenn sie erwägt, dafs in dem h. Lehrer mit dem Lichte
seiner engelgleichen Vernunft das der ausgezeichnetsten Philosophen des
Altertums, heidnischen wie christlichen, vereinigt war; 2. dafs diese Autorität aus der Erhabenheit der Lehre hervorgeht, welche in seinen bewunderungswürdigen Büchern enthalten ist; 3. dafs auch in den Schulen der
christlichen Philosophie scholastische Schriftsteller von grofsem und ver-
dientem Rufe viele Freiheit genossen haben; 4. dafs selbst heutzutage,
nachdem die Philosophie des h. Thomas als Regel aufgestellt worden für
diejenigen Geister, welche sich der Stimme des höchsten Hirten der Kirche
in Demut unterwerfen, der Grundsatz Geltung hat: „Wenn Scholastiker
in manchem zu spitzfindig waren oder anderes von ihnen weniger vorsichtig
gelehrt worden ist, wenn etwas mit den ausgemachten Lehrsätzen der
späteren Zeit weniger übereinstimmt, oder endlich, in welcher Weise dies
immer sein mag, sich unhaltbar zeigt, so gedenken wir das keineswegs
unserer Zeit zur Nachfolge vorzuhalten" (Leo XIII. in seiner Encyklika
‚Aeterni Patris‘ vom 4. August 1879).

[1] Const. dogm. de fide cath. cap. 2.

mit unerschütterlicher Gewifsheit und ohne Beimischung eines
Irrtums erkannt werden kann." Wie also die katholische Religion in der Wissenschaft das Recht achtet, sich frei zu bewegen
auf der ganzen Linie der natürlichen Ordnung, wozu die Wesenheiten und Eigentümlichkeiten der Dinge, wie auch die Gesetze
gehören, die sie von ihrem göttlichen Urheber empfangen haben,
auf dafs sie nach ihrem Ziele hinstreben: so bereichert und erleuchtet sie dieselbe auch, indem sie ihr Wahrheiten mitteilt,
welche die Vernunft zwar absolut gesprochen erkennen könnte,
die sie aber nach dem Zeugnis der Geschichte des menschlichen
Geistes niemals durch sich selbst erkannt und die sie auch,
wenn es ihr gelang, dieselben mit ihrer eigenen Kraft zu durchdringen, nicht in ihrer vollkömmenen Unversehrtheit und Reinheit verstanden hat, weshalb es sehr zweckmäfsig war, dafs sie
ihr offenbart wurden, unbeschadet dessen, dafs die Vernunft jene
Wahrheiten, nachdem sie dieselben aus dem Munde Gottes
empfangen hatte, vermittelst des Beweises in wissenschaftliche
Wahrheiten verwandelte; denn es ist leichter, die Wahrheit,
welche jemand anders mich lehrt, zu beweisen, als sie mit dem
eigenen geringen Genie zum erstenmale zu finden. Die Vernunft hinwieder beweist die Fundamente des Glaubens, schreibt
die menschliche Vorrede zum heiligen Evangelium, zerreibt die
Einwendungen des Unglaubens gegen die göttlichen Mysterien,
indem sie zeigt, dafs es darin nichts Unvernünftiges, sondern
einzig nur Übervernünftiges giebt und dafs selbst in dem Menschen und in vielen ihm untergeordneten Dingen sich gleichfalls
wahrhafte Geheimnisse vorfinden, freilich natürliche Geheimnisse,
welche unserm Geiste unzugänglich sind; aber sie beweist nicht
blofs all dies, „erleuchtet durch den Glauben strebt sie auch
mit Emsigkeit und Besonnenheit nach irgend einem Verständnis
der Geheimnisse und sie erreicht ein höchst fruchtbares eines-
teils aus der Analogie derjenigen Dinge, welche sie auf natürliche Weise erkennt, andernteils aus dem Zusammenhang, in
welchem die Geheimnisse unter sich und mit dem letzten Ziele
des Menschen stehen".[1])

---

[1]) Concil. Vatic. Const. dogm. de fide cath. cap. 4.

187. Tief durchdrungen von diesen Erwägungen und erleuchtet von dem Lichte aus der Höhe, hat die Kirche ohne Bedenken kundgethan, welch eine intime Freundin und treue Anhängerin der Wissenschaft sie sei und wie viel die Künste und Wissenschaften sowie alle gesunden Studien und Lehren immer von ihrer beständigen Sorge hoffen dürfen. Hierüber kann sie sich nicht bestimmter ausdrücken, als sie es auf dem Vatikanischen Konzil gethan hat, indem sie sagte:[1] „Weit entfernt davon, daß die Kirche dem Studium der menschlichen Künste und Wissenschaften entgegen ist, beschützt und fördert sie dasselbe auf vielerlei Weise. Denn sie verkennt und verachtet die Vorteile nicht, welche daraus für das Leben der Menschen entspringen; sie bekennt vielmehr, daß dieselben, weil von Gott ausgehend, der da der Herr der Wissenschaften ist, falls sie auf rechtmäßige Weise gepflegt werden, zu dem nämlichen Gott zurückführen."

188. Wir haben also zwischen den menschlichen Wissenschaften und der katholischen Theologie neben der wesentlichen Verschiedenheit ihrer Objekte ein unauflösliches Band der Freundschaft und der beständigen Allianz, welches sie in der Einheit nicht bloß ihres Ursprungs vereinigt, sondern auch des Zieles, da sie beide auf das höchste Ziel der natürlichen wie der übernatürlichen Ordnung hinstreben. Jene Unterscheidung muß man immer festhalten; denn obgleich die katholische Theologie darauf Anspruch macht, von dem Dogma nach all seinen Beziehungen eine vollkommene Erkenntnis zu besitzen,[2] und deshalb alle Dinge zu erkennen, die sichtbaren und die unsichtbaren, weil es keines unter ihnen giebt, wie gering es auch sein mag, das nicht von Gott spricht, und obgleich die menschlichen Wissenschaften für ihren Teil, gleichsam als ob ihnen das Universum, das sie vor sich haben, zu enge vorkäme, darauf Anspruch machen, die Wege zu bereiten, welche zu den verborgensten Dogmen des Glaubens führen, damit sie in irgend einer Weise von der Vernunft verstanden werden,[3] giebt es zwischen der

---

[1] L. c.   [2] Hurter: Über die Rechte der Vernunft u. s. w. S. 35.
[3] Nachdem Pius IX. in seinem Breve an den Erzbischof von München d. d. 11. Dezember 1862 bemerkt hat, daß die Philosophie viele Wahrheiten

natürlichen Philosophie und der Wissenschaft der übernatürlichen
Offenbarung eine wahrhafte Verschiedenheit und wird es immerdar eine solche zwischen ihnen geben, entsprechend der Verschiedenheit, welche zwischen ihren Objekten besteht, der verschiedenen Art und Weise, wie jede von ihnen ein und die
nämlichen Dinge erforscht, und der Methode, welche sie befolgen,
um sich zu konstituieren und in der Reihe ihrer Schlufsfolgerungen
vorwärts zu schreiten. Diese Verschiedenheit, welche den Gegensatz und Widerspruch ausschliefst, besagt aber keine Trennung
oder Scheidung, sie ist vielmehr eine Bedingung der Einigung,
zufolge deren man die Wahrheiten des Glaubens in der Form
einer wunderbar allgemeinen und umfassenden Wissenschaft geordnet und die Wissenschaft der natürlichen Wahrheiten durch
das Licht der göttlichen Wissenschaft erleuchtet sieht, wie der
h. Thomas von Aquin mit Bezugnahme auf die vernünftige Seele
unsers Herrn Jesu Christi lehrt.[1])

189. Das sind die Hauptgedanken, in welche sich die vorliegende Abhandlung zusammenfassen läfst, die Linien, welche
den Kern der Wahrheit einschliefsen, welche ich in diesem bescheidenen Versuch auf die Art zu beleuchten und aufzuhellen
mir vorgenommen habe, dafs ich sichere Principien aufstellte
und aus ihnen nicht minder sichere Konklusionen ableitete, ohne
mich auch nur um ein Pünktchen von den Gesetzen der Wissenschaft und der Vernunft zu entfernen. Diesen Erörterungen
mufs ich noch zwei sehr wichtige Argumente hinzufügen. Eines
davon ist das Beispiel und die Autorität der ausgezeichnetsten
Gelehrten des heutigen Europas. Wenn Gott etwa unter uns
einen neuen Hieronymus erweckte, der ein Buch über die berühmten Männer unserer Zeiten schrieb, dann könnte man an
die Spitze dieses Werkes mit geringen Veränderungen ganz gut
die Worte setzen, womit der h. Hieronymus das Proömium zu

---

erkennen kann, welche uns der Glaube lehrt, sagt er von ihr: „atque hoc
modo viam munire ad haec dogmata fide rectius tenenda et ad illa etiam
reconditiora dogmata, quae sola fide percipi primum possunt, ut illa aliquo
modo a ratione intelligantur.“

[1]) „Lumen scientiae non offuscatur, sed magis clarescit in anima
Christi per lumen scientiae divinae.“ S. th. III. 9. 1 ad 2.

seinem Buche „de viris illustribus‘ schliefst; die Worte nämlich:
„Hier können Celsus, Porphyrius und Julian, diese rasenden
Hunde gegen Christum, (welche die Draper jener Zeit waren,
obgleich sie mehr Wissen und Geist besafsen, als dieser Ver-
breiter der zeitgenössischen Irrtümer), hier können all ihre Anhänger, welche da meinen, dafs die Kirche keine Philosophen
und Redner, überhaupt keine Gelehrte gehabt habe, hier können
sie, sage ich, lernen, welch grofse und hochberühmte Männer
die Kirche gegründet, organisiert und verschönert haben, und
dann mögen sie aufhören, unsern Glauben der bäuerischen Ein-
falt zu beschuldigen, und schliefslich ihre eigene Unwissenheit
einsehen.“[1])

190. Das andere Argument, welches ich meine, ist dies,
dafs man niemals imstande war, eine wahrhaft wissenschaftliche
Proposition zu formulieren, d. i. eine solche, welche nicht eine
blofse Meinung einiger Gelehrten oder eine weder durch die
Erfahrung noch durch die Übereinstimmung aller bestätigte
Hypothese bildete, von der man hätte nachweisen können, dafs
sie mit irgend einer der katholischen Wahrheiten im Widerspruch
stehe oder das schützende Dogma aller, die unfehlbare Lehr-
autorität der Kirche auch nur leichthin kompromittiere. Es ist
unmöglich, die ungeheure Kraft dieses Argumentes gebührend
zu taxieren; denn so viel, so innig und so zart sind die Beziehungen des Katholicismus mit allem, was es unter der Sonne
giebt, mit allem, was seit dem Anfang der Welt existiert hat,
mit allem Wechsel derselben, mit allen Traditionen, Institutionen,
Sprachen, Monumenten der Menschen, kurz mit allen Wissenschaften und Künsten, dafs, wenn er nicht das Werk Gottes
wäre, des Urhebers aller Dinge und der Quelle jeder Wahrheit
und Weisheit, es ihm unmöglich gewesen sein würde, inmitten
des Universums immerdar ein vom Lichte umflossenes Antlitz
zu zeigen und seine vollkommene Unversehrtheit und seinen

---

[1]) „Discant igitur Celsus, Porphyrius, Julianus, rabidi adversus Christum canes, discant eorum sectatores, qui putant ecclesiam nullos philosophos et eloquentes, nullos habuisse doctores, quanti et quales viri eam
fundaverint, exstruxerint, ornaverint; et desinant fidem nostram rusticae
tantum simplicitatis arguere, suamque potius imperitiam agnoscant.“

ganzen Glanz zu bewahren gegenüber der zersetzenden Thätigkeit der Kritik, welche alles zerstört und verzehrt, nur nicht das reine Gold der Wahrheit.

191. Vielleicht denkt der Leser hier an den Vorgang mit Galilei, bei welchem das Dogma von der Unfehlbarkeit der Kirche, wie mancher glauben könnte, schlecht weggekommen sei. Denn es ist ja bekannt, dafs zu Rom zwei Verdammungsurteile ausgesprochen worden sind über die Theorie von der Bewegung der Erde, welche heutzutage eine von den ausgemachten Wahrheiten der Wissenschaft bildet. Bestand damals vielleicht irgend ein Schatten von Widerspruch zwischen dieser wissenschaftlichen Wahrheit und jenem geoffenbarten Dogma? Zwei Worte werden genügen, um jeden Grund zur Furcht zu verflüchtigen. Indem ich den Fufsspuren der katholischen Schriftsteller folge, welche diesen Punkt, zumal nachdem die Akten des Galilei-Processes sämtlich publiciert worden, am meisten aufgeklärt haben, die gelehrten Herausgeber der Civiltà cattolica und andere, welche unter den Augen des Papstes und der hh. Kongregationen schreiben, miteingeschlossen, mufs ich vor allem mit Aufrichtigkeit erklären, dafs die römischen Tribunale, welche den Galilei verurteilten, geglaubt haben, in der h. Schrift werde die Unbeweglichkeit der Erde und die Bewegung der Sonne um diesen Planeten gelehrt. Man kann und mufs ihre Urteile und Vorkehrungen theologisch und juristisch rechtfertigen, wenn man den Umstand in Erwägung zieht, dafs dies die Lehre war, welche in damaliger Zeit von den Theologen allgemein angenommen war, dafs Galilei seine Ansicht nicht mit überzeugenden Gründen bewies und dafs es keinen Grund gab, die Regeln der Schriftauslegung zu verletzen, indem man ohne hinreichende Veranlassung die h. Schrift in einem Sinne erklärte, welcher dem Wortlaut widersprach, und dies um so mehr in einer Zeit, wo die Erklärung des Schrifttextes nach der Privatauffassung die gröfste Gefahr für den Glauben der Völker in sich barg. Dem kann man hinzufügen, nicht blofs um die Gerechtigkeit und den Eifer der römischen Richter, sondern auch ihre wahrhafte Einsicht zu rechtfertigen, dafs die Wissenschaft in jener Zeit, repräsentiert durch Männer

wie Descartes und Tico-Brahe, weit entfernt, das neue System
zu acceptieren, sich ihm feindlich zeigte.

Da aber die Wahrheit der Polarstern ist, welcher den Schriftsteller leiten muß, so nützen die Ausflüchte und Winkelzüge
nichts, um die Kirche zu verteidigen, sie schaden vielmehr ihrer
Sache, und die Wahrheit ist, daß jene Tribunale sich leider
geirrt haben, als sie erklärten, daß das von Galilei verfochtene
System des Kopernikus dem christlichen Glauben entgegen sei.
Zum Glück wurde die Kirche durch diesen Irrtum der Kongregationen des Index und des h. Officiums nicht kompromittiert,
da dieselben nicht die Organe der Unfehlbarkeit sind und ihre
Dekrete mit der Stimme der ökumenischen Konzilien und des
Stellvertreters Christi, wenn er ex cathedra zum ganzen christlichen Erdkreis spricht, diesen einzigen unfehlbaren Richtern
und Lehrern der geoffenbarten Wahrheiten, nicht verwechselt
werden dürfen. „Man zeige uns, will man wirklich die unfehlbare Kirche in die Sache hineinziehen, sagt ein gelehrter Jesuit
Deutschlands,[1]) zum wenigsten jenes Dokument, durch welches
ein Konzil oder auch der Papst in seiner Eigenschaft als allgemeiner Lehrer der Kirche die bezüglichen Entscheide der
Kongregationen approbiert hätte. Handelt es sich aber nur um
die Kongregationen, dann möchte es wiederum schwer sein, denjenigen Theologen zu nennen, welcher in der von allen katholischen Lehrern den Kongregationen dargebrachten Hochachtung
und Ehrfurcht soweit gegangen wäre, diesen die Vollmacht unfehlbarer Lehrsprüche oder gar unfehlbarer Disciplinardekrete
zuzuerkennen. Alle sagen, wie schon Riccioli im siebenzehnten
Jahrhundert: die heilige Kongregation der Kardinäle, als getrennt vom Papste genommen, kann keiner Proposition die eigentliche Autorität des Glaubens beilegen, auch wenn sie sich dahin
ausspricht, dieselbe sei Glaubenssache oder das Gegenteil sei
Häresie. So schrieb man nicht lange nach dem Galileiproceß
in einem Werk, daß von der Inquisition approbiert wurde, und
zwar direkt bei Gelegenheit der Erörterung der Dekrete zu
Ungunsten des Kopernikanischen Systems. Über das letztere

---

[1]) H. Grisar in der Innsbrucker „Zeitschrift für kathol. Theologie".
Jahrg. 1878. S. 72 f.

setzt aber Riccioli noch die ausdrücklichen Worte bei: „Da kein Glaubensausspruch des Papstes oder eines von ihm geleiteten und bestätigten Konzils hierüber vorhanden ist, so kann es auf jenes bloße Kongregationsdekret hin nicht als zu glaubende Wahrheit gelten, daß die Sonne sich bewege und die Erde stillstehe; höchstens und ausschließlich kann dieses auf Grund der heiligen Schrift für diejenigen der Fall sein, welchen es moralisch evident ist, es sei so Offenbarung Gottes."

Diesen so klaren Worten kann man noch hinzufügen, daß selbst die Protestanten schließlich eingestehen, daß der Papst in Beziehung auf die Lehre Galileis keine Glaubensentscheidung gegeben habe.[1]) Demnach ist es also evident, daß es zwischen dem katholischen Glauben d. i. zwischen den ausgesprochenen Dogmen der Kirche und dem System jenes berühmten italienischen Katholiken weder einen wirklichen noch einen scheinbaren Widerspruch gab. Ein Schriftsteller unserer Zeit, ein Mann von ebenso großem Genie als von tiefer und mannigfaltiger Wissenschaft, Joseph Delsaulx mit Namen, schließt ein Kapitel seines vortrefflichen Werkes,[2]) worin er die böswilligen Anfeindungen Tyndalls in Bezug auf den vorliegenden Fragepunkt glänzend zurückweist, mit diesen Worten: „Diese Thatsache, einzig in der Geschichte der Kirche dastehend, welche sich sozusagen dicht an der Wiege der Wissenschaft zugetragen, ist mir immer wie ein großes providentielles Faktum vorgekommen. Ein wissenschaftlicher Irrtum ebenso klar ausgesprochen als nicht vorhergesehen, so entschieden nachher in Abrede gestellt und dann so allgemein und aufrichtig anerkannt, wiegt in meinen Augen ebensoviel, als eine ausdrückliche Offenbarung über die Grundverschiedenheit zwischen den Ordnungen der Wahrheiten, zwischen der natürlichen und der übernatürlichen Ordnung, sowie über die gegenseitige Unabhängigkeit derselben innerhalb der Grenzen ihrer Objekte. Wenn man ein Mal in diesen Irrtum fallen konnte, sagt Heinrich Martin, so war es, um ihn in der Zukunft nie mehr zu begehen."

---

[1]) Vgl. Quarterly Review. Jahrg. 1881. Aprilheft.
[2]) Les derniers écrits philosophiques de M. Tyndall. Paris. 1878. ch. 3.

192. Mit diesen letzten Erwägungen geht mein Werk zu
Ende. Oder habe ich, um es noch mehr zu stärken, nötig,
auch die Irrtümer und Albernheiten, die Sophismen und Widersprüche der Gegner hier zu wiederholen? Ich halte es nicht
für notwendig. Im dritten Teile der vorliegenden Schrift habe
ich mich bemüht, in Miniatur das Gemälde zu zeichnen, welches
derartige Verirrungen der von Gott und seiner Kirche losgetrennten Vernunft zur Darstellung bringt. Aus ihm kann man
klar ersehen, dafs der Baum der Wissenschaft, in dessen Schatten
einige sich gegen die Religion verschworen haben, der Fruchtbarkeit und des Lebens entbehrt und schliefslich ganz verdorrt,
wenn er nicht unter irgend einem Einflufs des Himmels steht.
Trotzdem möchte ich einige Reflexionen noch hinzufügen, welche
für die Wahrheit der These, deren Beweis ich meine geringen
Kräfte gewidmet habe, vielleicht nicht ohne Nutzen sind.

193. An erster Stelle scheint es mir bemerkenswert, dafs
fast alle Sophismen der Neuzeit nicht so sehr gegen die Geheimnisse des Glaubens gerichtet sind, welche zur übernatürlichen
Ordnung gehören, als gegen die Wahrheiten der intelligibelen
Welt, welche von der Vernunft auf natürlichem Wege erkannt
und durch den Glauben erleuchtet und bestätigt wird. Es gab
Zeiten, in denen der Unglaube sein ganzes Bemühen darauf hin-
richtete, alle jene Geheimnisse zu bekämpfen, indem man sagte,
dafs sie den Principien der Vernunft zuwiderlaufen, dafs es z. B.
ein Widerspruch sei, von Gott auszusagen, dafs er zu gleicher
Zeit dreifach und einfach sei. Zu dem Zwecke war es dann
nötig, vor allem das Dogma so auszulegen, dafs es schliefslich
verstümmelt und entstellt war, da sich sonst keinerlei Widerspruch mit der Vernunft darin entdecken liefs, so sehr es auch
über die Vernunft hinausgeht. Aber der Unglaube wurde in
diesem seinem Vorhaben von den christlichen Apologeten erkannt
und gekennzeichnet und auch vernichtet, so dafs in heutiger Zeit
kaum mehr Spuren davon übrig sind.

Späterhin nahm der Unglaube eine viel gefährlichere Gestalt an, indem man die Schönheit und andere Vorzüge der
katholischen Dogmen anerkannte, in ihnen aber nichts anderes
erblickte, als reine Symbole der Vernunftbegriffe, und damit

erniedrigte man die Theologie auf das Niveau der Naturphilosophie oder, wie der Marquis de Valdegamas sagen würde, man
hiefs den Rationalismus die katholische Stadt plündern, auf dafs
er sich mit ihren Schätzen bereichere und mit ihren Gewändern
ziere. Dieser trügerische Kunstgriff wurde gleichfalls erkannt
und vereitelt, ja sogar von denjenigen, die sich seiner bedient
hatten, z. B. von D. Straufs, aufgegeben. Diese letztern verwechselten die natürliche Ordnung mit der übernatürlichen, den
Glauben mit der Vernunft, die Religion mit der Wissenschaft,
oder, besser gesagt, sie unterdrückten alles, was die Kräfte der
„autonomen Vernunft" überstieg, ohne zu bemerken, dafs, indem
sie die menschliche Wissenschaft bis zu dem Punkte der Gott-
gleichheit erhoben, sie dieselbe im Herzen verwundeten und die
Ankunft einer Art von wissenschaftlicher Barbarei vorbereiteten,
welche zur Zeit die von den Rationalisten besetzt gehaltene
Stadt der Alten plünderte, aber nicht, um sich mit ihrer Beute
zu bereichern oder sich mit ihrem Philosophenmantel zu bekleiden,
sondern um die Stadt zu zerstören und gänzlich zu verwüsten,
so dafs kein Stein auf dem andern blieb. Es sind dies die
Positivisten und Materialisten aller Länder Europas und auch
Nordamerikas, welche kein anderes Princip des menschlichen
Wissens und kein anderes Kriterium der Wahrheit kennen, als
die Sinne und die Erfahrung, und welche keine andere Wissenschaft gelten lassen, als die einfache empirische Erkenntnis desjenigen, was wir mit den Augen sehen und sich mit Instrumenten
wägen oder messen läfst. Dies ist, wie man klar erkennt, die
Zerstörung der Wissenschaft selbst, deren Objekt, selbst wenn
es zufällige und materielle Dinge enthält, etwas Immaterielles
und in gewisser Weise Notwendiges. Bei allem dem begehen
solche Gelehrte einen von den vielen Widersprüchen, in welche
diejenigen zu fallen pflegen, die vom rechten Wege abgeirrt
sind, indem sie die Grenzen, die sie selbst der Wissenschaft gezogen haben, überschreiten und mit der Phantasie, wenn nicht
mit ihrem Denken, zu dem Ursprung der Dinge hinaufgehen und
zu den Gesetzen, welche deren Entstehung und allmähliche Entwickelung regieren. Daher denn die Systeme, welche im Widerspruch mit der Naturphilosophie Irrtümer und Albernheiten

erzeugten, vielleicht auch reproducierten, die wie gesagt nicht blofs zu der übernatürlichen Ordnung des Glaubens, sondern auch zu der natürlichen Ordnung, deren Erforschung und Betrachtung die Wissenschaft sich widmet, im Gegensatz stehen.

Da nun also der eigentlich sogenannte Rationalismus nicht die Macht gehabt hat, die vom Glauben losgemachte Vernunft des Menschen vor dem Sturze in den Abgrund einer solch schrecklichen Barbarei zu bewahren, so wird es ihm schlecht gelingen, sie zur Erkenntnis der intelligibelen Wahrheiten zu erheben; die dahin zielenden Anstrengungen einiger Rationalisten, wie vortrefflich sie auch an sich sein mögen, werden immer vergeblich bleiben. Blofs die katholische Religion kann dieses Wunder wirken, indem sie die Blinden mit dem Lichte des Glaubens erleuchtet, auf dafs sie jene Wahrheiten sehen, denen ihre Augen verschlossen waren, oder, besser gesagt, indem sie vorher ihr Herz mit der göttlichen Gnade berührt, auf dafs sie zu erkennen verlangen, über was sie nicht in Unkenntnis sein konnten, was sie aber nicht erkennen wollten, und das ist ja nach dem starken Ausdruck Tertullians das gröfste aller Verbrechen.[1])

194. Damit habe ich den zweiten Gedanken angegeben, den ich zum Schlufs ebenfalls noch kurz entwickeln wollte, die Feindseligkeit der falschen Wissenschaft in heutiger Zeit gegen die Wahrheit, weil sie zu Gott, dem Urheber der Religion, hinführt. Ich will einige Beispiele anführen, um die Richtigkeit dieses Gedankens ins helle Licht zu stellen. Indem ein Vertreter dieser falschen Wissenschaft über die generatio aequivoca s. spontanea handelt, sagt er:[2]) „Ob diese Annahme einen positiven Grund habe, steht gegenwärtig noch dahin, wenngleich die meisten Stimmen der Zeitgenossen sich dawider erklären; wir wollen sie indes einstweilen gelten lassen, weil in der That kein streng wissenschaftlicher Gegenbeweis vorliegt (als ob demjenigen, welcher leugnet, und nicht demjenigen, welcher behauptet, das onus probandi obläge, zumal wenn alle bekannten

---

[1]) „Haec est summa delicti nolentium recognoscere, quem ignorare non possunt." Apologeticum. c. 17.

[2]) H. Burmeister: Geschichte der Schöpfung. Leipzig. 1856. S. 236.

Thatsachen dagegen sprechen), und ohne dieselbe das Entstehen
der Organismen auf der Erdoberfläche nur durch unmittelbares
Eingreifen einer höheren Macht denkbar ist." Nicht anders
drückt sich der berüchtigte Häckel aus. „Nur eine monistische
Weltanschauung, sagt er,[1] kann die richtige sein; läfst man
aber das Lebende nicht durch Urzeugung aus der unorganischen
Materie entstehen, dann mufs man den Monismus aufgeben und
zum Dualismus zurückkehren, d. h. man mufs einen Gott annehmen, welcher über der Welt steht und der durch seine
Wirksamkeit das Lebende aus dem Leblosen hervorgebracht hat."
„Also nur um keinen Gott, keinen Schöpfer annehmen zu müssen,
sagt mit Bezug hierauf der gelehrte Prof. Dr. Stöckl,[2] stellt
man eine Behauptung auf, für die man auch nicht einen Schatten
von Beweis erbringen kann, eine Behauptung, die von der Naturwissenschaft bereits völlig aus dem Felde geschlagen ist! Und
das nennt sich dann Wissenschaft." Ein anderes bemerkenswertes Beispiel von der Geistesrichtung der modernen Ungläubigen haben wir an dem Geständnis, welches einer der ersten
Koryphäen der heutigen Wissenschaft, der berühmte Du Bois-
Reymond, vor mehreren Jahren in einer öffentlichen Rede abgelegt hat. „Die Absicht des theoretischen Naturforschers ist,
sagt er,[3] die Natur zu begreifen. Soll nicht diese Absicht
sinnlos sein, so mufs er die Begreiflichkeit der Natur voraussetzen. Die Zweckmäfsigkeit der Natur verträgt sich nicht mit
ihrer Begreiflichkeit. Bietet sich also ein Ausweg, die Zweckmäfsigkeit aus der Natur zu verbannen, so mufs der Naturforscher
ihn einschlagen. Solch ein Ausweg ist die Lehre von der natürlichen Zuchtwahl; folglich betreten wir ihn bis auf weiteres.
Mögen wir immerhin, indem wir an diese Lehre uns halten, die
Empfindung des sonst rettungslos Versinkenden haben, der an
eine nur eben über Wasser ihn tragende Planke sich klammert.
Bei der Wahl zwischen Planke und Untergang ist der Vorteil
entschieden zu Gunsten der Planke." Das will sagen: Obgleich
die natürliche Selektion hinreichender Gründe entbehrt, um die

---

[1] Vgl. A. Stöckl: Der Materialismus u. s. w. S. 55.
[2] A. a. O. S. 55.
[3] Darwin versus Galiani. Berlin. 1876. S. 22 f.

Zustimmung der Gelehrten zu erlangen, so müssen wir sie
dennoch annehmen, um uns nicht gezwungen zu sehen, zu glauben,
dafs das Universum das Werk einer souveränen Intelligenz ist,
welche alle Dinge auf Zwecke hingeordnet hat, die ihrer Weisheit und Güte würdig sind, und auf diese Weise in der Tiefe
dieses ungeheuern Meeres von Licht und Glück Anker zu werfen.[1]

195. Da ich soeben den Namen Du Bois-Reymond genannt habe, will ich die Gelegenheit nicht vorübergehen lassen,
ohne an einen andern berühmten Ausspruch desselben zu erinnern, welcher zudem seiner Schule zu grofsem Anstofs ge-
reichte. In der Rede, welche er vor etlichen Jahren (am
14. August 1872) zu Leipzig vor einer Versammlung von Naturforschern und Ärzten gehalten hat, mufste der Berliner Professor
eingestehen, dafs die Atomenlehre viele Widersprüche einschliefse,
welche aus dem Umstande hervorgingen, dafs die menschliche
Intelligenz nicht begriffen habe und auch nie begreifen werde,
was Materie und Kraft seien; dafs selbst dann, wenn letzteres
ihr möglich wäre, der Faden unseres Naturerkennens von neuem
reifsen würde; und dafs angesichts der Rätsel der Körperwelt

---

[1] Dies ist auch der Grund der Sicherheit, womit gewisse Gelehrte
grofs thun, zumal wenn sie sehr weit von der Wahrheit entfernt sind.
Nachdem Dr. Güttler die Aussprüche von Büchner, Rofsmäfsler, Vogt,
Burmeister, Moleschott und Häckel angeführt hat, worin dieselben der
Materie die Ewigkeit zuschreiben, fährt er also fort: „Übersetzen wir diese
und ähnliche Raisonnements aus der philosophischen Kunstsprache in die
wirklich verständliche Dialektik, so wird damit nichts anderes gesagt, als:
Wir wissen zwar nicht, ob die Materie ewig ist, aber sie mufs ewig sein,
weil wir es wollen und uns nicht dem Glauben der Menge an eine absolute,
schöpferische Kraft anschliefsen wollen. Wem dieses Motiv genügt, —
und sehr viele halten es für genügend, obschon es mit exakten Resultaten
und mühevollen Erfahrungen wenig gemein hat, — für den mag die Frage
nach dem Ursprung der ersten Atome gelöst sein. Wenn aber Büchner
aus der willkürlichen Annahme (von der Ewigkeit der Materie) ‚eine wissenschaftlich festgestellte, nicht mehr zu leugnende Thatsache‘ macht, oder
Häckel das erste und oberste Naturgesetz von der ewigen Materie und
deren ureigenen Kräften als ‚allgemein anerkannt‘ bezeichnet, so möge
unsere deutsche Philosophie endlich einmal einsehen, dafs Worte keine
Thaten sind, und man eine verständliche Sprache reden mufs, um verstanden zu werden." A. a. O. S. 133.

der Naturforscher längst gewöhnt sei, mit männlicher Entsagung das alte englische Verdikt Ignoramus auszusprechen, ohne dafs es ihm vergönnt sei, vernünftigerweise die Hoffnung zu schöpfen, eines Tages das zu wissen, was er jetzt nicht weifs, weil „er in Bezug auf das Rätsel, was Materie und Kraft seien und wie sie zu denken vermögen, ein für allemal zu dem viel schwerer abzugebenden Wahrspruch sich entschliefsen mufs: Ignorabimus."[1] Diese Worte verursachten in der Schule, wozu ihr Urheber gehört, einen Ausbruch des Hochmuts; denn es ist ja bekannt, dafs die vom Hochmut beherrschte Vernunft alles weifs und niemals eingestehen wird, dafs es irgend ein Geheimnis gebe, was sie mit ihrem Auge nicht durchschauen könnte. Häckel antwortete:[2] „Dieses ‚Ignorabimus' ist dasselbe, welches die Berliner Biologie dem fortschreitenden Entwickelungsgange der Wissenschaft als Riegel vorschieben will. Dieses scheinbar demütige, in der That aber vermessene ‚Ignorabimus' ist das ‚Ignoratis' des unfehlbaren Vatikans und der von ihm angeführten ‚schwarzen Internationale', jener unheilbrütenden Schar, mit welcher der moderne Kulturstaat jetzt endlich, endlich den ernsten ‚Kulturkampf' begonnen hat." Der wissenschaftliche Hochmut und der Hafs gegen die Kirche, zu ein und derselben

---

[1] Über die Grenzen des Naturerkennens. Leipzig. 1873. S. 38. In dieser Schrift heifst es weiterhin (S. 29 f.): „Es ist eben durchaus und für immer unbegreiflich, dafs es einer Anzahl von Kohlenstoff-, Wasserstoff-, Stickstoff-, Sauerstoff- u. s. w. Atomen nicht sollte gleichgültig sein, wie sie liegen und sich bewegen, wie sie lagen und sich bewegten, wie sie liegen und sich bewegen werden. Es ist in keiner Weise einzusehen, wie aus ihrem Zusammenwirken Bewufstsein entstehen könne. Sollte ihre Lagerungs- und Bewegungsweise ihnen nicht gleichgültig sein, so müfste man sie sich nach Art der Monaden schon einzeln mit Bewufstsein ausgestattet denken. Weder wäre damit das Bewufstsein überhaupt erklärt, noch für die Erklärung des einheitlichen Bewufstseins des Individuums das mindeste gewonnen." Und ferner (S. 31): „Damit (mit dem Problem der Willensfreiheit) ist die andere Grenze unseres Naturerkennens bezeichnet. Nicht minder als die erste ist sie eine unbedingte. Nicht mehr, als im Verstehen von Kraft und Materie, hat im Verstehen der Geistesthätigkeit aus materiellen Bedingungen die Menschheit seit 2000 Jahren, trotz allen Entdeckungen der Naturwissenschaft, einen wesentlichen Fortschritt gemacht. Sie wird es nie."

[2] In der Vorrede zu seiner Anthropogenie S. XII f.

Gesinnung zusammengeschmolzen, das ist, wie man sieht, der
Geist, welcher diejenigen beseelt, die im Namen der Wissenschaft und der modernen Kultur sich in dem Europa unserer
Tage gegen alles, was sich Gott nennt, und darum auch gegen
die Gesellschaft und die Wissenschaft verschworen haben. Zum
Glück ist das nicht der Geist der wahrhaft Gelehrten, für die
es nichts Gewisseres giebt, als folgende schönen Worte jenes
bewunderungswürdigen Buches, welches einer von ihnen unaufhörlich durchlas: „Deus aeternus et immensus infinitaeque po-
tentiae facit magna et inscrutabilia in coelo et in terra nec
est investigatio mirabilium operum eius." — „Si non intelligis
nec capis, quae intra te sunt, quomodo comprehendes, quae
supra te sunt?"[1])

196. Es ist noch zu bemerken und aus dem Gesagten läßt
es sich auch schon schließen, daß diejenigen, welche die Wissenschaft mit einer religionsfeindlichen Gesinnung pflegen und zur
Bekämpfung der Glaubensdogmen die Waffen des Sophismus
gebrauchen, unter einander uneins sind und sich offenkundig
befehden, während die Verteidiger der Wahrheit das Wort des
Herrn in Erfüllung bringen: „Ut sint unum."[2]) Das ist ein
allgemeines Gesetz der Geschichte oder, besser gesagt, ein bewunderungswürdiger Zug der göttlichen Vorsehung, daß die
letzteren von jenem Gefühl der Eintracht beseelt sind, welches
aus der Wahrheit, die ja nur eine ist, hervorgeht, und daß all
ihren Gedanken das Siegel der Einheit aufgedrückt ist, daß es
hingegen denjenigen, welche die Wahrheit bekämpfen, eigen ist,
endlos in ihren Ansichten zu wechseln, so viele Meinungen zu
haben, als Köpfe da sind, und durch die unendliche Mannigfaltigkeit ihrer Sprachen, von denen einige fürwahr unverständlich
sind, die Verwirrung von Babel zu erneuern. Es ist also kein
Wunder, daß die unechten Gelehrten, welche ich im Auge habe,
sich unter einander widersprechen und widerlegen, und daß in
lichten Augenblicken, wenn sie sich gegenseitig bekämpfen, über
die Maßen beredte Zeugnisse aus ihrem Munde kommen, womit
sie, freilich ohne ihre Absicht, die Wahrheit bekennen, welche

---

[1]) Imitatio Christi. l. 4, c. 18. — Vgl. oben S. 142.
[2]) Joh. 17. 11.

sie inmitten ihrer Seele tragen, der sie aber die Huldigung ihres Verstandes und Herzens versagen.[1])

Diese Mannigfaltigkeit von Irrtümern gegen den Glauben, diese Unbeständigkeit der Meinungen, welche heute herrschen, um morgen abgesetzt zu werden, diese Uneinigkeit und gegenseitige Feindseligkeit der Gelehrten, welche ohne das geringste Bedenken lieber die seltsamsten und unwahrscheinlichsten Hypothesen ersinnen oder acceptieren, als die Grenzen ihres Verstandes und ihrer Wissenschaft eingestehen, kurz der Geist des Unglaubens, welcher seit den ersten Tagen der Kirche alle Andersgläubigen durchweht und sie in jedem Jahrhundert ihre Gestalt wechseln läfst, so dafs sie als neu erscheinen und durch ihre Neuheit wieder verführen, obgleich es die alten sind, welche tausendmal widerlegt worden, welcher sofort, wenn die Gelegenheit sich darbietet, neue Maschinen und Batterien ersinnt, um die von Gottes selbsteigener Hand angelegte Feste zu stürmen: er beweist sonnenklar, dafs neben der Wissenschaft, welche zu Gott hinführt und ihn verherrlicht, dadurch dafs sie die Werke seiner Hände erkennt und erkennen läfst, dafs sie die Religion unterstützt, indem sie ihr gewissermafsen die Wege bereitet und sie gegen ihre Feinde verteidigt, es eine scheinbare, falsche und allem wahrhaft Guten abholde Wissenschaft gegeben hat und (da der Stolz und die Leidenschaften, womit der böse Geist den im Himmel begonnenen Kampf unterhält, den Menschen keinen Frieden gewähren) auch immer geben wird, welche einzig dazu angewendet wird, um Widersprüche gegen die Religion zu erheben, dem Glauben Gefahr zu bereiten und dadurch die Seelen zu fangen, welche vielleicht nicht ganz reinen Herzens

---

[1]) Man lese z. B. folgendes Geständnis Virchows, das er auf dem Kongrefs der deutschen Naturforscher und Ärzte zu München i. J. 1877 abgelegt hat: „Ich würde mich keinen Augenblick weder wundern noch entsetzen, wenn der Nachweis geliefert würde, dafs der Mensch Vorfahren unter anderen Wirbeltieren hat. Sie wissen, ich treibe gerade Anthropologie gegenwärtig mit Vorliebe, aber ich mufs doch erklären: jeder positive Fortschritt, den wir in dem Gebiete der prähistorischen Anthropologie gemacht haben, hat uns eigentlich von dem Nachweise dieses Zusammenhangs entfernt." Amtlicher Bericht der 50. Versammlung deutscher Naturforscher und Ärzte. München. 1877. S. 76.

und darum nicht würdig sind, einzusehen, dafs Gott der Vater
der Wissenschaften ist.

197. Schliefsen wir. Der Katholizismus wird sich niemals
mit dieser Wissenschaft versöhnen, weil er nicht zugrunde gehen
kann; sie sind zwei Gegner, zwischen denen es immer Kämpfe
geben wird. So lehrt es uns die Geschichte und die Erfahrung
in Übereinstimmung mit der Vernunft und auch der Religion.
Aber gerade als Feindin der falschen Weisheit dieser Welt,
wie sie es ist, mufs die Kirche die Freundin und Gönnerin der
Wissenschaft sein, welche Gott, der höchsten Wahrheit und
dem Princip alles Lichtes und jeder heilsamen Erkenntnis, entspricht, derjenigen Wissenschaft, welche dazu beiträgt, das der
Kirche von Gott-anvertraute Menschengeschlecht sittlich und
religiös zu erziehen, die Wahrheit der katholischen Glaubenslehren gegen ihre Feinde zu verteidigen und die übrigen in
dieser Schrift angegebenen Zwecke zu erreichen. Man braucht
sich also nicht darüber zu verwundern, dafs die Kirche diese
Wissenschaft zu allen Zeiten mit lebendigem Interesse ermuntert
und begünstigt, dafs sie in unsern Tagen nach Art einer Segnung
die Worte ausgesprochen hat:[1] „Crescat intelligentia, scientia,
sapientia", und damit auf eine herrliche Weise die Liebe ausdrückt, welche die unbefleckte Braut des göttlichen Wortes zum
wahren Lichte in sich trägt; noch auch darüber, dafs man sich,
ähnlich wie im Mittelalter und in spätern Zeiten, so auch heutzutage Mühe giebt, Universitäten zu gründen, welche Herde
und zugleich Asyle des Wissens sein und der studierenden
Jugend die lebendigste Liebe zum wissenschaftlichen Studium
einflöfsen sollen. „Wissenschaft und Wissenschaft und mehr
Wissenschaft,[2] hat der hochgelehrte Bischof von Angers, Msgr.
Freppel, bei Eröffnung der Fakultät der Naturwissenschaften
und Mathematik in dieser Stadt am 8. Dezember 1877 gesagt;

---

[1] Concil. Vatic. Const. dogm. de fide cath. cap. 4.

[2] Keine einzige schliefst der ausgezeichnete Kirchenfürst aus, weil
der Engel der Schule auch von der niedrigsten unter allen Wissenschaften
gesagt hatte: „Considerandum est, quod scientia istius libri et similiter
omnis scientia naturalis non est ab homine despicienda; immo qui eam
despicit, despicit seipsum." Expos. in 4. meteor. lect. 1 a.

im gegenwärtigen Augenblick giebt es kein anderes Ziel, worauf wir mit gröfserem Rechte unsere Kräfte hinrichten können, und ich bin fest überzeugt, dafs unsere Bemühungen mit Erfolg gekrönt werden."

198. So giebt es also zwischen der Wissenschaft und der Religion keinen wirklichen Streit, und es kann auch einen solchen nicht geben: das ist die letzte Schlufsfolgerung und die nunmehr bewiesene These der vorliegenden Schrift, welche ich unternommen habe aus reiner Liebe zur Wissenschaft und zu den Studien, und aus noch reinerer Liebe zur Religion, welcher Ehre und Ruhm, Segnung und Danksagung im höchsten Grade gebührt. „Sie alle haben, sagte Kardinal Wiseman in seinen mehrfach citierten Vorträgen zu seinen Zuhörern,[1]) ohne Zweifel schon jene herrlichen Gemälde an der Decke der Borgia-Gemächer im Vatikan bewundert, worauf die Wissenschaften dargestellt sind, wie sie jede für sich Hof halten; jede thront auf einem prächtigen Sitze, mit Zügen und Mienen voll der erhabensten und würdevollsten Schönheit, umgeben von den Emblemen und den vorzüglichsten Darstellungen ihrer Macht auf Erden, und scheint so die Huldigung aller Beschauer zu verlangen. Welches würde nun wohl die Auffassung des Künstlers gewesen sein, und zu welcher Erhabenheit des Ausdrucks würde er sich erhoben haben, hätte er die Aufgabe gehabt, jene erhabenste aller Wissenschaften, unsere göttliche Religion, darzustellen, thronend, wie es ihr immer geziemt, um von jenen ihren Mägden Huldigung und Anbetung zu empfangen! Denn wenn diese nur Dienerinnen unter ihrem höhern Gesetze sind und nur bestimmt, von ihrer Autorität Zeugnis zu geben, wie weit erhaben über den ihrigen mufs dann die Lieblichkeit und Anmut, die Majestät und Heiligkeit sein, mit der sie angethan sein mufs!"

---

[1]) A. a. O. S. 608 f.

Alphabetische Zusammenstellung der Citate.

348 Alphabetische Zusammenstellung der Citate.